"安徽省高校思想政治工作中青年骨干队伍建设项目"（sztsjh2019－8－43）阶段性成果

"教育部高校思想政治工作中青年骨干队伍建设项目"（教思政司函［2020］2号）阶段性成果

"安徽省高校思想政治工作创新项目"（sztsjh2019－7－34）阶段性成果

"安徽省高校人文社会科学重点项目"（SK2019A0275）阶段性成果

高校辅导员学生工作实践手册

——新时代百名高校优秀辅导员写给大学生的信

U0643523

百花洲文艺出版社

BAIHUAZHOU LITERATURE AND ART PRESS

图书在版编目（CIP）数据

高校辅导员学生工作实践手册／叶苗苗，饶先发 编. —
南昌:百花洲文艺出版社,2020.11
ISBN 978-7-5500-3919-3

Ⅰ.①高…　Ⅱ.①叶…　②饶…　Ⅲ.①高等学校—辅导员—学生工作—手册
Ⅳ.①G645.1-62

中国版本图书馆 CIP 数据核字（2020）第 219923 号

高校辅导员学生工作实践手册
叶苗苗　饶先发　编

出 版 人	章华荣
责任编辑	黎紫薇　钟雪英
制　　作	胡红源
封面设计	张诗思
出版发行	百花洲文艺出版社
社　　址	南昌市红谷滩区世贸路 898 号博能中心 Ⅰ 期 A 座 20 楼
邮　　编	330038
经　　销	全国新华书店
印　　刷	江西千叶彩印有限公司
开　　本	787mm×1092mm　　1/16
印　　张	22
版　　次	2021 年 4 月第 1 版第 1 次印刷
字　　数	381 千字
书　　号	ISBN 978-7-5500-3919-3
定　　价	65.00 元

赣版权登字 05-2020-232

编 委 会 名 单

主　编：叶苗苗　饶先发

副主编：王　晨　王治平　魏　曼　郑　伟　杨卫宏　孙握瑜

编　委（按姓氏笔画排列）

于江宾	于陆璐	方徐梦	王丹丹	王孙琳	王宏伟
王倩倩	王　培	王尊博	王新宇	邓显超	卢　菊
叶芜为	刘国权	孙计红	朱永民	朱健强	朱景平
江　芳	汤　倩	吴莉莉	吴旖旎	张　宇	张　敏
李旺泽	李　强	杜　静	杨　军	杨成兵	杨　丽
杨　建	肖礼倩	芦　珊	苏曹聪	陆　娟	陈灵雯
陈晓燕	周　鸣	娄婧璇	宫婷婷	段建峰	洪　凤
胥佳利	钟佳靓	夏晓青	袁　方	郭海洋	郭　斓
高存福	曹莉莉	符　牛	曾小玉	曾娟燕	曾益鹏
程　硕	程　慧	蒋巧红	谢　婧	韩洪彬	韩　笑
路贺龙	廖　卿	翟　淼	潘　乐	霍曙光	魏建克

本书的出版得到以下课题的大力支持

安徽省高校思想政治工作专项经费资助
教育部高校思想政治工作专项经费资助

教育部高校思想政治工作中青年骨干队伍建设项目(教思政司函[2020]2号)
教育部人文社会科学研究专项任务项目(20JDSZ3057)
安徽省高校思想政治工作创新项目(sztsjh2019-7-34)
安徽省高校思想政治工作中青年骨干队伍建设项目(sztsjh2019-8-43)
安徽省高校思想政治工作中青年骨干队伍建设项目(sztsjh2019-8-26)
安徽省高校人文社会科学重点项目(SK2019A0275)
国家级大学生创新创业训练计划项目(201910407016)
教育部高校思想政治工作队伍培训研修中心(郑州大学)重点课题(ZZUKFZD202001)
中国高等教育学会2019年度重点委托课题(2019ZXZD014)
第八批江西省研究生优质课程和案例建设项目(3100509529)
高校学生工作课题(LX2018Y154)
广东省高等学校党的建设研究会2019年党建研究课题(2019BK015)
河北省高等学校党的建设研究会2019年党建研究课题(GXDJ2019B085)
河北省教育厅英语专项教学改革课题(2018YYGJ082)
河北省教育厅教学改革课题(2018GJJG615)
黑龙江省教育科学规划办课题(GBD1317064)
江苏省高等教育教改研究立项重点课题(2017JSJG068)
南充市市校科技战略合作项目课题(18SXHZ0034)
四川大学生思想政治教育课题(CSZ20084)
广东建设职业技术学院辅导员工作精品项目:"每日五联动"精细化管理
扬州市职业大学校级科研青年项目(2018RW23)
江西省2020年学位与研究生教育教学改革研究项目一般课题(JXYJG-2020-128)
赣州市2020年创新领军人才计划课题(赣市科发[2020]60号)
高校思想政治工作队伍培训研修中心(河北师范大学)2020年度专项课题(2020HZY021)
江苏省高校哲学社会科学项目立项项目(2020SJB1027)
江苏省高等教育教改研究立项课题
内蒙古自治区高等学校科学技术研究项目(NJSZZX2193)

本书的出版得到以下工作室的大力支持

教育部高校思想政治工作队伍培训研修中心（安徽师范大学）

教育部高校思想政治工作队伍培训研修中心（郑州大学）

教育部高校思想政治工作队伍培训研修中心（河北师范大学）

江西省高校辅导员培训与研修基地（江西理工大学）

江西省高校辅导员名师工作室——饶先发工作室

江西省高校辅导员名师工作室——宫婷婷工作室

江西省高校思想政治理论课邓显超名师工作室

河南省学理论辅导员工作室

华北理工大学轻工学院嘻哈铺工作室

江西理工大学"红心环语"辅导员工作室

江西理工大学发哥辅导员工作室

燕山大学燕行工作室

哈尔滨师范大学"新时代 新青年 新担当"辅导员工作室

华北理工大学嘉树成蹊网络思政工作室

安徽商贸职业技术学院大学生创业能力提升工作室

安徽商贸职业技术学院燕语晓晨工作室

西南石油大学好学深思工作室

宁夏理工学院"漫谈心语"学业导航工作室

湘潭大学"导航仪"辅导员工作室

青岛科技大学思政与法工作室

内蒙古医科大学"创享青春"工作室

吉林动画学院动画艺术辅导员工作室

莆田学院YP创网络文化工作室

金陵科技学院"赢在职场"工作室

牡丹江医学院"心海"辅导员工作室

黑河学院春风化雨辅导员工作室

广东金融学院大学生思想理论教育工作室

江西应用技术职业学院辅导员工作室

江西外语外贸职业学院辅导员工作室

首都师范大学科德学院演艺之家工作室

前　言

习近平总书记在北京大学考察期间与师生座谈时曾指出："广大青年既是追梦者，也是圆梦人。追梦需要激情和理想，圆梦需要奋斗和奉献"。2021年正值中国共产党成立100周年，百年恰是风华正茂，新时代青年要乘新时代春风，在祖国的万里长空放飞青春梦想，以社会主义建设者和接班人的使命担当，为全面建成小康社会、全面建设社会主义现代化强国而努力奋斗，让中华民族伟大复兴在我们的奋斗中梦想成真！

本书由全国高校百余名优秀辅导员倾力打造，本着"立德树人"的教育理念，结合学生管理工作中学生的学业、就业、心理情感及特殊学生的管理等实际问题，发自内心地关怀学生。本书通过书信与"00后"对话，分为"路向长江上""力学如力耕""术业有专攻""挥斥方遒时""青春须早为""乘风破万浪""未来亦可期"七个篇章，抓住了当代大学生的共性和个性特征，始终贯彻将社会主义核心价值观和新时代爱国主义情怀厚植于年轻大学生心灵的教育理念。本书还结合2020年突如其来的新型冠状病毒疫情，对大学生面临的各种新问题给予了关注，并与之对话，具有时效性、可读性和实用性。

本书内容既可为高校辅导员解决新时代大学生各类实际问题提供借鉴，也可为高校学生工作者研究新时代大学生成长成才问题提供参考，更可作为新时代大学生解决自身遇到的学业、生活、工作、爱情、友情等实际问题的青春修炼手册。

本书由叶苗苗、饶先发、王晨、王治平、魏曼、郑伟、杨卫宏、孙握瑜合作编著，由华北理工大学轻工学院王晨统稿，收录了教育部高校思想政治工作中青年骨干、江西理工大学辅导员饶先发，全国高校辅导员素质能力大赛一等奖获奖者哈尔滨师范大学刘国权等百余名全国各高校优秀辅导员同仁的稿件。另外，"时代楷模"——大连海事大学马克思主义学院博士生导师曲建武教授，国家教育行政学院原党委书记黄百炼教授，江西理工大学党委常委、副校长李国金以及安徽商贸职业技术学院党委副书记朱光应等各专家学者也为本书提供了书稿，对本书文章进行了相关点评，对本书的编撰给予了极大的支持。借此机会，本书编写组对始终心系高校辅导员队伍建设与发展的各高校思想政治教育工作的领导、专家、学者致以崇高的敬意!

　　本书作为"安徽省高校思想政治工作中青年骨干队伍建设项目"(sztsjh2019
－8－43)阶段性成果、"教育部高校思想政治工作中青年骨干队伍建设项目"
(教思政司函〔2020〕2号)阶段性成果、"安徽省高校思想政治工作创新项目"
(sztsjh2019－7－34)阶段性成果、"安徽省高校人文社会科学重点项目"
(SK2019A0275)阶段性成果,受到了安徽省高校思想政治工作和教育部高校思
想政治工作相关部门的专项经费资助,百花洲文艺出版社章华荣社长和黎紫薇
主任为书稿的策划、编写、出版做了大量的工作,江西理工大学"发哥辅导员工作
室"数十位兄弟姐妹、安徽商贸职业技术学院辅导员们也对本书提供了专业性的
指导。借此机会,本书编写组向他们表示诚挚的谢意。

　　由于编者水平与经验有限,书中疏漏和不足之处在所难免,恳请广大读者和
同行予以批评指正。

本书编写组

2021年3月

目　录

第一章　路向长江上

① 百舸千帆竞，扬帆再远航

——写给 2018 级新生

亲爱的 2018 级大学生：

历经多载梦想催化，恭喜 18 级萌新开始新的征程。你们是第一批"零零后"大学生，未来四年陕西科技大学将是各位学道习业的延续，更是各位开拓进取的崭新征程。年少青涩且又热烈如歌，属于你们的大学乐章已悄然奏响，而你，想要演奏哪种旋律呢？

前不久，《中国青年报》与"腾讯 QQ"联合发布《"00 后"画像报告》，这份报告分为"看自己""看成长""看未来""看中国"和"行为偏好"五部分，覆盖了人生观、未来观、国家观和兴趣爱好等多个维度。其中，在"00 后"对自己这代人的认知上，开放、独立、自信、热血等正向选项的支持率都排在前列，甚至大幅高于"萌""佛系"等中性选项。我们已经在高考的百舸千帆中竞行在前列，如今正是要扬帆聚力再远航的时候。

可爱、可信、可贵、可为，这是习近平总书记对当代大学生的赞誉和肯定，而我已经无数次期待你们的到来，并希望在你们身上看到各美其美、美美与共的绽放。一千个大学生，有一千种大学生活，不存在一个正确的上大学姿势，但优秀的大学生活一定有这样的共性：

一、生活中寻可爱

各位来到大学，面临的第一关就是心理适应。既要面对不同于之前的生活环境,还要面对新的学习环境、新的竞争氛围。另外,大学里优秀的同学很多,可能会消解相当部分同学在高中时的优越感,甚至使他们产生自卑感。所以,这需要大家以积极的心态去面对。建议多与舍友、同学沟通交流,既不妄自尊大,也不妄自菲薄,礼貌、主动,尽快地融入集体,这也将会成为你们珍视一生的情谊。自我调适的另外一个重要方面,就是积极应对因学习能力、知识面的差距带来的心理落差,建立自信,培育自身人文情怀,拥抱美好的大学生活。

其次,在生活中不人云亦云,不随波逐流。在新生群里,我看学长学姐解答各种疑问时,你们惊呼"高中老师都是骗人的,大学根本不轻松"。是啊!哪有一种人生是容易的?来到大学,每个人都会有自己定制的成长方案,再不会有千篇一律的成长足迹,这时候内心的笃定尤为重要,怎样将自己锻造成一个有温度、懂情趣、会思考的优秀青年,就需要沉静的内心和明晰的规划。在新生群里也常看到"做……有什么用?"这样的疑问,如果仅出于个人好奇心的发问,我可以理解,但若出于"功利"的目的,我是十分反对的。哪有那么多先知?在规则内勇于挑战、尝试、历练,别让"有什么用"的频繁发问劝退了准备向前的脚步、扼杀了本该纯粹的快乐。

作为你们的辅导员,"可爱"的是我的温暖,"可怕"的是我的教导。我也一样期待在生活中看到你们更多的可爱,见证你们的成长。

二、品质里显可贵

"00 后"的你们是幸运的,出生在祖国经济腾飞的年代,成长于移动互联网时代,你们视野开阔,个性独立,想法多元,更具自由精神和开放思想。如今进入大学,可谓是新的人生起点,"扣好人生第一粒扣子"是当下的首要任务,德才兼备、以德为先便是我对你们最初的期待。以后各位会渐渐发现,走得更远的那些榜样,一定是品质高贵、品行高洁的人。

我高中毕业时,语文老师曾在课堂上语重心长地告诫同学们——不要把无知当个性。当时没有很理解,随着年岁增长,越来越觉察到这是一个多么宝贵的警句。因为年轻,你们也许偶有无意之中的犯错,但也因为你们的学生身份,我愿意陪你们一起"试错"。但"试错"从来不是没有成本的,特别是随着网络的广泛应用,"键盘侠"已成为社会"毒瘤",屏幕背后的他们看到的所谓真相,不过是管中窥豹;他们以为随口说出的话并无大碍,其实对当事人的伤害难以估量。而一个人如果没有一种正确的历史观、大局观、角色观的话,"出来混,迟早是要还的",这也是我嘱咐各位以德为先的原因。试着用辩证的、发展的眼光看问题,试着多换位思考,或许我们会大大提升自身的幸福指数。

另外,坚决不做精致的利己主义者。一个真正优秀的人,应该像一颗闪耀的星星,可以给身边的人带来光芒和帮助。关心他人、团结协作、担当负责……这些优秀的品质也一定会在时代大潮中永葆鲜亮。"祖国的青年一代有理想、有追求、有担当,实现中华民族伟大复兴就有源源不断的青春力量",摈弃精致的利己主义,努力做一个高尚纯粹的人,我愿和你们一道,在与时间洪流搏击后依然初心不改。

三、行动上必可信

正如积雪最能记载跋涉的足迹,奋斗也最能诠释芳华的价值。迈入大学的畅快感最终会渐渐消失,新鲜感也会被紧张的学习生活逐步冲散,剩下的可是你与大学生活的和解? 和解的过程必然挣扎,想做的事情很多很多,付出的努力却十分有限,这时候你若想要自由,可千万不要忘记——自由的前提是自律。所谓自由,不是随心所欲,而是自我主宰。我曾经以为,自由就是想锻炼就锻炼,想看书就看书,想学习就学习;如果不想,就可以什么也不做。后来才发现,真正的自由是伴随自律而来的——即便我不想锻炼,不想看书,不想学习,可是理智会告诉我:必须要去做,才能保持好身体,才能增长更多见识,才能提高自身的能力。自律不容易,但同时自律又可以给人带来想要的东西。"越自律,越自由",说的正是此意。

想起新生群里"老师,我保证不逃课!"这样斩钉截铁的宣言,我希望这份承诺永远存于你们心中,希望你们永远对规矩意识抱有敬畏。也许仍然会有同学喜欢窝在宿舍打游戏、看电视,变成宅男宅女,也许仍然会有同学有千奇百怪的理由缺勤、塞责,但我希望你们不要赢在了高考,却输在了大学。你如果没那么听话,就请一定一定不要辜负了自己的青春和年华。

人生崇山峻岭,必当努力登攀。行动,可以让改变发生。

四、学业上求可为

正如著名的"马太效应",大学是一个能够让有志者、有毅力者、有思想者越来越优秀,出类拔萃的地方,但同时,你们也可能因为经受不住各种诱惑而堕落。

进入大学,想必大家都是为了正三观、学知识、长才干而来。而大学的学习方式不同于高中,同学们要适应独立学习、自主学习,将学习作为一种精神追求和生活方式,勤读力耕,追求卓越,让挂科远离自己,用知识、真理的力量打开原始的禁锢,释放出自己的洪荒之力,毕竟"越努力,越幸运"需要自己去践行。当然,"天高任鸟飞,海阔凭鱼跃",除第一课堂外,科技创新、社会实践、志愿服务、文化体育活动等都提供给你们大有可为的广阔平台,祝愿同学们在感兴趣的领域大有作为。基于此,同学们要培养自己良好的时间管理能力,合理分配时间和自身精力,享受学与业带来的满足感和获得感。

逐梦的路上,有风有雨是常态,风雨无阻是心态,风雨兼程是状态。有人说教育是优雅而漫长的过程。我能见证你们在大学里成就梦想,是一件多么酷的事情。也请大家务必酝酿且保持"三气"——积极昂扬的青春朝气、迎难而上的铮铮志气、追求卓越的年少锐气。祝福每位18级"萌新"都可以在陕西科技大学用青春之我、奋斗之我让梦想达到最巅峰,勇做时代的弄潮儿,留下一段段充实、温暖、持久、无悔的青春回忆。

欢迎你们,我这些"眼里有星河、心中有正途"的学生们!

你们的辅导员:任旭

作者简介

任旭,男,汉族,中共党员,助教,陕西科技大学设计与艺术学院辅导员,院团委书记。担任《大学生社会实践》课程教师,指导的学生在社会实践中获省部级表彰3项。个人先后荣获陕西科技大学辅导员素质能力大赛二等奖,辅导员微党课大赛二等奖。2019年度被评为"大学生思想政治教育工作先进个人"。

专家点评

此封信件承载了辅导员对于即将入校的大一学生的满心期待。信件在语言表达贴近学生话语体系的同时,依然彰显了思政教育的鲜亮底色。作者从习近平总书记寄语当代大学生的"可爱、可信、可贵、可为"延展开来,谈生活、谈品质、谈行动、谈学业,辅导员在和学生未曾谋面之时已经切准了"人生导师"和"知心朋友"的角色定位,为大一新生上了这生动的开学第一课。相信这封语重心长、用心用情的寄语也能指引大学新生开启新的人生篇章。

(陕西科技大学设计与艺术学院党委副书记、副教授 李红坦)

② 开启"高配"的大学生活

亲爱的2019级"萌新"们:

首先恭喜你们晋级为大学生,总算给自己从小学到中学这12年的寒窗苦读一个交代。从小就立志考大学,考上大学之后该怎么度过大学四年呢?"高配"的大学生活,了解一下——

我想特别说明:这里的"高配"不是指高额生活费、高档电子产品和化妆品,而是指通过自己的努力获得高绩点、高额奖学金,取得全国竞赛大奖等让人羡慕的成绩,发展为中共党员,在学业上保研、直博或者考研,学到扎实的专业本领报效祖国,为实现中国梦做出青年一代应有的贡献。当然,这样的"高配"不是谁都可以拥有,谁才是"高配"的主人呢? 以下锦囊请查收,仔细品读。

锦囊一:自律

自律的人生就像开挂一样。2018 年世界杯 C 罗再次大放光彩,男生为他精湛的球技呐喊,女生为他魔鬼的身材尖叫,30 多岁的他没有变成中年油腻大叔,而是跟 20 岁的竞技状态无差别,且拥有 7% 的体脂率! 他是怎么做到的呢? 因为自律,他坚持健身,坚持营养餐,从不胡吃海喝,哪怕球队胜利的庆功宴也没改变自己的生活规律。有人形容他就像一只精准的瑞士手表,生活得超级精准。

唯有自律才能保持优秀,成就"高配"的人生。对于球员如此,对于大学生也是如此,任何"高配"的人生都一样需要自律。高中生活从早到晚安排得满满当当,除了上课就是刷题,到了大学可不一样,你可能会发现一周 5 天上课时间,几乎没有从早到晚满课的节奏了,其中 2 天,甚至 3 天,早上一、二节都没课。没课的时间如何安排就体现出你的"自律"了,是一觉睡过去呢,还是早起上自习呢? 优秀的人都是自律的,那些看起来闪耀的时刻不过是自律的绽放。

锦囊二:平衡

"高配"的大学生活离不开平衡,如同钙铁锌硒都不能缺,德智体美劳需要全面发展。大学就像一个大舞台,每个学生都有出彩的机会,你的优势要"show"出来,"高配"的大学生活绝不是闭门造车,绝不是"两耳不闻窗外事",百花齐放的社团可以参加,英语俱乐部、丰富多彩的课外活动可以参加,运动会上也尽可能展示你矫健的身影。正如乐曲之间有间奏,学习之间也要有放松,但是别跑调,毕竟大学生的"主旋律"是学业。

不是让你自律到没朋友,而是平衡好自己的各种角色和时间。越长大角色越丰富,当下的你们是学生,是子女,也是公民,更是社会主义建设者和接班人,给予每个角色充分的时间,平衡好每个角色的优秀,才是可持续发展的"高配"。

锦囊三:接纳

接纳让你心态平和、充满希望,"高配"的大学生活一定是充满希望的。来到大学全新的环境、全新的生活,你会遇见新同学、新集体,你需要接纳他们、融入他们、热爱他们。

首先,请接纳你的 SWPU(西南石油大学简称),也许它不是你想象中的大学模样,请调整你的想象,接纳它的形象,它是你的母校,也是你即将学习生活四年的地方。

请接纳你的集体、接纳你的寝室、接纳你的同学,也许他们并不完美,并不完全符合你的期待,不过大家从全国各地来到SWPU成为同学,的确是可遇不可求的缘分,说不定你还能遇见人生中的三五知己。请接纳你的专业,无论它是你自己选择的,还是家长、老师为你推荐的,也许你现在对你的专业还不够了解,但是我想告诉你,学一行爱一行钻一行,你就能成为专家,热爱是成功的起点。

"高配"的大学生活不是苦行僧,而是与很多志同道合的同学、老师并肩向前的旅程,旅程中也许你会体会成功的快乐,体会失败的酸楚,体会恋爱的甜蜜,体会失恋的痛楚,无论经历什么,请记住接纳身边的人和事,接纳生活给予你的一切,包括打击。

锦囊四:格局

上大学不仅要学会学习,更重要的是要学会做人。有的人上完大学活成了一个"精致的利己主义者",那是因为他的格局太小,学到的知识仅仅围绕自己的利益服务,心中只有"自我""小我",不懂得感恩、不懂得奉献,斤斤计较一己私利,人生的意义感狭隘,从一个"人"变形为一个单人旁的"亻",索取和抱怨充斥在他的生活中,无法实现人生的价值和意义。

"萌新"们,你们生活在繁荣昌盛的新时代,应该做一个有理想、有担当、有大格局的人,心中有大我,有大爱,才能成就"大写"的人生。前有周恩来总理"为中华之崛起而读书",今有新时代青年"为民族复兴中国梦而读书",个人的成就一定是建立在为祖国、为人类做出贡献的基础上的,这才是大写的青春、大写的人生。

大学是人生中最难忘的青春岁月,也是价值观形成和确立的时期,在仰望星空前先低头看看"第一颗扣子"是不是已经扣好。《左传》有言:"太上有立德,其次有立功,其次有立言。"第一颗扣子就是人生之本的"德"。将社会主义核心价值观内化于心,外化于行,立志做一个有大德、大格局之人。同一起跑线出发,毕业是什么样的姿态,是满载而归、不虚此行,还是一无所获,甚至没有到终点就退出? 大学其实就是你的"随心配",我想你一定不愿意过"低配",甚至抛锚的大学生活,更不愿过"亻"那样狭隘的人生。请从一开始学会自律、学会平衡、学会接纳,开启属于自己的有大格局的"高配"大学生活。

2019级辅导员　舒小立

作者简介

舒小立,女,副教授,西南石油大学石油与天然气工程学院团委书记、辅导员。四川省第二届高校辅导员年度人物,获得第四届全国高校辅导员职业能力大赛第三赛区一等奖、全国优秀奖,四川省第五届"导航名师"教学竞赛三等奖,2019年度全国高校思想政治工作优秀论文三等奖,西部"双一流"高校学生工作论文一等奖。国家二级心理咨询师,全国生涯规划专家,高级职业指导师,高级创业指导师,BCC生涯教练,礼仪培训师。

专家点评

大学是青年确立价值观和人生观的重要时期,是大学生成长成才的"拔节孕穗期",舒小立同志作为资深辅导员,能够把握住学生成长成才的规律,在大一新生入学之即给同学们写上《开启"高配"的大学生活》一封信,用紧贴当代大学生的语言,纯真、亲切地娓娓讲述"扣好人生第一颗纽扣"、开启"高配"大学生活的重要性和可行性,引导新时代青年大学生做一个有理想、有担当、有大格局的人,对于刚刚从高中生转变为大学生角色的青年具有启发和实践指导意义,是一篇恰到好处的德育益文。

(四川师范大学原艺术学院院长、享受国务院政府津贴专家教授 韩万斋)

③ 辅导员的回信,请查收

2019年9月,新生如约入学。尽管各项入学教育正常有序开展,我还是收到了一封"我与大学格格不入"的来信。收到这封来信,我欣喜学生对我的信任,但内心更多的是矛盾和不安。在这关键的历史时期,青年学生意味着什么?每个辅导员都时刻挂在心头——他们的未来,便是中国的未来;他们的思想,关系到中国的发展。经过系统思考,今天再次执笔,翔实回信,愿能助他(们)尽快顺利适应大学生活。

亲爱的大一新生:

恭喜并欢迎你,成功进入理想大学,我在这里等你很久了。

收到你的来信,你说你很惶恐,你说你有些无法独立应对大学生活,你说你感到迷茫困顿,你说你面对大学,欣喜中夹杂太多不知所措。

我明白,面对已经到来的大学生活,你慌了。

十几年寒窗苦读,进入理想大学,你想优秀,又想放松,你不知道边际在哪里。

长大初成人,你迫不及待想要以自己的观点为行动准绳,兴奋中又在思考大学生的使命究竟是什么。

作为父母捧在手心的宝贝,遇到各种情景下的同学矛盾,你假想他们会像自己的父母一样任由你"胡作非为"。

做了四年辅导员,看到你的来信,我欣喜、激动,矛盾、不安。

面对你的天使面孔,我急切地想告诉你,大学真的没有那么累,因为你更自由了;大学也没有那么轻松,因为你需要自己独立面对很多选择,并做出适合自己的选择;你是一个大写的自己,你的每一个抉择影响到的不仅仅是自己,还有"小家"和"大家"。

为了能够更好地给你回信,帮助你顺利适应大学生活,我开始系统思考,寻找答案。

和全省教师同仁在一起探讨如何做一名合格辅导员时,我把这个问题抛出来,一位资深老教师讲到,"高中时期,大学是一盏很亮的灯,周围是黑的,学生眼中只能看到灯,拼命地朝着灯奔跑。上大学之后,周围一下子都亮了,学生突然没有了方向"。

这位老教师讲完,全场安静。我继续追问:"大学生活中有那么多明亮的、吸引人的存在,作为大学生,该如何做选择?"

老教师答道,"作为辅导员,我们有责任和使命去引导他们正确认识'大学生'的身份,帮助他们明晰自己的身份,认清自己的使命,在做好自己分内之事的同时,胸怀理想、志存高远,以实际行动将'小我'融入'大我',学习并践行社会主义核心价值观"。

你可能觉得这个答案不够过瘾,或是与自身还没有那么贴切。

我又找到了我的毕业生。征得他们个人同意后,我将对话进行整理并展示给你。

他们是谁? 他们或是在自己理想的高校继续深造,或是刚刚踏上理想的工作岗位。我想,没有什么比他们的建议更加中肯,更加具有参考意义。

"如果有机会对大一的学弟学妹说句话,你们想说什么?"

W 说:"大学是一个人对自己人生负责的开始,如果想对自己好点,就努力点。"

L 说:"高中感觉很忙,但其实所有事都被安排得明明白白的,基本都是为了一个目标:高考。大学感觉很闲,但其实所有事都是你自己安排,不止步于学习层面,自己的目标需要靠自己寻找。'自己'这个概念就变得很重要。最关键的是想清楚自己想成为一个什么样的人,然后弄明白如何才能成为这样的人,并且自律、自发地制定目标计划去完成。"

D说:"高中和大学的区别,最主要是目标和推力不同。高中绝大部分同学的目标是考上一个心仪的大学,整个班级的学习氛围、家长老师的殷切期待以及自己的升学压力都是前进的动力;大学不一样,没有任课老师的反复指导,没有了唯一性目标的督促,你要意识到变化,并尽快去做出调整,不管是参与学生工作,还是学习专业知识,所有选择的动力来源只有一个——自身。"

T说:"大学的时候,我感觉自己和'国家'这个概念距离很遥远,甚至说没有什么必然联系,毕业后我才意识到,国家给我们提供了安全的生活环境、优越的读书条件和充满令人向往的毕业前景;现时现下,我们所拥有的一切,都要感谢自己的国家,感谢曾经和此时此刻正在为实现中华民族伟大复兴中国梦而努力奋斗的可敬可爱的人们;作为大学生,入校之初,首先要做的是提高自己的政治站位,树立远大理想,爱国、爱校、爱家,奋斗、努力、坚持;我们应当用实际行动建设自己的祖国,比如努力学习、创新创业、投身志愿服务……"

R说:"现在回想起来,我与大学舍友相处四年,实属幸运。虽然有摩擦、有分歧,但我觉得那都是家人之间的正常交流,我们宿舍四个人,在舍长带领下,最终都顺利进入理想的学校继续深造;如果让我和学弟学妹分享一句话,那就是'从当下开始,珍惜你的大学同窗,弱化个体,强化集体,互相理解、包容、支持,有一天,你终会感谢我'。"

……

你的学长学姐说,进入大学后"我"的概念很重要,自律、自发、自爱,是大学生必须具备的素质;国家时时刻刻都和我们紧密联系在一起,我们有责任爱国、爱校、爱家,奋斗、努力、坚持;大学同窗是我们大学生活中的天使,是我们的家人,珍惜同窗情,用爱、理解、包容和支持去共创美好大学生活。

他们所经历的,是你将要经历的;他们所讲述的,是对你最中肯的建议。

你问我,大学生的使命和担当究竟是什么?

做好自己,奋进向前,勇敢担负起新时代的历史使命。

我把你的问题进行分类,将从理想、学习、价值观、创新、笃实等几个角度,来向你具体阐述该如何去做。

胸怀理想,志存高远。你问我,大学和胸怀远大理想有什么关系,埋头将自己的成绩考好不就行了吗?今天,我想用"方向"来回答你。没有帆的航船在大海上飘来飘去,始终飘不远。为什么?因为它没有方向,不知道自己从何而来,更不知道自己要到哪去。没有灯的夜路容易走偏。所以,请你一定要给自己设定一个目标,树立远大理想,这样才能学得踏实、学得坚定、学得理直气壮,从无愧于自己开始,做无愧于时代的大学生。

勤于学习,敏于求知。你说,都已经成年了,进入大学后,需要做的事情很多,学习可以放一放了。我想用"初心"和"使命"来回答你。作为学生,初心在哪? 在于将自己的学业做到最佳状态,在于为人民的幸福、国家的复兴贡献一己之力;使命在哪? 在于将初心进行到底。你又说,从小到大读过那么多书,早都忘记了,读书有什么用? 我用看到过的一个例子来回答你。从小到大你吃过很多食物,现在已经不记得吃过什么,但是可以肯定的是,他们中的一部分已经成长为你的骨头和肉体,所谓"腹有诗书气自华",就是这个道理。所以,请你记住,永远不要丢掉自己的学生身份,永远保持对知识的渴望,永远在前进中保守初心。

以根为正,示范优良。你说,你有自己的主见,你有自己的想法,你可以认同主流价值观,你也可以不认同。我想用"合格的中国人"来回答你。合格是最底线的要求。你不得不承认,你是中国人,生长于祖国土地,成长于祖国养育,受恩于中国特色社会主义核心价值观。今天,你像一只未被驯服的狮子,跃跃欲试,想要挑战一切。作为一名合格的中国人,符合时代发展要求,遵守并弘扬时代精神的主旋律,是我们必须要做到的。你抱怨社会不够美好,我想告诉你,你变得更美好,中国便会变得更美好。一定记住,要做学习并践行社会主义核心价值观的大学生,在社会实践、志愿服务等领域,要身体力行,带头倡导良好的大学风气和社会风气。

锐意进取,开拓创新。你说,课业压力很重,不想给自己增添太多负担;你说,创新和你的关系并没有那么大。我想用"发展"来回答你。政治课本上对发展的定义是,事物不断前进的过程,由小到大,由简到繁,由低级到高级,由旧物质到新物质的运动变化过程。就如你,从小到大,从思想简单到思想缜密,从只知道"1+1"到独立研究课题,没错,这就是发展,换个词就是创新。所以,其实你一直在体验创新中尝试创新。大学里,请你一定要借助科研立项、挑战杯、专业竞赛等平台,充分发挥个人的创新潜质,为自己开通更高层次的发展渠道,为社会发展输送新的生机和活力。

夯实根基,久久为功。你说,入学以来,努力学习那么久,学业还是没有进步;认真去对待每一项学生组织的工作,工作技能还是没有长进。我想用"坚持"来回答你。凡事基础打牢了,根基才会稳;水滴到一定时日,才能穿石;心急吃不到热豆腐。就像你坚持了十几年的努力,才能来到这所心仪的大学一样。

耐下心烦,扎扎实实做好每件事,拒绝表面认真,潜心努力,善于总结,静待花开。

亲爱的,这才是大学。谨以此信送给所有的大一新生。

孙鲁霞

作者简介　　孙鲁霞,女,硕士,湖南大学辅导员,高级团体辅导师、创新创业指导师、国家级知识竞赛优秀指导老师、省级社会实践优秀指导老师、省级主题征文优秀指导老师、校年度优秀辅导员、校青年志愿服务先进工作者。

专家点评

该信件抓住了育人的关键节点:新生入学。新生踏入大学,在大学适应、个人成长规划、价值观完善等方面需要及时的引领。在内容上,该信件既脚踏实地,又仰望星空,及时解答了学生的困惑,同时提高了学生的思想站位,具有广泛代表性、很强的复制性和可借鉴性。 　　　　　　　　　　　　　　　　　　(山东大学副教授　刘洋)

④ 你如果觉得大学是一场难得的修行, 那就不要轻易交白卷

亲爱的同学:

我们能在这个时间空间里相遇,说明我们都是有缘人,与你们相遇,也许是冥冥之中自有天意,一切都是最好的安排。这段时间,我一直在思考,如何才能把你们带得更好点? 如何才能让我们都在生命中都不留下遗憾? 今天我就来谈谈"大学"这个话题。希望这一封信,有你想要的答案。

一、大学是什么

在你们眼中,大学是什么? 又为什么要上大学? 这些问题一直萦绕在我的脑海,也许你们所认为的大学,是要参加许多社团,因为这样才可以丰富自己的生活;是要参加校级比赛,因为这样才可以让自己的经历丰满;是要谈一场恋爱,因为这样才可以体现"我的青春我做主";是要参加各种技能培训,因为这样才可以让自己的简历更有说服力。没错,我以前也跟你们想的一样,现在的大学生也许还是这样想的。难道这就算是一个合格的大学生吗?

有一本书叫《大学的精神》,这本书里讲了西方七所最著名的大学,哈佛大学、耶鲁大学、斯坦福大学、麻省理工学院,牛津大学、剑桥大学和海德堡大学,讲述它们的历史传承、治学理念和人文精神。哈佛大学培养大学生的人文精神,培养学生成为一个负责任的人;耶鲁大学培养大学生政治家,责任感;斯坦福培养

大学生创新,创业精神;麻省理工这院培养大学生激情,创造精神;牛津大学培养大学生精英主义与贵族主义;剑桥大学培养大学生开放包容精神;海德堡大学培养大学生自由、独立思考精神。不管这7所大学的教学方法和特征有何不同,他们都有一个基本的教育理念,这些基本精神就是这一所大学所要坚持的核心价值观。所以,每所大学特有的思维方式,都是希望培养一个能够独立思考的人,培养有自己的明确定位和清晰的人生规划的人。

二、大学需要传承什么

中国"四书五经"之一《大学》第一句是这样写道:大学之道,在明明德,在亲民,在止于至善。就是说大学之道,在于明白道理和德行,在于亲近人民,为社会做贡献,然后成就自己,在于达到没有分别心的善良。但是,从古至今,急功近利的人总是显而易见,没有明德亲民的人,如果一旦得到机会,那也是百姓的灾难,结果是害人害己。

例如《水浒传》中的高俅,球踢得很好,偶然间得到一个机会,被皇帝看上后,平步青云,但最后为非作歹。例如有些官员,本来想有一番作为,为百姓做点好事,结果遇到种种诱惑,把持不住,失去理想与信念,结果把自己和家人都搭进去了;再比如我身边有一个民营企业家,在民间融资几千万,当他面对金钱时,第一件事情居然是为自己先买一栋房子,而不是投入生产,结果被控告非法集资,判刑8年。

即使君临天下,也可能一夜之间灰飞烟灭,这样的事情举不胜举……可能你会说,那是他们,轮到我绝对不会这么做。是的,事情没有到我们头上的时候,我们都会这么说,那是他们,但如果有一天,需要我们真正面对考验,也许情况就不同了。我们经常耳熟能详的那句话:修身,齐家,治国,平天下。多少人整天都想着"平天下",但是当诱惑来临时,止都止不住,为什么?皆因没有修身,修己。比成才更重要的是什么?答案是自身的道德修养。

三、大学需要什么样的人才

国家要培养什么样人才?在全国教育大会上,习近平总书记发表重要讲话,围绕培养什么人、怎样培养人、为谁培养人这一根本问题作出全面阐释。当一个大学生连政治素养、仁慈之心、感恩之心都没有,那绝不是一个民族、一个国家需要的人才。也许,你也曾经以为他们就是国家的人才,例如田某良,某大学在读研究生,在大学担任2015级硕士生第三党支部书记,却在参加某活动离开时留下大量垃圾,在微博发表侮辱中国人的言论,被某大学给予留校察看一年处分;例如某大学研究生林某浩,因生活琐事,对同宿舍同学决意采用投放所学专业的N-二甲基亚硝胺的方式予以加害。例如高才生吴某宇,本该是天之骄子,就读于中国顶尖名校,却杀了养育自己的母亲。是的,无论是缺乏政治素养的田某良,专业知识超强的林某浩,还是心理极度扭曲的吴某宇,这都不是我们想要的大学生,也不是你想成为的一名大学生。这些所谓的大学里的精英代表却输在他们自己的修身上,他们离"平天下",只差一步之遥,可这一步之遥却承载了太多东西,可惜呀!

四、人一生的意义是什么

人这一生对成功的定义是什么?是功成名就,还是富甲天下?其实都没有对与错。刚辞职的马云说"我对钱没有兴趣",使采访他的主持人撒贝宁感慨万千。我们的困惑,在习近平总书记的话中可以找到答案。他在一次纪念活动中,首次提出阐释中国和平发展基因的"四观",其中包括天人合一的宇宙观、协和万邦的国际观、和而不同的社会观、人心和善的道德观。如果把天人合一的宇宙观与个人发展结合在一起,我认为就是要找到人生的意义。它不是用价值去衡量,不是用利益去衡量,而是遵循自然规律重新去定义你自己的生命,用心去觉察你是谁,你从哪里来,你要做什么。当你找到人生的意义时,承担起你的使命,负起你的责任,认认真真地去干一件事。

亲爱的同学们,无论是自由开放的海德堡大学,专门攻克难题的麻省理工学院,还是时间缓慢流动的牛津大学,都无一不在强调着他们的核心价值观。你除了可以参加社团,比赛,恋爱,考证以外,你更要学会感恩、接受、包容、原谅、付出。因为教育的本质是唤醒我们本自具足的智慧。我希望你们找到人生的意义,提高生命的自由度,不执着任何所知障碍,努力把自己知识转化为智慧,为己所用,去为社会贡献,并止于至善。

人生就像闯关一样,一关一关地闯,大学四年也要过关,无论你闯成什么样,人生必须对自己100%负责。我们每个人来到这个世界,都要超越自己,面对应该要面对的问题。我们要认真活在当下,只有当下才是真实的你。

人生是一场难得的修行,不要轻易交白卷。而大学求知旅程,能让我们更有底气地填上独属自己的人生答案。我希望你能保持一颗赤子之心,心怀善良,在平凡中创造伟大,愿你们找到自己人生的答案,掌好人生之舵。

王彪

作者简介　　王彪,男,讲师,SYB 创业导师,国家职业指导师,全国高校就业指导中级讲师,福州外语外贸学院经管学院学生第二党支部书记。指导的学生团队在全国第二届"创客挑战赛商业策划书"比赛中获得全国第一名,获"质比天高全国创客讲师讲课"比赛第一名。

专家点评

首先，王彪老师给学生的这封信，他在构架上从大学是什么、大学需要传承什么、大学需什么样的人才以及人生的意义等四个维度出发，对大学需要培养什么人、怎样培养人、为谁培养人做了全面阐释。

其次，他从大学的精神视野切入，列举出世界上 7 所大学的核心价值观，来引导学生了解自己所在学校的价值观，并希望所有学生都能够保持独立思考，确定自己的明确定位和做好清晰的人生规划，同时唤醒学生找到人生的意义，承担起时代赋予的使命与责任，并呼吁大学生，大学期间除了学习专业知识外，更应该学会感恩、接受、包容、原谅、付出。

最后，王彪老师在信中引经据典，举出众多案例，能深入浅出、循序渐进地对学生进行引导，对当代学生具有十分重要的启发意义。

（福州外语外贸学院经管学院分党委书记、副院长、副教授　林锋）

⑤　真诚地写给我的学生们

2019 级同学们：

你们好！

有很多话早就想和大家说，但是我没有去说，不是不想说，而是我明白大家非常讨厌一个空洞的说教者。就比如复杂的数学题，老师讲多少遍都不如自己从头到尾独立地思考解决。所以，我在等待，等待着你们对大学生活的实践，等待着你们对大学生活的体会，等待着你们对大学生活的思考，等待着时机成熟的这一刻。现在我觉得，尘封在我内心的话终于有机会以这种特别的形式展现在同学们的面前了。我相信同学们应该有了和我一致的某种感受，思想应该可以达到一种深度。

虽然这半年的大部分时间里没有时刻陪伴在大家身边，虽然没对每一位同学充分地了解，但老师也能依稀想象到同学们生活和学习的状态。也许你们特别羡慕没有早操和晚自习的学长学姐们；也许你们十分向往旁边是万达和跨海大桥的主校区，可是如今的你们正处于别人都无法回去的最美好的时光。你们有充足的时间去做自己喜欢的事情，有充分的时间改变自己。喜欢音乐的同学可以组个乐队，爱运动的同学可以天天下课泡在球场，对其他专业感兴趣的同学还可以利用课余时间学习其他知识，说不定大学毕业的时候还能拿个双学位，这些都是多么气派的事情啊。

我相信一定有许多同学对于大学的自主学习适应得很快,平时在学习中没有丝毫松懈,也充分地丰富了自己的课余生活,但也一定会有一些同学浑浑噩噩地虚度光阴。在这一学期中,你是不是有许多时间都在微信上闲聊,是不是有许多时间都在网络游戏里厮杀,是不是有许多时间都在宿舍的床上度过?一学期过去了,是不是突然发现自己没有认真听过几节课,即使给你们上课的都是副教授或者博士以上学历的老师?是不是突然发现自己没有认真读过几本书,即使我们的图书馆里有很多藏书?是不是突然发现自己没有学到什么东西,即使有那么多可以自由支配的时间?是不是在为考试及格,而不是为考试优秀发愁,正在盘算不会被挂科的各种方法,比如走廊里学习,考试中作弊,朋友圈中祈祷……不要说上课听不懂,不要说对老师不关心,不要说对专业不感兴趣,不要说学校太烂,堕落不需要理由,只需要借口。

娱乐是大学生活里必不可少的调味剂,几个人一起吃把鸡,开局王者,这些都有利于增进同学之间的感情,老师也是十分理解的。但是如果把娱乐当成了大学生涯的主旋律,那就可谓是本末倒置了。

在与同学们谈话的过程中,有同学说:不知道自己一天要干什么,干什么都提不起精神来。这对新生来说是非常普遍的现象,因为大家丧失了努力的目标。究其原因:一是你们考上了大学,完成了高中时期的终极目标;二是大学的教学方式与高中的教学方式完全不同;三是大学里有太多属于自己的时间;四是以前的班主任什么都要管,因为他们把你当成孩子,而现在老师们都把你当成成年人;五是你们大多数人缺乏明确的人生目标。我认为正是这五点的综合影响让同学们丧失了目标。

同学们应该找到自己的目标,不一定立刻、马上、现在,而是要在尽量短的时间内找到目标。

在这里我给同学们一个建议,希望能帮助你们找到目标。

首先,请抛开所有的阻碍,从信息技术类专业出发,想想自己以后到底要做什么样的工作,或是要有什么样的事业。拿出一张白纸,把自己最终的决定写下来,请不要犹豫不决。软件开发工程师?通信工程师?电子工程师?信息处理工程师?网页设计师?网络程序设计师……

其次,打开智联招聘、前程无忧等招聘 APP,充分了解你决定从事的工作所需的专业能力和其他能力。这些能力大多数是从书本上学来的,你需要做的就是从基础到精深的顺序给自己列出一个学习的书录。这个也请你写在纸上。

再次,按书录的先后给自己分配学习时间(当然,你能分配的大多数是属于自己的课余时间),并且将它落实到每一学期当中,让自己每学期都有一个学习计划。

最后,按照你自己确定的学习计划,脚踏实地去学习,并且利用一切可能利用的条件去实践,去提高你的动手能力。

我相信,如果你们每一个人都有一个目标,你们的大学会过得很充实,会过得很忙碌,并且会得到很多很多。所以,请大家都给自己定下一个目标吧。

大学生活就像盒子里的巧克力一样,因为你永远都不知道你吃的下一颗会是什么样的滋味。其实在上面我所说的这四步当中,一、二、三步都是非常容易实现的,最难的是第四步,要做到确实不容易。因为你们身边有许多混日子的大学生,他们过着同龄人向往的潇洒生活,要做到第四点,你们需要克服这样的大环境的影响;大学里还有太多太多的诱惑,QQ、微信、抖音里又发出了让人心痒的声音,网络游戏里又发出了让人觉得兴奋无比的厮杀声,海边的灯光下又站着一对对相互依偎的情侣……要做到第四点,你们需要拒绝这些诱惑,在别人眼里像苦行僧一样在大学里穿行。你们要耐得住寂寞,"寂寞"这个词好像与大学生活格格不入,但我想告诉你们,成功的人都是孤独的,忍耐的过程中他们培养了超强的毅力与过人的智慧。

也许有同学会问:凭什么别人可以潇洒? 我把"凭什么别人可以潇洒"换成另外一个问题:读大学到底是享受生活还是塑造自我?

我在重庆读书的时候就深有感触,不知道大家看没看过《山城棒棒军》这部电视剧,如果看过,这部电视剧给你们留下了怎样的感受呢? 是搞笑,还是喜剧? 我体会到的是笑后落泪的幽默。你们肯定瞧不起棒棒的工作,你们肯定不会去当棒棒。可是当你们大学毕业发现自己除了得到一个毕业证和学位证以外,除了能谈论一点好像很深奥的话题以外,并没有学到真正过硬的本领时,你们做的工作会比棒棒好多少? 也许只是工作名称好听点而已,到那时你们是不是还要怨天尤人?

任何一个人都想过上高质量的生活,但过上高质量的生活不是在享受中就可以实现的。上天给了我们每个人一个大脑和一双手,就是要让我们去思考,去创造。大学这段时间是你们最佳的学习时间,所以请你们放弃享受,努力地重塑自我,为以后的腾飞积聚力量。

写到此处,想说的话差不多说完了,真心希望这封信能给你们带来或多或少的帮助。如果你觉得没有什么帮助,请不必理会;如果你觉得有所帮助,请把它珍藏。

爱你们的王老师

作者简介　王建东,男,副教授,团中央全国学校共青团研究中心特聘副研究员,大连海洋大学信息工程学院团委书记、本科生党支部书记,荣获"全国高校辅导员年度人物入围奖""大连好人""大连市最美高校辅导员"等荣誉。

专家点评

很多大学生进入大学后失去了方向感,进而陷入迷茫不知所措的状态。入学教育是大学生迈入校园的第一堂课,积极、清晰和系统的入学教育能促使大学新生尽快适应大学的学习生活,树立明确的学习目标,培养和激发学习知识和掌握技能的精神和动力。入学教育工作进行的好与坏,关系到大学新生能否顺利适应大学生活,关系到学生的成长成才。作为辅导员,如果此时空洞地说教,一味地批评,反而会导致学生产生厌学情绪。王建东老师不急不躁,深入探究学生产生问题的根源,对学生进行个性化、亲情化的引导和教育,必然能够获得学生的接受和认可,并有效地,甚至彻底地解决学生内心存在的问题。

（大连海洋大学机关党委书记、研究员　王红琳）

⑥　正在迷茫的"00后萌新",是时候使出"洪荒之力"了!

"00后萌新"们:

恭喜你们过五关斩六将,通过了高考这个关卡,进入到你们梦寐以求的大学校园。深深记得在9月份入学迎新时,同学们一个个"终于解放"似的笑脸,写满了对未来的大学生活的各种好奇、期待。光阴如梭,一学期过去了,你曾经"放飞自我"式地加入各种学生组织、社团,期待着有一天能像学长学姐一样在各种舞台上载歌载舞、散发光芒的雄心壮志还在吗?你曾经立下豪言壮语,不进前三甲、不拿奖学金誓不罢休的精神劲儿还在吗?你曾经拍着胸脯说"我可以""我一定行"的那些事都做成了吗……

也只仅仅过了一个学期,好多同学当初的豪言壮语已经全然不复存在,开始迷茫,甚至是茫然。新型冠状病毒疫情期间,好多同学调侃式地吐槽"猪"的生活不易,自己每天吃了睡,睡了吃,碌碌无为,没有目标。那么,作为刚刚步入大学半年的大一新生,疫情期间该如何度过?接下来的大学四年到底该如何度过?辅导员如是说:

One:人生没有通关,大学只是下一道关卡

在高中阶段,大家可能听到最多的一句话就是:高中好好学习,等到了大学就轻松了。何为轻松？肆意妄为地打游戏吗？任意无顾忌地睡懒觉吗？还是旷课旷成习惯、恋爱谈到没有理智？NONONO，当然不是，大学可以轻松，可以自由支配自己的生活费，可以向喜欢的人表白，可以三五好友结伴旅行，因为没有了高考的压力、没有了班主任的监视、没有了断网的痛苦，但人生没有通关，大学是下一道关卡，大学要决定是否考研、考证，未来是就业、创业还是留学。通往理想生活的道路上，你该如何为自己铺路？大脑的武装、能力的提升、个人素质的培养，都不是一蹴而就的。多看书、多实践，沉淀下来的自己才是要寻找的未来的自己。人生不能躺赢，不论是疫情期间的你，还是未来的你，都需要自己去努力，去闯关！

Two：现在的自律、坚持，都是你将来的资本

经常在朋友圈里看见一些励志的、表达决心的文案，比如"减不掉十斤不换头像"，确实，他（她）有好一阵没换头像，可是没多久就晒一波自助烤肉、一顿火锅、一次烧烤。特别有意思的是，每次吃前还会立下 flag，吃完这顿一定要减肥、不吃饱怎么有力气减肥，等等，我们也会在评论区进行一波调侃，一次玩笑。可能他（她）都已经忘了自己的目标是减肥，而是沉浸在美食带来的享受里，最后宣布"挑战失败"，换掉头像。

其实，生活中很多人都有这样的"减肥故事"，做不到自律，也缺少一件事做到底的信念，甚至明知道自己不能坚持，也不考虑咬咬牙改变一下，这就是很多人活到中年，甚至老年还一无所获的原因。同学们，通往成功的道路上，没有捷径，只有自律、坚持，才会在潜移默化中改变。21 天养成一个好习惯，读书、背单词、运动、学一首英文歌、跳一支最喜欢最流行的舞蹈、学一门乐器等，无论你想学什么，只管坚持下去，最糟糕的坚持也比不坚持强得多，脚踏实地，仰望星空，静待花开。有很多学生都跟我聊过自己的迷茫、焦虑等问题，向我寻求解决方法，其实最好的治愈方式，就是坚持你的坚持，每天进步一点，总有一天会找到自己的定位。现在的自律、坚持，都是你将来的资本。

Three：天青色等烟雨，而时间不等你我

很多大一学生觉得，才刚刚入学，大学时间还多的是，再玩一会，晚点努力也来得及，真的是这样吗？

《职业核心能力》课上，我们在讲时间管理时用过"时间剪尺"这样一个游戏。如果我们也准备一把 40 厘米的软尺，把软尺的长度比作大学四年的时间，每 10 厘米代表大学一年。对于 2019 级新生来说，已经度过了半年，可以剪掉尺子的 5 厘米，剩下 35 厘米。人每天的平均睡眠时间 8 小时，一年 365 天，一年的平均睡眠时间是 2920 小时，余下三年半的睡眠时间就是 10220 小时，也就是 1.16 年，四舍五入，请剪掉 10 厘米，余 25 厘米。以此类推，请再剪掉你吃饭的时间、娱乐的时间、交通时间、体育运动的时间,等等,根据个人情况,请计算,你的大学还余下多少时间可以用来努力? 时间都去哪儿了?

同学们,当你问这些问题的时候,又过去了几秒。还记得你说过的背单词计划吗? 还记得你说要学 Photoshop 吗? 还记得你说要努力吗? 还记得你的梦想吗? 请付诸行动吧,时间要来不及了!

Four:道路千万条,守好初心路

党的十九大开幕会上,习近平总书记在报告中强调:"中国共产党人的初心和使命,就是为中国人民谋幸福,为中华民族谋复兴。"作为当代有志青年,不忘初心也就是不忘记自己最初的心愿。

每个人都有着自己大大小小的目标:一场说走就走的旅行,一次轰轰烈烈的恋爱,考过四六级、教师资格证、托福雅思,看一场崇拜已久的明星的演唱会,做一次英文演讲,学会一个视频剪辑软件,等等,目标或大或小,或长或远,都是自己一开始就想做的事情。而进入大学,你最初想做的事情,你还记得吗? 大学四年的时间,实际上就是你步入社会的一个过渡期,无所谓成功、失败,只可谓追求不同,只要你能永葆初心,并为之付出努力,一个目标一个目标地实现,慢慢地就会接近你的理想生活。

"00 后的萌新"们,现在,我们比任何时候都接近中华民族的伟大复兴。一代人有一代人的使命,一代人有一代人的长征。中国梦更是具体的,我们的初心,就是立足本专业,好好学习,用知识浇灌梦想,用梦想汇聚力量,为实现两个一百年目标而努力奋斗。"青年兴则国家兴,青年强则国家强",青年一代有理想、有本领、有担当,国家就有前途,民族就有希望。作为青年一代的我们,承担着神圣的历史使命和巨大的责任。

正在处于迷茫中的你们,天道酬勤,你们准备好了吗? "00 后萌新"们,是时候使出我们的"洪荒之力"了! 你的大学已经开始,中华民族的伟大复兴终将在一代代青年的接力奋斗中变为现实。在新时代中,希望"萌新"们可以做到:让学习成为青春的笔记,让坚持成为青春的动力,让能力成为青春的礼物。

曾小玉　王晨

作者简介

　　曾小玉,女,助教,中共党员,华北理工大学轻工学院辅导员,团委副书记。曾获河北省第四届辅导员大赛三等奖,培养出河北省优秀班集体,发表论文3篇,华北理工大学优秀团务工作者、思想政治先进工作者、华北理工大学轻工学院优秀辅导员、优秀员工、岗位标兵、团日活动优秀指导教师等。

　　王晨,男,助教,中共党员,华北理工大学轻工学院辅导员,入选河北省骨干辅导员人才库,教育部中青年骨干队伍建设项目团队成员,职业核心能力教研室副主任,国际语言学院团总支负责人。参与科研项目4项,指导调研河北1项,参编书籍1部,发表论文3篇,获全国职业院校微课大赛优秀奖、河北省志愿服务先进个人、河北省辅导员大赛三等奖等省级、校级奖项20余项。

专家点评

　　该信件有针对性地从思想转变、自律坚持、时间管理、不忘初心四个部分给新一代"00后"大学生提出中肯、详细的建议,在大学生的思想教育、心理健康教育、价值观引领方面起到积极的促进作用,对学生工作教育同胞来讲,具有可借鉴、可操作性,能够有效地帮助大学生解除困惑。

(华北理工大学轻工学院团委书记　芦珊)

⑦　我们的大学,我们的梦想

——致2019级"小萌新"的一封信

亲爱的2019级"小萌新":

　　当你打开这封信的时候,是不是如同小心翼翼地打开了一个宝盒,看到里面安静地放着一把金光闪闪的钥匙? 这把钥匙,将开启你精彩的大学之门,此时的你或许非常骄傲和兴奋,因为它代表着对你十年寒窗努力的肯定;你或许对即将来临的大学生活充满了新奇和迫不及待,因为它将开启你今后三年的"鱼跃此间海,花开彼岸天";你或许对未来的人生充满了昂扬的斗志,因为经历此番磨砺,你未来的人生篇章,将涂上浓重的一笔!

　　在没见到你们之前,我一直想象这将是怎样的一个集体,你们究竟是怎样的一群学生,你们会怀着怎样的梦想怎样的憧憬开启新的生活。也许这些问题在未来的一段时间内仍然会是一个谜,但是当2019年9月5日,你们一个接一个地出现在我面前,或稚气、或老练、或俏皮、或稳重、或开朗、或内敛⋯⋯我打心眼里喜欢这样的你们。

　　未来的一千多个日子,我会和大家一起,一一揭开这些谜。我也愿意通过这种形式,和大家多交流,多接触,使得2019级这个集体在我的引导和你们的共同努力下成为一个优秀的集体。我们学校地处六朝古都——南京,是一个具有悠久文化历史的城市,古往今来,我们学校也沉淀了深厚的文化底蕴。希望这样的环境可以让你沉下心来,潜心钻研,朝乾夕惕,效仿前贤,明确自己的学习目标,充分利用学校提供的一切资源,努力雕琢自身。我们学院拥有全校数量最多的学长学姐,在这里,有低调学霸也有活跃分子,有小清新也有贴心暖男,给你上课的有气质绝佳的美女老师或男神老师,还有很多德艺双馨的师长学者。这里的校园活动精彩纷呈,大家要记得参加,并多多点赞。在这里,你会有与苏宁、星巴克、途牛旅游网这样的土豪公司近距离接触的机会。希望大家把握这美好的大学时光,超越自身所谓"官二代""富二代",抑或"农二代"的标签,为你的人生梦想和中国梦不停奔跑!

　　说起"梦想",你们爱刷的综艺上有很多素人心怀着音乐梦想、演员梦想并为之奋斗的情节,你们在关注节目的时候,会不会也在思考自己的梦想是什么?也许有些同学会说,梦想离我太远了,遥不可及。无论如何希望你是一个有梦且愿意追梦的人,并为之努力。我们的梦想就是从这里开始的,我愿意和你们一起,见证你们的梦想,见证你们的寻梦之旅。

　　启程之前,作为你们的辅导员,还是忍不住要和大家唠叨几句,说一说我对你们的四个期待:修身,克己,慎独,自省。

　　第一,期待你学会自律与独立。大学生活不同于以往的学习模式,师长将从监督人的角色转变成辅助的拐杖,父母也大都不在身边,希望你学会自律,自我督促,合理地安排个人生活,按时作息,以学业为主,兼顾社会实践及课余生活,处理好独立与合作、专业与兴趣之间的关系。

　　第二,期待你学会鉴别和抵制。现如今是一个信息爆炸的时代,现实、电话、网络,各种信息充斥着我们的生活,鱼龙混杂,诱惑和陷阱无处不在,期待你冷静地鉴别,理智地分析,去伪存真;期待你学会抵制诱惑,恪守己身,不贪虚荣,不图小利,不管任何时刻都要保护好个人人身、财产、信息等方面的安全。

　　第三,期待你学会交流与沟通。人类是群居动物,不管是大学期间还是走向社会,与人沟通一直是一门深奥的学问。在校期间期待你用心学习如何与同辈和长辈之间交流,掌握好个人空间与他人领域的距离,在相处过程中不断认识并提升自己,不可独断专行、自怨自艾,也不可夜郎自大、故步自封。学会相处,学会分享,学会包容,学会求助。珍惜与同窗和师长之间的缘分,在保持自我独立的同时,与其他人打成一片,收获丰富的人脉资源。

第四,期待你有清晰的自我认知。期待你尽早明确大学期间的目标、未来可以从事的职业的大体方向、自我的职业规划以及今后想要成为怎样的一个人。"学如逆水行舟,不进则退","人无远虑,必有近忧",大学生活如白驹过隙转瞬即逝,短暂而灿烂,期待你珍惜当下的每分每秒,为未来夯下坚实的基础。

追梦路上,让我们一起不停奔跑,让青春因梦想而激扬!希望我是那个当你们遇到困难时第一个想起的人,当你们心存困惑的时候帮你们解答的人。希望你们在这里能够收获精彩,也让我和你们一起收获梦想!

吴轲威

作者简介

　　吴轲威,女,讲师,江苏开放大学商学院辅导员,国家二级心理咨询师,博士生在读。曾获江苏省首届高校《形势与政策》课教学展示活动"教学标兵"奖(全省第一名),并应邀参加江苏高校优秀思想政治理论课示范课百场巡讲活动,第七届江苏高校辅导员素质能力大赛决赛二等奖,江苏省高校微课教学比赛二等奖,江苏省第五届高校就业创业指导教师教学技能比赛决赛三等奖等。发表学术论文18篇。主持参与国家级、省级课题十余项。

专家点评

　　打开吴轲威老师写给大学生们的信,仿佛偶获了一枚宝盒,小心翼翼打开宝盒,看到里面闪耀着一颗晶莹剔透、璀璨光辉的明珠。这颗明珠是高校辅导员以神圣、美好、无私的心怀,集合关爱的纯洁与善意,糅合智慧、灵动的光芒,精心奉献给青年大学生的一份成长厚礼。阅读吴轲威老师的这封信,就如同把明珠置于太阳的光芒之下,看那七彩的光辉,仿佛感受到了辅导员群体纯粹、清澈的心灵。《我们的大学,我们的梦想》反映了新时代高校辅导员立足岗位、奉献爱心、创新开拓的职业情操,体现出新时代高校辅导员追逐梦想、砥砺前行的职业愿景。相信广大青年大学生定能被吴轲威老师的这封信折服,并为其喝彩!

(盐城工学院学生处副研究员　谢莹)

⑧ 我的青春我做主

——写给我的"00后"学生

亲爱的你：

我是"80后"，你是"00后"，下面请听我这位"80后"对你说。

你伴随着互联网大潮呱呱坠地，当你第一次睁开双眼，眼中映入的是千禧年绚丽夺目的花火；当你伸出双手，便可亲触改革开放的华彩笔墨。你于丰厚物质中张扬个性，在世界视野中定位自我，坚持而不执拗，张扬而珍重初心。

"80后"的我最喜欢的一句话：我的青春我做主。我想把这句话也送给你。青春如同掌心的纹路，握起拳头一切尽在自己手里，每个人都是自己生活的唯一创造者和责任人，我是我自己的主人。"00后"的你，也许比以往任何时候，都更加关注自我。你正处于"延缓偿付期"，这个时期的自我被称为人生的第二次诞生。在中学时代，你常常被紧张的学习考试追逐，没有停下来好好考虑自己的人生，但现在进入大学了，你能真正专心地认识自我、探索自我和改变自己了。

一、"互联网＋"时代，我们更要认清自己和世界

互联网带给人们的，不仅是一场技术变革，更是一场社会变革，它在悄悄改变着"你我他"。在"00后"眼中，互联网是一个工具和平台，如电话、汽车一样为生活提供着便利。在这样便捷的时代，我们要认清自己和世界。

一位"00后"同学这样说："互联网让我看清未来，那些理想、流浪、冒险并非想象中那般美好，我不必刻意做作，让青春去满足乌托邦式的幻想。"在网络发达的时代，可以足不出户了解世界，但是要想了解自己，还要靠自己去探寻，需要自己去社交，需要自己走进社会。我希望你在大学阶段思考六个问题：

1. 我现在想要什么？
2. 我为什么是这样的一个人？
3. 我认为自己在别人眼里是怎样的人？
4. 我满意自己的现状吗？
5. 我希望自己成为一个怎样的人？
6. 我怎样改变现状成为自己期望的那种人？

二、对着自己大声地说：我喜欢这样的自己

一个成熟的人，深知自己有优点也有缺点，但还是接受自己。不管自己是什么样子，首先必须欣然接受这个事实，不能自卑，也不能自负，要悦纳自我。每天抽几分钟时间,对着镜子,用感激之心看着镜子中的"我",认真地说:我喜欢这样的自己!

即使身上有些无法弥补的短处,我希望你也能学会自我解嘲,用代偿的方式,跳出个人心理活动的小圈子,站在旁观者的角度审视自己,有时或许还可以修改下评价的标准,不以自己的成功去讥笑别人,也不因自己的失败而感到自卑。

三、看似"佛系"却暗自努力去改变

"泡着最贵的枸杞,熬着最晚的夜"描述了典型的"修仙党"的奋斗心态。"00后"的"佛系观"并非代表了逃避与无力。认清自己,接纳自己,还要学会改变那些可以改变的。

一位"00后"说,"我们尚未真正踏入社会,现在的学习与努力是为了驱散迷茫,获得更多的选择""我还不知道将来一定要做什么,学生会、等级证书、创业项目、出国留学,我都会去尽量尝试""在没有清晰的奋斗路径之前,我希望充分利用大学资源,锻炼自己的沟通能力、组织能力以及解决问题的能力"。

现在你们正处于成年前期,身体和心理也都日趋成熟,你们也有很多任务要完成。从坚持一项长久的运动习惯开始,合理地端正自己的处世态度,培养顽强的意志力,积极参加实践。设计符合实际的理想自我,全力打造现实自我,不要让梦想成为空中楼阁,既要仰望星空,也要脚踏实地。

"00后"有着自己鲜明的时代特征,我希望你始终不悲观、不畏怯,纯粹而率直地一路前行,用自己的方式为时代发声,心怀新青年的百年精神,肩负未来的希望,脚踏实地走好每一步。

洪凤

作者简介 洪凤,女,安徽商贸职业技术学院艺术设计系辅导员,国家二级心理咨询师,在辅导员岗位上已工作8年。同时兼任学校心理咨询中心老师,接受来访学生咨询。在校授课《大学生心理健康教育》,在育人工作中,融入心理学知识和方法,让学生被温暖,被鼓舞,被支持。希望学生成为一个幸福的人,是其育人工作中的理念,也是目标。

专家点评

作家柳青在《创业史》中,曾有这样一句话:"人生的路虽然漫长,但紧要处常常只有几步,特别是当人年轻的时候。"大学阶段是人生路上的紧要处之一,认识自我、接纳自我、调控自我是大学生的三大心理任务。成功不可复制,但方法

可以借鉴,希望每个人都能珍视自我,挖掘心灵的潜力。洪凤老师从心理健康的视角给"00 后"大学生的建议,受用且入心。

(安徽商贸职业技术学院艺术设计系党总支书记、副教授　魏力)

⑨　授之以鱼,不如授之以渔
——给我亲爱的大一新生的一封信

亲爱的同学们:

　　大家好!

　　这是王老师写给你们的第一封信。军训期间,老师为你们的坚强、勇敢、自信感到骄傲。亲爱的同学们,希望大家今后无论面对怎样的挑战,你们都能在潜意识里告诉自己:"我行! 我一定能行!"同学们,你们在我心中都非常优秀! 你们与本科同学的差距,也许就是因为一两道数学题,所以请一定要对自己有足够的信心,请一定要相信自己也很棒。

　　亲爱的同学们,作为一名新时代的大学生,要想成为适应新时代发展的社会主义合格建设者和可靠接班人,成长为社会急需的大国工匠,你们应该努力提升自己各方面的能力,重点培养自己的一技之长,尤其是在专业技术方面的技能,只有掌握专业技能,毕业后的你们在工作上才有可能如鱼得水。同学们,你们作为南京机电职业技术学院的一员,拥有着得天独厚的有利条件。我院拥有全国第一家创客校园——蓝岛创客校园,现有主辅空间 2 个、创新工场 5 个、创新工作坊 30 多个、创新工作室 10 间,还有海尔智能家居实训中心、工业机器人工作站、数控加工中心、3D 打印中心等。2018 年新申报专利 771 件,专利申报总数位列在南京高职院校第一名,全省第三名,其中学生申报 438 件,占 56.8%;2019 年学院专利共申请 1147 件,授权 695 件。同学们,在这个以"创新、实践、分享、成长"为宗旨的蓝岛创客校园里,你们可以大胆地提出新颖的创意,积极参加创客先锋班的学习,参加蓝岛创客的比赛,掌握专业技能,为自己今后就业和创业奠定坚实的基础。同学们,作为一名大学生,踏踏实实地学好自己的专业技能,掌握好一门技术,你们的未来将不是梦。

　　亲爱的同学们,如果你们毕业后不打算直接就业,如果你学有余力,老师建议你们继续提升自己的学历,尽量转本,进而读研,读博。你们如果有很强的学习能力,请努力考上名牌大学的本科、硕士、博士。通过对比研究生院,本科、专科、中专学校的就业招聘网站,对比"985"高校、"211"高校与普通本科高校的就业招聘网站,我们会发现就业招聘的单位对于不同层次的学校不仅有区别,而且区别很大。学历越高,学校越好,未来你们将会有更多的选择机会。有好多学生说:老师,我想转本,可万一我考不上怎么办? 亲爱的同学们,人生总有些事情过后会自己责备自己:我当时为什么没有做,为什么没有努力呢? 有些人总是说自己不行,所以不去做,但其实我们只有行不行都努力去做的时候才能更容易把握住机会。不做肯定不行,做了最多也还是不行,起码还积累了经验,但万一行呢? 亲爱的同学们,你们这么年轻,怕什么呢? 所以趁年轻,多努力,多尝试。心有多大,舞台就有多大,勿忘初心,请大胆地追逐自己心中的梦想吧!

亲爱的同学们,你们可以根据自身的情况,学精自己的专业,或者继续提升自己的学历,开拓自己的视野。不管怎样,请加倍努力。请相信老师,今天的你们多努力一点,未来的你们才能少吃一点苦,至少你们在点餐的时候不是先看价格,而是先找自己想吃的;你们在很累的时候能毫不犹豫地打个出租回家;能让你们的父母为自己花钱时像为你们花钱一样舍得;能够让自己在若干年后,摸着自己的良心大声地说:大学三年,我无愧于心。

亲爱的同学们,你们要学会感恩,懂得奉献,争做新时代正能量的大学生。2020年一场突如其来的新型冠状病毒肺炎疫情打破了庚子年春节的平静,此次战"疫",涌现出一大批逆行者,84岁的钟南山院士、奔跑捐助的韩红女士、坚守疫区一线的医生护士、值班站岗的武警战士、加班加点往疫区抢运物资的志愿者、"雷神山"与"火神山的"建筑工人、社区防控人员……他们不顾生死不计报酬奔向最危险的地方,每一次奔向,每一次争分夺秒的背后,都是一次对生命的拯救。亲爱的同学们,你们可能缺乏"逆行者"必要的专业知识与相关技能,但你们可以学习他们崇高的奉献精神,珍爱生命,学会感恩。

亲爱的同学们,你们要学会与人为善,给人包容,成为善良的人。善待家人,善待朋友,善待自然,其实就是善待自己。著名主持人董卿老师曾讲到,"伤害与被伤害,有时候也是对立统一的关系,伤害他人,有时候也意味着在毁灭自己""一切都在追求平衡。如果我们失去了平衡,那对不起,枪响之后,没有赢家"。所以我们不要伤害别人,遇到事情,学会换位思考,将心比心,体谅他人,有时候吃亏也是一种福气,但学会包容并不意味着总是做无棱角的好人,包容中可以略带点锋芒,努力做到与家人朋友相亲相爱,与大自然和谐共生,努力地成长为发出光芒,给人温暖的当代大学生。

亲爱的同学们,授之以鱼,不如授之以渔,在今后的日子里,王老师希望你们能够学会独立处理事情的本领。老师愿意什么事都帮你做,可你们是否想过,以后你们走到工作岗位,如果什么都不会,今后该怎么办呢? 老板可不会像老师一样耐心地一点点教你们,社会是很残酷的,不能创造价值的员工只能卷铺盖走人。亲爱的同学们,为了今后你们在单位可以少点坎坷,我不会把你们当作小学生一样惯着,而会以一名大学生的标准严格要求你们,你们要学会动手,学会尝试,学会想办法独立地处理各种事情,如果你们经过思考、尝试、与同学合作,仍然解决不了问题,老师很乐意帮助你们,我们共同探讨解决问题的方法。

亲爱的同学们,世界上父母和老师对你们的爱是最真实的、最无私的,但是爱不等于溺爱,爱是为了让你们更好地成长,请理解老师对你们的良苦用心。

亲爱的同学们,三年的时间短暂而珍贵,请不要相信所谓的"大学是天堂",如果你们想成为优秀的人,你们的大学是累并快乐的。请你们积极参加学校的各种活动,提升自己各方面的能力;请你们有时间多考些技能证书,提高自己的专业技能;请你们积极参加学院的各项活动和比赛,开发自己的潜能;请你们学会多与老师同学交流,提升自己的交际能力。

亲爱的同学们,大学是美好的、愉快的、充实的,让优秀成为一种习惯,愿你们开心地度过丰富多彩的大学生活。同学们,无需仰视别人,你们亦是最美的风景。我很庆幸自己能看到最美的风景,谢谢你们。

王子灿老师

作者简介

王子灿,女,管理学硕士,中共党员,SIYB 创业导师,国家三级心理咨询师。工作单位为南京机电职业技术学院,职务为自动化工程系辅导员、科研及校企合作处教师。

2019 年获得南京机电职业技术学院"资助育人示范岗"荣誉称号;2018 年和 2019 年被评为南京机电职业技术学院暑期"社会实践优秀指导教师";2017 年获得南京机电职业技术学院"军训优秀指导教师"的荣誉称号;2020 年主持全国青少年发展规划项目一项;2019 年主持江苏省高校哲学社会科学思政专项课题一项;2018 年主持南京机电职业技术学院院级课题一项;2017 年主持江苏省高等教育学会辅导员工作研究委员会专项课题一项;所带班级机电 174 班获得"2019 年江苏省省级先进班集体"和"2019 年南京市五四红旗团支部"的荣誉称号。

专家点评

《授之以鱼,不如授之以渔》这篇书信中,王老师以辅导员独特的视角,给刚迈入南京机电的莘莘学子指明了方向:校园平台的专业引领;自我成长的学历提升;不断完善的人格塑造。王老师结合学校的育人环境以及本院学生的实际情况,用榜样引导学生树立目标,用现实激励学生学会负重前行,用真情实感打动学生,用学院发展的事实告诉学生,掌握一门好技术,未来可期,引领学生踏上人生新的征程,恰到好处地切合了"授人以鱼,不如授之以渔"的宗旨,为大一新生开启大学新生活提供了有意义的指导,不失为一篇好文章。

(南京机电职业技术学院学工处处长、讲师　张宝中)

⑩　老师,我很迷茫该怎么办

亲爱的 2018 级的同学们:

　　祝贺你们进入大学已经有整整 100 天啦! 从 2018 年 8 月 31 日到 2018 年 12 月 9 号,2400 小时 144000 分钟 8640000 秒,从忙碌充实的启航教育周活动,到有笑有泪的军事训练,再到近一个多月的课堂学习与刚刚结束的期中考试,你们对过去 100 天的自己满意吗?

　　"好忙啊,周末比平时还要忙""我不玩手机能干什么""那几个公式如果能记住的话就不会考那么低了""题目刷得还不够吧"……

　　与初入校园时大家脸上的笑容和满心的期待相比,近期在查课查寝、与很多同学聊天中我发现大家似乎有些迷茫。有人似乎忙忙碌碌,觉得时间不够用;既不像高中时有着明确的考上大学这个唯一目标,暂时又感受不到激烈的社会竞争环境、经济压力和工作压力,于是很容易沉浸在大学里这样相对轻松自由的"舒适圈"内,陷入了"过一天是一天"的泥潭,究其原因还是没有对自己有个清晰的认识,对大学和未来的生活缺乏认真的规划。那么我们就来聊一聊在这里能做些什么吧!

一、认识你自己

　　太阳神阿波罗神庙上有一句话:认识你自己。这很难,因为这不仅是一句话,更是一个庞大的哲学命题,认识你自己不仅仅在于你知道自己叫什么,更多的是你要知道你是谁,你的理想是什么,你的需要是什么,你想要的未来什么样,你的性格怎样……

　　所以,不管是迷茫还是忙碌的你,要做的第一件事情就是在通俗的意义上认识你自己,了解你自己。很简单,准备一支笔,写下你尽量多的优点,写下你尽量多的缺点,然后看看你的缺点。决定一个木桶盛水多少的是那个短板,所以从认识你的"短板"开始,因为再也没有人会告诉你"等到你考上大学就轻松了"。四年以后,你们想要以什么样的姿态离开,走向怎么样的未来,现在就需要你们做好计划和准备,需要你们认识自己并及时做出改变与努力。

　　举个例子吧,我上大学的时候,最大的"短板"是人际交往和沟通能力,在公开场合容易紧张,无法自由表达意见。我想改变,但改变不是短期就可以实现的,而是需要付出长期艰辛的探索与努力。于是,我尽量申请每一个可以让我有成长机会的平台,我利用每一次公开发言的机会,我珍惜每一次可以外出实践的机会,我尽量参加学校学院的各类活动。我让自己忙起来,让自己在一次次的紧张和犯错中成长起来。就这样忙了很久,似乎每次公开讲话还是会有些紧张,但是身边的同学,甚至是老师会不经意地说:你好像没那么紧张啊。当然,我还有更多的"短板",比如文书能力没那么好,于是我就坚持多看多练;比如,组织协调能力没那么好,于是我就多参加活动多积累经验……

最后,你便会发现,自信的背后其实就是坚持,就是自律,就是一次次对自己的挑战和对未知的探索。如果放任自己"做一天和尚敲一天钟",那么四年以后收获的只能是更加迷茫的自己。同学们请永远记得:自律才是真正的自由。

二、活在当下

著名作家余华的作品集的内容简介里有这样一句话,"一个西方人活四百年才能经历这样两个天壤之别的时代,一个中国人只需四十年就经历了"。今天的中国处在高速的发展中,我们都不知道未来会发生什么。而焦虑的产生也是因为并不知道未来会发生什么,所以很多学生很迷茫。其实很简单,当你不知道未来会发生什么的时候,最简单的做法就是活在当下。活在当下意味着我只要尽力做好我能做的,我必须去接受那些我无法改变的事情,改变那些能改变的事情,所以在拿不准将来要做什么的情况下,做好自己能做的,比如好好学习,多获取知识,锻炼能力,积累力量。终有一天,你会发现你所有的积累会使你厚积薄发,蜕变成蝶。

三、坚持下去

我想道理大家都懂,但有的人可能就是做不到。似乎也是应了那句:"为什么知道了那么多道理,却依然过不好这一生。"

道理是道理,实践是实践,再好的道理,你不去力行,当然等于空话。首先,从小目标开始,距离期末考试还有六周时间,每天学习的时间是多久,做多少题目,复习到哪一章,玩游戏的时间是多久,用来交际的时间是多久,都要有一个大概的计划,按照你的计划一步步来,这样你对自己的学习与成长就有一个掌控。其次,希望同学们突破自己的心理设限,坚持去做了就会发现其实也没有想象中的那么难。大家都说高数很难,对期末考试很没有信心,但有人每天回去努力做题复习,攻克难关;有人畏难退缩,觉得差不多就可以了,问题越积越厚,期末考试结果可想而知。

成长真的是一个需要付出努力、不断探索的过程,天道酬勤,这个道理亘古不变,希望你们在当下这个人生最好的时光里认清自己并努力奋斗,青春刚刚开始,一切都还为时不晚。

董文伟

作者简介　　董文伟,女,硕士,助教,河海大学辅导员,曾获"2018年军训先进工作者""2019年暑期社会实践优秀指导教师"。

专家点评

　　作者结合新生入校后的生活学习和心理状态变化,从题目到内容、从自身到学生、从说理到共情,由浅入深地将学生困惑层层拨开,引导学生思考自己与社会、当下与未来的关系,明确青年学生努力奋斗的方向,令读者感同身受,豁然开朗,不失为一封优秀的高校辅导员写给学生的信件之一。

（河海大学能源与电气学院党委副书记　张炜）

⑪　青春有梦,大学启程

亲爱的2019级同学:

　　你们好!

　　疫情隔离,不隔爱;我虽不见,心中念。

　　个人认为,交流感情、心语最好两种方式:一种是眼神,一种就是文字。今天老师又一次用书信方式与大家谈谈心、说说话,也算"云端"交心吧。

　　转眼我们相处已有210天,大学4年共1461天,我与大家已经走完大学1/7的路程。这一路程,我的体会感受还是很多的,不知你有何体会。

　　今天,我们一起了解下大学,来做两道数学题:"大学的'减法'"和"大学的'加法'"。

　　一、大学的"减法":惜时如金犹惜命

　　大学4年,共1461天。每一学年还有两个较长的假期:暑假和寒假。这两个长期各省各市各地虽有些差异,但暑假一般是从7月初开始,8月末结束,寒假一般是从1月中旬开始,2月下旬或3月初结束。

　　2019年河北省高校暑假最长66天,平均52天。寒假最长51天,平均38.42天。（数据来自"河北新闻网",不考虑疫情发生）

　　好了,那我们一起来做做大学的"减法"计算:

寒暑假:我们假设大学寒假 40 天,大学有 4 个寒假;暑期 50 天,大学有 3 个暑假。大学四年寒暑假的天数就是 $40 \times 4 + 50 \times 3 = 310$ 天。

实习:一般高校有一个学期的实习,比如大三下学期教育实习、大四下学期毕业设计实习,一个学期 4 个月,大学实习时间就是 $30 \times 4 = 120$ 天。

小节假:另外,每年每学期还有国家法定假日,非寒暑假期间的国家法定假日,春季学期有清明节 3 天,劳动节 3 天(2020 年是 5 天除外),端午节 3 天,秋季学期有国庆节 7 天(在这我们只考虑中秋节与国庆节重叠,不考虑时间错开),大学四年清明节、劳动节、端午节、国庆各 4 次,将包含在实习学期的春季学期小节假除去,大学小节假就有 $(3 + 3 + 3) \times 3 + 7 \times 4 = 55$ 天。

周末:还有,大学一般每个学期教学周是 20 周左右,按 20 周计算,每周有两天的周末休息日(较少比例的专业周六日有课,不作考虑)。因为一般国家法定节假日与周末重合,除去以上所说的国家法定节假日,也就是每学年春季学期有 $20 - 3 = 17$ 个周末,秋季学期有 $20 - 1 = 19$ 个周末,大学在校学习时间有 3 个春季学期(另 1 个春季学期在实习)和 4 个秋季学期,即周末天数 $(17 \times 3 + 19 \times 4) \times 2 = 254$ 天。

无课日:其实,纵观全国高校,并不是所有专业都是周一到周五都有上课任务,尤其是第 1 学期和第 7 学期,可能每周只有两三天有课,而且还不是全天的课程,假设一周有一天没课,每学期 20 个教学周,大学 7 个在校学期,共 $20 \times 7 \times 1 = 140$ 天。

请假日:大学 8 个学期,在学校学习 7 个学期,假设每个学期,因病因事等原因请假 1 天,大学四年请假天数 $7 \times 1 = 7$ 天。

现在,我们算算在大学学习度过的时间吧。

大学学习天数 = 大学总天数 - 寒暑假天数 - 实习天数 - 小节假天数 - 周末天数 - 无课天数 - 请假天数

大学学习天数 = $1461 - 310 - 120 - 55 - 254 - 140 - 7 = 575$ 天

575 天,划重点啦!

575 天,每天 24 个小时,除去睡觉的 8 个小时,三餐吃饭的 2 个小时,每天有 14 个小时你在努力学习,也就是说你有 $14 \times 575 = 8050$ 个小时在努力学习上课。以一天 24 个小时计算,你的大学有 335 天($8050 \div 24 = 335.42 \approx 335$)在持续努力上课学习。

大学持续学习时间也就 335 天,要学完本科培养方案中所有课程,完成一般 170 学分左右的课程任务,除此之外,还要锻炼能力、参加学生组织、参加课外活动,或者寻找一个他(她)。唉,"宝宝"好难啊。

另外,扩充下,结合时间算一笔大学经济账。据统计,大学本科学费一般5000元左右。大学4年,共20000元。一些高校规定,每学期所修的学分未达到教学规定,就要留级,持续留级意味着多上一年学,多交一年学费。

而在大学持续上课学习时间就335天,相当于这样学习一天学费支出近60元($20000 \div 335 = 59.70$ 元/天)。如果加上你每天的生活费,会是多少呢?

原来,大学持续学习上课时间才335天,还不足一年。那截至目前,你学习了多少天,还剩多少天呢?

二、大学的"加法":我命由我不由天

咱们算完了大学的"减法",相信许多同学为之一振,感叹刚进入大学没几天,大学时光就没了。别灰心,咱们一起算算大学的"加法"。

虽然大学除去假期、实习、周末、无课时间、请假时间、睡觉吃饭时间等,大约只剩335天持续学习时间,而且还要修完170学分左右的课程任务,看着任务好重,但是全国高校大学生都一样。而你的大学怎么过?大学"加法",你说了算。

大学期间我们有335天在持续学习上课,那么我们其他的时间在干吗?除了上课天数575天,我们还有886天($1461 - 575 = 886$ 天)可以利用。实习、寒暑假、周末、小节假、无课日等,这886天,12404小时($886 \times 24 - 886 \times 10 = 12376$ 小时),我们能做些什么呢?

周一至周五,无课那天,你会做什么呢?

周末休息,你会做什么呢?

小节假日,你会做什么呢?

实习时期,你会做什么呢?

寒暑假,你会做什么呢?

……

我们可以利用周一至周五没课的时间,去蹭自己感兴趣的课程,去完成自己的作业,去泡图书馆,去培养一个兴趣……

我们可以利用周末休息的时间,去参加课余活动、学生组织,去锻炼自己能力,去扩大"朋友圈"……

我们可以利用小节假,去看书,去泡图书馆,去郊游增长阅历……

我们可以利用实习机会,去提升职场能力,去搭建自己的人脉,去实现自己的择业目标……

我们可以利用寒暑假,去系统掌握一项技能,去系统学习一套课程,去系统扩充知识面……

大学的"加法",你说了算。它不像大学的"减法",它就那么多。而大学的

"加法",由你定。每个人都有自己的加法,有的人可能在一天一天地加,有的人可能成次方地加。只要自己去做,你的大学就一直在做"加法"!

三、我想对你说:大学有你,真好

大学的"减法",不管你理不理会,它就在那;大学的"加法",只有自己去做,你的大学生活才会丰富起来。大学四年,是人生中的黄金时光,你准备好了吗?

大家都知道"时间就像海绵里的水,挤一挤总会有的"。但是,我想说,你去挤了吗?挤了,你用了吗?习近平总书记说:"现在,青春是用来奋斗的;将来,青春是用来回忆的。"你的未来,会有回忆的东西吗?

止笔于此,盼亲切安。

郭增江

> **作者简介** 郭增江,男,讲师,河北师范大学生命科学学院辅导员,曾获2016年教育部关工委主题征文比赛三等奖,2017年河北省委组织部"增强'四个意识' 走好新的赶考路"主题征文优秀奖,2015年河北省高校辅导员精品项目三等奖,2016年河北省高校辅导员精品项目一等奖。

专家点评

郭增江老师带着对自己学生最真挚、朴实的感情,采用书信方式,对学生大学四年的学习时间,以减法和加法的运算处理,做了精细的计算和安排,与学生进行了亲切交谈,达到"云端"交心的效果。

我认为,学生看到老师的信后,会从中体会到老师对学生诚挚的爱,也会深刻认识到"一寸光阴一寸金"的含义,促使学生抓紧点滴的时间,惜时如金。牢记习近平总书记的嘱托"现在,青春是用来奋斗的;将来,青春是用来回忆的"。促使学生带着憧憬,带着梦想,带着希望,迎接新的开始,为中华民族的伟大复兴贡献力量。

(河北科技大学教授 赵舫)

⑫ 中秋夜的"五个锦囊"

——致政法学院新同学的一封信

亲爱的2016级新同学:

你们好!

首先,非常高兴能够成为你们的辅导员。辅导员,是你们在上大学以前从没接触过的角色,在西方被称为"学生事务工作者",在新中国成立初期,由清华大学率先设立"政治辅导员"的职位,如今各高校都配备有专职辅导员,管理大学生日常事务和思想政治教育。

也许你认为对于我来说,你只是1/235的学生,但我知道对于你来说,我就是你唯一的辅导员,就为这个,我将会以百分百的努力来为每一个同学服务。你们是我带的第一届学生,你们让我回忆起八年前上大学的自己,那时候的我,也跟你们一样,有点羞涩有点焦虑,但也有激情和对美好大学生活的憧憬。虽然我不像你们姚师兄一样有一个过亿资产的公司,但我有你们235个可爱乖巧的学生,有你们一声声的"薇姐",有你们一句句问候,我已经很满足了。同时,我觉得你们能遇见我也是你们的幸运,我是你们在大学四年里愿意为你们24小时开机的老师,无论任何时候都牵挂着你们的老师。我虽然不是学校最优秀的辅导员,但会以最好的自己来陪伴和见证你们成长。我虽然去年才毕业工作,没那么多实践经验,但有的是对工作的热情,我会尽我所能关心你们,帮助你们顺利完成大学四年的学业,努力成为你们的知心姐姐。

在这里,我想送你们"五个锦囊",当大家对大学生活困惑了、累了的时候,希望大家还能拿出来读一读。

第一,感恩。在你一生中,没有人有义务对你好,你要懂得感恩身边关心你的、爱你的人,包括你的父母、师长,还有你的同学和朋友。同学们能够聚在同一个班级,甚至是同一个宿舍,都是缘分,请珍惜这份缘,将来你们毕业后,同学就是你们在社会上的兄弟姐妹,只有他们才会不求回报地帮助你。借用梁继璋给儿子的信里的一句话,"亲人只有一次的缘分,无论这辈子我和你会相处多久,也请好好珍惜共聚的时光,下辈子,无论爱与不爱,都不会再见"。所以请每个同学都能懂得感恩。

第二,努力。世界上没有免费的午餐,每个同学都要通过自己的努力去争取,去实现自己的目标。说到目标,在上大学以前,你们都有一个共同的目标——考上大学,那么如今,你们的目标又在何处?请好好思考这个问题,无论是大目标还是小目标,都要通过自己的努力才能实现。而大学,就是你们实现目标的平台,大学很精彩,就看你们如何把握了。

第三,独立思考。对每件事、每个人,都要多多思考。接受信息,最重要的一点就是要形成自己的看法,不要人云亦云,不要随波逐流。大学的图书馆足够你看上四年,多去那里看看,不要只是期末时为了自修去几次。也许看书是你们也是我们这代人丢掉的最好的习惯,不要只看那些流行的,什么都看看,都想想。正是在这样的不断思考中,你才能找到你的理想,找到正确的价值观。未来的四年是你们的,生活要你们自己去体验了,才会真正地成长。

第四,锻炼。这里的锻炼有两层意思,一个是身体的锻炼,有这么一个形象的比喻："健康好比数字1,事业、地位、钱财都是0,有了1,后面的0越多,就越富有。反之,没有1,则一切皆无。"身体是革命的本钱,规定自己每天都要有一定的时间来运动。另外一个就是能力的锻炼。在大学里,有很多的学生组织、社团协会,等等,都是你们锻炼自己能力的平台,当然,你们最重要的还是学习好专业知识,再提高自己各方面的能力。

第五,持之以恒。无论做什么事情,只有坚持到最后才会成功。"骐骥一跃,不能十步;驽马十驾,功在不舍。"同样,成功的秘诀不在于一蹴而就,而在于你能够持之以恒。

以上内容都是我有感而发,没有华丽的语言,都是我最真诚的话语,对同学们的由衷之言,希望能帮助同学们尽快适应大学生活,在青春的舞台上尽情展现自我。

最后,我希望在你们大学的第一个国庆前收到每个同学的回信,内容可以是开学这几天的体会,可以是对未来大学生活的规划,可以是想跟四年后的自己说的话,也可以是想对我说的话,内容不限,文体不限,字数不限,只要求用一张小卡片或者信笺纸,书写下最真诚的话语,我会为你们保存到你们毕业那天,亲手交回到你们手中!

祝同学们在大学里一切顺利,祝福每一个同学!

你们的知心姐姐:薇姐
2016 年中秋夜

作者简介

罗薇,女,惠州学院政法学院辅导员,1989 年3月出生,国家二级心理咨询师。2015 年7月参加工作,先在惠州学院学生处负责学生资助工作,2016 年9月至今,任政法学院专职辅导员,学生党支部书记。工作以来,共获得 15 项荣誉,其中个人获省级荣誉(广东省高校思想政治工作实践优秀案例一等奖等)5 项,校级荣誉("优秀辅导员"等)6 项,指导学生团队获得国家级大学生创新创业实训项目,指导学生党支部获得广东省委教育工委基层党建优秀案例一等奖等。

专家点评

政法学院是年轻的罗薇老师辅导员工作的第一站,在学生工作中,她敬业爱岗,乐于奉献,不断努力做好学生工作,用自身的付出诠释了青春无悔。师者父母心,让我们为罗老师点赞!这封"薇姐"写给学生的信,字字发自心灵深处,情真意切,感人肺腑!一点一滴的细节,浸透着老师对学生的殷殷深情和谆谆嘱托,文字平和、安静,值得反复回味。

(惠州学院马克思主义学院思想政治教育副教授　吴恒亮)

⑬ 致新生:不想吃生活的苦,就得在大学好好吃读书的苦

亲爱的同学们:

见字如面!

在经历了被渲染成"万人过独木桥"的高考后,在潇洒自由任性地度过暑假假期后,在九月收获的季节里,我们相聚在新的校园。此时的你,在阳光的照耀下,伴着秋风的轻拂,看着新校园美丽的风景,你的心情是否激动着? 你的脑海里是否已经勾勒出未来大学生活的轮廓呢?

作为在大学校园里最先与你们见面的辅导员,特别地想要问你们,是不是在报名的时候,就已经在心里暗暗立下誓言:我要好好学习,拿到奖学金,考一些证书,兼职赚点钱,去体验诗和远方,去看日出,去看大海?

有这样的梦想是正确的,说明自己是个正常的人。可是不要忘记:许下诺言易,身体力行难!

其实大学学习就像大浪淘沙一样,有些就被淘汰了,有些却留下了令人羡慕的过往。不知不觉间,有些人迷失在各种网络游戏里,有些人沉迷在各种偶像剧中,有些人一直停滞在迷茫与徘徊中,有些人一直犹豫在无所事事中。你们中的大多数还觉得自己是个孩子,还不是个成年人,还用不着为生活忧虑,为生存打拼,还可以利用几年的时间在校园里过得过且过的生活。

可是请记得,今天的你是什么样子的,那明天的你也一定是什么样子的;在大学的你是什么样子的,毕业走上社会时也一定是什么样子的。

不吃读书的苦,将来就一定会吃生活的苦、吃社会的苦。

还记得前不久登上微博热搜的红衣女子吗?

为了全勤奖300元,不惜拖着刚挂完点滴憔悴的身体,即使跌倒了也要立即爬起来赶公交车。

这就是现实成年人的世界,哪有什么云卷云舒,哪有什么岁月静好,其实都在为生活打拼。不仅仅是这位红衣女子,这个社会的其他角落里,遍地都是这样为生活打拼的他们。还记得开年初火爆的电视剧《安家》吗? "安家天下"的几位售楼员,哪怕毕业于"985"学校,在社会上历练也没有想象中简单。

有本领的他们尚且如此艰难,如果你们还不趁机利用大学时光好好学习,丰富自己的生存技能,等到毕业后走上社会,只会面临更大的竞争,可能只配拥有更狭小的生存空间。

也许读书真的很苦，十年寒窗苦读，每天三点一线的生活可能确实枯燥无味，但是跟生活的苦相比，学习真的轻松多了。

当你在抱怨学习枯燥的时候，那些在职场上已经连续加班三四天的他们特别渴望能够休息一会儿。

当你在教室里抱怨无聊的时候，那些在烈日炎炎下被晒得几乎晕倒的工人多想能有一处纳凉的场所。

当你在嫌弃学校饭菜难吃的时候，你可能不知道自己口中"猪都不愿意吃"的东西，是多少人梦寐以求的食物。

如果你哪一天感到累了、倦了，实在不想读书了，就到凌晨的大街上走走看看，就到建筑工地上体验几天。

你就会明白，学习虽然枯燥，但是比起社会的残酷而言，还是显得太过轻松。走过这段最狭窄的地方，那些你吃过的苦，熬过的夜，做过的题，背过的单词，都会铺成一条宽阔的路，让你走到你想去的地方。

也许此时的你又会说：在这个时代，读书早已不是人生唯一的决定途径了，那么多没有读书的人，不也照样过上了美好的生活吗？

请仔细想想：你口中"那么多没有读书的人"，到底有多少个？你应当还是要承认，与他们相比，你们中的绝大多数都只是平凡家庭里的孩子，大多都是寒门学子。这个世界上，含着金汤匙出生的人毕竟是少数，绝大多数是普通人。而普通人想要改变自己的命运，无非是通过读书。要知道，读书是普通人逆袭的最佳途径。有句话说："寒门难出贵子。"读书，是寒门子弟改变命运的最大出路。

再退一步想想，是谁让你在大学时光里衣食无忧的？是谁一直哪怕硬逼着你上职业院校也不愿意让你过早踏入社会的？是谁让你回到家里就以为天下太平的……不错，是你们的父母，一直在你们面前故作坚强、伟大、可以如超人般解决任何问题的父母。

从你出生的那一刻开始，你的父母就开始了无怨无悔的付出。在这过程中，他们要承受很多很多压力。就连崩溃，也要躲在你看不见的地方。他们不辞辛苦，努力工作，就是为了你能坐在一个安静舒适的教室里学习，为了你能有一个美好的将来。你的父母也想轻松过日子，但是他们不行。他们想要为你撑起一片天，想给你赚来整个世界。只要你幸福了，哪怕掏空他们自己，他们也义无反顾。所以，不要抱怨读书苦，你在为青春拼搏的同时，你的父母也付出了百倍辛劳。

大学的三年、四年或五年，站在入学的那一刻来看，好像很长很长，哪怕浪费了其中的某一天，还可以用这三年、四年、五年的某一天来弥补，于是很多学子就这样安逸地得过且过，把自己假想的努力、奋斗、拼搏推移到晚一天、再晚一天，直到恍惚间就毕业了。

张爱玲说：出名要趁早。同样，作为大学生，作为一名青年，奋斗也要趁早。早起的鸟儿有虫吃，早起的虫儿被鸟吃，你要成为鸟，还是成为虫，都在你自己的手里。

不想将来后悔，现在就得奋斗。

习近平总书记说："青年是祖国的未来、民族的希望，也是我们党的未来和希望。"知识是每个人成才的基石，在校期间一定要把基石打牢。要通过学习知识，掌握事物发展规律，通晓天下道理，丰富学识，增长见识。希望广大青年珍惜大好学习时光，求真学问，练真本领，为国争光，为民造福。

中国共产党的创始人之一李大钊同志也说过，青年要"为世界进文明，为人类造幸福，以青春之我，创建青春之家庭，青春之国家，青春之民族，青春之人类，青春之地球，青春之宇宙，资以乐其无涯之生"。

愿在读的每位大学生，趁着年少之时，努力学习，珍惜时光，为美好的明天打下基石。

一直陪你成长进步的黄森文老师

作者简介

黄森文，男，讲师，吉安职业技术学院辅导员，教育部中青年骨干队伍建设项目团队成员，教育部"中国大学生在线"校园号作者，运营个人微信公众号"桔子花已开"，主持省市级课题3项，参与省市级课题4项，参与编写教材1部，获全国学校共青团优秀研究成果一等奖、第九届全国职业院校"文化育人"高端论坛征文三等奖、江西省首届学校共青团"微团课"大赛二等奖、吉安市社会主义核心价值观教育创新案例和思想政治工作优秀案例一等奖等荣誉。

专家点评

读完整封信，内心既纠结难过，又倍感温暖。笔者结合工作经验，从国家、社会、家庭及学生个人成长层面呼吁大学生在大学期间要勤奋刻苦、努力学习，字里行间无不流露出笔者的深情和慨叹，非常打动人心。这样一封饱含真挚情感的信，可以是老师写给学生的，可以是家长写给孩子的，也可以是师兄写给师弟师妹们的，只要读者认真去阅读、去思考，一定会有深刻的体会和感悟。如果信中可以列举在学生身上发生的与信件主题相关的故事，让读者更有代入感，就更好了。

（吉安职业技术学院机械与电子工程学院副教授　易国华）

⑭　坚持，遇见更好的自己

亲爱的2019级"萌新"们：

大家好！

首先，真诚地祝贺你们从全国高考考生中脱颖而出，进入魅力济大，成为一名济大人，作为辅导员，我热切期盼你们的到来！

相信你们大多数人都是第一次离开家乡，离开父母，来到新的城市，开启人生中又一段精彩的旅程。你们的到来将为学校注入新鲜血液，济大也将成为你们梦想开始的地方。在这里，你可以在学术论坛上向院士发起挑战，可以去艺术展厅瞻仰艺术瑰宝，还可以与好友结伴行走在升华广场、甲子湖畔、时空隧道、至善亭、滋兰苑……大学包罗万象，挑战与机遇并存，坚持，就能遇见更好的自己。借此机会，我想和大家分享几点：

一、立鸿鹄志，做奋斗者，需要我们胸怀理想

要树立远大的人生目标。我们在大学学什么、为什么学、该怎么学，要提前思考好、做好规划，最好是短期目标与长期规划相辅相成，切记不能旅进旅退。要锤炼"咬定青山不放松"的坚强意志。竹子只有深深地扎根在青山之上，岩石之中，才能够面对各种各样的风雨和磨难，依然保持坚劲挺直。人也是一样，只有坚定信念，坚定信仰，我们才能够"千磨万击还坚劲"。要发扬脚踏实地的奋斗精神。也许有一天你会发现，大学生活并没有像偶像剧描写的那么唯美，而是充满了忙碌与压力。同学们请不要惊慌，这才是大学应有的样子。所以，无论何时，都不要放弃忙碌和努力，因为幸福都是奋斗出来的，奋斗本身就是一种幸福。那么我们该如何奋斗呢？听好每一堂课，认真参与每一次学术科研，做好每一份实践工作，把每一个环节做好，就是对这个问题最好的回答。

二、求真学问，练真本领，需要我们勤于探索

我们要夯实专业基础。"学如弓弩，才如箭镞"，既要努力学习专业知识，学好专业技能，也要向新的领域探索，多接触前沿科学知识。丰富的学术讲座和论坛正是我们加深专业问题理解和认识的有效途径。我们要保持进取之心。"对待学问要像夏天一样火热"，要拥有一颗追求真理的心。遇到难题多与老师同学交流，这样能够启迪我们的思维，开拓我们的思路，帮助我们寻找灵感、攻克难题。参加学术竞赛，能让我们迸发更多想法，要有"实验bug虐我千百遍，我仍待它如初恋"的韧劲。我们要培养创新能力。"苟日新，日日新"，在互联网时代，我们要培养创新思维,善于把我们所学知识与生产实践相结合,敢于在专业领域寻找新的发现,勇于在科技创新项目中崭露头角。

三、敢于有梦,勤于追梦,需要我们勇于尝试

我们的目光不要拘泥于书本,要尝试丰富的大学生活。校园里有各种各样丰富多彩的活动,比如 C 语言编程大赛、"十佳歌手"大赛、国学达人挑战赛……这些都在等你参与。我们的能力不要停留在课堂,要尝试参加学生组织。学校为我们提供了提升与展示组织管理能力的广阔空间,比如学生会和学生社团。"恰同学少年,风华正茂;书生意气,挥斥方遒",加入学生组织,与志同道合的伙伴同行,会有一种繁忙的快乐、心灵的充实。我们的脚步不要局限在校内,要尝试奔向祖国各地。我们可以在机关见习、企业调研、下乡支教等实践活动中探索新世界,更可以在西部计划等基层工作中,践行社会主义建设者和接班人的使命担当。

"海阔凭鱼跃,天高任鸟飞",大学是一个梦开始的地方,一个"雄关漫道真如铁,而今迈步从头越"的新起点。同学们,你们要始终铭记"弘毅、博学、求真、至善"的校训,发扬"艰苦奋斗、凝心聚力、追求卓越"的精神,再踏征途,风扬万里。最后,祝大家在大学生活中,遇见更好的自己!

于超

作者简介

于超,男,中共党员,共青团山东省委青年讲师团成员,济南大学辅导员,主编《幸福密码——大学生心理健康教育》,参与负责全国省市校级课题项目 6 项,于 2019 年 5 月 4 日作为代表参加"纪念五四运动 100 周年大会"。曾担任省学联驻会主席、校学生会主席、校团委副书记(兼职)、校研究生会主席等职,先后获全国优秀共青团员、全国践行社会主义核心价值观先进个人等 60 余项荣誉。原创文章累计阅读达 10 万人次,被央广网、中国日报、中国新闻网、学习强国、中青网等 80 余家媒体平台转载报道。

专家点评

辅导员是学生成长成才的人生导师和知心朋友,通过书信形式对话,既能拉近师生之间的感情,又能教育引导学生更好地适应大学生活。内容既"高大上",又"接地气",不仅引用了习近平总书记对青年寄语的重要论述,还引用了青年树立崇高理想的名言警句,并通过学生喜欢的语言表达方式传递给了学生。文章紧紧围绕"立德树人"根本任务,尊重学生的主体需求,明确学生的主体地位,根据学生的实际困难来对症下药,坚持解决实际问题和解决思想问题相结合,有针对性地回答好青年关注的热点问题,解决好多元文化冲突下青年的思想困惑,能够更好地助力学生成长成才。

(济南大学党委学生工作部部长　贾海宁)

⑮　叮！你有一份入学攻略,请查收

亲爱的2019级新生们:

大家好！首先,我要在这里祝贺大家,从今天起,你就是一名大学生啦！褪去青涩,走向成熟,在这里,你将学习、生活、收获、感悟,在成长、成才的道路上,体验最美丽的风景。

当然,在这条让人充满期待的道路上,还有我,你们的辅导员老师,会和你们一路相伴。今天,我便为大家带来了一份礼物——为大家精心打造的"入学攻略",请同学们查收！

一、快速适应攻略

初入大学,一切都是崭新的开始,是新奇,更是挑战,但是,你们准备好迎接这些挑战了吗？分离焦虑怎么办？不知所措怎么办？陌生恐慌怎么办？别急,我们有辅导员老师,欢迎大家随时来倾诉各种问题！大学是一次重塑自我的修行,愿你在这个舞台,能领略最美的风景！在这里,欢迎大家加入学生会、兴趣社团,参与竞选班干部,让自己忙碌起来,充实起来；欢迎大家给自己树立学业目标,朝着梦想,不断努力；欢迎大家尽快和同学、老师建立良好的人际关系,共同努力,共同进步！相信自己,树立信心,这一切都会很快解决,美好的大学生活即将在眼前展开！

二、学业有成攻略

"书山有路勤为径,学海无涯苦作舟",大学的课业从来都不轻松,大学的时间,每一秒都弥足珍贵。所以,老师在这里提醒大家,一定要尽快给自己列好学习计划表,合理安排时间,并且认真执行！在这份计划表中,早读要有,争取早日攻略英语四级；晚自习要有,有计划、有效率地攻略专业知识；定期自我检查要有,保证所有计划逐步执行；执行底线要有,任何时候都要避免沉迷于手机、游戏。大学的美好时光转瞬即逝,而我们从容地站在毕业季,拥有选择未来的底气,在于从现在开始的点滴积累！同学们,加油哦！

三、温馨宿舍攻略

宿舍像一个小家庭,大家从天南海北聚到一起,成为家人,是一件非常有缘分的事,而让这个小家庭变得更温馨、更和谐,则需要每一个人的努力。在这里,老师送给大家一套宿舍攻略:第一,将自己的"小天地"打扮得干净整洁,这是大家的一张名片呦! 第二,每天为宿舍做一件小事,比如扫扫地、打打水,事情不在多少,但请每天做一点,坚持会有收获哦! 第三,学会互相尊重、互相理解,不以"我"为中心思考问题,而是不断地换位思考,收获更多的欢乐和友谊! 第四,坚持早睡早起,克制彻夜卧谈,养成良好的作息习惯,绝对可以受益终身哦!

四、职业生涯攻略

如果人生是一场漫长的马拉松,那么,大学就是刚刚入场的冲刺,它需要你的努力,更需要你对未来的长远规划和早作准备! 所以,我要送给大家一份职业生涯攻略——在大学的时间里,结合自己的兴趣、专业以及其他多种相关因素,为自己精心、务实地进行一次职业生涯规划。正所谓"凡事预则立,不预则废",良好的职业发展,一定离不开合理的规划。我建议同学们为自己定下每学期的学习目标,要达到什么水准、准备参加哪些职业技能考试、为就业进行哪些实践、考查职业前景的哪些方面等等,将这些问题逐一思考归纳之后,我想,大家对未来也就有了一个大概的轮廓。在以后的日子里,我还将带领大家更深入地了解职业生涯规划,做更周密的设计,托起未来,计划先行!

五、收获爱情攻略

在谈了许多学习、职业的话题之后,我们来聊聊爱情这个轻松而美好的话题。首先,爱情不是大学的硬性指标,并具有高度的不可测性。或许缘分来的时候,你还没有准备好;或许你痴痴等待,它却迟迟不来。这可如何是好? 爱情攻略的神秘宝典,写的是甜蜜还是青涩,是追求还是等待? 当然,都不是! 爱情,是友谊的升华,更是沉重的责任,它需要更多的理解、尊重、包容,也需要更多的思考、承担和成熟,它包含恋爱的美好,也包含失恋的苦涩,它包含追求,也包含拒绝。在这里,辅导员要给大家提个醒,恋爱固然美好,但是学业同样重要,愿大学的情侣们能努力学习,共同进步,也愿认真学习、不断进步的同学们,有所收获。总之,你的辅导员老师永远在你的身后,随时为你答疑解惑,并且默默地关注着你们!

六、创新创业攻略

大学是不断实践、超越自我的地方,是挥洒青春、实现理想的地方,我们背着行囊而来,要带着知识和收获离开。那么,大学就是创新创业的训练场,就是一座巨大的宝藏。习近平总书记对高校大学生创新创业指示:"希望你们扎根中国大地了解国情民情,在创新创业中增长智慧才干,在艰苦奋斗中锤炼意志品质……"创新创业的过程,是认识、实践、信念多个层次的磨炼与提升,是难得的促进自身成才的机会,是完善自我、实现一次人生蜕变的珍贵机遇。这里欢迎你们,未来欢迎你们!

我们常说,大学是塑造人的地方,但实际上,大学的一切教育任务,凝练为四个字,即"立德树人"。在这里,我们将提升自我、完善自我,更要实现自我、超越自我。志存高远,坚定信念,在老师的陪伴下,同学们一起成长,以"立德"为己任;脚踏实地,刻苦学习,在国家的期待下,争取早日成才!

"千里之行,始于足下",同学们,这份入学攻略,请收好!

祝你们大学生活一切顺利!

胥佳利

作者简介

胥佳利,女,硕士研究生,讲师,唐山职业技术学院辅导员。获河北省第五届辅导员职业技能大赛一等奖、理论宣讲二等奖。唐山市优秀共产党员,唐山职业技术学院优秀思想政治教育工作者、辅导员、班主任。

专家点评

新生入学教育是大学生日常思想政治教育中最为重要的一个环节。因为大一是大学生由中学到大学、由不适应到适应的转换期。这个阶段,学生的心理特征往往具二重性:富于理想但容易盲目追从,热情高涨但容易失意挫败,情感丰富但容易感情用事,求知欲强但容易盲目吸收。这个阶段的学生存在着自豪感与自卑感、希望与失望、轻松感与压抑感并存的矛盾心理。因此,新生入学教育的关键是紧紧抓住学生在入学阶段的思想行为特征,本着协调与控制的原则,按照教育要求采取有针对性的思想政治教育策略,才能取到良好的效果。

本篇文章是新生入学教育中对学生进行思想教育引导的佳作,教育全面、内容贴切、引导有力、话语温和,既有思想的贯穿,又有情感的融入,既有干货式的攻略,又有循循善诱的教导。从思想政治教育的角度分析,胥老师的这封信之所以"优秀",主要表现在以下三个方面:一是坚持了从学生思想实际出发的原则;二是遵循了协调与控制相结合的思想政治教育规律;三是充分运用了人格分析的方法。信件凸显了其深厚的理论功底和娴熟的教育技能,是一篇值得仔细品味的佳作。

(延安大学副处级辅导员、第九届辅导员年度人物提名、陕西十佳辅导员、陕西青年讲师团成员 李生策)

第二章 力学如力耕

⑯ 疫情下,照着习近平总书记书单勤读书

同学们:

记得在二月份的时候,我写过一篇文章《当代大学生,在新型冠状病毒面前,我们能做什么》,其中有一个建议就是大学生在家里要多读书,实现弯道超车。读书到底有多重要? 有句话是这么说的,"你的气质里,藏着你读过的书,走过的路"。网上也曾有这样一段笑话:"人,为什么要读书? 当看到天边飞鸟,你会说:'落霞与孤鹜齐飞,秋水共长天一色。'而不是:'好多鸟。'当你失恋时低吟浅唱道:'人生若只如初见,何事秋风悲画扇。'而不是千万遍地悲喊:'蓝瘦,香菇!'"

读过书的人比没有读过书的人,在生活中应该更能够自我认知、自省、自我纠错,让自己的人生过得从容不迫,并且摸索出一套不拧巴的生活方式。习近平总书记曾说,我最大的爱好是读书。习近平总书记的书单可以分为两大类,一类是习近平总书记办公室的书,另一类是他关注的书。办公室的书有马列著作,文学名著,历史、哲学、经济、军事著作,国学经典著作。专门关注的书有《浮士德》《岳飞传》《红与黑》《少年维特之烦恼》等等。但由于个人需求不同,这就要求我们为自己建立一个最基本的读书逻辑框架。这相当于提前给我们脑袋构架一个书架,遇到的不同书籍将在大脑中清晰过滤,自动归类,当我们需要用的时候,随时从相应的体系中调取。

那么这些书我们如何归类? 俗话说:"少则得,多则惑。"其实古人早就帮我

们删繁就简,按"经、史、子、集"四部分类法做好分类。如果现在把世界上所有的书按经、史、子、集四部分类法来分,我们脑袋就会减轻很多负担。所以,古人的这种图书分类法,到现在我们都可以借鉴并使用。

一、经

经,是指儒家经典书籍,这些书,经历几千年传承,经久不衰,经典中包含一个国家的价值观。在中国的"四书五经"中,《大学》《论语》《孟子》《中庸》,这几部经典都是属于价值观类的,符合当下中国人的普世价值观。我们一起看下习近平总书记书单,上面有《论语》《周易》等经典名著。孔子万世师表,他一生推崇修己安人之道,推己达人,对中华文化产生深远影响;《周易》讲辩证思维,从伏羲"一画开天"到"一阴一阳之谓道",其中坚守正道的思维方式,至今影响着中国人。

价值观是我们当代大学生一生所追求的信仰,价值观决定了我们选择什么样的人生目标。选择什么样的人生态度,就会走什么样的人生道路,这是我们一生为人处世的行为准则。因此,一个人必须有正确的价值观念。当代大学生选书的时候,可以以国学经典为参照本,以此树立良好的价值观。

二、史

史,是指历史类的,包括政治、文化、经济、人物传记等,《旧唐书·魏徵传》记载:"夫以铜为镜,可以正衣冠;以史为镜,可以知兴替;以人为镜,可以知得失。"所以,学会历史,对一个人来说会培养一种宏观思维,以便能"窥一斑而知全豹,处一隅而观全局"。我们也会经常听到:"历史不会重演,但总是惊人的相似。"学好历史就是取古人好的做法,体察古人失误之处,避免犯同样的错误。我们在习近平总书记书单中看到有一本《岳飞传》,他说小时候看到岳母刺字的故事,精忠报国在他脑海中留下了很深的印象。对于大学生来说,可以看历史人物传记,如《红顶商人胡雪岩》,你可以从胡雪岩一生的成败中有所借鉴。也可以看现在的企业家人物传记,如乔布斯、马云、任正非的传记。值得注意的是,一般名人传记,作者为了吸引读者眼球,会放大主角的苦难,然后有意彰显其成功之后的成就,许多人会效仿,这些都不可取,因为世界上没有两片完全一样的叶子。乔布斯的传奇,那都是小概率事件,我们要理性地分析,他的成功是受到历史、地理、政策、环境等一定条件的影响。作为普通大学生,我们能借鉴的就是要进入当事人当时的情境,不看他们成功的时候,也不看他们失败的时候,看他们在人生最关键时期的关键决策是如何做的。如果当时是你,你会怎么决策?为自己以后决策提供方向,这才是看人物传记最大的收获。

三、子

子,古人指的是诸子百家著作。如《孟子》《老子》《荀子》《孙子兵法》等。

我们在习近平总书记书单中会看到《墨子》《管子》《韩非子》等。诸子百家能让我们借鉴的是思维模式以及方法论。人与人之间的差距，就是思维模式的不同，如管理学方面的方法论、经济学方面的方法论、心理学方面的方法论、时间管理方面的方法论等。一个人思维的强大之处，主要是对其掌握的方法论在现实生活中的运用程度。

四、集

集，古人指的是诗文词总集和专集等。作为当代大学生，我们除了学习古人的诗歌、文学以外，还要学习国外文学名著。我们在习近平总书记书单中看到有《老人与海》《基督山伯爵》等。为什么要学国外的文学名著？因为经济全球化，我们需要与各个国家的人打交道。也不是每个人都有条件周游列国，亲身经历去了解一个国家的文化。所以，要通过读国外文学名著，来了解世界不同国家之间的文化。例如，《悲惨世界》是由法国作家雨果在1862年发表的一部长篇小说，主要述说了身为苦刑犯的主人公在拿破仑战争期间的个人经历，书中描述了法国历史、道德哲学、法律、信仰，等等。有句话说，"艺术是来源于生活，又高于生活"。文学作品恰恰是从侧面反映了当时的社会情境。这些原始的社会属性，有助于我们更全面地了解一个国家的文化属性。

五、总结

同学们，身为中国人，首先必须传承中国传统文化。我们观念中要有爱好和平、与人为善、勤俭节约的价值观。有了这些正确导向，我们今后就不至于走偏了。如果某一天，我们觉察到自己价值观有所偏差的时候，我们也能及时快速地纠正过来。

其次，以史为鉴，不忘初心，牢记使命。我们要不仅学习历史人物的精神，更要与时俱进，向更加优秀有成果的人看齐，学习他们在人生关键时候做出决策的方式以及他们最先进的方法论、技能，做到"一切为我所用"。

最后，当今世界经济全球化，我们需要学习各国文学名著，以便在与各个国家交流中更加顺畅。我把"经、史、子、集"思路做了一个梳理，如下图：

分类	古人	现代
经	四书五经	国学中的价值观
史	历史人物传记	历史名人传记、企业家传记等
子	诸子百家	国内外有成就的人的方法论、技能
集	诗歌总集	近代文学、国外文学名著

　　"经、史、子、集"读书思维,是古人为我们删繁就简的读书思维,可以帮助我们在众多的书籍中快速地构建我们自己的知识体系,大道至简,简单有效。我们可以在不同的成长阶段,可以有不同的侧重,可以同时进行,也可以依次进行。大学期间,时间相对充足,可以先稳定价值观念,再读不同国家的文学名著,了解他们的文化。等毕业之后,学习相对先进的思维模式与方法论,从历史人物传记中学到决策模式。这样就可以在繁杂的书海中,快速过滤,自动归类,构建自己独有的读书构架。

王彪

> **作者简介**　王彪,男,讲师,SYB 创业导师,国家职业指导师,全国高校就业指导中级讲师,福州外语外贸学院经管学院学生第二党支部书记。指导的学生参加全国第二届"创客挑战赛商业策划书"比赛获得全国第一名,个人获"质比天高全国创客讲师讲课"比赛第一名。

专家点评

　　首先,王彪老师给学生这封信,是在当下疫情防控期间给学生做的一次读书逻辑框架的梳理。以习近平总书记的书单切入,贴合学生思想,具有说服力。书信中引用"经、史、子、集"的分类法,既帮助大学生在选书、读书的过程中删繁就简,为大脑减负,又引导当代大学生坚守正确的价值观。

　　其次,书信客观理性地分析了每种分类下所应当掌握的知识框架。不盲目崇拜书籍中的主人公,而是用一种辩证思维,学习书中人物关键的决策思维模式。

　　最后,虽说书信从"经、史、子、集"的方向切入,但是,这封信能与时俱进,引导学生在当下经济全球化的今天开阔视野,去了解不同国家的不同文化属性。整篇文章脉络清晰,构架完整,主线分明,立意深刻,信中引经据典,举出众多案例,能深入浅出、循序渐进地对学生进行引导,对当代学生具有十分重要的启发意义。

(福州外语外贸学院经管学院分党委书记、副院长、副教授　林锋)

⑰　我为什么总是劝你少玩游戏?

亲爱的 XX:

　　展信佳。

　　你应该很意外吧,刚刚才在宿舍见过面,晚上就收到了我的信。每次去宿舍看你们,推门的一刹那,我总在构想你们正在干什么的画面。我希望的是你们在看书听音乐，围坐在一起聊聊天，或是做做手工写写画画。但几乎每次我敲开门，都会看见你盘着腿坐在床上玩游戏正嗨。见我进来，你慌忙起身问好，遮遮掩掩，挠着脑袋说一会就不玩了。可我知道，当我转身闭门的时候，你可能会马上又投身"战场"，打得火热了。因为玩游戏的事情，我们交流过多次，我知道它一定有非常吸引你的地方，我也相信你多次在我面前的保证都是出于真心，而我今天也想用这种方式好好跟你说说我的理由，关于我为什么总是劝你少玩游戏。

这世界上的生意大抵分为两种，一种叫作多巴胺生意，另一种叫作内啡肽生意。多巴胺，是一种能带来能量和动力的神经传导物质，它跟愉悦和满足感有关，当我们经历新鲜、刺激或具有挑战性的事情时，大脑中就会分泌多巴胺。我经常会劝你们多做一些户外运动，因为运动之后身体会分泌多巴胺，可以给我们带来一些快感。但是我知道那种快感远没有手机或者电脑上的电子游戏的快感来得直接。你无论是去跑步锻炼，还是和朋友一同打球，都需要经过比较长的时间，耗费相当大的体力后，身体才会分泌一点点多巴胺，只能获得一点点快感。玩电子游戏，那种化学物质分泌得非常快。所以我说，娱乐行业干得多是多巴胺生意，提供的产品就是让你一上手就爽，越来越爽，但是一停下来就不爽。当然，快感来得快，甚至很强烈，年轻人就非常容易上瘾。当人们对一种简单而强烈的快感上瘾后，对于其他事情就失去了兴趣。

教育行业干的呢，可以说是内啡肽生意。学习这个事儿，上手的时候是不爽，有一段时间还越学越痛苦。我们都体验过面对问题几天几夜都没有思路、背的英语单词隔天就忘、写文章写不出来时在电脑前如坐针毡、自认为很努力成绩却总是提不起来的心情。焦躁、郁闷、无力、失望，这些感觉在学习的过程中都会有。所以，很多人说学习反人性。这话对了一半。人都有惰性，没有人愿意没事找虐受。但为什么这世界还是有爱学习的人？那是因为这群人发现，那些一上手就很爽的事，一旦停下来就特别容易空虚。而学习，在熬过痛苦期之后，当你终于想到解决办法，当你坚持下来战胜了自己，当你看到自己的努力获得了回报，当你得到了认可，更重要的是得到了来自内心的成就感，你就会感觉特别幸福。这是因为你体内分泌了内啡肽，内啡肽是什么呢？如果你看过"止痛片"后面的成分表，你应该对这个化学物质并不陌生，没错，它是用来止痛的。我们有些人把"辛苦"和"痛苦"搞混了，以为辛苦就是痛苦。其实不是的，"辛苦"和"痛苦"不是一起的，真正和痛苦在一起的是"绝望"，而充满希望的"辛苦"实则是幸福。

新时代的中国青年处在中华民族发展的最好时期，既面临着难得的建功立业的人生际遇，也面临着"天将降大任于斯人"的时代使命。我总跟你们说，大好的时光应该抓紧时间去学本领,去不断充实自己,应该去努力,去奋斗,应该胸怀远方,去体验那种熬过痛苦以后长长久久的幸福感。因为没有体会过那种幸福感的人,将会一辈子困在多巴胺的世界里。

可是我知道,要让一个年轻人做到如此理智谈何容易。我越是说得光鲜动听,你越是觉得我有卖弄过来人经验的嫌疑。就像你们挂在嘴边的那句话:我们听过那么多道理,但依旧过不好这一生。我承认,电子游戏是有诱惑力的,这就如同很多其他的事情有诱惑力一样。但是摆脱诱惑是我们必须要做到的,你可以把它看成一种能力,也可以把它看成一种品行。为什么我把它上升到"品行"的高度? 试想,如果你毕业了做了一家银行的投资经理,看到那么多钱,你是否会为此动心,挪用一些给自己谋点利益? 再比如,你在研究所里上班,掌握一些机密文件,有人提出给你钱买下一些信息,你又是否会因为一时困顿或家里困难而犯糊涂呢? 也许你现在会斩钉截铁地告诉我你不会,你觉得那些事离自己太远了。那么当自己没复习好又想要一个高分让爸妈满意时,要不要选择考试作弊? 与他人相处时是不是总想着投机取巧,耍小聪明? 毕业的时候要不要选择一个所谓赚钱多上班轻松但是却没啥前景的工作? 这些事情看似不一样,实则都一样,就是你怎么看待短期诱惑的问题。有人说,对于年轻人,先要解决短期利益的事情,才能有钱和资源做长远的事情。但是,人一旦习惯获得短期利益,境界就高不起来了,可能永远都不会追求更高的境界了。

那如何才能抵制诱惑呢?

抵御诱惑最根本的办法是要有一个长远的大目标。我问过很多大学生今后的想法,大多数人关心的是学什么专业和技能可以赚大钱,而且最好可以快速获得成功。但其实,但凡能够比较长期稳定赚钱的行业,开始的投入都是比较大的,并不存在一个不需要投入就能获得很高回报的专业,否则这个专业一定竞争激烈,一段时间后行业的回报会急剧下降。在你今后的发展道路上,一定会有很多这样的短期诱惑,那些短期诱惑看起来如此美妙,以至于让我们迷失,渐渐放弃目标。我希望你如果找到自己的那个长远的大目标后,能养成一个基本的做事习惯——用平和的心态,日积月累圆满地实现目标。

如果你说追求一个长远的大目标并非易事,那我希望你能把时间用在做一些有成就感、有回报的事情上。你要让你做的所有事情,随着时间发展产生变化。我们年轻时曾沉迷的很多东西和事情,在时间的长河里都是一个个独立事件。比如玩游戏,你这一把能"五杀",下一把就能"死成鬼"。你在这个平台上打到了高分段,换个平台注册还是得从零打起。与此类似的,还有你看过就忘的无聊综艺节目、一次睡够18个小时的懒觉、无数次只背到abandon(放弃)就放弃的背单词计划……这些事就像是抛硬币,今天抛一次,明天抛一次,并没有任何区别。你要做的,是果断扔掉硬币,去想一想、试一试那些能让明天的你看起来和今天的你不一样的事情。同时你要知道:有回报的事情和造成上瘾、给你短时间强烈快感的事情常常没有交集。原因很简单,任何回报都不能白白得来,都需要付出努力,甚至有些时候需要逆着自己的意愿行事。

虽然你们是理工科学生,我还是会经常建议你们多选修点人文课程,多听讲座多读书。人文课程有什么用? 我觉得主要是让人的眼界开阔一些,格局大一点,境界高一点。因为,多关注长远,少盯着眼前,才能走得更远。将来你可能会遇到比电子游戏更大的诱惑,在那些对你无益的诱惑面前,你需要定力,而这种能力的训练我希望你从淡忘电子游戏开始。

祝顺利!

你的班主任

作者简介

贺婧,女,教育学硕士,讲师,中北大学辅导员,中北大学"研学知行辅导员工作室"成员,国家二级心理咨询师。曾获得中北大学"优秀辅导员""优秀班主任"称号。曾参与山西省高校辅导员专项思政课题 1 项,中北大学学生工作部思政课题 1 项,并发表相关学术论文 2 篇,撰写多篇学生工作案例,2019 年荣获中北大学第五届辅导员素质能力大赛二等奖。

专家点评

大学生沉迷网络游戏,这是当今高校学生管理需要面对的重要问题之一。该文章着眼于这一热点问题,从学生宿舍实际现象入手,一针见血地指出沉迷网络游戏的背后是"缺乏抵制诱惑的能力"这一实质。作者联系考试作弊、投机取巧的处事方式以及工作后可能面临的选择等类似情况进一步提出"抵制诱惑既是能力也是品行"这一要义,并紧接着提出可行性建议。全文以信件方式展开,晓之以理,动之以情,逻辑严谨,一气呵成,巧妙运用心理学知识和比喻的修辞手法,以学生喜闻乐见的方式将背后枯燥的道理娓娓道来,具有很强的说服力和现实指导效果。

(太原科技大学辅导员、副教授　樊艳丽)

⑱　如果 2020 年不能重启,我们就携手从容面对

亲爱的同学们:

"庚子鼠年开启十二生肖新的轮回,2020 迎来新世纪又一个美好的十年。

万物清零,万象更新。"这是我在除夕发给同学们的一段祝福短信。美团 CEO 王兴曾转发过这样一个段子:"2019 年可能会是过去 10 年里最差的一年,但却是未来 10 年里最好的一年。"虽然这句话广为流传,但很多人更愿意去认同前半句话,对未来依旧充满了憧憬和希望。然而,澳洲大火迟迟未灭、美巴冲突越演越烈、篮球巨星科比坠机遇难、多地流感来势汹汹、四川地震有惊无险,当然最大的灾难当属全国上下正在勠力同心全面抗击的新冠肺炎……我们的世界怎么了?人类怎么了?中国怎么了?不愿看到这多灾多难开场的我们左顾右盼、惊慌失措,试图找到一个"重启"世界的按钮。结果,显然是徒劳的。既然无法逃避,只能勇敢面对!同学们,如果 2020 不能重启,请选择从容面对,我们并肩前行。

一、请正确面对疫情,科学防控,不骄不躁

现如今,已经进入到疫情防控阻击战打响以来的第二个 14 天,当我们看到每日上升的确诊人数时,更应该敏锐地发现湖北以外每日新增确诊病例人数的 8 连降,治愈人数远远超过死亡人数,数据图趋势向好。此时此刻,我们要充满信心。拥有党的正确领导,拥有 14 亿同胞的众志成城,拥有来自全世界的支持,再大的困难也会是微不足道的。我们要拥有耐心。传染病的发生和发展,乃至防治均有其自身规律,它有感染期、潜伏期、发病期和康复期这一过程,新冠肺炎疫情的控制需要有 1 到数个周期(14 天左右为 1 个周期),因此需要有足够的耐心,科学防治,切莫操之过急,缺乏耐心。我们要格外小心。疫情期间每个人都需要学会自我防范和保护,尽量不出门、出门戴口罩、勤洗手等,减少密切接触,以防飞沫传播病毒,将疾病的传播和感染风险降到最低。

比病毒更可怕的是人心,"只要坚定信心、同舟共济、科学防治、精准施策,我们就一定能打赢疫情防控阻击战"。

二、请按下暂停键,还清"借债",轻装上路

我们从小就懂得要与时间赛跑的道理。然而,相信许多同学和我有同样的感觉:进入大学以来,考试、论文、汇报、策划等,我们一直被时间赶着走,被"截止日期"追着跑。我们要做的事情和想做的事情越来越多,可用的时间却越来越少。于是出现了学习不看原文只看老师划的重点和讲义资料,与朋友家人的交流停留在了电话两端,即便是消遣看个电影电视,还必须打开二倍速。在匆匆前行的路上,我们因为一句"没有时间",欠下了多少"下次一定""以后再说""有时间一定做"的"债务"。我们能停么?我们敢停么?我们总是敢想而不敢做,而这一次,却不得不停下来。漫长的假期给我们多年快节奏的生活踩了一脚急刹车,让我们有足够,甚至是过久的时间来还清自己在来路上的"借债"。

按下这一次暂停键,重新拿起那本翻开已久的旧书,摆上一盘久违的棋局与爷爷杀上一盘,做上两道许诺父母已久的拿手好菜,完成一份拖欠很久的总结,欣赏一部原汁原味的电影、写下一封寄给远方的信件……让这一切积压心底多年的石头,化作亲人们脸上的笑容、未来学习工作中的积累、自己心中经久不息的力量。

人生需要按下一次暂停键,让我们回望来路,踏上前路!

三、请与时间交友,只争朝夕,不负韶华

"珍惜今天,珍惜现在,谁也不知道明天和意外,哪一个先来。"距离科比遇难当天已经半月有余,但好多同学跟我一样,依旧不愿意去接受这个事实。网友说:科比太著名了,就算你不是他的粉丝,在看到科比去世的新闻时也会不自觉地想到青春里某个和科比有关的男孩或女孩。"你见过凌晨四点的洛杉矶么?"这位巨星在自己的有生之年阐释了"只争朝夕"的道理,包括这次不辞而别的离开方式。

人生苦短,去日苦多。"人类能做的事情顶多只不过是发明改进测量时间的工具而已,根本没有任何办法去左右时间。"(《把时间当做朋友》)换言之,我们对于时间的流逝根本无能为力,我们要管理的不是时间,而恰恰是我们自己。勤奋的人们因为自律和努力,拥有了时间作为自己的朋友,每一分、每一秒,他们的生命都因此有了自己确定的意义,而非虚度。身高只有 198 厘米的科比,便是这样一个自律拼搏的人,于是有了凌晨四点、五点、六点这些肝胆相照的朋友们,帮助他洗尽这个时代背景沾染在我们身上的浮夸和焦躁,走过完整赛季,拿到人生的总冠军。

缅怀科比,就要像他一样一直努力着,只争朝夕,不负韶华!

四、请停课不停学,潜心读书,强身健体

"山川异域,风月同天""岂曰无衣,与子同裳"。这是日本支援湖北物资外包装箱上的两句诗,引起了网络热议。相比而言,我们似乎只能说出一句:加油。如果要再加一句的话很可能是:奥利给! ——论学习的重要性。

在大学的毕业季中,我们经常能听到这样的感叹:都是同样分数考进的大学,为何毕业之时有着天壤之别? 答案其实很简单,我们可以来看这段"漫长无事"的假期中的两个镜头:一个是整天"葛优躺",电脑追剧,手机打游戏,如同花着一把从天而降的百元大钞一般,挥霍着这一段"富裕"的时光;另一个是每天读书学习,室内运动,陪伴家人。学习是一个人进步的有效且唯一的方法,运动是人健康进步的保障。每天进步一点点,你和别人的差距就是在这样的点滴之间拉开的。

1665 年,因为严重的鼠疫,被迫离校返乡的牛顿,在 18 个月的校外生活中,依旧坚持不间断学习,发明了二项式定理,发掘了无穷级数展开、微积分、无穷小概念,并发现了万有引力定律。"硬核战士"钟南山已经有84岁高龄,他的"不老秘诀"就是持之以恒地锻炼。每周坚持运动3-4次,每次运动都要做20-25分钟的快走、跑步、拉力和2-3组双杠,每次做15到20下,之后是仰卧起坐和单杠,令我们多少大学生汗颜。

坚持学习和运动,是对自己最好的投资。当前,教育部明确规定在疫情防控期间,高校学生禁止提前返校,同时提倡大学生也要停课不停学。这里的"学"是一种广义的学习,学习的方式是多种多样的,学习的内容当然也是多种多样的。此外,我建议大家更要将这样的"学"当作是一种习惯、一种自觉、一种伴随一生的人生态度。

同学们,不知道你们是否有这样的感觉,小时候觉得2020年很远,是个无比科幻的年份。而现在,当它真正以"科幻"的形式走来时,我们却大吃一惊,惊慌失措了。我们经历了最安静的除夕,经历了最刻骨铭心的凌晨四点,经历了最漫长的宅在家;我们学会了自己下厨,学会了"立扫把",学会了"千方百计"地陪伴家人;我们感动于"逆行者"们义无反顾按下的红手印,感动于"吹哨人"虽身处泥泞却依旧仰望天空,感动于世界各地、各行各业的慷慨解囊、联动防控;我们祈祷着数据图中的"拐点"早日出现,祈祷着再次按下播放键,祈祷着春暖花开。

2020年,无论将会怎样,我们携手从容面对!

辅导员:瑞程

作者简介

高瑞程,西北大学化学与材料科学学院副科级辅导员。荣获陕西省第七届辅导员素质能力大赛二等奖;陕西省高校"万名学子扶千村"大学生暑期社会实践扶贫攻坚专项优秀指导教师;陕西省第七届、第八届趣味化学知识邀请赛优秀指导教师;西北大学第五届辅导员素质能力大赛一等奖(标兵称号)、理论宣讲单项奖;西北大学2019年度"先进工作者";西北大学2018年优秀专职团干等。此外,工作期间策划拍摄《化材英雄》系列宣传片,引起校内外广泛关注。

专家点评

网文是辅导员开展思想政治教育的重要途径,而信件是网文的主要表现形式之一。本文围绕新冠疫情期间学生关注的社会问题和自身学习问题,进行有效舆论引导。作者用轻松活泼的网络语言和真实亲切的小故事,让信件内容丰富多彩,有笑点、有泪点,还有我们每个人不愿面对的自身痛点,具有很强的亲和力、感染力和震撼力。最后却一一能回归思政教育的本质,牢牢把握住了疫情期间倡导大学生不信谣不传谣、居家隔离、不忘学习、适量运动的网络舆论话语权和主导权。可以说契合思想政治工作规律、符合网络发展规律、适合学生成长成才规律,起到了增强学生"四个自信",提振学生抗疫信心,劝导学生坚持学习的作用。　　　　　　（西北大学化学与材料科学学院党委书记、助理研究员　刘春雷）

⑲　做一个内心丰盈的读书人

亲爱的同学:

　　"读书的意义,从不与功利相关。"在漫长的一生中,我们读过的书,终将融入我们的血脉,成为我们灵魂的养料。这种养料,会让我们求真求善,明辨美丑。

　　由于新冠疫情肆虐,全国大中小学的寒假都延长了。虽然假期延长,学习却不能止步。尤其经过这次突发的事件,不禁让我们思考起一个问题:读书到底为了什么? 可以想到的最直接答案就是"将来找个好工作",这个答案很务实,也很值得称道。还有就如很多父母常说的"我让你好好读书,不是让你一定要出人头地,而是希望你将来可以拥有更多选择的权利"。这句话很哲理,从中我们也可以感受到作为父母的爱和良苦用心。我们每天的时间都是一样的,这对每一个人都是公平的。而如何利用这些时间,发挥公平时间下的最大效用,取决于我们如何对待时间,如何让时间更有价值。很多时候,我们把大把的美好时光浪费在无效社交上,现在的互联网时代,不花一点时间在无效社交上是不可能的,关键是要有度和有效,所谓有度就是就是要严格限制自己的"网上冲浪"时间,比如每天花 3 个小时在网上进行社交和娱乐,其他时间严格做读书、研究、学习等有意义的事。一个缺少自律的人在很多方面都难有成就,我们不可能对什么都"佛系",我们在很多方面不是因为佛系而不坚持,而是因为不坚持才变得佛系。我们之所以变得佛系是因为我们缺少坚持或喜爱的事情,而缺少喜爱的事情大多是因为我们缺少坚持带来的乐趣。所以,看上去的佛系实际上是我们没有花时间坚持做事的毅力。而有效则是要求每个人在互联网上的时间也要尽量为进步而来,我们不可能做任何事都是为了进步,但是,一旦我们选择了时刻让自己比过去的自己更好,我们就会变得专注,变得"惜时如金",当我们对待任何事都"惜时如金"时,进步则自然而来。有度也在顺其自然之中达成。

　　从工具理性来说,读书确实可以让你有机会拥有好的人脉、好的工作、好的生活、好的发展,但这也仅仅是读书的一种理由和价值。"山川异域,风月同天"让我们感受大爱无疆的情感融通,"天下兴亡,匹夫有责"让我们感受到匹夫之责与家国同兴的唇齿联系。这种感受和延伸的情感宣泄是读书的内在价值，不读书，不知其意，我们很难说其意何为。读书可以为"二两酒钱"，也可以为"诗和远方"，两者并不矛盾，也时常勾连。读书在刨去工具理性之后，剩下的对我们的影响可能更大更宽广，比如一个热爱读书的人会很理性，做人做事更加理智而谨慎，谦虚而积极，一个热爱读书的人会过得很感性，总能感受生活的美好，感受"小资情调"，因为我们对生活质量的要求会更高，我们会知道什么样的一生才是真正有意义的一生。而从价值理性来看，读书的意义就更加厚重了，我们选择读书就选择了"爱智"，选择了"爱智"就选择了知识，选择了知识就选择了善良，"知识就是美德"。当我们用知识做后盾去践行善良时，我们的善良会有基础，会有底气，会有依据。有些人说那些读书越多的越成了"精致的利己主义者"，这里我们不否认这样的事实，确实有不少人为了私利而改变了自己，但是，不是读书让他变成利己主义者，而是欲望。读书的价值彰显不在于你拥有了更好的工作，更好的人际，更好的资源，而在于那些读书人有了更加丰盈而善良的内心与情感，让他们才有了这些"善果"。

其实，读书还让我们掌握了明辨是非和区分丑恶的判断标准。人之为人，乃是因为人类的理性和道德，理性让我们可以冷静地思考，从容地决断，坚定地前行，道德让我们照顾彼此，感怀社会，内心丰盈。真善美并不空远，假恶丑也尽在眼前。我们大多数人不是真正的恶，而是我们时常为了自保而选择了对恶沉默，这是人心也是人性。读书和奋斗可以是为自己的未来，也可以是为国家和社会的未来，两者并不矛盾，我们很多人之所以纠结，是因为我们的读书太过功利，我们的奋斗太过狭隘。我们没有很好地结合个体与家国。人生的高度不由读书决定，而人生的底线确实与内心的良知有关，我们不可以绑架读书的意义，但我们确实需要在读书中更加了解人间的疾苦与痛处，了解人间的大爱与赤诚。钟南山院士、李兰娟院士等人是在各自领域的顶尖人物，他们的成就、他们的专业水准都与读书有关，而他们愿意为人民而逆行，这就与他们基本的善良与责任推动有关。武汉快递小哥汪勇在疫情期间义务为广大医务工作者服务，解决他们的困难，志愿者汪勇可能没有那么多的学历，但他的善良高度绝对让人尊敬。这些说明，人生的成绩有时候与读书有关，有时候也不一定。而无一例外，那些选择与人民一起，与国家的事业同步的人，他们取得的成就更上了一个台阶，获得了更多人的关注和感谢，也更有价值和意义。

我们说真善美让人内心丰盈，这种感受只有深处其中才可以感受得到，武汉快递小哥"一呼百应"，快递小哥和所有参与其中的人都能感受到这种内心丰盈与快乐。李文亮作为"吹哨人"，他的真善美表现既有读书的功劳，也有内心的

"善根"。我们不相信原罪,但我们一定要相信善良。马云是华人首富,他在做对所有人有价值的事,比尔·盖茨是首富,他一直致力于人类的健康事业。这绝不是生意,这是人类的道德和良知。总有人喜欢说一些事后诸葛亮的风凉话,说这个时代已经没有真正的"为他"了,我说这是错的。我们这个时代不是没有"为他",而是有了更多的"为他",其实,平时我们都在做力所能及的小事,这些小事有时出于文明,有时出于善良,但不管是文明还是善良,这些积累都是在我们读好"有字之书"或"无字之书"后而获得的心灵触动与行动自觉。

求真或许是为科学,求善或许只因良知,寻美或许是因欣赏。科学精神是现代人必备的精神特征,知识让我们的文明得以延续与传承,科学让我们探索世界的能力得以增强,而随着认识的深化,我们也渐渐感觉到,只有求真的精神,不能让我们的世界变得更好,我们仍然需要道德与良知。关于人性,我们有不同的"本源"探讨,实际上不用去追问这个问题,我们想让昨天、今天、明天的世界变得更好,就必须坚定"人性本善"的行动标准,善良需要培养,良知需要共造,一个人的善良只是个体的小善,而更多人的善良才是大善。当我们每个人都拥有求真的科学精神,求善的道德良知,求美的欣赏目光,相信我们每一个个体都会感受到快乐和力量,整个人类都会和谐而共生。让我们保持真善美,抵制假恶丑!让我们以读书为起点,以爱智为骄傲,以善良为目标,以欣赏为胸怀,在一生的时间里多读书,读好书,永远做一个内心丰盈的读书人!

曹克亮

作者简介

　　曹克亮,现为中国计量大学现代科技学院人文与法学系 2016 级辅导员,学生党支部书记。曾获得新时代浙江省"好支书"、中国计量大学"青年园丁奖"、中国计量大学"优秀辅导员"等荣誉称号,主持中国计量大学"克亮网络思政工作室"优秀项目,创新提出"生活教育,实践思政"思想政治教育理念,主持厅级课题 2 项,参与省部级课题 3 项,出版专著 2 部,发表论文 30 多篇,指导学生发表论文近 100 篇,"光明网"思想理论网络文章评价系统评审专家、"中国青年网"特约评论员,"大众网"海报新闻特约评论员,"中国教育新闻网"浦公园评论独立评论员。

✄ 专家点评

"书山有路勤为径,学海无涯苦作舟",我们努力学习的理由有很多,读书读到最后其实是没有功利目的之心的。读书人都知道读书带给自己的不仅仅是从事的工作或事业,而是读书已经融入我们的生活方式,改变了我们看待世界的眼光。内心的丰盈是这个时代很多人缺少的,如何做到内心丰盈,或许只有读书才让我们更接近。有时候我们会感到世界有时候不如我们想象得那般美好或明亮,但这并不能成为我们冷眼相待世界的理由,读书让我们在追逐真善美的路途中牵月而行,携光而进,时代在变,而人类真善美的传承将永远在阅读中延续,愿我们每一人都做一个内心丰盈的读书人吧。

(中国计量大学现代科技学院人文与法学系系主任、副教授　李秋)

⑳　战"疫"期间,同学们该懂的五句箴言

亲爱的同学们:

见字如晤! 最近因为严峻的新型冠状肺炎疫情,开学时间一再推迟,你们总是问我学校是否已确定归期,我知道大家思归心切,但为师想告诉你们,不仅返校归期未定,而且时间会延长。希望大家在疫情期间能够遵守有关规定,务必在家独处。

为了解大家的身心健康,我最近特意召开了一次班级视频会议。看到视频对面的你们,为师是既欣慰又担忧。欣慰的是,视频里面的你们个个"富态"盈盈,看得出同学们把日子过成了"诗",没有了身体和心理的压力。为师也很担忧,"富态"盈盈的体态说明你们把日子过成了"尸"。听你们聊天,知道你们每天游离在吃、睡、玩游戏上。窗外阳光明媚,面对这春暖花开,你们竟然无动于衷,忘记"一年之计在于春"的古训,确实可惜。借此机会,为师想跟你们分享五句箴言。

第一句是"勤学"。孔子曾经说过:"学如不及,犹恐失之。"好学的人永远都是追赶者,而至高无上的学问则是最终的目标。孙悟空为学本领,渡海跨河、风餐露宿,最终学有所成。匡衡,为不浪费晚上的时间,凿壁偷光看书。古代勤奋好学的例子数不胜数。在为师看来,真正为学的人,是永远走在路上、不知满足的人,我相信你们同样如此。寒冬腊月、三伏酷暑,你们为高考花费了多少心血! 高考这座独木桥你们是闯关成功了,但现在却失去斗志,忘记当时考大学的初衷,如果按照这种状态,试想到了社会又将如何立足? 站在大三这个人生的十字路口,怀着深深的忧虑,为师希望你们能够尽快确立目标,利用这延长的假期,勤奋学习,为未来奠定扎实基础。东晋诗人陶渊明曾说过:"勤学如春起之苗,不见其增,日有所长。"意思是说:勤奋学习就像是春天里刚发芽的幼苗,平时看起来没有在增长,但其实它每天都在成长。到目前为止,这次假期共延长将近半个月,而且村村封路,不能外出。在这样的背景下,是很适合勤学苦练的。现在咱们班有些同学已深知此道理,他们充分利用一切资源,勤学考研、考公务员和教

师招考的知识,取得了不错的成效。在此,我也希望同学们能够利用好各种资源,做到"停课不停学,学习不延期"。

第二句是"尚动"。节日留下的丰厚"礼物"——脂肪,不出意外会随着假期的延长而呈正比增长。如果不及时运动,会越积越多,不利于身体健康。当然也有小部分同学跟我说,回校再运动,对于你们这样的托词我嗤之以鼻。当然,咱们班总是有让我感到惊讶的同学,他们在学校养成了锻炼的好习惯,也将这种习惯带回了家。为师举个例子,最近钟南山院士霸占了朋友圈、微博头条,他火的原因一方面是医德医术,另一方面就是他的人格魅力。84 岁的钟院士从小就喜欢锻炼。1959 年,他作为非职业运动员参加了首届全国运动会,在 400 米栏项目上以 54.2 秒打破了当时的全国纪录,在之后的几十年里,他也从未间断过锻炼,甚至经常去健身房。钟院士曾说过:"锻炼就像吃饭一样,是生活的一部分,我们要建立一种观念,就是要一辈子运动,这样才能享有比较好的生活质量,最大的成功就是健康地活着。"钟院士 84 岁的高龄还能在一线坚持抗"疫",这归功于他平时的锻炼。同学们,比我们大得多的先进人物都还在锻炼,我们怎能无动于衷? 面对来势汹汹的疫情,大家要树立锻炼的意识,多多运动,用积极的心态面对生活,用强健的体魄抗击疫情。

第三句是"保洁"。这次的新冠肺炎疫情发展迅猛,传播速度快、伤病率高。截至二月底,已有 4 万余人感染,1000 多人死亡。戴口罩、洗手、通风、消毒已经是当下中国人做得最多的动作。疫情的到来,让更多的人意识到了卫生的重要性,促使更多的人注重个人卫生。同学们,良好的卫生习惯既是抵御疫情的屏障,也是健康生活的必然选项。为师希望你们在外出或处于人员密集场所时仍然要坚持佩戴口罩,避免到封闭、空气不流通的公共场合。外出回家后要将佩戴过的口罩装入塑料袋,扎紧后放置在垃圾桶里。咳嗽或打喷嚏时要用纸巾、毛巾等遮住口鼻。用餐时要间距而坐,不与他人共用餐具碗碟。加强空气流通,保持室内环境勤通风。垃圾分类,保持生活垃圾正确处理。疫情期间,个人良好卫生习惯的养成来之不易,同学们要珍惜,筑牢细节防线。

第四句是"理性"。新冠疫情正牵动着全国同胞的心,人们的话题几乎都离不开疫情防控。然而疫情的发生却伴随着谣言的出现,一些人在网络上炮制、传播、散布各类不实信息,误导公众,扰乱社会正常生活秩序。面对各类社交媒体平台上的繁杂疫情信息,同学们要提高鉴别力,学会判断和筛选信息,做到不造谣、不信谣、不传谣。多关注官方和主流媒体发布的疫情防控动态,不轻信、不传播不可靠或未经官方证实的疫情信息,不为打赢疫情防控阻击战添堵添乱。作为青年大学生,为师希望你们为身边亲友做出良好示范,在谣言面前不要失去理性,做到"看不懂的不信,看不懂的不传",共同维护好清朗的网络环境。

第五句是"榜样"。最近李兰娟院士"硬核价值观论"引发广大网友的热议。她希望疫情结束后,国家能够给年轻人树立正确人生导向,把高薪留给一线科研人员,不要让年轻人一味追演艺明星,她认为演艺明星是强不了国的。李院士的这番言论振聋发聩,是一次广泛的主题教育。疫情如同一面镜子,黑与白、善与恶,照出人生百态。有些人被人们交口称誉,有些人却丑态百出。"许可馨""黄嘉毅""澳洲跑步女"等小丑被人唾弃,"张文宏""黄文军""张静静"等国士被人赞赏。为师希望你们能以国士为榜样,积极代表青年大学生发声,在疫情期间贡献自己的力量。疫情就是命令,防控就是责任!在疫情出现之际,咱们班的8名党员积极报名参加所在地的志愿服务,宣传劝导、关卡检查、体温测量……事虽小,但却体现出他们的责任和担当,班旗因你们而光耀,党旗因你们而鲜艳。班级其他同学也很给力,一些积极分子主动参与到社区和村庄的疫情防控,有的为学校捐款捐物,有的为社区搬运东西。在我看来,你们是最可爱的人,我为你们感到骄傲。

"没有一个冬天不会过去,没有一个春天不会来临。"我们要相信中国人民有"踏平坎坷成大道,斗罢艰险再出发"的勇气和决心。同时希望同学们只争朝夕,不负韶华,利用独处的时光,在春天里汲取营养,用汗水浇灌收获,以实干笃定前行,不负伟大时代,共创美好未来。同学们,待到春暖花开,咱们一起凝视这烂漫的春光,相聚在美丽的校园。

祝大家身体健康,心情愉悦!

爱你们的班主任

> **作者简介**　廖肇禄,新余学院新能源科学与工程学院专职辅导员,主要负责党团建设和大学生日常事务管理。曾先后获得新余学院"优秀共产党员"称号、新余学院辅导员素质能力大赛二等奖、新余学院基层党建业务技能大赛实务操作竞赛项目党务干部组二等奖、新余学院"打造忠诚高校,创建全国文明校园"主题演讲三等奖、新余学院基层党建业务技能大赛知识竞赛项目党务干部组三等奖、新余学院大学生暑期"三下乡"社会实践活动"优秀指导老师"荣誉称号。

专家点评

这封信内容充实,充满正能量,像是一堂生动的思政课。廖肇禄老师利用平易近人且风趣幽默的语言劝导当代大学生在当前疫情形势下在家充实及提高自我。作者像是一名教师,又像是一名家长,更像是学生们的知心朋友。整封信构思新颖,层次分明,既结合抗击疫情的重要举措、感人事迹、生动故事,又从勤学、尚动、理性、保洁和榜样等五个方面跟预设读者进行思想的交流。信中的语言娓娓道来,情感真挚浓烈,内在心灵沟通平和顺畅。语言通顺、凝练,较生动化,充满文采。全文通俗易理解,又高度概括,发人深省。不足之处是没有站在制度优势、国内国外等角度深入阐释。瑕不掩瑜,这封信仍然是一篇优秀的佳作。

(新余学院国际合作与交流处副处长　晏莉)

㉑　见信如晤,春风化雨,我在校园等你

亲爱的同学们:

新年好!

今天,原本是你们准备开学的日子。忙忙碌碌的新学期又到来了,不知道宅在家的你们现在在做些什么呢? 除了收到你们每天"今日校园"APP 按时打卡的健康状况,看到你们晒的黑暗料理照片,我还收到了你们为战胜疫情而创作的各种作品,听到了你们录播改编的加油战歌《我们都是战"疫"人》,看到了你们带起疫情防控袖章化身战"疫"人的故事,截图保存了你们公益捐款的收据……正值青春的你们以各自的方式呈现青春风采和疫情下的时代担当,我在这儿忍不住给你们点 100 个赞。

一场雪轻轻覆盖下来的时候,白居易曾说"晚来天欲雪,能饮一杯否?"而我也想在这雪天,趁开学的时机跟同学们聊聊寒假生活,提提新学期要求。然而这疫情打破了正常的生活节奏,寒假被迫延长,你们的私信也纷至沓来,有的迫切询问着开学的大概日期,有的担心开学后的课程进度问题,有的担心毕业是否会延期,等等。在网络发达的今天,我很欣慰能收到你们的咨询和倾诉,我也感觉很暖心可以在微信、QQ 上及时和你们保持联系,可以通过自己的力量让你们宽心。作为你们的辅导员,今天的我们不能面对面交流,那就写封信跟你们唠叨两句,见信如晤。

一、提高思想免疫力,做疫情防控的"自律人"

自从你们手机上收到了辅导员发布的第一条关于防范新型冠状病毒的信息提醒开始,辅导员们就把每日的叮咛与问候当成了疫情期间的一种习惯。你们的每日健康状况、家人健康状况、所在地区疫情情况、出行变化等,每一个与你们健康相关的信息都是老师每天必须要掌握、更新的。因为只有掌握了你们最新的信息,我们才能更好更精准地提醒,才能在同学需要时,给予最及时的关心与

帮助。

在这非常时期,同学们的健康与平安是我们辅导员最大的期盼。我们的世界似乎按下暂停键,20 余天的闭关是我们深刻的一次集体修行,大家似乎意识到健康才是一切生活的起点。健康,不仅是指你体格足够棒,还指你心理健康、道德健康:拥有健康的身体,你才能不轻易被病毒感染;拥有健康的心理,你才会抵御疫情暴发给精神带来的巨大压力;拥有健康的道德品质,你才会遵守社会的规则与秩序。现在到了疫情防控的紧要关头,同学们越是要沉心静气,遵纪守法,提高思想免疫力,不偏听偏信,不以讹传讹,做疫情防控的"自律人"。

二、不忘初心青云志,做蓄势待发的"读书人"

"日子如白面粉般地筛过,有人同它一起空白,任它流逝;有人将它收集起来,发酵,烘焙。这个时候大家之间的差距便产生了。"同学们待在家里是整日碌碌无为,还是在抓住空白时间努力着呢? 终日无所事事没有目标的生活,真的充满激情、无限精彩吗? 或许更多的是无趣而烦闷,或者迷茫而恐慌,这就是为什么我们需要读书,需要学习,需要思考,人只有保持不断地进步,才会产生持久的快乐与满足。最近一张照片走红网络:众多床位中,有人在躺着玩手机,有人在聊天,唯独一位"清流哥"正专心致志地看《政治秩序的起源:从前人类时代到法国大革命》这本书,仿佛身边的纷繁嘈杂都与他无关。网友说:"他看的不只是一本书,他看到的是另一种生活状态,另一种心情,另一个世界。"读书可以让人认识这个世界,看到更广阔的天空,减少内心的傲慢,对真理更有敬畏。犹太人有句俗语:"人不能只靠面包活着。"我们不能用浮躁代替了思考,不能用焦虑代替了行动。作为青年大学生,决不能"宿昔青云志,蹉跎白发年"。宅家亦是很好的安静读书时光,在书本中找到你自己,想起你自己;记得关心时事,关心自己身处的时代,看到普通人身上的善良与温暖;不忘初心,牢记青云之志,超越功利樊篱,做一个有高远眼界的读书人,培养自己坚韧不拔、从容不迫的奋斗精神和爱国爱民的家国情怀,争做一个为祖国随时整装待发的"读书人"。

三、思考人生价值观,做乐观生活的"幸福人"

有人说:"全民族静下来,是一个国家深度思考的开始。"这场疫情打乱了平静的生活,却也令同学们有了从未有过的人生体验。在这段特殊的时间里,同学们别忘了与家人沟通,试着享受与家人团聚的时光,重新认识彼此,你们可能会有惊喜的发现,发现生活的意义,感受亲情的温暖,学会做乐观生活的"幸福人"。

处在人生关键期的你们,"宅"起来安静的日子可以思考保尔的提问"生命属于我们只有一次,一个人的一生应当怎样度过?"冷静下来做好自己的人生规划,思考好自己的人生道路。我们可以把疫情灾难变成教材,把我们应该做的、能够做的事情做到最好、最佳,保持良好积极的心态,完成好这场生命教育、信念教育、科学教育、道德教育;在思考生命脆弱过程中,构建正确的世界观、人生观、价值观。

四、关心国事天下事,做心怀天下的"悲悯人"

"家事国事天下事,事事关心。"关心国家事可以增长你们的见识,拓宽你们的视野,这也是未来你们迈向社会的第一步。过去你们被父母老师保护得很好,可以说你们是生活在"象牙塔"中的,但是现在你们长大了,作为大学生的你们,应该去了解社会上的事情。关心国家事可以培养我们悲天悯人的柔软内心,而爱与善良可以帮助我们渡过难关,此次疫情亦然。

作为大学生的你们令我感到欣慰,虽说现在是"躺在家里就是为国家做贡献"的特殊时期,但是作为新时代大学生的你们没有以此为借口去做"一心只读圣贤书"的书呆子。你们中的很多人都投身战"役"之中:有的积极参与捐款公益活动;有的当起志愿者,为前线医务人员子女免费补课;有的不顾自身安危,在村口量体温、做记录……在这场没有分数、没有考场的"大考"中,考的是对心怀天下的理解,考的是对知行合一的思考,考的是对奉献精神的认识,很高兴你们交上了令祖国满意的答卷。

亲爱的同学们,2020年开学之际,我们的祖国正经历着一场"大考",这段特殊的日子也是我们的考验与挑战。这段日子是难熬的,但随着白昼的变长,气温也在慢慢缓过来。人之所以能够感到"幸福",不是因为生活得舒适,而是生活得充满希望。大家要安心等待学校的开学通知,不要擅自提前返校。辅导员牵挂着你们,相信疫情将很快能够得到控制,我们将在春暖花开的校园再次相聚!

祝亲爱的同学们2020年找到想要的自己!

爱你们的辅导员

> **作者简介** 王成春,女,中级职称,扬州大学商学院团委书记(学工办主任);曾获"扬州大学获最受欢迎的辅导员""扬州大学'杨杰'优秀学生工作干部""扬州大学职业生涯规划大赛优秀指导老师""南京师范大学辅导员研修'我的辅导员梦'演讲比赛优胜奖"等荣誉。

专家点评

如沐春风,余味无穷,这封疫情期间的信取材于社会现实,通过学生喜闻乐见的方式,在疫情期间为宅家的大学生提供了思想引领和行动指引。全文采取总分总的布局,结构严谨;多处引用名人诗句或佳作名言,语言轻松优美;所举例证多来源于学生熟知的社会热点,贴近生活。这封信既给读者小清新之感,又有着丰富的内涵与底蕴,具有感染力与影响力。国家面临"大考",学生也经历着考验与挑战,做"自律人""读书人""幸福人""悲悯人",从疫情防控的社会责任,到学生学习的根本任务,再到形成乐观向上的人生态度,作者在行动上与思想上对青年大学生提出了建议与要求,有效地开展了一次生动的成长成才思政教育。

（扬州大学学生处处长、副研究员　林刚）

㉒　开挂的人生,从自律开始

同学们:

受疫情影响,我们不得不采取网上教学,到今天,我们已经上课一个多月。我每天看到大家的考勤数据,除了个别同学偶尔迟到、早退,绝大多数同学还是很按时地上课。总的来说,我心里还是很高兴,但是又忍不住跟大家碎碎念。

前几天看到一个段子:一男生上网课,把镜头切换到自己喜欢的女生,不看老师看女神。那时候我就在想,我的学生上网课,真的是在学习吗? 是不是也切换镜头? 有没有电脑端假装上课、手机端王者荣耀? 有没有签到之后就接着睡觉?

我想,你们中肯定有人是这样的。即便我碎碎念了,你们也不一定都能"改邪归正"。但是,我还是想跟大家聊一聊"自律"这个话题。

我们都特别羡慕"开挂"的人:北京大学的保安甘相伟,站岗之余的时间,他全部都用来学习。第二年,甘相伟成功考进北大,成了万千学子中的一员,在当时也是瞬间引起热议,更成为万千学子心中的偶像。

类似的故事还有很多:外卖小哥毛召木考上四川外国语大学、快递小哥张礼朋被浙江邮电职业技术学院录取……同学们,是什么让他们"开挂"? 我相信我们绝大多数人的条件都比他们好,但是太优越的条件让我们变得懒散。

我们无法忍受早起,8:30上课,8:25还在被窝;我们不愿意吃苦,老师让交的作业得花大量时间查资料,还不如借同学的抄一下;我们觉得上了一天的课很累,晚上就该打游戏放松……我们一边唱着"我还是曾经那个少年",却早已忘掉那时的梦想。在该奋斗的年纪贪图安逸,又如何能够成为一个爱国、励志、求真、力行的青年?

同学们,如果我们换一种习惯呢? 先给自己定一个目标,然后分解成几个小计划,再定好完成时间。比如想过英语四级,分解之后就是每周做一套真题,每天背 50 个单词;再定一个作息时间,早上 7:00 起床,先复习昨天的单词……趁年轻,对自己狠一点,用自律来书写青春,以免将来遗憾,后悔那些"我本来可以"。

自律的人生到底有多"猛"呢?春秋末期,吴师伐越,大败而归,吴王阖闾不久便死了,他临死前托付儿子夫差报仇。夫差继位后便清心寡欲,开启自律人生,最终打败越国。然而夫差获胜后,便丢掉自律,开始迷恋财宝和美女,吴国国力一日不如一日。而与此同时,战败的越国国君勾践卧薪尝胆,开启自律人生,最终以三千越甲吞吴。

同学们,当青年习近平在梁家河的窑洞里坚持读书的时候,他可能并没有觉得自己与其他人有什么差别。自律可能是跬步,可能是小流,短暂地来看,确实没有和别人有太大的差距。但是大家别忘了:不积跬步,无以至千里;不积小流,无以成江海。今天,当习近平总书记可以引经据典、深入浅出地向全国人民阐述自己的治国理政理念时,他一定很感激青年时期的自己。也许我们暂时不如别人,但是坚持自律,坚持学习,相信我,随着时间一天天过去,你一定会成为更好的你!

希望你们更好的丹丹姐

作者简介

任丹丹,女,硕士研究生,中共党员,重庆电子工程职业学院思想政治辅导员兼团总支干事,曾获第六届重庆市辅导员素质能力大赛二等奖。2017 年担任辅导员以来,一直兢兢业业,努力成为学生的人生导师和知心朋友。2019 年参与编写《新时代高校辅导员素质能力提升教程》,2020 年成为国家级大学生创新创业训练计划项目"发哥辅导员工作室"团队成员。

专家点评

作者从新冠肺炎疫情期间偶然看到的段子说起,引导学生坚持自律,坚持对自己负责,坚持认真学习。当代大学生普遍存在"懒癌""拖延症",对学习任务敷衍了事,甚至"选修课必逃,必修课选逃"。然而,"少壮不努力,老大徒伤悲",等到学生大学毕业,离开学校,回首自己的大学时光,又该是怎样的心情呢?作者用中国古代吴越之争和现代习近平的故事,告诉学生坚持自律的必要性。一天两天的自律,可能看不出什么效果,也不会与其他人有多大的差距,但是坚持自律,坚持学习,现在"播种",就一定会在未来"收获"。本文言辞恳切,通俗易懂,以一个姐姐的身份,苦口婆心劝导学生珍惜大学时光,易于被学生接受。

(全国思想政治工作中青年骨干人才、全国高校辅导员年度人物提名、江西理工大学发哥辅导员工作室负责人 饶先发)

㉓ 志存高远有目标,脚踏实地要自律

亲爱的同学们:

大家好!

很久没写信了!我在揣摩写作思路和内容的同时,又回想起来了自己的大学生活!那青春的美好、那奋进的力量……许多印象深刻的场景,依旧让我在想起时嘴角微微上扬!大学,可以说,是我截至目前的人生旅途中最美的风景之一!美丽多姿的校园风景、姐妹情深的闺蜜室友、通宵达旦的考研时光、师生离别时的畅饮飙歌……如果让我从这丰富多彩的大学生活中给同学们列几个关键词,那一定是"目标"和"自律"。

先来说说目标,这个词大家可能再熟悉不过了,也许有的同学是听父母或者长辈从小学说到大学的。有句话叫"重要事情说三遍",既然大家听"目标"一词的次数难以计数,可想而知它的重要程度。它的重要不是限于某个阶段,而是作用于一个人的整个人生。伟大领袖毛主席,在少年时期便写下这样一首关于目标的诗句:"孩儿立志出乡关,学不成名誓不还。埋骨何须桑梓地,人生无处不青山。"毛主席如果少年时期没有远大目标,则可能不会有如此传奇伟大的一生。所以,我这里还是要再次强调目标!同学们进入大学,可以说是开始独立的一个里程碑。小学至高中,大多数同学都是在父母和老师的监管下开展学习、实践等活动。然而,在大学,同学们相对可以"无拘无束""放飞自我"。这时,目标对于大家,可以说是让你们自由翱翔的那根"风筝线",牵引着你们,不至于迷失方向。那么,在大学期间,同学们该如何制定目标?这里,我给几点建议。一是结合个人实际确定目标。目标一定要对你的成长和发展起到推动作用,既不可太大(太大难以实现,可能打击同学们开始的积极性,反而产生抑制作用),也不可过小(过小没有价值,起不到推动效果)。当通过努力基本可以实现,这样的目标范围为适中。制定目标初期,可以通过一个个小目标不断强化,每当实现,可以增强体验感和成就感,促使我们坚持制定目标。二是分层次制定目标。目标分为长期目标、中期目标和短期目标,同学们入学后一个月内,可以分别制定你们的大学长、中、短期目标。大学长期目标时间跨度一般为 3－5 年,即你期待的大学毕业时你将成为的样子。中期目标时间跨度一般为一学年,短期目标时间跨度一般为 1－6 个月。目标制定后,大家还需要将目标细化为一项项任务清单,落实到每一天,每天清晨或者睡前列好任务清单并反思完成情况。日积月累,一个个小任务的完成,会帮助我们逐步实现大目标。

再来谈谈自律。自律可以简单理解为自我约束、自我管理能力。前面谈了目标,同学们确定目标后,如果没有自律意识和自律品质,则将很难如期实现目标。大学期间,很多同学往往确立了目标,也制定了计划,但因为自律性缺乏,所有的美好梦想都成了幻想。在大学宽松的环境里放松自我的,多数都是没有目标、没有奋斗方向的同学。但是,自律是一种能伴随一生的素质,带来的收益也能受益一生。自律对大部分大学生来说,是至关重要的一项能力。那么,如何做到高度自律? 这里,我也给大家几点建议:

1. 做到"吾日三省吾身"。一省自己道德品质,每日反思自己在校行为有无违反道德法律和校规校纪等;二省自己的学习,每日反思自己是否认真学习,是否努力实践,有哪些地方需要改进。三省自己的生活,每日自我反省是否放纵自己,是否虚度光阴。每天的反省最好设置在睡前 1 小时,并将反省结果记录下来,为后续改善提供依据。

2. 坚持打卡,自律也可以通过他律来促进,每实施一项计划,可以通过每日打卡来督促自己,可以邀请家人、知心朋友、老师等来帮忙监督。一般坚持 21 天后,行为得到足够强化,便会形成习惯。在习惯形成的过程中,难免会遇到各种诱惑或困难,但只要你在关键时候时常反省,坚持行动,一定可以挺过来。比如当你在翘课迟到宿舍睡觉时,能不能提醒自己,什么才是该做的事情,能不能想到自己身上还有责任;当你感觉到困苦懈怠时,想一想自己未来的人生梦想,追逐自我梦想和价值实现,才是人生发展的硬道理。

最后,希望同学们既要志存高远,也要脚踏实地;既要有本领,更要有担当;不负青春不负己,不负时代不负国!

爱你们的辅导员:吴莉莉

作者简介 吴莉莉,女,中共党员,安徽无为人,硕士研究生,现任安徽商贸职业技术学院工商管理系专职辅导员,曾获得 2017 年安徽省辅导员工作优秀论文三等奖、2018 年安徽省辅导员素质能力大赛决赛一等奖、2019 年安徽省"优秀辅导员"荣誉称号;多次获得校级"军训优秀指导员""优秀共产党员""优秀辅导员"等荣誉,出版专著一本。

❤ 专家点评

当代大学生应当是未来的社会主义的可靠接班人和建设者,应当是国家和社会的脊梁。然而,部分学生进入大学后过度放松,缺乏目标,缺少自律,惶惶度日,未来堪忧,着实需要鞭策。吴老师从事一线辅导员工作多年,工作细致认真,学生认可度高,该文从目标和自律两个角度给同学们的大学生活提供建议,语言文字接地气,思想情感显真情,方法建议有实效,为同学们的大学指明了前进的方向!　　　　　　　　（安徽商贸职业技术学院工商管理系党总支书记　韩飙）

㉔　停课不停学,做"云课堂"下自律的求知者

亲爱的同学们:

　　突如其来的疫情在这个寒假打乱了我们正常的生活节奏。我们深居简出,盼望着一线医护人员力克病魔,平安归来。春寒料峭的三月,伴随着抗"疫"前线频传捷报,中国疫情防控呈现出持续向好的态势。我校按照"停课不停学"的思路,组织教师在家里通过各类互联网平台为同学们进行网络授课。一时之间,"网课"似乎成了你们口中最时髦的词,你们切换着"超星学习通""钉钉""腾讯会议"等不同的手机 APP,尝试着用云手势进行签到打卡。"云端课堂"似乎慢慢地改变了我们传统课堂授课的学习模式,我们有着更加便捷的学习渠道和海量的学习资源,却也面临着更多自律的挑战和电子设备的"诱惑"。

　　前段时间,和你们聊起最近上网课的感受。你们之中有人认可网课突破了地域的限制,避免了人群的聚集,十分高效地完成了教学任务。有人喜欢网课一次录制,多次重复播放的特点,方便自己慢慢消化知识点。有人期待着学好线上的理论知识,早日回校进行线下的理工科实验。我欣喜地看到你们逐渐有了自己的独立思考能力。但是,你们之中会有个别同学似乎每次上课只是机械地完成"线上签到",敷衍地完成网络作业。独自在家上网课赋予了你们太多自由,而唯有自律方能驱除杂念,一心向学。

　　学习真正的意义在于什么呢? 让我们将目光再次聚焦到此次疫情中来。在残酷的疫情防控攻坚战中,在面对自然界未知的新型冠状病毒时,我们才意识到专业知识的重要性。钟南山院士初到武汉调研后做出"新型冠状病毒性肺炎肯定存在人传人现象"的判断,理清了武汉疫情防控的思路;李兰娟院士结合武汉疫情暴发的特点,向国家政府提出"武汉封城"的建议,防止了病毒的进一步扩散;还有前线许许多多医护人员用自己毕生所学的专业知识救死扶伤……再将目光转移到我们学校,浙江理工大学郭玉海研究员和于斌教授团队联合研发了新型软支撑纳米纤维膜口罩新材料,有效替代传统熔喷材料,为口罩的可重复利用和长期贮存提供了可能性,极大地缓解了口罩生产的产能困境。疫情当下,科

研学者们很好地诠释了"知识就是力量"这句话,知识改变了全人类的命运,得以让我们不断地了解未知的新生事物,得以鞭策许多学者为追求真理前赴后继。"千里之行,始于足下。"作为大学生的你们,应打开专业知识殿堂的大门,如海绵一般孜孜不倦地吸收着精神食粮,丰富着自己的"武器库"。

此次疫情对于各行各业的人们来说,都是一次大考。对于高校学生而言,自律的学生能够抓住此次机会,保持良好的学习习惯,默默积蓄力量;而缺乏自律的学生,易受外界环境影响,缺乏学习的动力,从而慢慢"掉队"。为提高网课学习效率,我想给你们提一些自律学习的建议,让你们更加珍惜在家学习的这一段时光。

树立学习目标,制定学习计划。古语云:"凡事预则立,不预则废。"网课以相对自由的学习模式和丰富的课堂教学资源,给予了我们自主学习的空间。但学习不应该被任课老师"牵着鼻子走",你们需要结合自身学习能力,理性制定每日学习计划。学习能力较强的同学,可以在上完老师的网课之后,提前预习下一章节内容,并可搜索相关专业书籍和知网论文了解专业前沿知识。学习能力较弱的同学,在保质保量地听完老师的网课之后,可以适当地通过录播来重新反复听疑难知识点,在认真完成今日网课作业的同时,巩固好先前学习过的知识点,再进行下一章节的预习。我们应该在网课教学时期形成"制定学习计划——执行学习计划——检测与反馈——修补执行漏洞"这一学习方式,完成阶段性的学习目标。

简化学习环境,勤记课堂笔记。在家上网课的你们会遇到形形色色的"诱惑"。手机屏幕的微信提示音,书桌旁最新到货的精彩小说,厨房里色味俱佳的美食佳肴……这些都是阻拦你们认真自律学习网课的"拦路虎"。你们可以适当地整理一下你们的书桌,保持光线充足,准备好上网课学习的电子设备,拿好纸和笔进行适当的记录。做好课堂笔记是网课学习的一门必备技术,在确保自己思路能够跟上任课老师的前提下,做好课堂笔记既可以对当下知识点加深理解,又可以便于在往后复习时提纲挈领地抓住知识要点,提高复习效率。当老师所授网课进程过快时,可以记录思维导图的方式来简化笔记,当老师所授网课难度较大时,可以记录课程疑难知识点,反复观摩录播课程视频,并在课后与师生进行交流答疑。利用新媒体技术,完善做笔记的流程,可以更好更快地提炼出每次网课的核心内容。

建立学习小组,交流学习资源。《论语》里写道:"见贤思齐焉,见不贤而内自省也。"处在网课教学模式下的你们不是"孤军奋战",在保证自律学习的前提下,你们可以成立不同学科的学习小组,向更加优秀的学习榜样看齐。在学习小组中,你们可以每天上课准时打卡,课后交流学习心得,并向任课老师进行咨询提问。"中国大学MOOC""超星尔雅网络通识课平台"等线上学习平台为你们的学习提供了丰富的资源。在学习小组中,你们可以互相分享优质课件和前沿论文,为自己的大脑及时"充电"。"一个人走得很快,一群人走得更远。"一个人的认知范围是有限的,而唯有一个优秀的群体,才能刷新你们的认知,打开你们的眼界,激发你们的潜力,并调动你们的学习积极性,让你们能在广袤学海中汲取更多能量,在未来站得更高,看得更远。

　　谈及自律,在这封信的末尾,我想送你们美国前总统林肯曾经说过的一句话:"你可以在所有的时间欺骗一部分人,也可以在一段时间欺骗所有人,但是你不可能在所有的时间欺骗所有的人。""云课堂"下的网课学习,我不希望成为你们蜻蜓点水、自我欺瞒的"表面功夫"。自律自主地去学习,你们方能走出自身固有的圈子,用知识去丈量这个未知的世界。疫情终将如凛冬般过去,愿你们认真地上好每一节网课,我们早日在浙理相逢!

周皓荻

作者简介　周皓荻,男,助教,浙江理工大学纺织科学与工程学院(国际丝绸学院)辅导员。曾获校暑期社会实践"先进个人"称号,参与校级课题和省部级重点项目各一项。指导的学生获得"'感动理工'自强自立十佳大学生"称号。带领学生参加世界互联网大会等多项志愿活动。热爱教育事业,为做学生成长成才的引路人而不断努力。

专家点评

　　在新冠肺炎防控期间,高校实行"停课不停学",像周皓荻老师这样的辅导员,比平时更加的忙碌。他们既要关心学生的身体健康、心理状况和学习情况,又要积极开展思政云课堂、云班会,全力帮扶指导学生。周老师的《停课不停学,做"云课堂"下自律的求知者》的这封信针对性强,从谈学生上网课的现状,聊上网课的感受为切入点,探讨了"学习真正的意义在于什么呢?"用疫情中现实的例子诠释了"知识就是力量"这句话,用学院教师团队科研助力抗"疫"例子增强学生的专业自信。最后,就学生自律地进行网络学习,提高学习效率,提出了三条切实可行的建议,具有极强的操作性和现实意义。

〔浙江理工大学纺织科学与工程学院(国际丝绸学院)党委副书记、副教授张祖品〕

㉕ 为什么你还不能返杭返校

各位同学:

在宅家抗疫的这段时间里,相信你们对"躺得爽,吃得胖,每天熬夜到天亮"的日子已经审"霉"疲劳了,应该开始怀念夕阳下的奔跑了吧?

有的同学是因为要回校准备毕设,有的同学是因为房租压力大,花呗顶不住了,有的同学则是因为异地网恋太久要早点面基,总之是各怀心事,蠢蠢欲动,时刻准备出击,尤其是最近看着确诊病例连日下降,就开始自我安慰:"我觉得可以了,我觉得没问题……"然而,至今仍在四处肆虐的霸道冠状病毒只会告诉你——我不要你觉得,我要我觉得!

"守护者":担使命,保安康

海明威在《丧钟为谁而鸣》中就提醒我们,"没有人是自成一体、与世隔绝的孤岛,每个人都是广袤大陆的一部分",所以,防控疫情,人人有责,现在的放松,就是对病毒大魔王的放纵,这种放纵总的来说,会带来几大隐患:

第一,从自身来说,近期正是全国返工高峰期,从老家回杭路上,各类公共交通工具人群聚集,你都不知道谁才是那个"B"型人员,等到了住处,不论是宿舍还是群租房,陌生人依旧高度密集,可以说,当你出舱放开降落伞那一刻,你就已经身处刺激战场,随时有感染的风险,那么,你确认做好"落地成盒"的准备了吗?

第二,对学校和社会来说,在杭就读大学生本身数量庞大,有几十万之巨,如此大规模的返杭人潮,不仅给学校、社区、政府的防控检查工作带来巨大压力,而且也大大增加了交叉感染的风险(现在已有无症状感染者出现),更何况有些同学还喜欢做独行侠,偷偷地来,偷偷地逛,给身边人带来巨大隐患,毕竟看过武侠的同学都知道,无色无味才是最大的杀气啊!

第三,以全国大形势来说,顶级流量男神钟南山院士近日接受人民网采访,明确指出,本次疫情峰值应在 2 月中下旬出现,而你这个时候还心心念念返杭返校,跟游戏里的"送人头"操作有什么区别? 一不小心还可能被"团灭"。所以,钟南山都没说动,你能动吗? 疫情这么严重还思索着到处乱跑,这就不是见"疫"思迁实锤了吗?

所以,这个时候,你们应该能明白,为什么习近平总书记在北京调研指导新型冠状病毒肺炎疫情防控工作时强调"当前疫情形势仍然十分严峻",为什么教育部部长在全国防控会议上要强调"以高度的责任心和强烈的使命感,守住校园这片净土",这并不是简单的动员令,而是基于当前严峻形势,切实确保同学们生命安康的守护心诀。

当前的外部环境就像是一片"黑暗森林",你不动,病毒就不动,你一动,病毒以为你要灭它,就只能先下手为强了,这个画面我们完全可以想象,当你气势凛然一路返杭,心里对病毒喊着"我就回了,你瞅啥",病毒不甘示弱地回怼,"瞅你咋地",然后,就没有然后,你凉了。所以,千万不要对病毒存有侥幸的幻想,病毒就等着你松懈的时候给你当头一棒,当务之急,就是对任何诱惑你出来的声音,不要回答! 不要回答! 不要回答!

"修行者":宅其身,抱道行

说到这里,可能有的同学要问了,那待在家也无聊啊,怎么办呢? 记得《美丽新世界》作者赫胥黎说过,"时间最无私,给每个人都是二十四小时;时间也最偏私,给每个人都不是二十四小时",所以,我想对这些同学说,你的生活并不是你度过的时间,而是你能抓住的时间,在这样一个自动续费的超长寒假,要宅其身,更要抱道行,你有太多自我提升的道行可以做了。

第一,充分利用网上学习资源,不管是学校的图书馆线上资源,还是各大机构的网课、电子书、听书资源,选择自己专业相关或感兴趣的领域学习,但切勿贪多求全,只是马虎了事,你还真以为吉他买了就会弹,健身卡办了就能瘦,减肥视频收藏了就会出现马甲线吗?

第二,主动加强情绪建设,对疫情保持适度的关注,多多进行正念练习,锻炼情绪稳定度,心烦意乱时可尝试用 3 - 6 - 3 呼吸法,即用 3 秒钟吸气,屏气 6 秒钟,然后用 3 秒钟呼出气息,试试几遍,做好自己的情绪管理。

第三,加强和家长的沟通,家庭也是自我提升背后的强大助力,不论是请教烹饪手艺,还是回顾家长的年轻往事,都是家庭成员互相融合悦纳的有效方式。当然,如果家庭因为疫情导致临时困难,完全不需要有任何心理负担,可以主动积极寻求学校的临时困难资助。

第四,做好线上网课的知识和心理准备,近期,各专业的网课陆续展开,各位同学一方面要温习好旧知识,"旧学所得者,温寻使不忘",另一方面要将心态调拨到学习模式,平时利用阅读锻炼专注之心,哪怕一开始只有三分钟能专注,也是三分钟收获,诚如胡适所言,"进一寸有进一寸的欢喜"。

俗话说,不怕同学是学霸,就怕学霸放寒假。有的学霸选择通宵达旦学习,你却选择了通宵"妲己",这就拉开了生命的间距。当你 20 岁的时候不去造梦,等到了 30 岁就只能帮别人圆梦了,你以为当咸鱼很幸福,其实是你错误地把辛苦和痛苦联系在了一起,使你痛苦的不是辛苦,而是没有希望,充满希望的辛苦努力反而会让你愉悦,要记住,你并非在年复一年地变老,而是在日复一日地焕然一新。

"识途者":游必有方

当前,抗"疫"仍在持续中,每一条防线上的守护者都在为你归来后的闪耀生活而努力,那些与时间赛跑的英雄们,将1分钟掰成60秒来用,更是为了你,决意在时空中重新发明时空,小王子说,"星星发亮是为了让每一个人有一天能找到属于自己的星星",从晨光到向晚,你不需要倍速播放,只需耐心守望终将到来的大团圆结局。

"相知无远近,万里尚为邻",疫情虽然将我们的物理距离拉远了,但让我们期盼重逢的心贴得更近了,就像约翰·肖尔斯曾对我们说的,"没有不可治愈的伤痛,没有不能结束的沉沦,所有失去的,会以另一种方式归来"。

"山深未必得春迟,处处山樱花压枝。桃李不言随雨意,亦知终是有晴时。"疫情只是"暂时将你眼睛闭了起来",但"仍漂浮期待",所以请相信,乘着时光的春风,我们终会健康相逢!

敬颂

学祺

梁龙

作者简介

梁龙,中国美术学院设计艺术学院辅导员,校"艺创新境"思政工作室成员,研究方向为创业、就业教育,大学生价值观引领。获评"优秀寝室指导教师""就业工作先进个人",此外,曾获杭州市"我的祖国我的家"三行诗比赛冠军,连续多年获国家无偿献血奉献奖金奖。

专家点评

这篇文章的题目明确而坚定地表达了梁龙老师想要向学生传递的官宣信息。有意思的是,这种貌似"蛮不讲理"实则"别有用心"的风格扣人心弦,让人情不自禁地想读下去。反复品读几遍,越来越能感觉到文字里不断跳跃着的青春光芒和诗性音符,恰到好处地融通着青年学生的生活,不经意间就触动了学生的心灵,激起他们的同感共鸣。而那些必须要说的一本正经的谆谆教诲若隐若现,教化无形,润物无声。然而,"老谋深算"的梁老师并没有就此止步,他又从生活、学习、心理等方面给他一直关心着的学生们提供了居家战"疫"的锦囊妙计。"一滴水可以折射出太阳的光辉",一篇文章体现的不只是作者的文字功夫,更能体现出作者的心灵和情怀。思想政治教育做得富有亲和力和吸引力,其根源必然是对学生的真诚关爱,是对教育事业的真切热爱。

（中国美术学院马克思主义学院院长、副教授　丁红旗）

㉖　并肩战"疫",阴霾扫尽见天晴

亲爱的同学们:

大家好!

2020 年的鼠年春节,一场突如其来的新冠肺炎重大疫情肆虐荆楚大地,横扫中华家园,数以万计的同胞身染病毒,有的甚至失去了生命,我们也成了"宅男""宅女",中华儿女的身心都承受着巨大的压力。原本在 2 月底,我们应回到学校,住在宿舍,吃在食堂,学在教室,跑在操场。然而因新冠肺炎疫情的发生,正常开学变成了延迟开学,具体日期变成了另行通知。但在持续蔓延的疫情面前,爱从未被阻隔。

一、正是共担风雨时,携手同心战疫情

"每个平凡的春天,无不经历了寒冬惊心动魄的历练。"工作以来,第一次觉得假期如此漫长,第一次觉得牵挂如此绵长。"同学们请继续居家隔离,做好防护工作!""请同学们核对确认是否有湖北接触史!""请大家报一下今天是否安好!""请同学们按时填写健康记录表!"……询问、关心、统计、上报,是我这个寒假每天工作中最重要的内容,也是燕京理工学院全体辅导员肩上最重的责任!

隔离不隔心,在家不休息! 疫情蔓延期间,我们看到了医务人员为我们负重前行、保驾护航;看到了各地人民在严防死守,社会各界在千里驰援;也看到了每位同学用实际行动诠释着自己的家国情怀、责任担当。我们虽然不能像医护工作者一样,在这场没有硝烟的战斗中奔赴一线,但可以怀着感恩之心、奉献之心,敬畏自然、守护生命,做好防护,从身边力所能及的事情做起,坚决配合好居住地和学校的防疫工作。

每一位学生每一次上报的身体健康状况都对防控疫情十分重要,所以同学们面对疫情,在思想上再重视、行动上再配合、执行上再积极! 就像习近平总书记在 2020 年新年贺词中所说的"我们要万众一心加油干,越是艰险越向前,把短板补得再扎实一些,把基础打得再牢靠一些"。

二、病毒无情人有情,做好防护是关键

虽然新冠疫情会危害我们身体,但绝不能让它侵蚀我们的心灵! 同学们请不要害怕,千千万万的人民与你同在,最亲近的家人与你同在,燕京理工学院的心理热线也与你同在!学校为同学们开通了心理健康咨询服务,为学生进行心理疏导。生命重于泰山,疫情就是命令,防控就是责任!请同学们一定要加强自我防护,照顾好自己,呵护好家人,勤洗手,少外出,多喝水,食果蔬,适当增加室内运动以增强体魄。外出时,务必要佩戴口罩、手套等防护用品,随时关注自己的身体状况。如有发热、咳嗽、头昏及胸闷等症状,不要疏忽,也不要恐慌,及时就医,一旦发现异常须及时报告。

三、坚信战"疫"必胜,积极传播正能量

越是在危难关头,越要有敬畏之心。各类"网传""听说"类谣言信息也不断刺激着大家的恐慌情绪。谣言其实也是极具传染性的"病毒",防疫的同时,防谣也很重要。作为一名青年大学生,要学会独立思考,提高分辨力,不信谣、不传谣、不造谣。更重要的是在一片"兵荒马乱"中,用知识坚定自己的信念,给自己开辟一片天地。网络时代信息千变万化,众多疫情资讯真假难辨,大家要辩证地看待各种信息,理智地分析问题的本质。

四、停课不停学,打造自律人生

因为疫情,开学延迟,有些同学开始抱怨自己在家里没有规律的作息安排,没有良好的学习环境,没有合理的计划,等等。可大家是否想过,时间的价值从不因环境而改变,假期的意义也并不只在于吃喝玩乐。在这个特殊的时期,它更应该是进行自我增值和提升的最佳时机。正如网上有句话所说:经过几天的蜗居生活才明白,工作的辛苦远比懒惰的生活让人幸福。学习的劳累亦是如此,新冠病毒阻止了我们出门的脚步,但没有浇灭我们那颗滚烫的心!开学变得遥遥无期,知识不能各奔东西!希望同学们能充分利用假期查漏补缺,制定完善的学习计划,奋起直追,认真完成学业任务。因为疫情,我们即将进行网络课程,同学们一定要珍惜在家里学习的整块时间,对文化知识进行系统的学习、复习。抓紧时间多读书,一本书,不过两三寸见方,却可以为你打开一扇窗,让你虽囿于一室却可以领略外面的景致,也为心灵提供一片栖息之地。闲时多读书,沮丧迷茫时也要多读书,因为从书中所吸纳的能量,足以提升你的眼界,开阔你的思维,赋予你智慧和底气。防疫战不仅是防病毒,也要防"懒癌",防"无聊"心态蔓延。学院也在微信公众号发布了"停课不停学,共读一本书打卡活动""诗情化疫诗词会""疾病之战,感恩同行影像作品征集"等栏目,积极宣传正能量,凝聚起抗击疫情的力量。

五、空间有限快乐无限,运动健身不能停

疫情期间,我们只能居家学习工作,活动空间受限,身体活动频率变少,久坐

和使用电子产品时间增多,心情也容易变得焦躁,容易产生免疫力下降、视力下降、体能下降、体重上升的问题及各种心理问题。所以在这个特殊时期,加强体育锻炼对于身心健康显得尤为重要。每天开展1小时左右的室内运动,如仰卧起坐、平板支撑、健美操、瑜伽、太极拳、跳绳、呼啦圈等项目,提高免疫力,增强体质,促进健康。同时,我们要保持良好的个人习惯和乐观向上的积极心态,保证合理的营养膳食和规律的充足睡眠,养成积极健康的生活方式。

六、宅家尽享亲情乐,共聚祈福待花红

在疫情期间,珍惜与亲人共处的时光。作为大学生的你们,能够与家人相处的时间少之又少。你的长大或许不明显,但家人却一天一天地老去,他们需要你的关心和关爱。你的家人就在身边,你尽孝道的机会就在眼前。别把珍惜只挂在嘴边,最好的珍惜,是当下的这一刻。陪父母聊聊天,帮忙做家务,拍些视频或照片,留下光影里的温馨和记忆。你会慢慢发现,有"我"参与的时光,家的味道才会更醇真,亲情的味道才会更浓厚。

亲爱的同学们,要时刻提醒自己,与其在无聊中蹉跎浪费时日,不如顺势而为,好好利用这个特殊的假期。即使足不出户,你也可以做时间的主人,在安静中思考,在思考中沉淀,努力让自己变得更优秀。因为你所站立的那个地方,正是你的中国。你有光明,中国便不再黑暗。没有一个冬天不可逾越,没有一个春天不会来临。华胥一引荡云天,万里山河还复颜。

亲爱的同学们,让我们同心同德,全力打赢疫情防控阻击战,期待春暖花开,我们相聚燕理,共同逐梦前行!

疫情虽"苦",书信传情,见字如面!

张桂荣

> **作者简介** 张桂荣,燕京理工学院,副处级辅导员,兼任党总支组织委员、学生组织指导老师和学生党支部书记。2016被选入河北省骨干辅导员人才库,2017年晋升副处级。曾荣获各级各类荣誉累计49次:全国民办高校论坛优秀论文二等奖;河北省暑期社会实践活动"优秀指导教师"、河北省大家访先进个人、河北省教育系统志愿服务先进工作者、河北省辅导员技能大赛三等奖、廊坊市"新长征突击手"、三河市首届"五四青年奖章"、三河市"优秀团务工作者"、北方国际大学联盟"十佳辅导员"、校级"优秀教师""十佳辅导员""优秀党务工作者""优秀党员"等。

专家点评

张桂荣老师是燕京理工学院的一名资深副处级辅导员老师,她是学校领导的好助手,是同事中的好榜样,是学生心目中的好姐姐,爱生如子是学生对张老师的一致评价。

张老师写的这封书信从六个方面向学生精准地传达了国家对防控的要求，学校对防控的担当及每一位居家防护的大学生对防控的责任。首先对每位同学用实际行动诠释的家国情怀、责任担当给予充分的肯定与表扬。同时强调了防控就是责任，生命重于泰山，引导同学们要尊重生命，守护生命，做好防护。

其次是引导学生传播正能量，打造自律人生，用知识坚定自己的信念，同时要珍惜与亲人共处的时光。结尾一句表达了疫情防控的胜利号角即将吹响的预见，增强了学生对国家防控工作的信心。

（燕京理工学院学生处处长　宣银）

㉗　全心战"疫"，不负韶华

——辅导员致学生的一封信

诸学子：

别后月余，殊深驰系。暌违日久，拳念殷殊。

众周知，己亥末，庚子春，荆楚大疫，染者数万计；江城封，荆楚悲，众人恐，足不出户，举国抗疫。时天下震动，九州一心，青丝，白发，皆身先士卒；布衣，商客，皆争先解囊；政医兵者扛鼎逆行为之勇战也，能者皆竭力行之，献物捐资，共守之。妄钟翁耄耋挂帅，白衣军数万，坚守江城，数十日方休。亦有大将"吹哨人"李文亮御"敌"殉国。鼓响，矛起，众医者，死战不退。

众学子，辨是非，己先行，当不负众望；勤于思，善于行，律于己，宅于家中，修学业之道。据校情，严管控，上下齐心共抗"疫"，皆为学子之康健；然为学，师者有道，不负重任，勤于选材，排难攻坚，皆为授业于学子；然为学，辅之有方，导之有据，员之有理，精准施策，皆为学子之解惑；然为学，学院领导，夜以继日，宵衣旰食，日夜操劳，皆为学子之隐忧。

众学子，晓之恶疾之重，明辨灾害之情，践行学子之责，以期心无旁骛，而专于思，求索于社会之教育，齐修自我之不足。众学子，宅于家，佑其身体，勤于历练，不妄于师之教导，不悔于光阴流逝，以己之向上，重塑之信念；众学子，善言论，言其慎重，诉于周全，不妄于弘扬哲理，不忘于传递正能，以求于真相，澄清之事实；众学子，信其成，举国之力，胜于恶疾，不妄于缥缈虚无，不忘于默默无闻，以期之太平，战胜于恶疾。

恶疾肆虐众人已数日，白衣逆行与之恶战，救百姓于危难，守一方之平安，齐心战胜无形之恶毒;虽有防护举措护身,尚有染疾遭疫之纰漏,医者尽医道除忧患,且有染恶疾之风险;亦有前方噩耗之恐惧,亦有彰显大爱之信念,于是乎敬业爱岗,冲锋前线;舍家弃子,不为虚无之名利,不为明日之升迁;钟情于救治病人之危难,钟情于斩断恶疾之忧患;国之期望,隐忧于众生,寄望于数万之白衣;委以重任,释怀于九州,还原万里之河山。众学子,目睹今日之境况,深思于脑,感受于心,以现实之教材,汲取思想之精华,内化于心,外化于行,感化于逆行之故事,践行励志之思想,异化为修身立德之力量。

若无远虑必近忧,预知未来方有为。正所谓"国之远见,民之福祉",晓知恶疾之烈,断然决策英明,切不可优柔寡断,切不可讳疾忌医。于是乎国之上下,居家抗疫,服从于国之领导,听信于网络之舆论,关注于病情之境况。九州大地,寂寥数日,昔日闹市隐匿于楼宇,昨日繁华逝去生机,切不可松管制,切不可降警惕。若无防控之举措,亦或许成恶疾之奴隶,左右君生死,另君悲鸣哭啼。观近况,感恩于国之壮举,感恩于国之实力,得益于民之同心,得益于披荆斩棘,将恶疾击退于九州,民之福已;殊不知,九州恶疾祛除,境外却惨遭攻击,如若管控无力,悲兮。众学子,国之作为尽收眼底,国之尽责用心战"疫",国之有道必成大器。望诸位潜心于学,用脑于思,不负于青春年少,不负于大学之光阴,立志于升华自我,立志于保家卫国,不负青春之韶华。

吾深知,众学子,宅于家,修读学业已数日,念学校之美景,念学校之美味,念师生之情谊,念课堂之浇灌。众学子,师之感悟于己身,盼望早日与君见,然疫情未消,切不可异动赏景,切不可邀友聚集,望诸位修身于家,求学于师,不负于国之栋梁之盛名。

经此一疫,九州闭户数日,万众命悬气溶胶。佑我中华儿女勿受疾病之折磨,妻离子散之下场。夫复何言?待到春风传佳讯,再相逢,谁又不是劫后余生?余生一日,分秒珍重。唯愿师生平安康健,唯愿九州大地,人声鼎沸,国泰民安。

负笈求学,于兹数载。恰遇恶疾,实属无奈,期望于学子有为,期望于坚守使命,努力于恶疾之逆境。况余实难去之,庚子月圆,续之,切之,邀明月证,盼归期,山河无恙,人间满春,待母校春绿漫卷,繁花似锦,诚邀诸学子赏景观花。

张荣光

作者简介

张荣光,男,讲师,郑州西亚斯学院至善住宿书院学生主管,从事工作以来主持市厅级课题7项,校级招标课题1项,参与省级课题1项,参与市厅级课题6项;曾获得郑州西亚斯学院"优秀教师""优秀党员""优秀辅导员""师德先进个人"等荣誉称号;获得"郑州西亚斯学院20周年校庆征文一等奖""河南省教育厅廉政征文一等奖"。

✂ **专家点评**

张荣光老师撰写的《全心战"疫",不负韶华——辅导员致学生的一封信》,采取文言写作格式,运用精妙的词语,清晰的思路,将疫情期间对学生居家抗疫的要求表述得淋漓尽致。整封信重点突出四个层面的内容:一是描述疫情现状,凸显疫情的严重程度;二是从辅导员、教师、学校三个角度,表述一切为了学生的教育理念;三是教育学生要明大局,以个人小行动为抗疫做大贡献,并要求学生要以现实为教材,不断地提升自己的思想政治素养;四是赞扬祖国抗疫取得的成果,并对同学们提出期望和要求,畅想与同学们相见于校园的美好。整封书信逻辑思路清晰,结构紧凑,衔接自然连贯,中心突出,可作为一篇典型范文供大家畅读。

（郑州西亚斯学院至善住宿书院、院长、教授　陈卫航）

㉘　疫情之下,一位辅导员给学生的信

亲爱的同学们:

见字如面。

由于疫情的影响,我们不能见面了,只能隔着屏幕,隔着山水,问候彼此。如果没有疫情,此时我们应该在一起聊着假期的见闻,聊着刚刚返校的学习和生活,聊着那些快乐和不快乐的事。此时的校园里空落落的,玉兰花径自绽放着,花团锦簇,似乎是在私语,不知今年的花期是否还能与那些青春的面孔和欢喜的目光相遇。

近期接到了一些同学的讯息,你们跟我诉说每日在家刷着网课的忙碌和焦虑,你们说,每天忙忙碌碌,好像比在学校上课时还要忙,每天刷了很多的课,但真正消化理解的并不多,你们说,对于未来真的有些迷茫了。亲爱的同学,我想告诉你,当你开始持续发问,开始轻度焦虑,说明你正走在一条通往改变的道路上,因为人的每一次进步都来源于对现状的不满。

接下来,你需要问自己几个问题:你的焦虑真的和网课有关吗? 你是谁? 你要去哪? 你要怎么去?

或许你会觉得这几个问题太宏大,宏大到无法回答,但正是这几个充满着哲思的问题贯穿了我们生活的始终。大学阶段的你们,处在人生的黄金时期,你们积淀蓄能,焕发着生机,这个时候更应该静下心来,好好地思考一下这几个问题。亲爱的同学,这个世界上,没有所谓的标准答案,所有的心路都需要你自己

来走,但是我可以试着给出几条供你参考的建议。

一、不断探索——"横看成岭侧成峰"

如果你觉得自己对什么都没有兴趣,那么我想请问你,你去尝试了吗? 当你都没有对未知的领域进行过哪怕一小步的尝试时,你怎能直接抛出一个结论呢。人复杂而又多元,是先天后天综合的产物,因此,你真的足够了解你自己吗? 你看中些什么? 你又擅长些什么呢?

二、多多尝试——"纸上得来终觉浅"

你们中很多人问我,你们的专业学出来到底是做什么的? 亲爱的同学,你的专业是干什么的,我或许清楚或许不那么清楚,但是我更愿意教给你一些探索的方法。对于你要朝夕相处好几年的一个专业,我觉得你很有必要自己先去探索,我也很希望你能帮我补充我的知识盲区。你可以问问你的学长学姐,问问你的家人朋友,问问你可以接触到的社会资源;你可以通过网络查找,看看你想要的职位更青睐哪些专业的学生,用人要求是什么;你还可以尝试参加一些校内外的专业社团,试着去一些企业实地参观,试着获取一些实习机会,等等。

三、尽快行动——"绝知此事要躬行"

亲爱的同学,通往"成功"的道路其实并不拥挤,只不过很多人都选择了安逸。如果你已经选定了目标,且评估过目标的可行性,你需要制定具体的计划,一步一个脚印,一点一点向上走。你会发现,深夜的校园有一种独特的静谧,五六点钟的太阳也别有一番美丽。你需要了解自己的决策类型,提升决策技能;你需要明确自己的行动路径,给自己制定一个计划,并把这个计划分解到每个月,每一周,甚至每一天。

四、持续调整——"风物常宜放眼量"

同学,这个世界上没有人会一直成功。如果你失败了,也没有关系,得不到想要的结果,但获得了经验和教训。有人说,这个世界好像只看重结果,不关心过程,那么,请你把过程留给自己,学会复盘,总结提升,不断成长,不断前进。另外,记得结合自己的爱好和能力做一到两个备选,这样不至于让自己措手不及。努力的时候全力以赴,忘掉退路,失败了以后积极调整心态,重新出发。

亲爱的同学,或许你会说:"老师,你说了这么多,怎么感觉还是不知道该做什么?"那么,请让我再问你几个问题:

你觉得自己的理想状态是什么?

为了实现这个目标,你想第一步从哪里开始?

昨天的你和今天的你相比,有没有什么不一样?

那你期待中的明天的你呢?

同学,说了什么本来就不重要,重要的是做了什么。

每一个生命都有向着阳光、温暖及爱的方向生长的强烈本能,没有什么能阻挡这种与生俱来的力量,就像没有什么能阻挡花开、草长以及鸟儿的歌唱,就像没有什么能阻挡窗外这个万物复苏的春天。

等疫情过去了,期待与你在美丽的校园里重逢,希望看到一个全新的你,一个目光如炬、内心坚定的你。保重好自己,等着见面的那天。

想着你们的容容老师

作者简介

彭容容,无锡城市职业技术学院机电工程学院学工办主任、学生支部书记,运营公众号"容融生涯规划",获省市校级荣誉多项。作为第一指导老师,指导学生参加江苏省第十六届"挑战杯"获二等奖、2019 年中国机器人大赛(舞蹈赛项)获三等奖等,带领的社会实践团队多次获评江苏省大学生"三下乡"优秀实践团队。个人曾获江苏省第七届辅导员大赛(复赛)二等奖,主持省级课题 6 项,参与编写教材 3 本,论文获江苏省辅导员研究会优秀学术成果一等奖、江苏省辅导员研究会优秀思政论文一等奖等。

专家点评

潜心耕耘,践行立德树人使命;润物无声,引领学生成长成才。严管厚爱,不忘育人初心;刻骨钻研,摆渡学生职业梦想。坚守岗位七个春秋,将繁杂细琐的辅导员工作做得专业化,将看似庸常的辅导员工作做得成绩满满。信件不长,字里行间都体现出彭容容对于学生的关注、关心和关爱,体现出她对于职业生涯规划的钻研,体现出她对于高校育人的思考。教育是充满爱的事业,辅导员工作是爱的奉献,岗位平凡但事业伟大,陪伴学生成长,一直在路上。

(无锡城市职业技术学院机电工程学院党总支副书记　高丽金)

㉙　写给"挂了三科"的同学的一封信

亲爱的同学们:

展信佳!

也许这是你们在大学收到的第一封信,这封信不论是内容上还是形式上,都让人觉得有些沉重。但是你们必须认真读完,如有不妥,可以交流一二。

我作为你们的辅导员,截至 2020 年,已经在这个岗位上坚守了近六年的时间,在咱们校区也算得上是"老人儿"。年年考试都会有相似的场面,有些同学因为考试作弊被记过,然后痛哭流涕,悔不当初。有些同学因为挂了三科及以上,不知所措,阵脚慌乱。挂了三科的同学为什么会有如此表现?很多人主要担心辅导员联系家长,然后自己挨家长一顿教育。其实我觉得你所害怕的根本不在关键处。

我还记得以前上大学时在我们的意识里认为挂科是件难以启齿的事情,会在宿舍里偷偷讨论班里谁挂科了。那时觉得挂了科的同学心里肯定也特别难过,应该和我的思维一样。我们怕的并不是辅导员联系家长这件事,更不是家长教育我们,而是怕别人都努力拿到了自己认为较满意的成绩,而自己却因未努力或各种原因挂科。

作为辅导员,我们如果不去跟家长沟通这件事,那就来好好捋捋你挂三科这件事。我每年都会跟挂三科的同学一一谈话,认认真真地谈二十到三十分钟。每次跟挂了三科的学生谈话,我还是按以前的谈话习惯,问他们为什么挂了三科。学生回答的无非就是没好好学习,没好好复习,基础不好,打算这学期好好学习,上课认真学习,自习要好好复习,不会的一定要跟老师交流,一定不能挂这么多。大家的回答几乎千篇一律。我有时候还跟他们开玩笑:各位咋像双胞胎一样啊,原因一样,方法也一样。既然知道本应该如何做,那又为何反其道而行之?各位来到大学的关键仍然是形成独立的个体,学会学习和学会考试,学会协调好各种职责,找到自己的所爱之处,坚持下去。

现在呢,你可以认真地回答我以下几个问题:

第一个问题:你的专业学费交多少钱,你一学年上学多少天,一天平均花多少钱?

比如18级信息工程专业:学费16000元+住宿费1000元=17000元;

生活费按男生来算,平均一天按50元算,那么一般一学年两学期约为9个多月,约为290天,那么一学生一学年的生活费约为:50*290=14500元,总共一学年花费约为:17000+14500=31500元。

那算下来,一男生平均一天花109元。这只是粗略地计算,只是在你能吃饱的状态下的花费,还没算你去超市买日常用品、零食、娱乐休闲享受及文具用品等费用,有些男生还要谈恋爱,也是一笔开销。

假期里兼职打工就按八小时工作制,工作了二十天,拿到1000—2000元的工资,拿着你这点工资,最多够你在学校呆十八天。有些学生没去兼职,就连1000块也没挣到。那还怎么好意思拿着父母的钱在学校里除了打游戏、吃饭、睡觉,就什么也不干了?所以好好算一下你花掉的钱,再看看你的成绩,想想你该何去何从。

我们再算算父母的工资,如果按咱们所在的孝义市,一个普通职工一年的工资大约是四万,那么一个家长一年的工资不吃不喝仅够供一个学生一年的基本花销。那么就不是你的爸爸妈妈不爱吃这个不爱吃那个,不穿这个牌子,不穿那个牌子。每个家庭差不多还要赡养老人,有的老人有退休金或养老金,有的老人身体尚且健康不需花钱在看病上,父母们花每一分钱都要好好规划一番。哪有什么岁月静好,只不过是总有人在为我们负重前行。

第二个问题:你是20岁的男孩儿(女孩儿)了,你应该做点什么? 如果你不爱学习,你爱干什么?

你脱口而出:"爱玩游戏!"再问你:"玩出什么名堂了?"答:"并没有。"问:"除了玩游戏,就什么也不做了?"答:"没做。"在这个问题上,有的人也会回答:"也没那么爱玩游戏,只是不知道做什么。"

第三个问题:你觉得你现在的状态应当一直持续到大学毕业吗?

问:"玩游戏、吃饭、睡觉等事情需要上大学才会做吗?""暑期实践中,你觉得挣点钱容易吗? 你觉得你所干的工作需要上完大学才能胜任吗?""你觉得工作累还是学习累?"

你的每一个回答必然觉得学习是一件轻松的事,必然觉得你上大学不该只是吃饭、睡觉、打游戏,必然觉得父母赚钱不容易,所有的道理你甚至比我还会掰活,可惜你就是不去正经地行动。

第四个问题:你谈恋爱了吗? 你觉得对方最欣赏你的哪一点? 你觉得你现在靠什么撑起双方的感情?

这个问题问出时,你也许偷偷地笑了一下。我想你何尝不知道自己没有能力撑得起这一切。

最后,既然你都觉得以上说得有些许的道理,那就找到自己追求的那个点,谁也不知道未来是什么样子的,但如果你没有一个努力的态度,那未来必然不能好成什么样子,从没有掉馅饼的事。谁的青春不迷茫,谁的青春不犯错? 但是你不能一直沉浸在迷茫中不能自拔啊。谁也不想听过多的说教,过多的心灵鸡汤,但是往后的日子里越来越少的人去说教你,或者几乎没人说教。如果不是老师的责任,老师保证不会多说你一句。所以珍惜吧,孩子。

儒家经典《大学》中说,"知止而后有定,定而后有静,静而后能安,安而后能虑,虑而后能得"。意思是"只有明确目标、坚定志向,才能内心沉静,内心沉静才能思虑周详,进而才能有所收获"。

"逝者如斯乎",我们每个人就像沧海一粟,生命的长度也不会是无限的。大学的四年更如白驹过隙,瞬间就会划过。以后再无这样的时光来专心遨游在知识的海洋里。如果说不挂科的大学不完整,那么没有奖学金的大学更不完整。如果说挂科只觉得对不起父母,那没好好过好四年,就是对不起自己。就为完整而美好的大学认真努力一次吧,人这一生只会欠自己,只会对不起自己。

刘敏

作者简介

刘敏,女,汉,中共党员,就职于太原理工大学现代科技学院,讲师,国家二级心理咨询师,创业培训师,高级创业指导师,2017 年被选举为中国非物质文化遗产保护协会非物质文化遗产职业教育委员会委员。2017 年被评为"优秀团学工作指导教师"。截至目前公开发表的论文为 4 篇,参与《大学生创业基础》教材的编写,指导的学生团队"普康莱科技"项目荣获第六届全国大学生电子商务创意、创业、创新大赛国赛的二等奖,2 项荣获山西赛区二等奖;指导的学生团队项目参加中国大学生"互联网+"创新创业大赛,其中 5 个项目获得省级荣誉,除此之外,指导的学生团队"拾故平台"荣获 2019 全国移动互联创新大赛华北赛区优秀奖。主持大学生创新创业训练计划项目省级 1 项和院级 3 项,个人运营的微信公众号"碎碎念的唐长老"获得大学生创新创业训练计划项目院级一等奖。

专家点评

辅导员的工作是"良心活儿",需要用脑想,用心悟,用嘴说。辅导员带班少则两三百人,多则五六百人,随着工作年限的增长,辅导员与学生的年龄差距越来越大,对待学生工作就不能千篇一律,更需要"吾日三省吾身"的态度,需要带着"学而不思则罔,思而不学则殆"的劲头,针对挂了三科的同学,简单机械的口头说教不是好办法,教育的目的不在于惩罚,而是教育。靠着精准地望、闻、问、切,找到学生内心深处的同理心,才能因材施教,达到精准施策。教育意味着"一棵树动摇一棵树,一朵云推动一朵云,一个灵魂唤醒一个灵魂"。那做任何一项工作,面对任何一个学生,我们都应该坚持教育的初心。

(太原理工大学现代科技学院团委副书记、讲师　武张静)

㉚　疫情期间给大学生的两封信

一、遥寄一封"家书",邀你一起"远游"

亲爱的同学们:

见字如晤!

想不到吧,平时动如脱兔的你们竟然被病毒困在家里寸步难行,如坐针毡。

你们那副早上起不来、晚上不想睡、上课神游天外的灵魂,这会儿也终于和失去"自由"的肉身久别重逢,以一种学名为"葛优躺"的慵懒姿势在床和沙发上相依为命了一整个春节,让一个个原本准备放飞自我的有志青年愣是享受了一把电视剧里太子才有的"禁足"待遇。不得不说,"禁足"的日子是真的度日如年,我甚至看到朋友圈里有的同学无聊到把本该拿来嗑的瓜子都数了一遍。原本不算充裕的寒假,却仿佛一个世纪般漫长,以至于为师都开始有点想念平时调皮捣蛋的你们了。不知道你们会不会想我呢?

关于疫情,为师就不再赘述了,相信你们已经看了太多听了太多,不过我只强调一点——就算再怎么想我,或者压根不想我,你们都不能提前回学校。处分是小,安危是大!估摸着离疫情散退尚需些时日,大家还要继续"禁足"一段时间。虽说"躺在家里就是为国家做贡献",但这是党和国家对芸芸众生的普遍要求,常常自诩为"新时代有为青年"的你们,是否应该有更为远大的精神追求呢?电影《罗马假日》里有这样一句经典台词——"You can either travel or read, but either your body or soul must be on the way",既然身体已经"禁足",何不以"心之所向"代替"身之所往",让灵魂"出窍"一番,带你踏上一次别样的心灵"远游"?

(一)在书海中"远游"

既是"停课不停学",书籍就是你们的老师。平时总是坐不住的大家,正好也可以利用这个契机磨炼心性——准备考研、考公的张三李四,工具书随手查阅;上学期挂科的王五赵六,躲得过初一躲不过十五,请拿起笔记背熟考点;理工男孙七"身在地球心在穹",在《时间简史》中探求浩瀚无涯的宇宙起源;文艺青年周八也不甘示弱,在《红楼梦》中游历一番穿越古今的"大观园"……你品,你细品:这"有书可以看,有咖啡可以喝,有时间可以享用,有亲眷相伴左右,有人让你偶尔想念,有人常视你珍重"的日子,是多么妙曼理想的生活状态呀!好好珍惜吧!

(二)在网络上"远游"

在这个互联互通的时代,没有人可以"独善其身",从此次疫情就可以深刻地体会到:一座城市发生疫情,竟能如此严重地影响到千里之外的其他城市。没有人是一座"孤岛",尤其是在网络高度发达的今天——通过网络,八旬老汉可以在线教学,赋闲在家的老师可以知晓你们的去向,世界各地的人们可以时刻关注着武汉疫区的一举一动,你们更是可以在网络上"远游",足不出户而知天下事。但"网络千般好,唯有不够真",因此为师还是要多唠叨一句,疫情期间有许多良莠不齐的舆论信息犹如病毒般蜂拥而至,同学们务必仔细甄别,切勿以讹传讹,以青年大学生应有的辨伪存真之研判为支点,去撑起这片信息时代的道德晴空！

(三)在回忆里"远游"

不知不觉中我们跨越了一年,来到了这个让人想重启的 2020 年,大家又长了一岁,不少同学已经开始自嘲是"90 后老阿姨""00 初油腻大叔"了。当人"老"又"闲"的时候,就喜欢回忆过去,作为"八九年老大爷"的为师就无限怀念在校园林荫道上散步的日子。不知道在你们的回忆里都有些什么呢? 是校园湖畔那群呆萌的"真·黑天鹅",还是食堂里琳琅满目的各地小吃,抑或是寝室中兄弟们此起彼伏的呼噜声……在疫情的刺激下,那些平日里没有特别感觉、哪怕在当时是一段难挨的经历,是不是如今回想起来都令人感到温暖和想念呢? 在回忆里"远游",在看似平淡却无限美好的过往中"忆苦思甜",汲取能量与希望!如今只是短暂的搁浅,我们要做的,就是在漫长的等待中蓄势待发,待到春江水暖之际,再扬帆起航!

纸短情长! 寥寥数笔道不尽我对你们的期待!

愿你们"坐家远游",也能够收获别样的风景!

爱你们的杨老师

二、再寄一封"家书",遥盼疫后重逢

亲爱的同学们:

这新的一个月你们过得好吗?

在党中央的坚强领导下,在全国人民的日夜奋战下,当前新冠肺炎疫情防控已取得初步胜利,生产生活秩序正加速恢复。

春暖花开,回程可期,在同学们继续"禁足"的这段时间里,为师还有几句话想嘱咐你们。

(一)要以求学问是为己任,为积蓄力量而发愤读书

有同学曾迷惘地问我:在疫情面前,读书何用? 的确,目前我们能做的有限,然而你试想一下,没有年少时的勤奋好学作为基础,哪有如今"逆行者"们救死扶伤的高超医术? 学习,始终是学生的天职,更是学生的责任。古有"悬梁刺股""凿壁偷光"的典故,今有寒门学子上楼顶、农村孩子爬悬崖"蹭网"上课的榜样,现在的你们大脑思维活,知识吸收快,生存压力小,正是潜心读书的好时候。好好学习,就是你们肩上最大的责任!

(二)应以去伪存真为己任,拨开网络谣言的迷雾

在这个网络高度发达的信息时代,我们可以足不出户而知晓天下事。但我一再强调,网络信息真真假假、鱼龙混杂,尤其是在疫情期间,网络上充斥着大量

未加证实,甚至恶意歪曲的网络谣言,这些谣言如迷雾,时常迷惑人们的双眼与心智;如火引,极易点燃你们血气方刚的情绪。作为新时代大学生,同学们当有明辨是非、去伪存真的理智与判断力,掸去网络谣言身上的"糖衣炮弹",不做网络谣言的"帮凶"!

（三）当以天下兴亡为己任,力所能及为社会做贡献

虽然大家总说"躺在家里就是为国家做贡献",但新时代的青年大学生们又岂是"两耳不闻窗外事,一心只读圣贤书"的书呆子? 据我所知,从疫情伊始便有不少同学投身战"疫"之中:有默默捐款助灾的"网络雷锋",有给前线医务人员子女补课的"免费家教",有在村口量体温、做记录的党员大学生,更有主动请缨、奔赴一线的医科学生……在这场"不计分数、没有标准"的大考中,考核的是你们对"学以致用,知行合一"理念的理解,考验的是你对"天下兴亡,匹夫有责"民族大义的贯彻。令为师无比欣慰的是,你们在这场考试中找到了自己心中的答案!

不知不觉中我们已经在疫情中度过了两个月的时光,在这场突如其来的灾难中,我们承受了无比沉重的伤痛,也经历了幡然醒悟的成长,再多的伤口都会愈合,变成一道铭刻在心的疤痕,时刻提醒我们勿忘伤痛,牢记教训!

重逢在即,相思不言,我们相约在春暖花开的大学城!

爱你们的杨老师

> **作者简介**　　杨效泉,男,1989年6月出生于福建省福清市,福建农林大学公共管理研究生,现任温州大学继续教育学院辅导员、团委书记,曾获得福州市"精神文明建设好稿件"奖、福州市"优秀网络文明传播志愿者"称号、温州市"新时代·青年说"理论作品优秀短文奖、温州高校思想政治工作案例大赛三等奖、个人"三等功"等荣誉。

专家点评

新冠疫情期间,杨效泉老师接连写了两封信给大学生们,在信中,杨老师用极具亲和力的语言将一些疫情期间需要注意的东西娓娓道来,及时给予了迷惘中的同学们莫大的鼓舞和安慰,很好地展现了新时代高校辅导员的情怀与担当。同时,效泉老师的两封信文笔优美,情真意切,先后刊载于《温州日报》,不失为两篇值得研读的信笺佳作。

（温州大学继续教育学院学工部主任、副教授　白炳贵）

第三章　术业有专攻

㉛　你是否后悔学医？

亲爱的"童鞋"们：

你们好！

原本祖国各地状态不一，现在都在家闭关"思考人生"；原本亲朋好友欢聚一堂的新春佳节，变成了"家庭疫情防控远程研讨会"；原本五花八门的朋友圈，变成了内容相仿、形式各样的"疫情宣讲栏"；原本热闹非凡的班级群，变成了"个人动向及健康情况上报平台"。相信绝大多数同学都是淡定自若、积极向上的，因为我们是医学生，我们有专业知识指导家人更好地做好预防工作；因为我们是新青年，我们相信党有力量带领我们打赢这场特殊的战"疫"！

但是也有一些同学因为居家隔离而憋出了"内伤"——恐慌、抑郁、焦虑，他们不是被疫情吓倒了，而是在七大姑八大姨的慰问电话或劝说微信中"迷茫了"——学医到底对不对？

1月25日晚，我曾经带过的2010届毕业生的班级微信群里也出现过一种声音：畏惧疫情——倾诉所在单位、所在社区和所在城市的"困境"，担心没法战胜疫情；后悔学医——日常工作无休无止地加班，有时还不被患者理解，甚至被患者辱骂，特殊时期还要舍小家拼上命……班长立刻站出来发声，"面对疫情，既要重视，又要淡定""学医的都恐慌，自己吓唬自己，普通老百姓咋整""做好防护是第一道防线，时刻待命是我们的责任"。话语不多，却字字敲击着每个人的内心。我也随后帮大家分析情况，给大家打气加油，学生们也在群里互相鼓励，互相提醒工作注意安全。

这届学生是我当辅导员后带的第一届学生,到今年他们正好工作十年了,不少人已成为科室骨干力量,也在这次防控新冠肺炎的战斗中冲锋陷阵。当年我带他们的时候,只比他们大 3 – 5 岁,几乎每天跟他们都在一起,感情格外深厚,我既是老师,也是知心姐姐。当姐的自然对自己的弟弟妹妹牵肠挂肚,看到他们无眠无休的疲惫样,听闻他们防护物资缺乏,我也心疼啊,我也担忧啊,泪眼婆婆的我,只能遥祝他们平安无事!有那么一瞬间,我甚至都后悔当年为什么没劝他们转专业。但是接下来的几天,朋友圈里陆续出现昔日的医学生、今日的医务人员都在转发的所在医院人员奔赴武汉的图片或视频,看到毕业生们一批批提前返岗,一个个奔波在一线,看到患者对他们的依赖和关心,我坚定了心中的那个"答案"。

同学们,也许你还在困惑或纠结"学医到底对不对",那老师就和你再唠叨几句吧——

学医是苦的,但更是甜的。不管当初你选择学医的初衷是什么,也许是父母之言,也许是个人梦想,也许是一时兴起,一旦踏入医学院校,就发现学医是苦的,别人的大学是课余时间多多、活动多多、恋爱多多,你的大学是课程表满满、实验课多多、考试科目多多,有些专业男女比例严重失调,还考虑什么恋爱?怨妇的眼神隔着屏幕我都觉得杀伤力很大。但当你用专业知识指导七大姑八大姨用药时,她们那滔滔不绝的夸赞,是否让你很骄傲?当你勤奋刻苦,在技能大赛上获奖时,父母那明晃晃的朋友圈晒图,是否让你很自豪?当你帮助一个又一个陌生人减轻痛苦,他们那舒心的笑容,是否让你感觉很满足?答案一定是肯定的,先苦后甜才是真的甜。没有什么是可以轻轻松松得来的甜蜜,"梅花香自苦寒来",青春是用来奋斗的,奋斗过的足迹见证了你的成长,也见证了苦尽甘来的喜悦。

学医是奉献,但更多是收获。你肯定会反问:只见过医学生见义勇为援手救助陌生人被质疑的,医生护士被患者和家属辱骂,甚至失去生命的,没看见医务工作者收获什么,工资?是劳动所得!锦旗?是有良心人的回馈!不,这些都是有形的,我说的收获是无形的财富。马斯洛"需要层次"理论清晰地告诉我们,人最高的需求是"自我价值的实现"。医务工作者凭借辛苦的付出、扎实的技能、无私的医德,收获感动和认可,每一天每一刻都是在实现自我价值,这不正是收获人生最高的需求么?!"舍得舍得,有舍才有得。"你舍去的是个人的时间,得到的是他人的生命;你舍去的是小家的团聚,得到的是大家的平安;你舍去的是仁心仁术,得到的是民心所向。我所说的这些,你一定会在今后的职业生涯中有更直接、更深刻的感受。岁月静好,会因你的奉献而更加璀璨!生命之音,会因你的奉献而更加美妙!

学医虽高危,但也高尚。耄耋之年的钟南山院士劝阻全国人民不要去武汉,自己却毅然而然地奔赴武汉;祖国各地奔赴武汉的医务工作者被称为"逆行英雄";咱们学校在车祸爆炸现场勇救三人的杨琳,曾两次援手救助路人的霍磊,面对媒体采访,他们俩都说了同样一句话,"这是医护人员做得最平凡的事"。他们也知道疫情严峻,也知道车祸危险,也知道救人有隐患,但是他们都没有退缩,都勇敢地冲上去,因为他们不忘初心,将"高尚"写进"平凡"。我想,当你们遇到这种情况,也会如此选择。诚然,危机时刻不可能每个人都遇到,我们也不希望有那么多意外发生。我想请你上网搜索一个人的新闻和视频,他就是十九大青年代表贺星龙,扎根山里的"傻"村医——相信你看后绝对泪目。贺星龙卫校毕业,回山里做起了 28 个村乡亲的"专职医生"。17 年里,他骑坏 7 辆摩托车,用烂 12 个行医包,一直坚持 24 小时上门服务,一个电话,随叫随到,行程达 40 万公里,可以绕地球 10 圈。他始终认为,"人活一辈子,不能总向钱看"。多么质朴的话语,多么感人的抉择。学医,不仅要医术高超,更要有一份高尚的为民情怀。我希望你们今后择业之际,也能走进基层,走进农村,因为那里更需要医护人员,更需要高尚的你!

一个人最有成就感的时刻是被需要的时刻。半夜你打来电话,倾诉失恋的痛苦,我很苦恼,也很幸福,因为你信任我,需要我;挺着八个月身孕的大肚子陪你们去就医,爱人不理解,我很为难,但没有犹豫,因为你们依赖我,需要我;现在换过来了,你们要学业有成了,你们可以帮助老师了,可以帮助和像老师一样需要你们的人。我们需要你们的坚信——坚信学医是睿智的选择;需要你们的坚守——坚守岗位服务百姓;需要你们的坚持——坚持救死扶伤永不言弃。

同学们,无论你们走多远,飞多高,希望你们一直记得当初你们那掷地有声的医学生誓词:

"健康所系,性命相托。当我步入神圣医学学府的时刻,谨庄严宣誓:我志愿献身医学,热爱祖国,忠于人民,恪守医德,尊师守纪,刻苦钻研,孜孜不倦,精益求精,全面发展。我决心竭尽全力除人类之病痛,助健康之完美,维护医术的圣洁和荣誉,救死扶伤,不辞艰辛,执着追求,为祖国医药卫生事业的发展和人类身心健康奋斗终生。"

明天就是正月初七了,传说这天是人类的诞辰日,老百姓把这天叫"人日子",习俗吃碗面条,寓意健康平安。"人日子"里论人性,医护人员都有两把刀(两味药):一把(味)拯救病人的生命,一把(味)检验自我的心灵。希望大家不再后悔,不再彷徨,牢记医学生誓词,永葆仁心、仁术、仁爱、仁德,在医学之路上坚定执着地继续前行！

祝一切安好！

永远爱你们的力为姐姐

作者简介

刘力为，女，讲师，长春医学高等专科学校学生处处长，荣获吉林省高校辅导员工作创新研究成果一等奖，吉林省“优秀巾帼志愿者”、吉林省“学生军训工作先进个人”、长春市“高校文明杯优秀学生管理个人”、长春市“优秀团干部”等荣誉称号。

专家点评

一场疫情一封信，一个专业一生情。

这是一名医学院校辅导员对杏林学子的担心与祝福。纸短情长，凝聚了信仰的力量与坚定。学习一个专业，选择一个职业，奉献一个行业，白衣天使逆行，杏林学子战“疫”，青春无悔，选择奉献。疫情之下现本心，他们用医者仁心的光明度点亮了每一个人的生命力，在疫情扩散之时迎难而上。心之所向，便是阳光！（辽宁生态工程职业学院、学生处处长、副教授　刘明耀）

㉜ 山登绝顶你为峰

——写给亲爱的你

亲爱的同学：

你好！这是我第一次以书信的方式和你见面。昨天我的两位大学室友在朋友圈里晒出了同一张8年前我们读大学时的老照片，评论区顿时热闹起来，这让我不禁想起了我们曾经的大学生活，那个经历了从骨瘦如柴到虎背熊腰的大学四年，经历了从键盘手机到智能手机转变的大学四年，经历了从看“姚麦组合”到“詹韦连线”的大学四年，经历了“一键偷菜”到“豌豆射手”的大学四年……回忆仿佛就在昨天，我侧过脸，透过窗外的树叶，可以看到明媚的阳光，它很刺眼，我不敢看它，于是我开始慢慢将目光下移，这时候周围的光变成了温暖的阳光，这似乎把我带回到了大学刚刚入学时的场景。我一眨眼，这一切就消失了，我的目光回到了自己的键盘上，打开的电脑网页上也出现了这样一段话：“大一迷茫、大二彷徨、大三疯狂、大四绝望。”我陷入了沉思，这也许是个别大学生的写照，我在细细回忆自己的大学生活的同时，也突然想和你探讨探讨上面这个话题。

开始很难忘。每个人可能都有一个难忘的大学开始。大学，意味着你可以心无旁骛地成长，意味着你可以专心致志追求想要的生活，意味着可以独立而自由地生长，但我想，刚进大学的你，应该有一个难忘的开始，或许是宿舍室友的认识，或许是食堂饭菜的感知，或许是艰苦而有意义的军训，或许是善良热情的学长学姐，或许是和蔼可亲的老师，又或许是其他种种。如果问每个人一个问题，你还记得刚进大学时，印象最深刻的是什么？我想，大家想着想着，一定会想起很多有趣的故事来，这可能就是因为难忘，因为爱吧。

大一不迷茫。难忘的开始仅仅是开头，这并不意味着进入大学就轻松了，"现在辛苦点，到了大学就轻松了"，这是很多中学老师都会使用的一个固定语句，这也容易让你误解为：似乎考上大学就走上了人生的顶峰。可事实证明：实际上并不是大学轻松，而是因为有些人迷茫，失去了方向。不少人看着周边的同学泡图书馆、学吉他、学舞蹈、应聘学生会、参加社团活动、参加各类兼职等，都盲从式地跟着去尝试，他们完全不知道自己的大学生活该如何充实有意义地度过，正如那句很贴切的话："大学的我们，就像玻璃上的苍蝇，前途一片光芒，却始终找不到方向。"古人有云："凡事预则立，不预则废。"大一的你，如若感觉迷茫，不妨尝试在一个静静的晚上，去图书馆找个安静的地方，认真思考自己的大学四年该如何度过，并做好一份让自己满意的大学规划，将它记在纸上，刻在心上。

大二不彷徨。经过了大一的学习生活"摸索期"，我们熟悉了学校的环境，渐渐适应了大学的生活，也应该要找到自己的学习方向了。如果你还在彷徨，这时候可学习一门重要的课程，叫"人际交往"。大学学业的重要性不言而喻，而人际交往这门学问也时刻伴随着你，每时每刻我们都有着不同的身份，扮演着不同的角色，在寝室，你要与室友处理好关系；在班级里，你要与老师同学处理好关系；在家里，你要与父母家人处理好关系；今后的职场上，你要与领导同事处理好关系。可见人际交往这门学问在大学里实在不容忽视。大学里有的同学人脉很广，有很多"死党挚友"，跟老师同学关系也很融洽，但也有同学不善于人际交往，甚至出现过与室友发生小摩擦，与同学发生小争吵等现象。曾经有人说过："可怕的不是孤独和寂寞，而是你不愿意主动与人打交道。"大二的你，倘若拥有充足的时间，必要的人际交往技巧和方式还是可以学习一些的，如果你深知自己的短板是人际交往能力不足，那么你可以针对性地去读几本好书，关于人际交往能力提升的好书，慢慢学习和改善，用来指导自己，毕竟在毕业之后的职场上，人际交往也是一门重要的课程和艺术。

大三不疯狂。大三和初三、高三一样，是知识大量积累的阶段，大三的专业课程相对较多，这时候的你，需要大量学习各类专业和非专业知识，为毕业就业做好充分的准备。大学的根本任务就是培养和发现人才，且衡量人才的标准很多，有创新创业人才、有学术科研人才、有专业过硬人才、有组织管理人才、有文艺体育人才、有全面发展人才等,你努力的方向很多,所以,大三的你,不应该放纵自己,更不能疯狂,相反,你可把大学生活过成自己想要的样子,活出最美好的自己。正如有位老师所言:"你不应该像一棵竹子直线生长,而应该像一棵树,除了明晰的主干,还有横生的枝丫,郁郁葱葱全面发展。"

大四不绝望。毕业的同学都会有一个感触,大四几乎是整个大学阶段最忙的一年,因为这一年有三大"硬核":毕业实习、毕业论文(设计)和毕业工作。其中哪一件事情不顺利,都会对自己造成很大影响,这也是为何"绝望"的原因。毕业实习是指在你全部课程学完之后,需到实习现场参与一定的实际工作,旨在让大四的你获取独立工作能力,它往往是与毕业论文(设计)相联系的一个环节,与毕业论文(设计)一样,只要认真对待,就能很顺利地完成。而毕业工作才是大学生涯的重点,四年的学习和努力,是希望换来一份满意的工作。有的同学通过锻炼能力走进理想公司,有的同学通过努力学习录取研究生继续深造,有的同学通过认真备考考上行政或事业单位就职,有的同学通过创业尝试最终开办自己的企业等,我想,大四的你,只要努力上进,就不会绝望。

结束很离殇。亲爱的同学,与大学的开始可能不一样,大学的结束充满了离殇。我们大学毕业离开的时候,可能有同学或者朋友相送,这时你可看到,离别的车站旁,有的打打闹闹,有的话说不停,有的依依不舍,因为他们知道,这一次离别,只能期待江湖再见了,而你带着自己的行囊,走向了人生的另一个阶段。曾经父母和老师都对你说类似的话,"等你考上了大学,一切就好了,也不管你了",殊不知,原本以为考上大学就走上了人生的顶峰,就真正地可以"轻松"了,也只有毕业后,我们才能体会到,大学毕业只能算是人生众多山峰中走过的一个极小的山峰,后面还有接二连三的高峰等着你去探索呢!

"说教式"地谈了这么多,也不知道亲爱的你,有没有启发。我想,每个人读大学的打开方式都不一样,所以每个人大学经历的内容和取得的收获也各有差异,但无论如何,作为你的老师,真诚希望你能顺利越过大学这一山峰,并祝愿你能顺利越过人生更多的高峰!

爱你的辅导员:唐业喜

作者简介 唐业喜,男,讲师,吉首大学土木工程与建筑学院辅导员。曾获教育部第五届大艺展高校艺术教育科研论文一等奖、教育部全国学生资助管理中心主题征文二等奖、湖南省教育厅2017年艺术教育科研论文一等奖、湖南省高校辅导员2018年度征文二等奖、张家界创业讲师大赛个人综合能力竞赛一等奖等近30项;主持湖南省社科基金、湖南省教育厅、湖南省网络思想政治教育研究中心、湖南省高校思想政治教育(辅导员)工作研究会、湖南省学生资助研究会等课题近20项。

专家点评

《大学》有曰："物有本末，事有终始，知所先后，则近道矣。"作者以亦师亦友的姿态，从大学开始时的难忘谈到大学结束时的离殇，期间四年，一路走来，不迷茫、不彷徨、不疯狂、不绝望，只为海到天边、山登绝顶，循循善诱间，鼓励并唤醒学生对自我的认知、对生涯的规划，正所谓天地万物皆有本有末，世间凡事皆有始有终，唯有知本末、明终始，才能修炼自我，通达人生。

然而，"大道至简，衍化至繁"，期待作者能在今后的日子里，与学生就如何止于至善的问题持续交流，相信每个学生的人生都会有不一样的精彩！

（台州学院生命科学学院党总支副书记、副教授　徐敏）

㉝　思前虑后再行动，做恰到好处的选择

——写给有转专业想法的同学的一封信

亲爱的同学们：

你们好！对于想转专业，你是真切地想好了吗？

近来，你们当中的一些学生找我说起转专业的想法，还有的来咨询转专业的条件。于是，我想跟大家唠唠嗑，希望你们踏下心来，结合自身情况好好地考虑一番。

大家都知道，"努力很重要，但选择才是关键"。因为每个人都是独立的个体，我们都不一样，所以选择的正确与否，只有你自己最清楚。但是，在大家做出选择之前，老师有必要多问几个为什么。比如，你是不喜欢现在正在学的专业吗？其中哪些课程或哪些方面让你不喜欢？你是羡慕其他专业的就业还是考研情况？你对自己个人是否真正地了解过？能否对想转入的专业有着充分的学习热情？对于这些问题，我希望我的同学们能有一个清晰的答案，对自身有一个明确的定位。只有这样，你们方能做出自己不后悔的选择，这正所谓是"三思而后行"，养成一个在做事前多思考的好习惯。

每年的高考成绩出来后，在准大学生收到录取通知书时，抖音、快手中刷屏的有这样一句话，"寒窗苦读十余载，如今考上大学，为娘已经很满足了"，每当看到这样的字幕和场景，我都会想到，每一个大学生都是整个家庭的骄傲，是一个家族的希望。但是，由于从小到大习惯了多年的应试教育，你们不知道自己真正喜欢的是什么，不喜欢的又是什么，所以仅凭感觉选报专业，任凭父母他人填报，亦或是跟风热门专业等，所以才酿出了今天的后果：大学开学前、大一第一学

期、升大二前,每逢学期交接的时候,你们换专业的想法始终在脑中转个不停。然而,据往届学生转专业的情况了解到,有些人最终想法还是想法;有些人付诸行动,在新的专业顺风使舵,取得一番成绩;而也有一部分人换了专业,仍不喜欢,错失其他机会,甘于堕落,浪费时间和精力。对此,我想和大家分享以下几点内容。

首先,对自己有一个明确的认识,"我是谁,我想成为怎样的人"。在大学第一堂班会课上,给大家布置的作业"书写一封信——遇见四年后的自己",制作一份大学的初始空白简历,通过想象勾勒出毕业时的样子,以及职业生涯规划课上,让大家采访一个职业路上的前辈。说白了,这些都是想让你们好好地认清楚自己的现在和规划好个人的未来。通过不断了解自己的性格、气质以及能力、兴趣、特长,形成对自己恰当的认知和定位。要对想从事的职业进行深入综合地分析,了解该职业所需的专业训练、能力、性格特点等要求,知道该职业的性质、工作环境、福利待遇、发展空间和就业竞争机会,最终确立一个清晰的职业定位,给自己制定一个科学的大学职业规划。所以,我认为不要盲目"脑热"或"跟风"转专业,先对自己做好职业生涯规划,再仔细思考是否有转专业的必要。如果个别学生是因为自己的思维、个性特点不适合某个专业,这时转专业是必要的,大学应该更多地为这些人开放转专业,而其他类型则需要慎重考虑。

其次,我们要充分地了解本专业和想转入的专业,做到知彼知己。转专业是一个很严肃的问题,一定要在充分了解自己所学专业、想要转入的专业的基础上再做决定。而不单单是,不想学逻辑性很强的数学、概率论,不想背文绉绉、理解难的政治经济学、管理学等相关知识,就选择逃避。殊不知,你想转入的专业同样有类似难学的科目,这正所谓是,处处都有拦路虎,只要你足够强大,这些困难就不算什么。假如你还羡慕对方专业的就业前景或考研录取率,那首先问一下自己,是否真正了解自己本专业的就业形势和保研情况呢? 其实,"三百六十行,行行出状元"。专业无好坏,只要下功夫学习,必定会学有所成。综合来看,每一个专业都有它的好处和坏处,所谓的冷热门专业,在市场竞争的基本规律下也会因供需关系而发生转化,避免盲目追逐热门,做好个人长远职业规划。没有不好的专业,只有没学好的专业。若对现在所学专业缺乏兴趣,对想转入的专业已了解透彻,并有特别想学的欲望,转过去,也不失为一个很好的选择。从自身发展规划而言,若对两个专业兴趣平平,不分上下,这时我希望大家不盲目转专业,脚踏实地,把握当下,专注于现读专业,兴趣就会形成,专业就可以得到很好地发展。

然后,选择还是一把双刃剑,有得必有失。转专业后,离开原来的专业,离开熟悉的班级、朋友,会失去许多,所建立的同学关系都要重新来过。新的老师、班主任、辅导员、同学,新的环境和人际关系,都需要做一定调整。除了学好新课程,同时还要补落下的以往该专业已经学过的基础课程,所以会比其他同学有更大的压力。正所谓是,善挑战、爱折腾,既是一件欢乐事,也是一件苦差事。有些同学想转专业时兴致很高,但转专业成功后,却发现并不能在新专业学得很好,更有甚者提出二次转专业,只可惜没有这样的机会,所以我建议,若对某个专业很有想学的念头,在转专业前,可以在业余时间提前去蹭课,并咨询该专业老师、同学相关问题,做到充分了解和铺垫。若还是犹豫不定的话,我认为一定要考虑清楚要不要转,一旦转过去就没有后悔的余地了,这时心理的落差,会致使在原专业有可能排名很靠前,但是在新的专业可能会有较大的变动。"好专业"远远不如在一个专业里"做好"重要。希望我的学生们能够以"一往无前"的精神、"一鼓作气"的信心,做到永争"一马当先"。但求无悔,无问西东,我们都应以一腔热情,不惧未知,不惧辛劳,让蔷薇开出一种结果!

最后,"漫漫人生路,有无数的选择,但关键的只有几步"。其中转专业的这次重新选择,我想就属于大家关键几步路中的一步,我希望我的学生们能够充分考虑清楚再做决定,以对自己前途负责任的态度行事,禁止盲目跟风,做出无愧于心的正确选择。无论大家转专业与否,都应该要阳光地生活,积极地学习,快乐地成长。在日常学习生活中,找一个身边榜样,勇于向目标看齐,不断超越自己,寻找不断前进的力量源泉。我们身边的榜样不像名人一样遥不可及,也不像古人一样不可跨越时光,他就在你身边,别人可以做到的事情、取得的成绩,你也一定能做到,不断以此鼓励自己,超越永无止境,每天都有进步,就一定能够离优秀越来越近。同时,大家还要热爱学习,学会学习,做到坚持学习,不仅要学自己的专业科学文化知识,还要学习坚定的理想信念,塑造良好的个人品格;学优秀传统文化,学先进时代精神,学生活中的为人处世,服务国家,奉献社会。

至此,祝福我的同学们学有所获、平安喜乐!

爱你们的辅导员:郭海洋

作者简介 郭海洋,男,助教,中共党员,湘潭大学辅导员,在湖南省高校辅导员培训中被评为"优秀学员",2019年湘潭大学"我和我的祖国"辅导员宣讲活动中,被评为"优秀宣讲员"。

专家点评

"因材施教"是教育的最高境界,体现着教育的本质,不仅仅单纯地根据学生实际做通学生个体思想工作,还通过普遍性教育教会学生认识和解决问题的方法。郭海洋老师的这篇写给学生的信就是按照"因材施教"原则开展普遍性教育的典范之作。首先,教育的原则科学。郭老师坚持了"因材施教"原则,对于学生该不该转专业的思想困惑,没有给出"功利化"建议,也没有给出"固执性"建议,而是根据学生实际给出不同建议。其次,教育的方法适切。郭老师采用了疏导结合的教育方法,在对学生进行说服教育的过程中,先"疏"后"导",不仅对学生进行善意的提醒,提出五个问题进行灵魂发问,还给出学生如何对待转专业问题的意见。第三,教育的主导性强。面对转专业的问题,教育的目标就是要巩固学生的专业思想,以正确思想对待转专业。郭老师的这篇书信教育,启示我们做学生思想政治教育,要本着因材施教的原则,发挥教育的主导性,创新教育内容、形式,运用科学教育方法,将普遍性教育和个体教育相结合,更有效地解决日常思想政治教育工作中的某些难题。

（延安大学副处级辅导员　李生策）

㉞　写给奔赴考研"战场"的你们

准备考研或正在复习考研的同学们:

你们好!

不管是对学术的真正热爱还是逃避就业,抑或是为以后的就业增加砝码,考研都成为越来越多人的一项选择,因此,大家要提前做好生涯规划,想清楚自己到底要达到什么样的目标,哪些途径可以帮助自己实现,尽早将要不要考研这个问题想清楚。在这里,我想将我考研过程中的一些感悟分享给大家,希望对大家有所帮助。

决定考研就是选择了一条艰苦的道路,不是嘴上说说那么简单的,要付出很多精力和辛苦。这其中,有很少一部分同学可以通过"推免"成为研究生,看似考研的过程很轻松,其实要通过"推免"成为研究生是要满足很高要求的,前期需要付出很大的努力。所以,有想成为下一个"推免生"的同学,要提前了解"推免"所需达到的条件,早做准备。

当然了,还有很多像他们一样优秀的同学因为名额有限没能够达到"推免"的要求,需要参加全国的统一考试,才能有机会成为一名研究生。其实这才是大多数考研同学要经历的过程,当年我也满足"推免"的条件,但最终落选,同样要继续背起书包,加入到复习大军的行列,最终成了一名硕士研究生。

如果确定考研,首先要选择好自己的目标学校,根据自身情况提前了解好备考学校的招生信息、考试大纲,制定好自己的规划。在目标的选择上,要根据自己的实际情况,既不能好高骛远,也不要踌躇不前,尽量选择那些通过自己的备考有可能达到的目标。有些同学会选择跨专业考研,个人建议如果专业领域跨度太大,尽量不要尝试,如果目标明确,就要早做打算,只有付出比别人更多的努力,才可能有机会"上岸"。

接下来便是将近一年,甚至更长时间的备考。进入大四之后有的同学还要面对实习的考验,白天要在实习单位工作,每天复习的时间可能会大量减少,复习到深夜便也不足为奇,这也是对自己体力与毅力的考验。如果在这期间遇到困难,想放弃的时候,想想当初自己为什么坚持走到了这步,别人也会面对跟你同样的困境,要是你放弃了,别人就减少了一个竞争对手,所以一定要咬咬牙坚持住,别放弃。

复习考研是需要方式方法和一定技巧的,要想掌握这些,可以选择报一些辅导班,但不要指望着报了班就一劳永逸,掌握了复习方法和技巧之后,是要进行认真复习和大量练习的,同时要注意复习的效率。有的同学看似从早复习到深夜,复习的时候一会儿刷刷微博,一会儿玩玩抖音,实则毫无效率,一天下来什么也没干,睡前还要发个朋友圈感动一下自己。复习的效果不是看谁复习的时间长,而是要看你的脑子里到底记住了多少知识点。

要锻炼自己强大的心理素质,有敢打硬仗的信念。既然已经确定好了自己的目标,就不要顾虑太多,只管努力提高自己的实力。古代剑客们在与对手狭路相逢时,无论对手有多么强大,就算对方是天下第一剑客,明知不敌,也要亮出自己的宝剑,即使倒在对手的剑下,也虽败犹荣,这就是"亮剑精神"!

作为改变自己"教育出身"的又一次机会,研究生的录取要比高考的录取更复杂,会受到很多因素的影响,考研的结果对同学们来说,一定是几家欢喜几家愁,要提前做好思想准备。如果最后结果真的不如人意也没有什么,考研的经历只是人生中占比很小的一个部分,人生遭遇风浪挫折是很正常的,要尽量以平和的心态去面对。考上研究生并不是四年大学生活的唯一选择,作为新时代的大学生,我们要树立远大的志向,无论我们去向哪里,只要在祖国和人民需要的地方,我们都可以书写别样精彩的人生,在各自岗位上建功立业。因此,在初试结束等待考研结果的时间里,大家要多关注就业方面的信息,积极去尝试,给自己多一项选择,不要"竹篮打水一场空"。

说完了大的备考方向,再来谈谈临考前的一些细节。初试的前一天,我既激动又紧张。激动的原因是想着终于要考试了,快点结束吧!紧张的是担心自己的考试成绩,感觉自己还有好多内容没有复习,复习了的内容也似乎全给忘了。

我想很多同学可能跟我的感觉一样,我觉得这是很正常的反应,即使作为老师,如果明天让我去参加一场考试,我也还是会紧张。所以这个阶段同学们不要过度焦虑,一定要给自己积极的心理暗示,气场上绝不能"怂",要敢于向"敌人"亮剑,拿出气势来,《亮剑》里李云龙有句话说得好,"老子打的就是精锐"。

在调整心态的同时还要注意一些考试的细节,不要忘带相关证件,提前熟悉考场路线,不要迟到,准备好考试需要的文具用品等,如果忘带"武器"就上"战场",真的没人能救你了。

在考场上拿到试卷后可能会出现觉得每道题都不会的情况,这时候千万不要慌,答题的过程不可能是特别顺手的,先平复一下自己的情绪,做自己有把握的题,慢慢找回状态,不要太过计较每一分的得失,考试之前要提前做好打"硬仗"的准备,不要让焦躁的情绪影响了自己的答题节奏。

每一科考试结束后不管感觉自己考得多么"烂",都要坚持完成下一门考试,直至完成所有考试。你要知道很可能其他人跟你的情况是一样的,考试的题目他们也不会做,甚至比你答得还要"烂",在最终考试成绩没出来之前,什么结果都可能出现,如果你中途放弃了,就给了对手"活"下去的机会。

第一天考试结束后,个人建议大家不要在网上对答案,不管考得怎么样,都要踏下心来复习第二天的考试,反正这时候你已无法改变自己写在卷子上的答案,与其徒增悔恨,还不如继续认真复习,争取在第二天的战场上多秒杀几个"敌人"。

到了最后的冲刺阶段,同学们的压力都会很大,要学会适当放松,劳逸结合,实在学不进去的时候可以听听音乐,或是去操场跑几圈,哪怕只是坐那发呆也没问题。不要担心因为放松而耽误了复习,没有效率的复习是无意义的,要知道"磨刀不误砍柴工"。

作为过来人,我知道考研之路并不平坦,一路走来,其中的辛酸苦辣只有自己才能体会,但成长过程中的蜕变,没人能替你完成,只有靠自己。也许最终的结果并不好,那又能怎样,人生的路还很长,生活就是要征服一个又一个敌人,同时做好最坏的准备。给自己点个赞吧,感谢自己认真的付出,然后继续向前!

最后祝愿大家考试顺利,"鞭敲金镫响,高奏凯歌还"!

隋明阳

作者简介

隋明阳,男,讲师,理学硕士,天津体育学院辅导员,曾获天津市第四届辅导员素质能力大赛优秀奖,主持天津市委组织部调研课题 1 项,校级课题 2 项,累计发表论文 4 篇。

　　"经师易得，人师难求"，学高为师固然重要，但爱学生、懂学生、以心换心触动学生灵魂的老师更难得。

　　作者以己为例，在感同身受中与考研学子娓娓道来，何为"推免"、何为"统考"，如何量体裁衣定目标、如何风雨兼程追梦想、如何融会贯通得真知、如何心无旁骛敢亮剑……字里行间满是一位师者传道授业解惑的真情实感，充分展示出一位师者在教育过程中对学生的接纳之情、同理之心和修通之道。

　　"黄金无足色，白璧有微瑕"，文中可以看出作者爱生心切，所知所晓均毫无保留，倾情相授，然，孔子有言："不愤不启，不悱不发。"故，若能在信中多些启迪学生去思悟去体会的点，以助学生在"愤""悱"之后受启发而跃然成长，自然是更好不过的了。

（台州学院副教授　徐敏）

㉟　心有坐标，知明而行

亲爱的同学们：

　　你们好！

　　秋意阑珊的季节，校园迎来了新的主人，新的活力、新的气息，彰显了人生新的起点即将开始。北大郝平校长在 2019 年新生开学典礼上，对全体新生发出提问："你梦想中未来的中国是怎样的？"他告诫学生，所有答案都必须靠你们的行动去书写。"有志之人立长志，无志之人常立志"，如何珍惜大学生活，如何明确人生的规划，取决于你选择的什么样的道路，你想过什么样的人生，取决于你是否将自己的责任与国家和时代同行。

　　大学四年，你可以在寝室玩手游，可以在校园谈恋爱，同时也可以在图书馆看书，可以做兼职，可以去旅游享受美景、美食……大学四年，你做出什么样的选择，对人生就会产生什么样的结果，不同的选择，造就不同的结果，成就不一样的人生。如何度好大学四年？如何有效地管理好自己的人生？四年该做些什么？在人生重要的转折点，以下几点，希望对你们有所帮助。

　　一、认知自我，要了解自己的个人价值

　　"人生不是一种享乐，是一桩十分沉重的工作。"初入大学，要充分地了解自己，分析自己的弱势，肯定自己的优势，思考自己在哪些空间需要历练和提升。（一）关于学习。学习是永远不变的话题，要适应老师的讲课方式，学习新的教学模式,提高自学的能力,变"他律"为"自律"。这就需要个人根据实际情况合理安排好自己的时间,利用图书馆的资源、老师的课件和同学的笔记,学好知识,提升自己的理论素养。多和自己的学长学姐、老师沟通,他们会有不一样的想法,也能给你指明方向,要学会不断地输入知识,将输入和输出相结合,在踏实的道路上找到一个更加优秀的自己。(二)关于学生组织。军训结束,班干部、学生会或者社团开始纳新,选择一到两个自己喜欢的学生组织,这不仅仅是为了锻炼自己的能力,也是为了发挥自己的实力。担任一名干事或者学生干部,它可以教会你养成良好的判断能力、超前的思维能力和完善的组织计划能力。体验和尝试自己不敢接触的事物,迈开那一步,会发现其实并没有难,难只是因为你停滞不前。我们可以犯错,反过来看看自己曾经犯过的错误也会笑。我们之所以犯错,是因为我们不知道何者是对的,或者说不认为这是对的。但是不要犯重复性的错误,在错误中成长,在成长中积累,自己每一天的付出都可能在未来得到收获。在做事中学会做人,在言行举止上对人对己负责,要做一个有担当、有责任、德才兼备的人。

二、实现自我,要清楚自己的发展规划

大学往往带了一种神秘和浪漫的色彩,进入学校后理想和现实总会有一些差距,如果大一是在忙碌和探索中度过,大二就该思考自己看了多少本书,学了多少理论知识,掌握了多少技能,在学生组织换届过程中,清楚未来三年自己的发展规划,懂得一些道理,学会一些方法,扩宽一下视野,培养一些品格。无论是专业技能方面,还是其他方面的成长,思考和改变至关重要。(一)关于技能。技能包括自己的专业技能和生存技能,跟着专业老师学好自己的专业知识的同时,还可以学几款软件,Focusky、PS、PR、AE、AU、AI 或者专门分析文献的Citespace、BlueMC 词云工具、Gephi、知网或 Web of Science 自带的可视化软件等;在生存技能上要取得计算机证、普通话证、四六级证、驾驶证以及相关的专业资格证书,尝试学习新的东西,不同的知识会带来不一样的选择。(二)关于社会实践。在实现个人梦想的同时,青年身上还担负着时代的使命和担当。在理论学习的基础上,多参与一些有意义的社会实践,可以投身公益、参加义教,也可以参加国家、省、市和校级的社会实践,有针对性地学习如何通过规划来提升行动能力的方式方法。了解当下社会现象、国际形势,在新时代变革阶段,提高自己的创新能力,把自己的规划和行动变为现实的行动能力,把个人的前途命运与国家命运联系在一起,这是新时代大学生的责任与使命。

三、确认自我,要明白自己的人生定位

步入大三开始,就该确立自己的目标,把握未来的人生走向。想要改变自己，永远都不会太晚，只要学会反思，学会思考，多考虑下自己的未来，思考有时可以改变我们的大脑，明确下一步我们该做好什么。专注做好和掌握生活中的每一件小事，总会促成一个目标的实现。"幸运"不是"好巧"，而是微小的行动，一步一步的积累。考研、考公务员、找工作、创业……不同的选择需要走不同的道路，如果喜欢自己的专业，有明确的方向，就要学精、学透，有所思，有所悟，有所做。

如果你想考研，了解学科前沿知识，学习理论知识，培养自己的思考和研究能力，在专业领域学而精、学而专；如果你想考公务员，考事业单位，了解历年招聘条件、选拔标准，准备好教材，根据自己的实力，选择一个适合自己的培训机构；如果你想找工作，就需要根据职位所需，锻炼自己的能力，走出校园，走入社会，找个实习单位，确立自己的职业目标，提升自己的职业素养；如果你想创业，就需要了解创新创业的相关政策与资讯，参加创新创业竞赛，参与创新创业交流论坛，从不同角度、不同方向探求创业的实现途径，为社会建设和国家发展创造价值。

人生如梦，梦如人生。如果大学前三年还没有清醒，找到自己的定位，最后一年，那就多做一些有意义的事情，生活不能处于一种被动地位，更不能被身边的环境氛围所左右，随波逐流。知道自己为了什么，需要做什么，才能够按照自己内心的想法坚定不移地走下去。当自己着手完成某一件事情时，也要对未来的前途和发生的可能性做出一定的判断，才能够决定下一步该怎么做并成为自己想象中的样子。

苏格拉底说，"知善者必能行善"。人只要有正确的见解，就会采取正确的行动，也唯有行所当行的人，才能成为一个有德之人。大学是学习的关键时期，也是生活最舒服的时期，一旦错过，等到醒悟的那一天，则需要耗费更多的精力和时间去弥补。我们越害怕未知，就越需要冷静，选好道路，走好人生，只要想努力，明白的那一瞬间都来得及。作为新时代的大学生，要从专业学起，从自我做起，积蓄能量、储备知识，成为"有理想、有本领、有担当"的新时代青年。

霍曙光

作者简介

霍曙光，女，硕士，讲师，河北传媒学院辅导员，国家心理咨询师，曾荣获河北省第四届辅导员职业技能大赛二等奖，河北省"大学生和青年教师'体验省情服务群众'实践活动优秀指导教师"、河北省"暑期大家访先进个人"、校"大学生创新创业大赛优秀指导教师"、校"先进管理者"等十余项荣誉称号，主持或参与省、市、校课题6项。

专家点评

　　作为新时代的青年人,要坚定马克思主义的信仰,担当起民族复兴的大任,民族的复兴需要靠一代代青年的接力奋斗来实现,践行习近平总书记提出的"志存高远、德才并重、情理兼修、勇于开拓"十六字诀。初入大学的新生和即将毕业的毕业生,在思维方式上会发生很大的变化,在每个阶段都会遇到迷茫、困惑。在学生成人成长成才的过程中,作为一名辅导员,要帮助学生实现全面发展,督促学生学好扎实的理论知识,积累社会经验,明确大学的目标和方向,将个人能力的提升与社会、民族、国家联系起来,引导学生肩负起国家赋予的责任与使命。

（燕山大学马克思主义学院马克思主义中国化教研部主任、教授　李晔）

㊱　给考研学生们的一封信

亲爱的同学们:

　　你们好,见字如晤!

　　再过几天你们就要参加研究生考试了,有很多想说的话一时又不知道怎么开口,我想先从自己的故事说起,也许是个不错的开头。

　　我那年高考,最后的分数十分糟糕,在经历了半个暑假的煎熬和纠结之后,下定了复读的决心。学校复读班在暑假期间开学,看着高中同学一个个去上大学,还在高中教室的我度日如年,最怕的就是有同学找我告别。在当时的我看来,这种告别就像是刑满释放的狱友向被判"无期徒刑"的我告别一样,他们享受着"刑满释放"的快乐,而我的背景音乐无疑是《铁窗泪》,一切都显得那样悲凉。

　　复读是一件十分痛苦的事情,期间承受着巨大的压力。好在当时整个班的同学都是复读生,大家都有着相同的感受,也都一直相互帮助和体谅。我所在的复读班本来就是学校编制外的一个班,为了尽可能让高考失利的同学能够有第二次机会,我们班被塞进了118名同学,比整个梁山好汉还多10个。我当时自嘲是高中四年制,提前享受高等教育本科待遇。最让人感到难忘的是,即使是这么大的一个班,课间很少有同学出去玩,大家都在座位上看书或者休息。这种学习氛围对我有很强的正面影响,这段看似"痛苦"的经历让我第一次认真正视了自己的未来和不足,开始学会了为自己的未来负责。直到现在,我仍由衷感谢那一年。

第二次高考,我心态异常平稳。在最后一门交卷之后,长叹出一口气,想着,应该有新的开始了。

那年大四,也和大家一样准备着考研。我当时在南校区上学,考场在北校区,为了保证时间,便和两个室友一起在北校区附近订了房间。我的考研复习之路并没有那么艰辛,因为是考本校本专业,专业也不热门,所以复习也就有条不紊,期间并无太多可说之处。但并无太多波澜的复习之路,并没有延续到考研期间。

考试第一天,上午政治没有发挥得很好,但也在预想范围内。下午的英语却大大超出了自己的预想,英语并不是很难,但是第一篇阅读我理解得不是很顺畅,对后面的题目也没有很好的把握。这一下就打乱了我的心态,使得后面整个考试的状态都异常低沉,整套试卷越做越差,考完之后心态自然一塌糊涂,甚至想着放弃后面的专业课考试。

所幸在考完和父母一通发泄之后,父母给了我莫大的安慰和支持。和我一起参加考试的室友也不断鼓励我,让我打消了放弃考试的念头,好好参加第二天的考试。现在回想起这段经历,很多细节都记不清楚了,当时的考题也忘得七七八八,但当时想要放弃的心情和家人、朋友的鼓励却记忆犹新,让我一度忘记了那两晚朋友“沁人心脾”的呼噜声。

第二天的专业课考试,尽管我很努力地去摆脱英语失利带来的影响,但还是没能恢复到一个理想的状态。分数下来之后,不高,但也进了复试。在经历了复试等一系列环节之后,我有惊无险地继续着自己的学生生涯。

研究生毕业前,正为国家公务员考试做准备。说是做准备,其实复习时间并不长。由于所学专业的“冷门”,我花费了大量时间跑宣讲会,参加面试,对国考并没有抱多大希望。在国考中,自己也感觉不是很好。由于题量大,行测有十多个题目因时间不够而直接填涂答案。申论也算中规中矩,并没有什么出彩之处,考完便觉进入面试的可能不大。但意想不到的是,虽然我没有把公务员考试作为一个主要的就业方向,但这一段复习时间却为我之后找工作的笔试打下了坚实的基础。之后的求职过程中,我很少倒在笔试环节。这种付出过后的意外收获总能给你过去的努力带来很美好的注脚,也让我更加坚信,只要有付出,一定会有收获。

国考之后,我开始在银行实习,期间在并没有太多时间准备的情况下,又参加了学校的辅导员招聘,先后通过了笔试和面试,最终进入了最后的考察名单。差不多同时,国考初试成绩也出来了,139 分,比预计的要高,报的岗位是 126 分进面试,不出意外,应该是笔试第一。经过一段时间的考虑,我放弃了国考的面试机会,选择来到学校工作,我也有幸成了一名高校辅导员。

　　说这些,是想跟大家说,我和大家一样,也经历了很多很多的考试。我现在回来起我曾经参加过的各种考试,发现每一次的考试都充满着各种意外,是实力和运气成分的交织重叠,是各种因素影响下的结果。试想,如果我第一次高考随便报一个大学,那么也不会有复读的经历,也不会考上一个更好的大学;如果我考研时,没有和父母、室友说出我准备放弃的想法,或者家长和室友没有鼓励我,又或者我没有想通,我就肯定不会有继续读研的机会;如果我没有在国考时间不够时及时调整心态和计划,果断放弃一些题目,也许我也不会考到高分;如果我因为没有把公务员作为一个重点就业选择,而没有认真准备考试的内容,那么我的求职之路可能会多次地倒在笔试环节;如果我没有一个良好的心态参加学校的招聘,也许我就不会成为大家的辅导员……

　　所以,没有任何一次考试能完全决定我们的命运,我们不能把自己的全部人生都押宝在任何一场考试上。有一个更加平稳、良好的心态去面对即将到来的考试,享受准备过程中的变化和进步,是应对任何考试的不二法宝。通过我自己还有朋友读研和工作的经历,我深深感到,读研不是唯一的选择。或者说,我们很难去计算什么样的人生是最好的人生,因为每一种人生都有它独特的风景,每一种选择都有他人不知情的精彩。

　　在电影《天堂电影院》里,电影放映师艾佛特对多多说:"生活和电影不一样,生活比电影难多了。"请允许我借用这句话,生活也和考试不一样,生活不像考试,很多时候并没有那么多绝对的对错,更不会有一个标准答案。当我们面对生活和未来,不管在什么时候,需要的都是让自己保持不断学习和追寻梦想的动力,敢于面对未知的勇气,对待生活的真诚。一旦我们以更加开放的心态去看待生活和未来时,就会发现生活有更多的可能,我们对人生的态度也会增添更多的欣喜和包容。

　　同学们,生活是一个过程,未来的一切都是未知,未来的一切都充满着无限的可能。正是生活带给我们的一些挫折和不可预见性,让我们能够更好地认识到自己,也让生活变得更加多元和有趣,最重要的是能让我们遇见更好的自己。加油吧,让一切过往的努力,都成为精彩未来的序章。

　　祝大家考试顺利,金榜题名!

你们的辅导员:郭禹宏

作者简介　　郭禹宏,男,助教,中国哲学硕士,西安电子科技大学计算机科学与技术学院专职辅导员。曾获西安电子科技大学第九届辅导员素质能力大赛三等奖、2018 年西安电子科技大学思想政治教育工作论文二等奖、校 2018 – 2019 学年"优秀辅导员"称号,参与校级课题多项。

专家点评

　　辅导员方方面面的工作都要做,有时是管理者,有时是激励者,有时又是安慰者。作品的作者以自己亲身经历,与他将要参与考研的学生拉起了家常,语言平和,没有那种"大战"前的豪言壮语,但却折射出一位辅导员的良苦用心,在平和之中渗透了一种人生教育:"没有任何一次考试能完全决定我们的命运,不能把自己的全部人生都押宝在任何一场考试上。"对于年轻人来讲,可以为自己的理想目标去冲一下,但冲击的结果并不是唯一的或者二维的,而是多维的,这应该就是人生。我们不能停留在对于结果的纠结上,努力了、付出了,这就够了!这篇看似平淡的信中蕴含着深刻的人生哲学道理,其背后是一名辅导员对于自己学生的爱,应当给郭老师点个赞。

(西安电子科技大学马克思主义学院党委书记、教授　夏永林)

㊲　不忘初心、不负韶华

——致应用心理学专业同学们的一封信

亲爱的应用心理学专业的同学们:

　　见字如面,展信安好。

　　"春到人间万物鲜",在这个万物复苏的时候,我们原本应该在法政楼见面,开一次年级大会,听一听你们假期的见闻与收获,谈一谈你们新学期的目标与计划,聊一聊你们所面临的困惑与疑问。但是突如其来的新冠疫情让这个假期变得不一样,延迟开学的我们只能隔着屏幕互道一声问候。

　　这段时间,收到很多同学的微信,有咨询转专业的、有诉说刷网课刷到烦躁的、有问研究生复试怎么准备的、也有在"二战"与工作之间犹豫不决的,更多的是在家待得心慌一遍遍追问何时开学的。亲爱的同学们,感谢你们的信任,将你们的焦虑诉说给我听,不用恐慌,焦虑是因为你们想要改变现状,寻求进步。最近网络上将社区保安比作明灯,每天都会问你一些直击灵魂深处的哲学问题:"你是谁?""你从哪里来?""你要到哪里去?"疫情带来的灾难让我们看见黑暗、混乱,甚至让我们头脑发热地跟着人云亦云,但它更让我们遇见美好,见证善良,让我们有时间停下亦步亦趋的步伐,在家中好好审视周围的世界和自我,问问自己:"你是谁?""你从哪里来?""你要到哪里去?"

　　你是谁? 是风华正茂的大学生,学生仍应以学为生,留在家中,没了校园,但不是没了课堂,不能进入学校,但已经开学。网上授课已经开始,各位任课老师积极备课,利用"腾讯会议""雨课堂""智慧树"等多种授课平台倾其所能为大家提供学习资源和学习服务支持。网络授课对于师生都是一次全新的尝试,可能容易出现平台不稳定等各式各样的问题,请同学们多一分耐心,多一分理解,多和老师沟通,共同克服。同时加强自我管理,提高听课效率,积极完成课下作业,让老师的每一份付出都能有所收获。虽然毕业班的大部分同学不用日日上网课,但毕业论文仍要按原进度进行。部分同学重新调整了研究方法,寻找研究方法,可能感觉比较困难,但你们不是一个人在战斗,有随时为你们提供指导的老师,有学校免费检索的强大数据库,而大家真正需要的是克服困难的自我能动性和克服惰性的自控力。当然,我们所要学习的远不止专业相关的知识,生活永远是最广阔的人生课堂,突发的疫情、没有硝烟的"战场"教会我们敬畏生命、热爱祖国、责任与担当、爱与感恩,它将会是每一位同学刻骨铭心的记忆。

你从哪里来?大家都是经历十年寒窗苦读,踏着人潮拥挤的高考独木桥而来。初入大学时你们也曾朝气蓬勃,意气风发,对未来充满憧憬。可当体验到与高中生活截然不同的大学生活,你们有了更多自己可以支配的时间和空间时,你们薄弱的自控力会让你们放松对自我的要求,忘却自己的初心,而这次疫情恰好给每一位正在浑浑噩噩应付学习的大学生上了生动的一课。当疫情肆虐时,当祖国和人民需要时,无论是84岁高龄再次披上战甲,冲到一线的钟南山院士,还是用行动证明广大青年堪当大任的"90后"援鄂医护人员,他们都用自己丰富的专业知识、精湛的医学技术、忠诚的职业信念为群众健康筑起了铜墙铁壁。我们正处在一个百年未有之时代,在校的大学生都是国家未来的栋梁,我们应不忘学生的初心,在学习中成长、成人,做到国家有所呼,青年有所应,成为一个能担社会责任、具有人文情怀的高素质人才,用自己的努力去助力国家发展、民族复兴。

你要到哪里去?当你的目标变得清晰明了时,你的行动才会变得更加高效。很多同学浑浑噩噩念完四年大学,带着一张空白的简历投入求职大军,面对遍地"王者",自己也只能做个被虐的"青铜"。心理学就业绝不仅限于心理咨询,比如常见的中小学健康教育老师,产品端的用户研究、市场研究,营销端的心理学传播,组织结构中的职业规划、人力资源、管理咨询,等等,都是我们就业的方向。但每个方向需求都有其特点,这就需要大家及早确定目标,提早补齐短板。低年级同学时间相对充裕,可以充分利用课外学习、学生工作、学科竞赛、实习经历来提升自己,在这些经历中拓展视野和积攒技能。但大三的同学们则是到了必须确定目标的时候,2021年考研复习已经悄然拉开帷幕,也许有些同学还在家过着躺在床上听网课的生活,有些同学却已经按照学习计划,开启第二轮单词记忆。你们经历同一场疫情,一样被延长的假期,将面对的是同一场考试,但结果必然千差万别,所以确定目标,及时努力还不晚。想想那些因没有时间而搁浅的计划,在这个漫漫长假中又落实了多少? 你们缺少的永远不是时间,而是行动。

而对于大四的同学,虽然国家线未出,但结合往年情况,大家要提早做好准备,无论是考研复试、调剂、公考或者找工作,都需要我们赶快行动起来。众所周知,新冠疫情对经济已经造成一定的冲击,势必会对今年就业环境造成一定影响。目前,各个企业已经开始春招,百度、腾讯、华为等多企业也开展了"无接触招聘",同学们一定要树立"先择业再就业"的就业观,积极投递简历,抓住春招的就业机会。疫情大考下的毕业生更要懂得主动出击,在学院推荐的就业信息之外,自己积极通过政府人力机构官微、企业官网、各个高校就业信息网、公众号等多渠道了解招聘信息,一旦发现合适的工作,动作要快,不要瞻前顾后,因为毕业后就业会更加困难。同时,"三支一扶"、特岗教师计划、大学生志愿服务西部计划等基层项目也在陆续推进,帮助大家拓展就业渠道。同学们可以到基层去,到国家需要的地方去,为祖国的发展贡献自己的力量,实现个人价值,这也是未来大学生就业的主渠道,我们要提早抢抓机遇,占领先机。那些还在调剂、二战、工作之间犹豫不决的同学,不妨多和老师、同学们沟通交流,尽快确定目标,行动起来,不要在纠结中浪费过多的时间,老师随时欢迎你们"骚扰"。

亲爱的同学们,请收拾起散漫的生活习惯,调整好不规律的作息状态,激发出朝气蓬勃的拼搏劲头。多想想自己步入校园时的初心,为自己的未来提早规划,及时承担起我们青年大学生的社会责任,一起努力争做时代的楷模。疫情终将过去,我们终将见面,希望春暖花开时,我会见到更美好的你们。

爱你们的辅导员:郝娜

> **作者简介** 　　郝娜,女,天津商业大学法学院应用心理学系辅导员,主要负责应用心理学系学生日常管理及奖评等工作。

❤ 专家点评

在疫情防控之际,面对同学们的困惑和疑问,郝娜老师适时撰写了《给心理学专业同学们的一封信》,及时帮助同学们答疑解惑。这篇文章围绕"你是谁?""你从哪里来?""你要到哪里去?"三个叩击学生灵魂的问题,解答了作为一名大学生的角色定位与职责,帮助同学们寻找一名大学生的初心,并指导同学们科学规划和成功就业,引导其践行青年的责任与担当。文章紧扣当下、构思新颖、结构合理、言语亲切,将思想引领与解决实际问题相结合,巧妙地切入,并有效地回答了疫情下同学们面对的各种困难和疑惑,是一篇有思想、有温度的思想政治教

育文章。（天津商业大学委学工部学生思想教育科科长、高级政工师　王素芳）

㊳　致考研的学生：虽然辛苦，但也要过滚烫的生活

考研的亲们：

　　三月底了，又到了话说考研的时候了，大学的辅导员就是这样，随着考试时间的安排，心情跟着起起伏伏，固定的时间说些固定的话题，但是由于学生的不同，又多了很多新的内涵。想当年我们说考研的话是"大学不考研，天天像过年"，到现在你们说的话是："考研不是无间道，而是开往春天的地铁！"今年的"云端"分享会，邀请回来的学长学姐们，他们讲着自己曾经奋斗的经历，我在手机的这端却感慨万千，能够分享你们的喜悦，能够见证你们的成长，是这份职业带来的幸福与荣光。

　　大学究竟能给予学生什么？陈平原先生在《我们需要什么样的大学》一文中这样写道："大学除了博大精深的'学问'，还需要某种只可意会难以言传的'精神'。在某种意义上，这些没能体现在考核表上的'精神'，更能决定一所大学的品格和命运。……我特别看重一所大学由于历史原因以及一代代人的努力凝聚而成的某种特殊品格。"每位学子都是学校精神凝聚的展现，毕业时会带着文理精神奔赴新的环境和岗位，量力而行地做出自己的贡献。毕业时最终的方向与目标也与大学学习密不可分，有一些同学会选择继续深造，他们通过学习开启了新的航程。

　　为什么要选择考研？我会询问每个打算考研的学生，为了进入更好的大学？为了学习更多的专业知识？为了提升学历去找喜欢的工作？抑或是为了家人，为了自己？答案没有唯一，但只有不忘初心，才能在最艰难的时候，鼓起勇气，锲而不舍。我想起《北野武的小酒馆》里的一句话：虽然辛苦，我还是会选择那种滚烫的人生。滚烫，听到这个词，心都是热腾腾的，想起你们进大学时，第一次开班会，眼睛里闪耀着的光芒，多么可贵，像星河一样美好。今年的政策，考研会扩招，在咱们召开的交流会上，看到这么多闪动的头像，一个一个的梦想等待实现，真为你们骄傲啊！

　　你们的学长学姐说到的"挣扎、无助、孤独、崩溃、茫然"，现在的你们不能感同身受，内心充盈的是对未来、对梦想的期许。抗疫期间，宝贵的时间是否充分利用了？是否自律、坚持、勤学，适时地调整心态？今天咱们就谈谈考研。

　　一、考研是一种选择

　　既然这是一道选择题，就需要诸位动脑筋。每年的暑假，最炎热的那几天，

教学楼负一层的考研自习室里还是能看到进进出出的诸位学子。你们的学姐说："记得那时在教室里的咖啡味，浓郁不散，我觉得闻起来都是焦灼的感觉，第一遍复习专业知识时的迷茫，现在想起来也是历历在目。"由于报考的学校、专业不同，大家会有不同的学业规划，不要盲目跟从，而要对自身有更为准确的评估，认识自己，了解自己，这是进行选择的第一步，而且至关重要。

准备作答这个选择题，你要有自己的伙伴，相互鼓励、督促、提问，自己选的路，跪着也要走完，不要轻言放弃。"人生的道路虽然漫长，但紧要处常常只有几步，特别是当人年轻的时候。"作家柳青在《创业史》中的这句话，现在看来也是充满力量。学会合理使用网络，了解最新的招录信息，复习中及时查漏补缺，为自己的选择再加上一份力。

二、考研是一场战斗

战斗是要讲究战略战术的，这次你们听到了大家讲的各种学习方法，有的选择了网校上课，有的选择了假期居家复习，有的专业书籍复习了五遍，有的英语已经滚瓜烂熟，你们的学长学姐让我感动，他们关心母校及其专业的发展，更牵挂着你们的方向，他们介绍自己的学习经验，就是传播着感恩的情怀，感恩学校、感恩专业，这是非常重要的品格。"行百里者半九十"，考研是一场马拉松，不是嘻嘻哈哈、轻松快乐就能冲到终点，交流会上听到的这些学习方法，会让你们提高警惕，自律地学习是超越自我的过程，既要"仰望星空"，也要"脚踏实地"，从小目标做起，为完成终极 BOSS 全力以赴。

考研是持久战，也是心理战。你们可以看到这么多志同道合的同学，还有可爱的学长学姐，你不是一个人在战斗，但是学习方法的汲取却如"小马过河"，得自己去尝试与挑战，不要纠结仪式是否隆重，不要仅仅关注别人如何学习，要用科学的方法，顽强的意志，让自己感动自己，自己佩服自己，让理想之光照射进现实之中。

三、考研是一次旅行

既然是旅行，就需要做好充足的准备。学长介绍了他的每日目标，学姐制作了 PPT 解答你们的疑问。既然想看到别人看不到的风景，不付出超过别人的努力怎么行？寒假，我收到了一个毕业十年的学生的电话，她有些沮丧地说："哎，要是能早点考研就好了，现在有孩子了，想看书复习都是奢侈的，工作空间也很难突破。"其实人生每个阶段的重点都有所不同，放弃了逛街、聚会，放弃了假期的悠闲自在，在手机软件上下载了控制时间的 APP，可你的心呢？是否能安安静静沉淀下来？刘晓艳戏谑地说："你长得那么美，你不考研干吗？你周围的人能欣赏得了你的美吗？你长得丑更要考研了。考上研，你能让优秀的人看到你。"

这位从商丘师范学院跨专业考到清华法硕的考研名师,用的方法无非是:"每天至少多学习四个小时。""多"是成功的法宝。

在旅行中,安静的早晨能让人欣赏到太阳冉冉升起,夜晚,对着楼宿舍的点点星光,也能激发出前进的动力,夏天的闷热、冬天的严寒,却有着"苦其心志,劳其筋苦"的感悟。"以终为始","研"途的风景因为你的付出与努力更添精彩,就像学姐笑着说的,"付出不一定别人都懂,但是你也能在考完试后,莞尔一笑,把头发别到耳朵后面,轻声轻语地说:'其实我也没怎么复习'。"我能想到你们笑起来的模样,也希望你们不屈不挠,努力在先,顺其自然在后。考研是一次筛选,努力不一定成功,但不努力怎么能见到雨后的彩虹?

博恩·崔西说:任何人只要专注于一个领域,5 年可以成为专家,10 年可以成为权威,15 年就可以世界顶尖。也就是说,只要你能在一个特定领域,投入 7300 个小时,就能成为专家;投入 14600 个小时就能成为权威;而投入 21900 个小时,就可以成为世界顶尖。但如果你只投入 3 分钟,你就什么也不是。这句话很好懂,但学习毕竟是个好事多磨的活儿,别光看人前风光而不了解背后的辛酸,没有谁能随随便便成功。今天你们的学姐学长们,有机遇有命运,但更多的是自身的努力。一个学生学习的场景,大声诵读,认真书写,才是最好的开始。正所谓"良好的开端是成功的一半"。

亲爱的孩子,如果你确定了以考研作为奋斗目标,祝福你,愿你耐得住寂寞,守得住初心,经历过种种考验仍然不放弃,愿你的得到配得上你的付出,过上自己想要的滚烫生活。

爱你们的爽姐

作者简介

王爽,女,中共党员,硕士研究生,现任西安文理学院师范学院辅导员,副教授,荣获陕西省"优秀辅导员",陕西省辅导员职业能力大赛三等奖,陕西新闻奖三等奖,校级"标兵辅导员"。担任《大学生职业生涯规划》《大学生就业与创业指导》授课教师,参加课题"高中生涯规划课程的开发与实施"获得省级基础教育研究一等奖,作为主持人完成省级辅导员项目一项、校级教改课题两项,作为指导教师完成国家大创一项、省级大创两项。师范学院"师语工作坊"主持人。

专家点评

该文作者通过召开考研"云端"分享交流会,了解在校生的所思所想,解答大家的疑问和困惑,以细腻的观察,对考研学生娓娓道来,提出了祝福与期望,同时会议中的热烈气氛也让作者感动。与学生交流,既要有"良师"的严厉,也要有"益友"的鼓励,让学生认准目标,脚踏实地,不忘初心,为他们在考研的路上取得成功加油助力。考研是"考验",考验的是学生的自律,对目标的专注,对未来的期许,考验的也是辅导员对学生的关注,在鼓励、勉励中为学生缓解心情的焦虑,了解学生的所思所想,为学生的学业发展进行指导,在每个阶段为学生答疑解惑,充分发挥"朋辈帮扶"的作用,让学生与学校,校友与母校之间的联系长长久久,历久弥新。"既然选择了远方,便只顾风雨兼程",希望学生考取心仪的学校,在专业学习的道路上砥砺前行。　　（西安文理学院学生处处长　李昉）

㊟ 给学生的一封信

——守初心　勇担当　共成长

运科学院全体硕博研究生:

大家好！我是你们的辅导员于清华。前段时间,网络有句流行语——"17年前全世界守护'90后',现在换'90后'守护这个世界",一场突如其来的疫情,让本应家家户户团圆的春节"变样"了,在抗击疫情一线的护士大都是"90后",她们可能还是你们的同学、朋友、亲人。同样作为一名"90后",17年前,我什么都不怕,因为和大家一样还只是个孩子;17年后,我害怕了,因为每天还需惦记着你们。还记得2018年刚入职那会儿,我是害怕大家知道我年龄的,担心自己年龄太小HOLD不住你们,还专门去换了个发型,但近两年的工作经验告诉我,这和年龄并没有直接关系,只要有原则、有爱心、有耐心,再年轻都可以成为一名学生信赖的辅导员。

2018年12月份,我写了一封信给2018级硕士生,也是我工作后迎接的第一批新生,题目为《给运科学院2018级硕士新生的一封信——如何完成从本科生到研究生的转换》,其实当时写那份封也是想对自己说:如何完成从学生到老师的身份转换。这一年多来,我学会了真正意义上的身份转变,也从我身边的领导前辈、同事以及我最爱的学生身上学到了诸多,促使我更快更好地成长。一年多后的我想再写一封信给我的学生们,希望以后每年我都能保持给我最爱的学生们写一封信的习惯,记录我们彼此的成长。

一、守住专业学习的初心,用科学严谨的态度做事

首先,不管硕士研究生还是博士研究生,不管非定向还是定向培养的同学,你们都有一个共同的身份:学生。大家要明确自己的身份和定位,学生的首要任务就是学习。2019年下半年全国各地都在开展"不忘初心　牢记使命"主题学习,你们是否想过作为运科学院的研究生,你们应该学什么？怎么学？是否不忘当初报考上海体育学院运动科学学院的初心,不忘专业求学的道路,牢记个人的理想和信念,由小我到大家,从而实现伟大的中国梦?作为运科学院研究生,在浓厚的学习环境和科研氛围下,能够守住专业学习的初心,并用科研认真严谨的态度做事,我相信大家已经做好了很关键的第一步。

现在正值特殊疫情时期,希望大家能共同战"疫",停课不停学,在做好安全防护的同时,根据自己的实际情况制定合理的学习方案,无论是低年级学生还是毕业班学生,都要为自己量身定制可行的学习目标、生活目标,让疫情期间的我们也能有条不紊地学习、生活。

二、心怀责任勇于担当,做一个靠谱的人

在《现代汉语词典》中担当就是"接受并负起责任",简单地说,就是一事当前,勇挑重担,敢于负责;更可以把它理解为一种精神、一种态度、一种习惯,甚至是一种素质。我希望我的每一个学生都能敢于担当、能够担当和勤于担当,做一个他人需要、他人认可、靠谱的中国人。一是敢于担当,就是要有强烈的责任意识。作为一名研究生要对自己的学术科研负责,要对自己的行为负责,在日常学习工作中能尽责,在困难面前敢负责,出现错误时敢担责。二是能够担当,就是要有担当重任的能力。作家莫言曾经说过:"当你的才华还撑不起你的野心的时候,你就应该静下心来学习;当你的能力还驾驭不了你的目标时,就应该沉下心来历练。"能做成事需要具备一定的专业能力,要有着眼大局的视野、创造性解决问题的能力,如果水平和能力跟不上想法,就需要大家不断学习,不断实践,并且不断总结经验,学会运用战略思维、创新思维等,才能更好地做到担当。三是勤于担当,就是在敢于担当和能够担当的基础上,学会主动积极地承担责任与任务,做一个有担当、别人口中"靠谱"的人,我之前在各个场合开会时都跟你们提过,我希望大家能是一个靠谱的学生,我也是一个靠谱的辅导员,但是每个人都做到非常靠谱很难,我努力做到,希望大家也努力做到。你们会发现成为一个靠谱的人,会进步,也会幸福。

三、你是一道光,你就会照明一片天

做一个自带光芒的人,心中有光,眼中有光,一个人,走到哪里,哪里就会因为他的存在而不同,哪里就会因为他而变得明亮温暖、充满欢乐,这样的人,都是自带光芒的。你是那个带着光芒照亮他人的人,还是那个喜欢倾诉抱怨、容易指责他人、总是吸取他人光芒的人?你是那个环境中的黑洞吗?不,我希望你们都不是,我希望你们都是自带光芒的个体,也希望自己成为你们心中那个有光的辅导员,我们一起散发光芒,影响和感染身边的人,走到哪里,我们也许并不是最醒目的人,但一定是最让人舒服的人,就像身揣夜明珠,走到哪里都会发光。我有过这样的学生,她的热情感染了一批又一批学生。就像我开完班会后收到学生给我发的一长段微信,表示感谢和认同,并希望以后能多交流,我觉得那一刻我作为辅导员,我是很有成就感和幸福感的,并为之感动。这就是有光,自带光芒的人有可能会照明身边的某一片天。

还记得,有一次看到某学生发朋友圈:"能在这样的'神仙'班级,有一群'神仙'同学,也太幸福了吧。"并配有一张课前班级同学共同学习的照片。我希望我带的学生都能觉得自己身处一个"神仙"班级,因为这个班级里一定有自带光芒的人,并且带领着整个班集体一起进步,最终变成一个凝聚力极强的班级,而这个优秀集体中的每个人最终都会做一个自带光芒的人。

四、我和你们是某种意义上的命运共同体

2017年10月18日,习近平总书记在十九大报告中提出,坚持和平发展道路,推动构建人类命运共同体。推动建设人类命运共同体,源自中华文明历经沧桑始终不变的"天下"情怀。此次疫情,中国展现了负责任大国的形象,在做好国内抗疫工作的同时积极支援其他国家,用中国行动向全世界诠释命运共同体这一理念。我觉得我作为辅导员,和你们之间也需要逐渐形成你中有我、我中有你、同发展、共成长的"命运共同体",我们需要相互理解,相互包容,相互促进,以制度建设保障我们的共同利益,以合作学习促进我们的发展共赢,以人格关照实现我们的精神升华,以共享探索规划实现我们共同的生涯成长。现在疫情时期,全国上下十几亿人需要共同努力,为了打赢这场没有硝烟的"战争",我至少希望此时此刻的你们,是一个配合各方工作的好公民、好学生,而我从健康状况每日一报的积极配合中可以看出,你们就是!

作为一名工作近两年的辅导员,如果你们问我愿意做一辈子的辅导员吗,我的回答是我愿意。发自内心的热爱和责任促使我把工作做得更好。而你们也会带给我不同的感动,让我觉得辅导员工作除了时间不定、任务无边,还有责任无限和幸福不断,我很期待和你们一起共成长。

你们的辅导员:华华老师

作者简介	于清华,女,上海体育学院运动科学学院研究生辅导员、研究生第二党支部书记,助教,曾获校"2019届就业工作先进个人"。

专家点评

在当前语境下,与高校学生对话并进行思想引领和价值引导,在共情共景中产生共鸣,是做好新形势下思想政治工作的关键所在。作者是一位入职不到两年的"90 后"年轻辅导员,能够坚持围绕学生、贴近学生、服务学生理念,结合所带研究生的思想特点和专业特点,从守住初心、勇于担当、乐观向上、共同成长等角度,结合时事与事理,用学生听得懂、喜欢听的话语,与学生进行了情真意切的对话与交流,感情真挚,层层递进,将思政教育融入信件这一传统形式中,既是一种情感的沟通,也是一种思想的互动,体现了"90 后"辅导员与"90 后"研究生进行相同年龄而不同角色之间的对话的巧妙,是增强研究生思想政治工作的亲和力、针对性、有效性的一种有益探索。

(上海体育学院马克思主义学院常务副院长、副教授、硕士研究生导师　胡德平)

㊵　一封"家"书

亲爱的同学们:

新年好!

2020 年的春节无疑是最"特别"的。由于新冠肺炎疫情,我们共同度过了一个"装在屋子里的"春节。为防止疫情的进一步扩散,往年四处拜年的我们不得不待在家里,隔空拜年成了这个庚子年的特色。而在我们的平安健康的春节背后,却是医疗工作者们无私奉献、奋斗前线的身影,他们逆行的背影,是这个时代的最美的剪影。

为切实保障全校同学的健康与生命安全,我们学校专门成立了应对新冠肺炎疫情工作领导小组及工作组,对同学实习、返校、课程学习、科研开展等做了详细周密的安排。我们学院发挥专业优势,体现公卫担当,通过自媒体对外开展宣传,普及防控知识,提出抗疫措施;对内加强疫情监管,畅通信息反馈渠道,建立疫情日报制度,及时掌握学院师生及家人状况,做好早发现、早隔离、早诊断、早治疗;同时引导学院师生坚定抗疫必胜信念,不信谣、不传谣,做好自我防护,照顾周边亲朋,体现公卫人的使命担当。

孙思邈曾言:"人命至重,有贵千金,一方济之,德逾于此。"无数的逆行者之中,有老骥伏枥、再战疆场的钟南山爷爷,有巾帼担当、温柔坚韧的李兰娟奶奶,有十七年前"非典"子送母,现如今母送子的一家接棒三代,亦有各省各市迎难而上的万余人支援队伍。他们未曾恐惧,更无彷徨。

作为一名大学生,一名医学生,一名准公卫人,同学们虽然不能外出,也不能奔赴一线,但能够做的依旧很多。

首先,做好个人本分,不添乱。火神山、雷神山医院的迅速建立,响应国家号召支援武汉的数百支医疗队,全国人民的居家隔离……这都显示了我们的大国实力、大国责任。与此同时，我们也必须认识到，防控疫情，决不单单是医务工作者的责任，也是我们每一个人必须承担的责任，是全社会的责任。其次，不信谣，不传谣。这不仅是支持和参与疫情防控必须做好的一项工作，也是作为公民必须坚守的一条责任底线。作为你们的辅导员老师，我想告诉你们，尽管你们无法参与疫情防控的一线工作，不给疫情防控添乱，就是对疫情防控工作最大的支持。所以，我们必须更加紧迫地行动起来，投入到疫情防控之中，坚决做一位有责任担当、始终坚守底线、勇于抵制各种谣言和谣传者的合格公民，共同把这场疫情防控战打好。

牢记公卫使命，做贡献。老师希望你们牢记：你们是准公卫人，你们需要注重优良思想道德、事业心和责任感的培养，你们要有对社会、对国家做出更多奉献的觉悟。已经学到了的专业知识，可以赋予你们对新冠肺炎更加深入了解的能力，亦可以成为你们保护自己和周围亲人的利器，所以你们更应该主动承担宣传和预防病毒的责任，尤其是对周围的家人朋友，可以积极利用网络媒体等途径，深入浅出地宣传新型冠状病毒知识、预防疾病的措施以及疫情的实时报道，为我们国家的公共卫生事业做出自己的贡献。作为一名大学生，我们也许无法去往防控疫情的前线，但我们仍可以为疫情防控做一些力所能及的宣传与志愿服务工作，至于科研与一线，只能交由更专业的人去做。社会分工不同，个人职责也不同，但我们仍需牢记为祖国、为人民服务，那么千万份光热便能合并爆发出巨大的力量。

不忘学医初心，勤学习。在中共十九大上，习近平总书记提出：中国共产党人的初心和使命，就是为中国人民谋幸福，为中华民族谋复兴。初心神圣，使命光荣，你们作为医学生也要不忘学医初心，尤其是在这个医学专业知识更新迅速的时代，从事医疗卫生职业更需要保持终身学习的习惯。我们学校的校训"以德载医，博学创新"中的"博学创新"，就饱含了"学以致业"的道理。疫情当前，许多医生、护士奋战在一线，想必他们正坚守着自己当初学医的初心。对于还是学生的你们，愿你们在挥洒青春的热血，向着梦想昂首前进的同时，不要忘记自己的学医初心。新冠肺炎这堂沉重的课向我们讲述着你们将来要承担的责任之重，因此，同学们要牢牢掌握基础知识，对于自己的专业知识要不断钻研，尤其是要充分利用假期时间，做好学业规划，要能做到"停课不停学"；同时要联系实际，否则便是纸上谈兵。不忘初心，牢记使命，扎实学习，开拓创新，争先创优，不忘奉献，孩子们，希望你们能坚定自己的理想信念，以饱满的热情与坚强的意志，投入到你们的使命中去。

坚定专业思想，勇向前。不得不承认，在很多人的印象中，公共卫生与预防医学远没有临床医学那么重要。甚至,我们这一专业的很多同学对疾控也没有很多的了解,也是在这次疫情中才了解到:抗击疫情最关键的五个环节包括诊断、救治、流行病学调查、密切接触者隔离和被污染环境消毒,这五个环节除了救治由临床医生承担外,其余环节均由疾控人员负责。所以,老师觉得你们不必轻视自己的专业,不必担忧是否能在未来实现自己的人生价值。你们可以努力丰富自己的专业知识,增强专业认同,坚定专业理想,做好人生规划,在未来厚积薄发。这样,当国家有危难,需要我们的时候,我们才能做到"若有战,召必应,战必胜",才能够挺身而出,实现自己的专业与人生价值。

最后,我们要向奋战在抗疫一线的医护工作者致敬:哪有什么岁月静好,不过是有你们这样一群可爱的"逆行者"在负重前行!身在后方的我们时刻关心你们的安危,关心疫情的发展,竭尽我们所能帮助你们,愿我们能同甘共苦,同舟共济,共同战胜这一场没有硝烟的"战争"。"没有一个冬天不可逾越,没有一个春天不会来临。"我们相信这次疫情也一定会"月余,疫尽去,余后百年,国泰民安"!老师期待春暖花开的那一天,和你们一起携手共赏百花。

最爱你们的大师姐

作者简介 刘晨,女,硕士,讲师,徐州医科大学公共卫生学院学生工作办公室主任、团委书记,国家高级职业指导师、生涯规划师。曾获江苏省高校辅导员年度人物提名奖、全国学校共青团优秀研究成果二等奖、江苏省学校共青团优秀研究成果二、三等奖、江苏省"暑期社会实践先进工作者"、江苏省"青年志愿服务先进个人"、徐州市"实力团干部"、校"优秀辅导员"、校"辅导员年度人物"等50余项国家、省、市、校级荣誉。

专家点评

文章字里行间充满着对学生们的记挂与期盼,立足现下,结合实际,坚定公卫学子专业使命,帮助学生扫除疫情下的迷茫,给予学生真诚的建议。文章紧扣主题,由浅入深,层层递进,语言生动,用亲切的话语勾勒出主旋律,期盼学生在疫情期间能做好本分不添乱,牢记使命做奉献,不忘初心勤学习,坚定信念勇向前,激励学生坚定专业思想,增强专业认同,提高专业知识,做好人生规划,引起学生思考,全文极具感染力。结尾处话锋一转,向全体战"疫"工作者致敬,表达了必胜的决心,也表达了对学生未来的期盼,呼应前文,畅想未来。全文构思巧妙,衔接自然,饱含情感,充满共鸣,展望未来,激发学生对公共卫生专业的思考,具有针对性且富有现实意义。

(徐州医科大学公共卫生学院党委书记、副研究员　胡斌)

㊵　出成绩前夕，我想对你说

2016 级一路奋战的考研人：

展信佳！

过去两个月过得怎么样？考研后的第一天是习惯性的早起生物钟唤醒了你，还是"报复性睡眠"，一口气睡到中午大补一觉？考研后的日子是不是也没有想象中那么轻松惬意，那么令人向往？

宅在家中的这段时间，是不是还挺怀念在学校不分日夜备考的那段难忘的时光？清晨跟着太阳公公一起"上班"，晚上月亮不睡你不睡；在大冬天，尽管冻得不停地跺着脚、呵着气、搓着手，但还是像陀螺似的不敢懈怠，就连去食堂吃饭都是用小跑，恨不得把一天二十四小时掰成两天来用；"XX，双排开黑去吗？""聚餐唱 K 走起？"……按捺住躁动的心，大声地回答："不啦，你们去吧，我要复习，等我考完咱们再一起去。"然后掰着手指头，数着还有几天能"解放"。等现在真的闲下来了，却有些无所适从，过去想做的那些事好像现在并没有那么有吸引力了。你们是不是还怪怀念过去那段疯狂"受虐"的时光以及陌生却又熟悉、每天陪伴身侧的那群奋斗的小伙伴？我想你们中的大多数，现在这段时间应该都在疯狂"肝"毕业论文吧。充分印证了那句"忙完这阵，你就可以马上开始忙下一阵啦"。

因为疫情，今年的寒假并不寻常，你们的心应该也是七上八下的吧。先是湖北推迟公布考研成绩，推迟复试时间，接着便是全国范围内大面积调整，时不时还炸出几个系统 BUG，云南、上海部分高校可提前查分，频频冲上微博热搜榜。不久之后的复试，究竟是线上还是线下？会不会像非典时期那样扩招、略微降国家线？种种迹象也还都是个未知数。在这么多不确定因素的干扰下，你们又面对家长殷切的希望，朋友时不时的关心，周遭同学陆续拿到的工作 offer 的对比，其他省份频出高分的压力，这样的焦虑其实多多少少都会有，老师那时候也和你们一样。

不禁回忆起四年前属于我的辗转反侧一夜无眠的考研成绩查阅前夜。明明是官宣第二天下午才能查询，但我们考研党死守零点，每隔整点反复尝试，刷不到成绩，也睡不踏实，一睁眼又开始了新的一天的不断刷新。考研贴吧、备考 QQ 群等因为其他省份的陆续出分，也渐渐变得活络起来。学霸晒分、不知道哪里来的小道消息，有时也吓得我一身冷汗。

那时正准备睡午觉的我,睡前随手一刷,浙江省一反往常的"淡定",居然提前出分了。我不禁在房间里"啊"的一声叫了起来,先用手盖住整个手机页面,像刮彩票似的,一点点地挪动。先是公共课,哦,还不错。深吸一口气,看专业课,一个极高接近满分,一个极低在前几年的国家线上下徘徊。像我这样的也还算幸运,不至于第一轮就被 PASS,但同时也进入到下一轮等国家线的虐心环节了。

也许这几天等待分数的你,也和当年的我一样焦躁不安,甚至在心底做了最坏的打算。我想对你说:或许它不够高,不够理想,但不能因为分数否定了你的努力。考研只是人生的一个岔路口,无所谓输赢。放轻松,结果固然重要,但更重要的是这个过程,你用尽全力拼搏过,那必然会得到成长。或许这种成长没有办法那么快地显现出来,不必太过于着急,是金子迟早会发光,考研不是一个结束,只是一个开始。特别喜欢我们学院去年考上上海师范大学的刘元同学的一句话:"努力的时候,回忆起来都是很清楚的,一想到这些清楚回忆的时候,你会觉得你的人生,过得非常丰富。"

下午在朋友圈发了两条关于考研出分的消息,我的一位研究生同学,同时也是当年一起备考的战友在朋友圈下面开玩笑:"老卢,祝你明天金榜题名,一定考上!"我说:"你也是!"这句话也送给大家。

刚一看表,已经过了 12 点,到了 20 号,大部分省份都将在今天揭晓成绩。不知道为什么,我突然有了一丝丝的紧张,也许是一部分同学通过预约学院的"考研规划门诊"与我谈过心,聊过未来,也许是我在不知不觉中成为你们这一年以来努力奋斗的见证者。

接手分院考研工作前,内心忐忑,深感责任重大,但最终还是硬着头皮上了。这一年多来一直在摸索和你们交流的方式,和你们对话的时候仿佛看到以前的自己,偶尔也会心疼你们,但是最终我发现你们带给我最多的是感动。这段时间在陆陆续续出分,有小可爱大半夜一查到分数就来和我分享他(她)的喜悦,有同学在朋友圈激动地洋洋洒洒写下过去一年备考的心路历程,我真的由衷地为你们高兴。分享一段电影《阳光普照》里的一段话:"人生就是不断地把握时间,掌握方向。"难过的事情总会过去,也会被遗忘。我一直觉得,人生就像是一条路,只要握紧手中的方向盘,红灯该停就停,绿灯的时候慢慢起步,稳稳地开,人生的路就会平平安安。这一次没能成功起步的同学,总结经验,重新起步吧,人生的无限可能依然在前方等你。

最后,卢姐还是忍不住再多啰唆几句:

1.也许现在晒出的一些高分会影响你的判断,孩子,别自己吓自己,记住,考得不错才会晒分数,你可能恰巧看到的就是那部分佼佼者,更别说还有那些浑水摸鱼、扰乱军心的"坏家伙",不必自暴自弃。

2. 等待国家线、校线是漫长而又煎熬的过程,稳住心、沉住气,"行百里者半九十",这一年你都熬过来了,还怕这点时间?想想你的对手们都在复习呢,还不麻溜地收拾好心情,立刻"出发"?

3. 初试比较理想的同学,不要过早放松警惕,想必大家每年都能听说逆袭的故事吧,现在还不是稳操胜券的时候,实力才是硬道理,黑马随时可能出现。

4. 初试不太顺利的同学,确定你就不能进复试了吗?因为疫情,考研扩招名额和考研国家线都是未知数,只要有一丝希望就不要放弃,初试已经落后一步了,复试更是要奋起直追。受疫情影响的就业大环境,真的很严峻。找好工作着实不易,能上岸就上岸,调剂和非全日制研究生真的也是不错的选择。

5. 确认二战的同学,如果够得上今年国家线,可以先去试试调剂学校的复试,就当是为今年提前做一次模拟考,万一上岸了也可以再做决定。"前事不忘,后事之师",若是再准备一年,冷静分析一下过去一年的得失,特别是别在择校、择专业上再栽跟头了。在考研这件事上,选择比努力更重要,选错了事倍功半,选对了事半功倍。

祝好,不管是心理调适、复试备考建议或是其他任何问题,记得有需要的话,我们经法学院的老师们一直会在"考研规划门诊"等你们。愿星光不负考研人,每个人都能心想事成!

你的卢姐

> **作者简介**
>
> 卢寅,女,助教,浙江工商大学杭州商学院专职辅导员,全球职业生涯规划师,管理学硕士。任教《大学生职业生涯与发展规划》课程,任校心理健康教育中心咨询工作,主要负责分院考研、学风建设、资助、班主任等相关工作,配合分院开展考研规划门诊、学业规划门诊等相关咨询活动。曾获校微党课评比一等奖,并代表学校参与浙江省微党课评比。

专家点评

星光不问赶路人,时光不负有心人。关于考研的点点滴滴,从平凡的文字里,感受着卢老师对学生的点滴关爱,亦师亦友,共同成长。考研的路上,有快乐也有泪水,在思想政治教育中,辅导员就是学生的人生导师,也是陪伴学生成长的知心朋友,我们要做照亮学生人生路的灯塔,用信念去点燃学生人生的梦想。在思想政治的教育过程中,只有不断提升自己各方面的素质和能力,才可以更好地围绕学生,服务学生,引领学生,而不只是让学生静静地成长。思想政治教育之所以能够感染人，影响人，绝不是因为它吹胡子瞪眼，也绝不是生搬硬套公式，在思想政治教育工作过程中，没有特定的公式，有的只是灵活的教育手段和教育理念。

（广东科技学院计算机学院　雷桂平）

㊷　同心战"疫"，共克时艰，
让我们以实际行动递交一份闪亮青春的"战疫答卷"
——新学期致医学学子的一封信

亲爱的"医学 er"：

好久不见！

下周，我们本应相约在美丽的校园，开启我们新学期的第一堂课。这一切却被这场突如其来的新型冠状病毒性肺炎疫情打乱，以一种特殊的模式打开。亲爱的同学们，你们准备好了吗？

这是一个不平凡的假期，新型冠状病毒性肺炎疫情的暴发，牵动着我们每个人的心。面对这场没有硝烟的战役，没有旁观者，更没有人退缩，全校师生一起行动，整齐划一，携手并肩，同心战"疫"。前方，有我们敬爱的师长们，临危受命、无畏逆行，他们援鄂战"疫"的举动，是我们新学期最生动的"开学第一课"；后方，有我们亲爱的老师们，积极响应"停课不停学"的部署和安排，主动适应特殊时期教育的新形势、新任务、新要求，披星戴月，尽其所能，科学制定线上教学计划，精心准备优质网络课程教学资源，打造我们新学期最特别的"课程学习模式"。作为新时代医学生，也定会学吾所有，以吾所能，不负韶华，用自己的实际行动递交一份闪亮青春的"战疫答卷"。

一、同心战"疫"，唱响疫情防控"青春行动"

在这场疫情中，同学们积极响应号召，主动请缨，加入到疫情防控志愿服务活动，走入社区乡间，走到医护后方，在防控一线留下忙碌而坚定的身影；积极参加学院"爱是桥梁，共克时艰"线上系列活动——志愿有我、青春有我、防疫日记、祝福接力，以艺战"疫"，同心同向，普及战"疫"知识，传播战"疫"精神；自主参与爱心捐款，支持湖北疫情抗击前线，为打赢这场防疫阻击战贡献自己的一份爱与力量；坚守好自己的责任田，认真做好科学防护，深入学习新型冠状病毒性肺炎的防治要点，用所学知识自觉为身边的亲朋好友做好科普宣传；不造谣、不传谣、不信谣，积极转发正能量，传播真声音，用行动传递坚定信念，致敬一线，坚信中国必胜！宅而不荒，同学们，你们已然成长，把激发出的爱国情、强国志融入到了居家战"疫"日常的方方面面中，让"责任、使命、担当"在日渐坚挺的脊背上成形,以实际行动唱响疫情防控"青春之歌",彰显青春担当。疫情防控,从我做起! 同心战"疫",青春有我!

二、戮力同心,携手并肩,共克时艰

防止疫情向学校扩散,守护师生安康,维护校园稳定,是教育系统的一项重大政治任务,是当前最重要的工作。我们要以高度的责任心和强烈的使命感,共同守住校园这片净土,确保师生生命安全。同学们要心怀大局,坚定信心,主动配合并坚决服从各级党委和政府疾控部门的安排,遵守学校统一指挥部署,主动退掉返程的车票、机票,自觉做到不提前返校,让家长、老师放心;学校已经出台了疫情防控期间的教学方案和各项细则,同学们要密切关注学校、学院发布的各种信息,注意查收学校官方网站、班级 QQ 群、微信群、易班等平台发布的各项通知;辅导员老师们仍会一如既往地每天关注大家的健康状况,请主动配合,坚持做好每日 8:30—13:30 的"今日校园"APP 健康情况签到打卡,增强防控意识和自我保护能力,保持良好的卫生和健康习惯,坚持做好防范,整整齐齐保持好队形;不瞒报、不谎报,及时准确上报动态,有情况早报告、早诊断、早治疗。你若安好,便是晴天! 你们的支持和积极配合为学校凝聚了力量,你们的担当和作为彰显青春本色,也更坚定了每一个贵医人的信心! 面对疫情,我承诺,我践行! 共克时艰,同行有我!

三、勤学笃行,不负韶华,学习有我

此时此刻,前线师长将初心使命写在没有硝烟的"战场",用自己的坚守、努力、勇敢、无畏,守护着生命与健康,用医者仁心为我们上了新学期最生动的"开学第一课"。作为新时代的医学生,在疫情防控中争分夺秒地高质量学习,就是我们的责任和担当。根据疫情防控期"停课不停学"要求,学校各部门、各教研室也尽最大努力,多方协同,认真筹备,精心策划,制定与学校实际、网络平台相匹配,课程设计相吻合的"停课不停学"详案。明天,我们将以线上"屏对屏"的特别模式打开我们新学期的课程学习,尽管教学地点、授课方式变了,但不变的是教学内容和课程学习,以及我们学习的热情和态度。互联网延伸了我们求知若渴的心,聚力云端,手机和电脑变为我们最好的学习工具,停课不停学,越加保持定力,加油充电。屏幕前的你,是否都已熟悉每门课程的教学安排,是否已制定好新学期学习计划? 不迟到,不早退,认真听课,做好预习复习,按照课程要求保值保量地按时完成学习任务,是基本的要求;不懈怠,不放松,设立目标,制定计划,合理安排学习生活时间,为新学期开启新的旅程掌好舵,是最好的姿态;不忘初心,自觉自律,践行优良学风,主动发挥好线上学习的主体作用,加强线上学习的自律,通过线上学习的实践,不断提升自己的自主学习、自我管理和自我约束等能力,学有所乐,学有所获,以学习成效交出满意答卷;习近平总书记给在北京大学首钢医院实习的西藏大学医学院学生回信中说道:"希望你们珍惜学习时光,练就过硬本领,毕业后到人民最需要的地方去,以仁心仁术造福人民特别是基层群众。"秉承"大医精诚"的贵医精神,坚守救病治人的初心,牢固树立仁心仁术的医者情怀,坚定理想信念,勤学笃实,练就过硬本领,积极关注疫情变化,增强社会责任感,厚植新时代爱国主义情怀,就是当前对医学生誓言的最好践行。在线学习顺利推进的背后,离不开老师们的细致准备和辛勤付出,每一门课的精心讲解,每次课后的悉心辅导和在线答疑……作为医学生的你们,希望在每一堂课上,为我们还不曾露面的任课老师、奋战一线的师长们,点个赞,送个祝福,道一声"辛苦了"……同时,我也为每天坚持打卡签到的你们点赞,为接下来按时坚持做好线上课程学习的你们点赞!勤学求真,笃行求知,学习有我!不忘初心,不负时代,不负韶华!

立春已过,待花开之时,相信我们定会重逢!让我们一起携手同心、共克时艰,用自己的实际行动递交一份闪亮青春的"战疫答卷"!期待不久我们相聚在美丽的校园!

爱你们的辅导员潇姐

作者简介 洪潇潇,贵州医科大学辅导员,主持和参与课题6项,发表学术论文5篇。曾获贵州省辅导员职业技能大赛二等奖、贵州医科大学"优秀政治辅导员"、贵州医科大学"暑期社会实践优秀指导老师"、"'创新、创意及创业'挑战赛优秀指导老师",指导多项挑战杯项目、1项省级创青春项目、1项省级创新创业训练计划,所带班级曾荣获省级"先进班集体"、多个校级"先进班集体"、校级"优秀团支部"。

专家点评

云上书信,锦书传情。辅导员通过书信号召学生疫情期间,加强防控;特殊时期,共克时艰;非常时刻,心手相牵,引导青年大学生理性面对疫情,积极投身防控,夺取战"疫"胜利,在网络空间发挥传导正气、沟通情感和滋润心灵的积极作用。倡议学生弘扬"大医精诚"的贵医精神,带动家人朋友,配合政府部门,用自我坚守参与抗疫战斗,厚植家国情怀,谱写生命赞歌。希望学生主动向实践学习,边战斗、边思考、边学习,切实做到抗战与学习并举,防疫与实践结合,以"疫"为鉴,励志勤学,肩负起时代赋予的使命担当,勤学笃行,不负韶华。春暖花开,疫情过去,期待大家重聚黔中大地、思雅河畔、沁芳湖旁。

(贵州医学大学学生处长　赵平)

43　战"疫"情，老师一直和你"在一起"

同学们：

　　大家好！

　　在面对这场没有硝烟的人民战争、阻击战、总体战过程中，我看到每一名同学认真完成抗击疫情的各项任务，充分呈现当代青年的全局意识和勇于担当的品格，积极履行自身职责，主动为祖国分忧，为疫情的防控贡献出了自己的力量，展现出新时代医学生风采，老师为你们而骄傲！

　　同学们，因为这场疫情，好久没看到你们可爱的脸庞，甚是想念。咱们年纪相差一旬，在我眼里，你们是需要被保护的"孩子"，一直是老师最牵挂的人。虽然现在是特殊时期，但老师坚信大家一定有能力照顾好自己，坚信咱们每一位同学都是怀揣爱国之心、报国之志的医学事业接班人。平日里，很多同学随意将自己贴上"佛系""颓系"等标签，容易在某些场合自轻或自嘲，可当国家危难之际，我感受到无数颗被激活的爱国之心，你们都是敢于担当的新时代青年。

　　前一阵有位同学给我留言，她是这样说的："尊敬的耿老师，你好。我是2018级临床医学20班的同学黄杨阳。考上医学院，成长为一名医生，穿上白大褂是我从小的梦想，如今正在逐渐实现这个梦想。前段时间在医院的见习经历，让我感受到了作为一名医生所需要的严谨和强烈的责任心，同时也感受到治愈一名病人所获得的成就感，更能感受到一个医生的社会责任感。目前新冠病毒肺炎疫情当头，作为一名医学院新时代的大学生，也作为一名未来的医务工作者，我时刻谨记校领导和导师的教导，时刻记住自己是一名医生，我要用我所学，为我所爱的医学事业做出一点微不足道的贡献，不负我的恩师，不负我的学校。我在重庆，如果有需要，我希望能够作为一名志愿者投入到这场没有硝烟的'战场'中，请校领导批准，让我尽一点医学生的绵薄之力，帮助有需要的人，帮助我的祖国。"在得到我的叮嘱后，黄杨阳同学立即加入到社区的志愿防控工作队伍中，用实际行动去诠释一名医学事业工作者的爱国担当。

　　我相信这样的拳拳报国之心，正是我们身边每一位同学满怀一腔报国之志的缩影。习近平总书记多次指出：空谈误国、实干兴邦。黄杨阳的行动恰恰证明了，爱国不是口头上的，而是用实际行动去谱写的。所以，共度时艰，需要发挥我们医学生的力量，将这次疫情战争看作是对每一个爱国者的忠诚考验。

　　我们医学生面对这场疫情的考验，该怎样交出一份满意考卷呢？我认为有五个"要"。

要树立远大理想,怀揣报国之志,培育爱国情感。将"心怀苍生"内化为职业信念,将"救死扶伤"确立为奋斗准绳。习近平总书记曾说过:"对新时代中国青年来说,热爱祖国是立身之本、成才之基。"做一名忠诚的爱国者,就要热爱自己的骨肉同胞,对危难中的同胞感同身受。将报国理想化作前行动力,必将汇聚成中国崛起的磅礴力量。理想指引着人前进,更照亮了前行的奋斗路途,确立什么样的志向至关重要,要志存高远,也要脚踏实地,设定长远目标和阶段性目标,将个人青春梦想与中国梦的实践紧密联系在一起,在奋斗中实现准医务工作者的人生价值。

要一切行动听从指挥,树立全局意识。积极配合这场疫情的防控工作是每一个爱国者应尽的义务。在这场看不见敌人的"战争"中,没有人是一座孤岛,每一个人都应是这场疫情的斗士,在不同岗位上用自己的方式完成自己的抗疫任务。而平时为班级公共事务奉献最多的学生干部,在这时是最需要得到大家支持的人。他们放弃了宝贵的个人休息时间,不断督促大家填报健康信息,我们没有理由不支持我们身边的伙伴,所以,我们对他们的工作多一分理解和支持,也是在支持这场战"疫"走向胜利。

要发挥我们医学生的专业价值和职业优势。不仅不能给祖国添乱,更要做好我们医学生应该做的,将报国之志和人生理想转化为实际行动,将自己的学识和专业素养发挥到疫情防控工作中,成为树立良好生活习惯的示范员,积极捐资捐物做打赢阻击战的后勤保障员,普及正确健康知识、驳斥谣言的信息宣传员。在生活中严格自律,提升自我管理与监督能力,充实假期生活,制定学习、读书、生活等计划,并认真执行,强健自身体魄,主动承担家庭责任。

要练就本领,塑造医者情怀。从抗击疫情的感人故事中汲取营养和力量,树立"大医精诚"的道德追求,打牢专业知识根基,提升发展医学事业能力,助力实现"健康中国2030"战略目标。由于网络学习模式的转变,难免不适应,要调整心态积极应对挑战。所以,要主动迎接挑战,将疫情的困难看成是一次塑造坚韧品格的机遇。要保障在线学习效率,让我们"人在屏幕前,心更要在课堂中",培养独立自主意识,尽快适应网络授课模式。在积极交流学习体会,夯实专业基础的同时,同学之间也将在互帮互助过程中增进情谊,形成共同勉励赓续奋斗的学习氛围。

要认识到这是一场持久战,坚定政治信仰。"行百里者半九十",没有人能轻轻松松取得成功,目前还没到松懈和庆祝的时候,在这场看不见敌人的"战争"中,要有长期战斗的思想准备,要树立对抗病魔的信心。坚定四个自信,坚决维护以习近平同志为核心的党中央权威和集中统一领导。要深刻体会在这场疫情考验中，不仅展现着社会主义制度的巨大优越性，也体现着在中国共产党的英明领导下，人民群众集中力量和智慧，众志成城构筑起抵御病毒侵袭的坚固长城，更处处体现着党的干部身先士卒、守土有责、守土担责、守土尽责的担当与守护人民利益的拼搏精神。要感悟在中国共产党的培养下，医务工作者们用"苟利国家生死以，岂因祸福避趋之"的信念主动请战书写的英勇事迹，带给我们的心灵震撼，鞭策着我们前行。

总的来说，就是要最大限度地发挥我们当代医学生的价值，既然选择了医生这一崇高的职业，就要肩负起救死扶伤的神圣职责，为祖国医学事业贡献力量，履行职业使命。在中国抗击疫情故事中汲取力量，激励勤奋学习斗志，激发创新创造灵感，规划职业方向，对生命心存敬畏，热衷医学事业，增强忧患意识，用实际行动去热爱我们的国家，守护我们的同胞，保护我们所爱的人。

在这场疫情斗争中，我深深地感受到同学们对于当前疫情所展现出积极请战的责任意识、使命意识，对于一切行动听指挥的优良作风的充分诠释，对拳拳爱国之心的深情表达，对抗击疫情所展现的坚定信心和决心。这一切，都是医学生青春里最美丽的风景。病魔无情人有情，战"疫"情，老师一直和你"在一起"，我们众志成城、凝神聚力，共同抵御病毒肆虐，必将迎来胜利的曙光！！！

爱你们的耿老师

作者简介　耿瑞，男，中共党员，讲师，法学硕士，牡丹江医学院基础医学院辅导员、基础医学院第三学生党支部书记，心理咨询师，兼职思政课教师。毕业后留校从事辅导员工作9年，承担大学生思想政治教育和心理健康教育工作，公开发表论文24篇，主持参与科研项目6项，荣获教育教学成果奖3项，期间曾多次获"优秀团干部""优秀共产党员""黑龙江省辅导员工作优秀论文"等荣誉，所带学生多次获得"优良学风班""优秀团总支"等荣誉称号。

专家点评

这封信的内容政治立场坚定，注重提升学生的爱国意识和专业思想。信函朴实无华、观点鲜明、表达清晰，内容兼具社会责任感、职业使命感教育，具有厚重的思想性。字里行间流露着辅导员对学生的关爱，对学生工作的殚精竭虑，对学生思想的真切"把脉"，对爱国主义教育的扎实推进，对网络思想政治教育平台的充分运用，对学生自律性的时时鞭策，对学生练就职业本领、提升思想境界的殷切期盼，对打赢病毒攻坚战信心的树立。完整地开展了一次大学生网络思想政治教育,体现着医学院校辅导员结合学生特点开展疫情阻击教育的工作特色,展现出较强的思想引领能力和宣传功底。

(牡丹江医学院基础医学院党委副书记、副院长、副教授 刘颖)

㊹ 致疫情时期的医学生

亲爱的医学生:

2020 年伊始,一场由新型冠状病毒引起的肺炎疫情席卷全国,牵动着我们每个人的心。为了控制疫情扩散,国家采取了严厉的措施,封城阻断交通,关闭商场、景区、工厂等,推迟学校开学,派出大量医务人员驰援武汉,救治新冠肺炎患者,与病毒较量,与死神抗争。

这是一场没有硝烟的"战争",这是人类历史上又一次与疾病抗争的持久战。人们从未如此深刻地意识到医学多么重要,医学可以救国,医务人员从未像如今这样站上历史舞台的中央,成为人们关注的焦点。身为医学生的你,在观望这场战争的时候,可曾受到心灵的触动与思想的洗礼?虽然你还不能亲身投入"战疫"一线,但可曾设身处地地想过自己会勇敢"出征"吗?

当你看到有医务人员感染新冠肺炎而不幸离世时,你是否动摇过学医的初心?当你看到科学家们都在研究新型冠状病毒的起因、来源、结构时,你是否还抱怨《微生物学与免疫学》这门课的考试太难?当你看到全国卫生防疫机构紧急开展各项防控措施,你还会认为《预防医学》这门课太枯燥吗?

此次疫情是考验你作为医学生的绝佳时刻,不啻一次期末大考,从中考出你的学医信念是否够坚定,你的医学知识是否够扎实。面对此次"大考",或许你什么也做不了,只能做一名观望者,那就不妨先看看你那些前往疫情一线的学长们是怎么做的吧。

2007 级临床医学专业的顾超学长,现为嘉兴市第一医院呼吸内科医生,从除夕那天开始便进入隔离病房工作,对阳性患者的病房进行查房,对患者复查咽拭子和肛拭子。除了一般的药物治疗,还要克服自身对烈性传染病的畏惧情绪,给患者做心理安慰与情绪疏导。从除夕至今的一个多月里,家中尚有两名幼子的顾超一直没有回家,看到医院累计康复出院的患者达到 25 例,他无比欣慰地感慨道:"春天快来了,该发芽的快发芽了,距离我们战胜病毒的日子就不远了!"这是一名坚守岗位、尽职尽责的学长。

2007 级护理学专业的任奇学长,现为浙江医院重症监护室护士,正月初一便出征武汉,每天详细记录下所见所闻。从初来乍到时面对患者的恐慌,到面对患者离世而无力挽回,自身体力的透支,再到终于有患者康复时的欣慰……点点滴滴,事无巨细,他说:"今天又目送一波病人出院,每次看到病人出院总是很兴奋,所谓积少成多,我们的努力可能只是微不足道,但千千万万的医护每天即使治愈一个患者,加起来也足够改变局面! 继续努力!"或许辞藻并不华丽,但却是真实而富有仁心的记录。这是一名用心用情、善思善感的学长。

2010级护理学专业的谢得力学长,现为温州医科大学附属第一医院呼吸与危重症医学科护士。在驰援武汉期间,面对病情恶化的老爷爷,他想尽办法满足老爷爷想吃橘子的请求。当老爷爷最终未能抵挡病魔而去世后,他认真地帮老爷爷清洗遗体,用消毒水沐浴全身,拉上裹尸袋的时候,他在心里对老爷爷默念:"一路走好,虽然这一刻没有家人陪伴在你的身边,但至少还有我。"这是一名有恻隐之心、敬畏生命的学长。

这些奋战在一线的学长们,为你树立了极好的榜样。他们也曾像你一样,在校园里迷茫着,困惑着,甚至吐槽着学医之苦。而当他们真正穿上"战袍"(防护服),踏入"战场"(隔离病房),就会像一名真正的勇士一样无畏无惧,肩负起一名医务工作者应有的责任与担当。我相信若干年之后,你也会像他们一样冲锋陷阵,勇往直前。

然而此刻,你走上战场的时机尚未成熟,你的羽翼尚未丰满,你需要不断充实与提高自己,需要在"磨枪上阵"之前,把意志磨炼得更坚定,把基本功打得更扎实。此刻,再问问自己,曾经许下的医学生誓言还刻骨铭心吗? 如果没有,那就再重温一遍:

"健康所系,性命相托。当我步入神圣医学学府的时刻,谨庄严宣誓:我志愿献身医学,热爱祖国,忠于人民,恪守医德,尊师守纪,刻苦钻研,孜孜不倦,精益求精,全面发展。我决心竭尽全力除人类之病痛,助健康之完美,维护医术的圣洁和荣誉,救死扶伤,不辞艰辛,执着追求,为祖国医药卫生事业的发展和人类身心健康奋斗终生。"

此刻,再问问自己,呼吸系统的生理功能及结构特点是什么? 呼吸疾病的症状有哪些? 病原微生物有哪些分类? 传染病的传播途径是什么? 如果还回答不上来,那就赶紧拾起厚重的医学课本,一页页埋头苦读。如果身边没有课本,那就利用在线平台上的网课,好好听讲,将知识要点记下来。虽然受疫情影响推迟了上学,但这不能成为你回避学习的理由。

此刻,再问问自己,自己的一日三餐饮食及睡眠还规律吗? 每天坚持锻炼或适当活动吗? 如果你在摇头,那你怎样保证自己有一副健康的体魄呢? 熬夜看刷,睡到日上三竿才起床,早午餐一起吃,吃完继续躺着刷手机,刷着刷着又犯困,如此精神涣散,体能下降,还怎么投入学习呢?距离开学的日子尚未知,虽然不能像在学校那样生活规律,但此时不正是培养你在家中严格自律的时机吗?每天对自己的学习和生活列出计划,划分时间段,哪个时间段完成哪项任务,做好分配,完成一项就打钩。如果每天的任务都打满钩,相信开学后的你,会更加坚定自信,充满了精气神。

此刻,你还需要做的事情有很多很多。这次疫情事件,或许是你学医生涯中最值得铭记与反思的事件,它不像课堂上的老师那样给你传授知识,而是真实上演在人间的医学课堂。你不能置身事外,应该以此为契机,重新审视自己的学医信念和从医志向。

钟南山院士、李兰娟院士、张文宏医生这些医术精湛、敢医敢言的前辈们,是你学医路上的指明灯,让你领略到一名真正的医者应有的风范;病毒的源头尚未确知,疫苗的开发尚待时日,科研人员不舍昼夜,攻关克难,你迫切地期待研究成果;中西医在治疗此次新冠肺炎时表现出的差异与利弊,让你开始思索医学的局限与边界。

还有那些光荣牺牲在抗疫"战场"的英雄们,那些出征驰援武汉的上万名医务人员,那些不幸离世的上千名新冠肺炎患者,无一不牵动着你的内心。尤其这次事件中暴露出来的医务人员不足、医疗水平薄弱、公共卫生应急管理体系不健全等问题,或许需要未来的你投身解决。那时,你将责无旁贷!

医学生们,时代需要你们!国家的繁荣富强、人民的幸福安康,需要你们!正所谓"国之所需,吾之所向",选择学医的你们,应顺应时代的重托,勇挑重任,做一名坚定信念、勤奋刻苦、自律自强的医学生。在未来的某一天,我相信你们也会像你们的学长一样不辱使命,成为一名勇敢无惧的"白衣战士"!

你们的辅导员:江欢

作者简介

江欢,嘉兴学院医学院辅导员,讲师,在读博士,国家三级心理咨询师。曾获校"优秀党务工作者"、学生工作论坛征文二等奖、辅导员职业能力大赛三等奖、辅导员工作案例大赛优秀奖、"就业工作先进个人"等,在国家三级以上期刊发表论文十余篇,主持省部及市厅级课题 2 项。奉行"教育是心灵唤醒的艺术",以"真诚、平等、关爱"的服务理念来引导学生自我成长。

专家点评

该文围绕当前新冠肺炎疫情防控的紧急形势,以医学生的学长为例,讲述他们奋战在抗疫一线的动人事迹,引导在校医学生树立坚定的医学信念,掌握扎实的医学知识,培养严格自律的习惯。并鼓励医学生能够不负时代重托,勇挑重任,积极投身到"健康中国"的建设中去。

文章夹叙夹议,语言生动流畅,娓娓道来,切合大学生实际,既有思想高度,又有现实指导意义,对在校医学生起到较好的专业思想教育。

（嘉兴学院医学院副教授　郑永霞）

㊺　写给学生的一封信

亲爱的同学们:

二十一世纪的第三个十年刚刚过去一个多月,在这一个月中,新型冠状病毒吸引了我们太多的注意。我们为钟南山除夕前逆向前行,只身奔赴病毒一线的大义感动;我们为李文亮敢于说真话,致死坚守自己初心的担当动容;我们为张定宇拖着渐冻的身体和时间赛跑,从死神手里抢人的决心落泪;我们为一位位"白衣天使"放弃和家人团聚的时间,义无反顾地奔向抗疫第一线的精神点赞;我们议论着谁该为这件事负责,我们斥责着那些延误病情控制的人。"苟利国家生死以,岂因祸福避趋之",国难面前,大家众志成城、勠力同心,老师为你们骄傲! 我们的祖国有着强大的社会保障制度,有着完善的体制机制,所以老师相信,有这样一个强大的祖国做保障,病情很快就会被控制,以前文明、和谐、安定、幸福的生活很快就会回来。但老师想说的是,我们在关注疫情的同时,更不应该忘记关注我们自己的学业,关注我们自己的未来。在此,老师有一些话想和你们分享。

一、2016 级的同学

也许你们还没吃够令德的饭,也许你们还没看够渊智园的景,也许你们还在怀念深秋初民广场旁泛黄的落叶,也许你们还在回忆冬日文科楼里温暖的阳光,但时间却不懂你们的心思,不解风情地偷走了你们在大学最后的光阴。不要感伤,也不要留恋,即使来不了学校,在这最后的半年里,你们还有很多事情要做。保研的同学要尽快联系自己的导师了,提前和导师沟通,了解导师研究的方向,多读导师推荐的书目。有条件的同学还可以提前和自己的同门师兄师姐联系一下,向他们讨教一些学习、生活的经验。考研的同学要提早准备自己的复试了,要想为人先,必要先为人行! 初试的通过仅仅是完成了万里长征的第一步,后边还有竞争更激烈的复试。如果因为复试被刷下来,那是多么的遗憾啊! 想想你们为考研奋斗的这一年,我相信谁都不希望让它重新来一遍吧!考公务员的同学要加油了,据专业培训机构统计,每年省考比国考报名人数更多,竞争压力更大。因为国考的难度更大,所以绝大一部分应届生把国考当成练兵,想着国考考不上还有省考,但是省考考不上就要"家里蹲"了。于是他们疯一样地在每年三四月复习着公务员考试。找工作的同学更要抓紧了,拖着行李箱离开宿舍,却不知道自己下一站去哪,这种感觉很不好受。如果再不紧张起来,这个夏天你一定不好过。

一六级的同学,你们的对手是无情的,他们不会给你们留下任何机会,你们只有不断提升自己的能力、磨炼自己的意志,才有机会和他们同台 PK!

二、2017 级的同学

我认为这次疫情对于你们的影响最大。今年对于你们来说是特别的一年,大三的尾巴、大四的开始,是一个人大学生涯,甚至是整个人生至关重要的阶段。因为在这个阶段你们要选择,选择自己未来的方向,选择自己未来的路。尤其是决定考研的同学,选择专业、选择学校、选择自己下一站的城市,都是你们这个阶段应该做的。多和已经上岸的学长学姐请教,学习他们的经验,不耻下问,方能进步。有机会保研的同学更要努力了,你们已经很努力地度过了三年,目的就是拿到一个好学校的研究生录取通知书,所以千万不要在万里长征的最后一公里掉队。想出国的同学要明白,雅思托福可不像四六级一样,不掉两层皮,"雅同学"和"托同学"是不会和你们交朋友的。还在迷茫的同学更要抓紧时间了,这个阶段有彷徨、有顾虑是正常的,但你们要记住,机会转瞬即逝,如果对自己的未来摇摆不定,多跟老师和家长沟通,在你们身前的开拓者,往往能给你们提供一些有价值的经验。

一七级的同学,记住我曾和你们说过的话:"大学四年,有用的时间只有三年半,甚至是三年。"对于你们来说,有用的时间已经不多了。

三、2018 级的同学

你们现在正处于承上启下的阶段,这是大学四年最美好的阶段。用句通俗的话说,你们现在是"上有老,下有小"。你们是学长学姐眼中的小弟弟,却是学弟学妹心中追赶的对象。这个阶段有着太多的不确定性,但事物因为有不确定性才显得美好。如何度过这个不确定的阶段,我认为需要做好以下三件事。首先,回忆前三个学期学过的知识,想想哪门课学得不扎实,利用寒假再巩固一遍;其次,总结已经度过的大学时光,想想学到了哪些,哪些事让自己遗憾,把学到的继续发扬,从遗憾中总结教训,为以后的大学生活铺路架桥;最后,为自己定一个小目标,在步入大三之前,把自己想看的书看完,想考的试考完,因为进入大三你们就会发现,时间它真的不等人。

一八级的同学,有不确定性才有希望！往事莫叹息,前路亦可追,抓住现在最美好的时光,去创造一片属于自己的天地！

四、2019 级的同学

刚刚步入大学半年的你们,学习能力、记忆能力还处于顶峰。在度过了人生最浪荡的一个学期后,是不是该静下心来仔细考虑一下,什么样的大学生活才是你真正想要的？大学并不只有社团的繁忙、恋爱的甜蜜和兼职的成就感。你们要记住,现阶段你们的身份还是学生,学生最主要的任务还是学习。学生工作、社团活动是在学有余力的情况下完成的。要忘掉上了大学就扔掉书本的思想,大学录取通知书不是你们骄傲的资本,大学校园也不是你们学习道路的终点,在这个信息迸发的时代,掌握终身学习的能力是每个人基本的生存技能。

一九级同学,抓住时间才能把握未来。珍惜现在的光阴,以梦为马,不负韶华。

信,就写到这里吧！

同学们,"抽刀断水水更流"！时间它是很残忍的,你留不住自己的,也决定不了别人的。与其抱怨时间不够,不如狠下心和它去比个赛,看它流走的快,还是你收获的多！

同学们,春天代表着一年的开始,也代表着希望的到来。你,做好准备去迎接春天了吗？

刘春阳

作者简介 刘春阳,男,29 岁,山西太原人。毕业于云南大学法学院,获法律硕士学位。任山西大学政治与公共管理学院本科 2017、2018 级辅导员,本科生第二党支部书记,分团委书记。先后参与"三推一课一品":"高校大学生党员发展与培养创新机制研究"(校级),"当前强化高校学生党支部政治功能的路径探析"(省级),"共青团改革背景下高校党建带团建的实践旨趣与路径选择"(省级)等课题研究。先后获得山西大学 2019 年"优秀共产党员"称号、山西大学 2019 年"暑期三下乡优秀指导教师"称号。

❤ 专家点评

作者遵循"因势利导、因人而异、因材施教"的原则。针对当前面临的新冠肺炎疫情,结合学生的当下,写出一封合时合宜的书信,对于当下正处于迷茫焦虑的学生,可谓是一场"及时雨"。全文体现了该名辅导员对学生的关怀和期待,体现了当代辅导员与时俱进、融入学生的特点,展现了当代年轻辅导员的饱满热情和倔强,在疫情面前以昂扬的姿态带领学生前行,不失为学生们的表率。

整篇文字既有整体性又有针对性,既有真情又有真意,既有传道又有解惑,既有趣味又让人回味,既有广度又有温度。每个学生都可以找到自己的坐标,横向看,是针对每位大学生当下的自我认知、自我剖析、自我反思;纵向看,针对较低年级大学生未来的愿景、规划和目标,具备一定的参考性和借鉴性。

虽然病毒使大家相隔千里,但是作者与学生的心却始终连接在一起。这封书信非常生动地诠释出了一场与学生跨越时空的爱。

(山西农业大学生命科学学院分团委副书记、副教授　温娟)

第四章　挥斥方遒时

㊻　让青春在党和人民最需要的地方绽放绚丽之花

亲爱的同学们：

　　2020 年 3 月 15 日，习近平总书记在给北京大学援鄂医疗队全体"90 后"党员的回信中点赞"90 后"，高度肯定青年人在疫情防控斗争中不畏艰险、冲锋在前、舍生忘死的"青春力量"和"担当大任"，深情勉励青年人继续在为人民服务中茁壮成长、在艰苦奋斗中砥砺意志品质、在实践中增长工作本领，让青春在党和人民最需要的地方绽放绚丽之花。

　　自新冠肺炎疫情暴发以来，全国青年在各自岗位以多种形式参与到疫情防控阻击战中。曾在汶川地震中被人民解放军救出的"90 后"护士余沙，自除夕夜起三次请战援鄂，于 2020 年 2 月 2 日随队抵达武汉一线。在美国读高中的留学生施煜程，于 2020 年 1 月 23 日发起成立"武汉加油·北美留学生组"，将募集到的 90 余万元人民币，消毒液、护目镜、N95 口罩等物资，第一时间送往武汉。决心"如有不幸，请捐献我的遗体研究攻克病毒"的"95 后"护士李慧，从疫情暴发到现在，始终坚守在治病救人一线；战胜病毒、康复出院的大一学生詹同学，听说新冠肺炎康复者的血浆对治疗感染者，尤其是重症患者有帮助，立即赶回深圳市第三人民医院捐献血浆……数据显示，在全国 4 万多名支援湖北医务人员中，"90 后""00 后"人数达到 12000 人，差不多是整个队伍的三分之一。面对突如其来的疫情大考，中国青年用实际行动展示了自己的社会责任与时代担当，彰显了青年一代的"大我"追求和家国情怀。

同学们虽然大多不在战"疫"第一线，但也纷纷通过宅家上思政大课，做所在地、所在社区防疫志愿者，发挥词曲创作、网文写作、视频制作等特长优长助力防疫阻击战等多种形式贡献自己的力量。在这场疫情大考中，同学们一定明白了"小我"与"大我"——有党的统一领导，全民勠力同心，社会稳定有序，才能让每一个社会个体在危难来临时受到庇佑，在时代洪流中畅游弄潮，在广阔天地中大展拳脚。一定明白了"岁月静好"与"英雄逆行"——人类世界从来不是一个理想的世界、幻想的世界，而是一个需要我们不断与天奋斗、与地奋斗、与人奋斗的现实世界；这个世界里有国家间的利益冲突，有自然界的残酷无情，是一个又一个、一群又一群"最美逆行者"护卫着家国平安，拼搏出"岁月静好"。一定明白了"学问从哪里来"和"知识到哪里去"——人民是历史的创造者，社会是成长的大熔炉，在学校多读"有字之书"能树立理想、开阔视野、提升素养，但到社会多读"无字之书"，多感悟人民的疾苦、人民的需要，多汲取人民的智慧、人民的力量，才能使理想崇高又务实，视野宏阔又向下，素养温儒又良善。一定明白了"功成不必在我"和"功成必定有我"——在建设伟大工程、推进伟大事业、进行伟大斗争、实现伟大梦想的路上，每一个你我都具体而微小，但每一个你我的力量，全中国 2 亿"90 后"的力量，都是中国战胜一切艰难险阻，为后人开创万世太平的力量源泉；尽管你我的力量有限，尽管圆梦的征程漫长，但所有的微光汇聚，就会形成光的海洋，齐心协力走下去，就一定能抵达理想的彼岸！

在"疫情"这张考卷上，我们取得了优异的分数！习近平总书记在武汉考察时就深有感触地说："过去有人说他们是娇滴滴的一代，但现在看，他们成了抗疫一线的主力军，不怕苦、不怕牺牲。抗疫一线比其他地方更能考验人。"习近平总书记的话是肯定，是赞誉，更是期许与厚望。因为我国与疫情的斗争还没有完全结束，疫情在全世界范围内的暴发，及其暴发后带来的国际舆论之战、国家利益之争、世界局势之变，又对同学们提出了新要求。面对"百年未有之大变局"，面对全面建成小康社会的"决胜之战"，面对第一个百年目标实现进程中的风险与挑战，同学们要进一步从战"疫"经历中反思什么，总结什么？又应当在接下来的社会担当与青春奉献中坚守什么，做到什么？

一是要厚植人民情怀。坚持人民主体地位、坚持全心全意为人民服务，这是中国共产党的建党宗旨，是每一个中国共产党党员的毕生信念，也应当成为每一个时代新人的价值追求。"人民"并不是一个抽象的概念，而是具体的、生动的存在。"人民"是我们身边的每一个人，是老师、同学、父母、亲友，更是那些于同学们而言非常陌生的、却人数众多的老百姓，他们可能是没上过大学、没读过硕士博士的农民、工人，可能是没有时间仰望星空、看看世界，永远奔波在路上的外卖小哥。他们勤劳、乐观、朴实,用默默无闻的奉献与日复一日的劳作,让我们有安静、干净的学习环境,有富足、惬意的生活条件。"人民意识"也不是一个形而上的字眼,它是同学们在象牙塔里钻研浩瀚宇宙时,还记得这片土地上尚有亿万没有高中学历,却需要科学普及的人民;是同学们梦想并实现"世界那么大,我想去看看"时,还记得这片土地上尚有几千万没有脱贫,却依然对生活满怀希望的贫困人口;是同学们在对自己的人生际遇、成长空间、生活状态还有委屈、不满、抱怨时,能记得是亿万人民倾尽了全力让我们比他们学得更多、站得更高、看得更远。作为"时代红利"享受者,我们不能在精致、利己的生活追求中,忘了为我们吃饱穿暖和美食华服默默奉献的生产者、"挖井人"。大学生的人生价值、时代新人的梦想与成就,都应该根植在国人现实的喜怒哀乐中,都应该实现在人民真实的美好生活需要中,都应该升华在每一个普通劳动者、全中国老百姓的幸福与满足中。

二是要弘扬奋斗精神。奋斗是马克思主义实践观的"中国式"生动表达,是中华民族千年传承的文化气韵和民族品格,是中国共产党领导全国各族人民取得革命胜利、建设成就、改革硕果的强大动力、关键路径和重要法宝。"天道酬勤,厚德载物""空谈误国,实干兴邦""一勤天下无难事""敢教日月换新天",正是一代代青年的接力奋斗,让中华民族走出了百年屈辱,迎来了复兴曙光;让新中国从"一穷二白""挨饿挨骂"走向国富民强、国泰民安。风险不可怕、挑战不可怕、未知不可怕,只要人人有奋斗精神,只要人人甘于奋斗,风险可以化为契机,挑战可以成为动力,未知可以都是丽日与坦途。对于同学们来说,奋斗应当成为一种心态:"我命由我不由天。"做网络时代、消费时代、娱乐时代的"主人",以强大的自控力和自制力避免网络的"奴化"、消费的"物化"和娱乐的"钝化"。应当成为一种状态:"千磨万击还坚劲。"在顺境中不骄不躁,在逆境中自省自励,始终有向上的力量、向善的追求,有愈挫愈勇的抗压能力、积极乐观的人生态度。应当成为一种常态:"吾将上下而求索。"不急于求成,不好高骛远,珍惜眼前的时光,享受奋斗的过程,在今天的自己比昨天的自己更有智慧、更有力量、更有决心的成长过程中,收获内心的成就感与幸福感。

三是要坚定实践取向。理论只能解释世界,实践才能改变世界。在书海中读懂了古今中外,在脑海中论证了千方百计,如果不能落实为现实生活的创新创造,这些真理道理定理、公式故事知识都只是"死文字",不是"活学问"。鲁迅先生说,"我们自古以来,就有埋头苦干的人,有拼命硬干的人,有为民请命的人,有舍身求法的人,……虽是等于为帝王将相作家谱的所谓'正史',也往往掩不住他们的光耀,这就是中国的脊梁"。苦干也好、硬干也好,请命也好、舍身也好,真正的"中国脊梁"从来离不开一个"干"字。在中国特色社会主义进入新时代,对美好生活的向往成为前进动力的今天,同学们不再需要"苦"干,因为时代的际遇与机缘会让所有付出都有收获,所有奋斗都有回报;不再需要"硬"干,因为党和国家信任青年、关怀青年、重视青年,倾尽力量为大学生的个人成长、社会参与、时代担当搭建舞台和平台;不再需要"请命"和"舍身",因为中国梦就是人民梦、青春梦,既是全民族的梦,也是每个人的梦,这以人为本、福泽后世的"中国梦"不需要"为谁请",也不需要"舍什么",大学生的对党忠诚、为国奉献、激扬青春,本身就是党和国家赋予的光荣使命,民族和人民的炽热期盼,就是同学们健康成长、实现梦想、成就自我的圆梦之旅、收获之路。新时代大学生的实践取向应当是"愿干"和"实干",即通过积极主动地把眼前事做好、把小事做好,为学校的风清气正、社会的稳定有序、国家的发展建设、人民的幸福安康、文化的传承创新、民族的赓续不断做出今时、今日的贡献,汇聚小我、点滴的力量。

时代的接力棒终将传递到青年人手中,护卫红色江山、国家民族、人民安康的重任终将落在青年人肩上。百年的中国青年奋斗史,证明了中国青年是有远大理想抱负、有深厚家国情怀、有伟大创造力的青年;突如其来、席卷全球的疫情大考,再次证明了新时代青年、新时代大学生是可爱、可信、可贵、可为的"爱国一代""奋进一代""担当一代"。只要同学们始终厚植人民情怀,坚持在为人民服务中茁壮成长;弘扬奋斗精神,矢志在艰苦奋斗中砥砺意志品质;坚定实践取向,努力在实践中增长工作本领,那么我们的青春梦必然能"俱往矣,数风流人物,还看今朝",民族梦必然能"独有豪情,天际悬明月,风雷磅礴",中国梦必然能"鹰击长空,鱼翔浅底,万类霜天竞自由"!

刘国权

作者简介

刘国权,男,黑龙江哈尔滨人,博士在读,助理研究员,哈尔滨师范大学辅导员,英国雷丁大学访问学者,国家教育行政学院培训师资库成员,黑龙江省"学习新思想千万师生同上一堂课"讲师团成员、"青年讲师团"成员、"青马工程"骨干培训专家库成员。曾获第七届全国高校辅导员素质能力大赛一等奖、全国高校思想政治工作优秀论文一等奖等奖项。参与国家社会科学基金一般项目、教育部人文社会科学研究专项任务项目等多项课题,参编著作 5 部。在《学术交流》《高校共青团研究》等刊物发表论文 20 余篇。

专家点评

　　文章紧扣习近平总书记关于疫情防控重要讲话精神,以习近平总书记为核心的党中央对新时代青年、新时代大学生的高度赞誉、谆谆嘱托和殷切期盼,以疫情面前新时代青年、新时代大学生的勇担使命、堪当大任开篇,生动描述和展现了青年一代的可信、可爱、可贵、可为,能极大地提升学生的自尊心、自信心、荣誉感和自豪感;而后立足"疫情尚未结束""外部挑战加剧""百年未有变局"等,对学生的"厚植人民情怀""弘扬奋斗精神""坚定实践取向"提出要求,进行勉励,不仅站位高远、方向明确,而且情真意切、措施具体,真正实现了理论高度、情感温度、思想深度和育人力度的有效结合,是一篇情理兼具的佳作。

(教育部高校思想政治工作中青年骨干、江西理工大学辅导员　饶先发)

㊼　你所站立的地方,就是你的中国

——写给大学生朋友们的一封信

亲爱的大学生朋友们:

大家好!庚子鼠年以出人意料的新型冠状病毒(SARS-CoV-2)"黑天鹅"开启了它的新征程,一夜之间江城武汉成为全国人民关注的中心,疫情从武汉到全国,支援从全球到武汉,一座城连接着一个个鲜活的生命,演绎着一段段动人的故事,牵动着每一位中华儿女的心。战"疫"正当时,作为堪当民族复兴大任的大学生,你看到了什么,又记住了什么? 是什么感动着你,你又该如何做呢?此时此刻,我想用三个关键词与大家共勉,即"中国速度""中国力量""中国精神"。

关键词一:中国速度

疫情一经暴发,习近平总书记第一时间亲自指挥亲自部署,连续两次召开中央政治局常委会进行专题研究,多次作出重要指示批示,大年初一党中央成立了防控疫情领导小组,整个社会按照习近平总书记"坚定信心、同舟共济、科学防治、精准施策"的总要求,全国一盘棋,14亿人令行禁止,同时间赛跑,同生命竞速。从"火神山"到"雷神山"再到方舱医院,只要提前1分钟交工,就能提前1分钟遏制疫情蔓延;从分离病毒到追溯毒源再到疫苗研发,世界卫生组织总干事谭德塞表示,"中国正在用创纪录短的时间甄别出病原体",展现出实实在在的大国担当;从第一批援鄂医疗队到第二批医疗队出征再到"四大天团"会师武汉,中国正在努力追赶上疫情暴发的速度;从医用救援物资到群众生活物资再到建设保障物资,全国各地采取多种方式星夜驰援疫区;从铁路到公路再到航空等公共交通及时部署,为应急救援打开"绿色通道",一场大动员在神州大地生动上演。作为"中国速度"的见证者,大学生朋友们应该看到:只有坚持中国共产党的领导,只有充分发挥社会主义制度的优越性,我们才能夺取这场人民战争的伟大胜利!

关键词二:中国力量

疫情地图上由一点到多地乃至遍布全国,由白色变黄色再变红色,由百余人到千余人升至万余人,数据令人揪心!令人"窒息"!在此情势下,全国 31 个省、市、自治区先后启动重大突发公共卫生事件 I 级响应,国家卫健委以"一省包一市"的对口支援机制划定"责任田",各地阻击疫情呈现雷霆之势,规模之大,落实之严,实属世所罕见!面对疫情,一份份按满红手印的"请战书"接踵而来,一个个匿名捐赠者的美丽背影彰显大爱,一张张被口罩勒出血痕的面庞笃定从容;面对疫情,共青团组织发动 8.5 万名青年志愿者参与防疫宣传热线、社区人员登记、安全检查消毒、心理咨询服务等工作,这些都是"硬核"的力量;面对疫情,大型商场暂停营业,城市交通减运或停运,贺岁电影全部撤档下线,文化馆风景区"闭门谢客",春节期间活动纷纷取消,人们主动延期婚礼、放弃聚会、减少外出,公共场所佩戴口罩成为一种自觉行为。凡此种种,汇聚起众志成城渡难关的磅礴伟力。作为"中国力量"的参与者,大学生朋友们应该记住:只有坚信中国共产党的执政能力,只有亿万双手紧握在一起形成合力,我们才能夺取这场人民战争的伟大胜利!

关键词三:中国精神

习近平总书记指出:"人无精神则不立,国无精神则不强。精神是一个民族赖以长久生存的灵魂,唯有精神上达到一定的高度,这个民族才能在历史的洪流中屹立不倒、奋勇向前。"换句话说,中华民族在 5000 多年的历史长河中生生不息、薪火相传,很重要的一个原因,就是拥有孕育于中华民族悠久辉煌历史文化之中的"中国精神"。中国精神是凝心聚力的兴国强国之魂,是实现中华民族伟大复兴不可或缺的精神动力。在全民战"疫"中,各行各业都在行动,有"冲锋在第一线,战斗在最前沿"的党员干部,有"召必战,战必胜"的人民子弟兵,有"舍小家,为大家"的社区工作者,还有让无数国人由衷致敬的"无双国士"钟南山、"院士奶奶"李兰娟、"渐冻症院长"张定宇、"吹哨人"李文亮、"扫雷英雄"杜富国的妹妹杜富佳等一大批守护人民群众生命安全和身体健康的最美"逆行者"。正如鲁迅先生所言:"我们自古以来,就有埋头苦干的人,有拼命硬干的人,有为民请命的人,有舍身求法的人……这就是中国的脊梁。"作为"中国精神"的传承者,大学生朋友们应该被感动:只有以民族精神和时代精神挺起"中国脊梁",只有全国各族人民上下同心,我们才能夺取这场人民战争的伟大胜利!

亲爱的大学生朋友们,当中国全面建成小康社会、打赢脱贫攻坚战及"十三五"规划收官之年遇上"疫"考时,作为"中国速度"的见证者、"中国力量"的参与者、"中国精神"传承者,每一位大学生朋友都是"疫"考生,都必须竭尽所能考出好成绩,而好成绩的必备要素则来源于科学的思维。因此,希望大学生朋友们树立"三大思维":

一是树立战略思维。大学生朋友们要学会从整体上把握疫情的发展趋势,透过肆虐的病毒掌握疫情防控相关知识,做到既敬畏生命又守护健康,以"宅家"的青春力量构筑起防疫的青春长城。二是树立辩证思维。处于"拔节孕穗期"的大学生朋友们,要准确把握好疫情之下的"变"与"不变",做到"每临大事有静气"。在这场没有硝烟的爱国主义战争中,做到"停课不停学、学习不延期"。三是树立底线思维。底线是不可逾越的界限。在"未经学校批准学生一律不得提前返校""不造谣、不信谣、不传谣"等原则性问题上,大学生朋友们要坚持底线思维,才能牢牢把握疫情防控阻击战的主动权。

亲爱的大学生朋友们,请记得:你所站立的地方,就是你的中国!你的模样,就是明日之中国的模样!愿所有的等待,都不负归期!

王娟娟

作者简介

王娟娟,女,山东青岛人,博士,讲师、硕士生导师,青岛科技大学机电工程学院专职辅导员,国家三级心理咨询师,荣获山东高校辅导员工作论坛二等奖、山东省"大中专学生志愿者暑期'三下乡'社会实践活动优秀指导教师"、山东省"大学生科技节优秀指导教师"。主要研究领域为"思想政治教育理论与实践",目前主持中国高等教育学会辅导员工作研究分会项目1项,参与国家社会科学基金项目2项、教育部人文社会科学项目1项、省市级项目多项,出版学术专著1部,参编著作3部。先后在《思想理论教育导刊》等核心刊物发表学术论文十余篇。

专家点评

该信件按照"突出一个主题(新冠肺炎)、围绕一个主体(大学生)、抓住一条主线(三个关键词:中国速度、中国力量和中国精神)"的基本思路,以高屋建瓴的宏观视野彰显"中国速度",以数据精准的中观视野彰显"中国力量",以鞭辟入里的微观视野彰显"中国精神"。言之有物、言之有理、言之有情、言之有序是该信件的一大特色,不失为一篇佳作。

(大连海事大学马克思主义学院教授、博士生导师　曲建武)

⑱　我们当如何从疫情中寻找成长之机

亲爱的同学们：

2020 年注定是难忘的一年，一种叫"$2019-nCoV$"的病毒给中国按下暂停键。为了打破传播链，我们不得不居家隔离，不得不延期开学。突如其来的危机，也是可贵的教育契机、鲜活的社会大课堂。危机中有转机，我们青年人当从中寻找成长之机。

疫情中其实有很多思考点，比如：居家生活如何养成健康环保的生活方式，如何调节情绪，如何和父母保持良好沟通，如何将专业学习与个人前途、社会需求相结合，如何认识社会现象、社会责任，如何设定人生航向，如何通过疫情深入认识社会、了解中国、解剖人性，等等。今天我尝试从以下几个角度来探讨。

一、读懂人性

人性复杂多变，很难下定论，但总体而言，向上向善，追求真善美。

求真。真，是我们对事物本原的理解，与实际相符。病毒给大家带来不同程度的焦虑，确诊、疑似病例上升，我们难免内心恐慌。尽管我们不想看到数字上升，但依然想要真实的数据，因为每一个数字背后都是真实的生命。

全国几十个科研攻关团队，秉承求真的科学精神，争分夺秒，快速找到病毒基因序列，分离毒株，研制核酸检测试剂，他们夜以继日地科学实验，就是想揭开病毒的真相，找到制胜法宝，还人民群众以健康。

在举国万众一心抗击疫情时，一些西方媒体，带着固有的偏见和一贯的打压姿态，歪曲报道事实，抹黑中国。一些西方政客无视世卫组织的建议，公然对我国污名化。

真真假假，是非曲直，我们要擦亮眼睛，不能被蒙骗。

向善。善为"吉祥美好"之意。人类的道德与良知，皆指向善。在疫情中涌现出的善不胜枚举。院士逆行，党员请战，女医护人员剃掉长发，快递小哥一呼百应，大爷千里送菜到武汉，汶川回报武汉爱心水果，热心市民为医护人员送盒饭送咖啡，志愿者的跑断腿，基层工作者坚守岗位，这些人这些事让我无数次含泪哽咽。武汉的人民，英雄的人民，更是用自我的牺牲保护千千万万人的生命安全。

我们能安心过着居家隔离生活，"菜篮子""米袋子""油瓶子"充足供应，就是因为无数人在替我们负重前行。我们能安逸地在家上网课，是多少人的努力为我们换来的局面。

同学们，人生有太多的习以为常，也有太多的世事无常，危机来时，善占了上风，所有人联合起来团灭病毒。

国内有人借疫情之机诈骗，卖假口罩，哄抬物价，不服从管控要求，危害公共安全，国外有民族歧视的言行，这些善与恶，我们看在眼里，记在心里，定要辨别。

尽美。美是"漂亮、好"之意。逆行者的背影很美，忙碌的身影很美，女医护的光头很美，那些"口罩脸"很美，方舱医院的八段锦、广场舞、"清流哥"很美……无数的善良闪现着人性最美的光辉。我们看不到口罩背后的脸庞，但是我们知道，他们的心底一定种着美丽的善根，这才让他们在行动中体现出善魂。

费孝通先生曾说，"各美其美，美人之美，美美与共，天下大同"。我想用到今天的抗击疫情的战场上也是合适的。指战员、医护人员、科研人员、志愿者、民警、工人、保洁员、教师、老百姓，等等，在各自的角色上发挥作用，保证国家的正常运行，这是"各美其美"。4万余医护驰援湖北一线，志愿者帮助医护解决生活困难，全国优先保障湖北，这是"美人之美"。国际组织和巴基斯坦、俄罗斯、韩国、日本、蒙古等国家第一时间对我国进行援助，这是"美美与共"。人类命运休戚与共，你中有我，我中有你，如此，才能"大同"。

人说疫情就像一面镜子，看得到人间的真假、善恶、美丑。我们大学生要用求真的精神去鉴别真与假，要用道德良知去扬善避恶，要用审慎的眼光去评判美丑，这些，我们要去学。

二、读懂中国

自新中国成立以来，中国人民在中国共产党的带领下，用集体的智慧和勤劳的双手创造了今天的中国。尤其改革开放以来，中国取得了举世瞩目的成就。脱贫攻坚成绩单、"一带一路"朋友圈、"绿水青山就是金山银山"、高铁速度基建狂魔、全面建成小康、人类命运共同体……这些让我们看到中国从站起来再到富起来到强起来的历史脉络。我们看到社会主义制度能集中力量办大事的政治优势，看到中国共产党牢记为中国人民谋幸福的初心，在复兴进程中践行使命，全力提高人民群众的幸福感、获得感。

病毒来袭，党始终把人民群众的生命安全和身体健康放在第一位。半个月内"火神山""雷神山"医院建成开放，所有物资有序运往湖北，创造性地开放方舱医院，社会有序复工复产，彰显了党集中统一领导的制度优势。

任何时候，只要身后有坚强的祖国，我们就有安全感，我们就能转危为安。生于华夏，三生有幸。

三、读懂责任

世卫组织赴中国考察团外方专家组负责人布鲁斯·艾尔沃德博士考察完谈

到,最让他震惊的是,每一个中国人都有很强烈的担当和责任精神,都愿意在疫情中有所作为有所担当。这大抵是我们能看到一座座空城、一批批凡人逆行的原因。

"90 后",甚至"00 后"在这场战争中格外醒目,仿佛一夜之间大家心目中娇滴滴的一代成长了起来,勇敢地冲向前线。大家和他们一般年龄,当你们觉得无聊时,他们正成为这一代最勇敢的人。

我们这一代人终将接过建设家国的担子,正如歌词中所写"家是最小国,国是千万家,有了强的国,才有富的家",我们该如何去担当起守护我们的家,保护我们的国的重任,这是我们一生要做的课题。

四、坚定信仰

小到个人,大到政党、国家,都有自己的坚定信仰,这种信仰是力量的源泉。我们中国共产党的信仰来自坚定的人民中心立场,所以习近平总书记说这是一场人民战争。人民有信仰,国家有力量,民族有希望。人民相信、支持党和政府,这场战役必胜。

个人的人生追求是我们的信仰,真善美是我们的信仰,建设家国是我们的信仰。在新时代,只要坚定信仰,跟着党走,将我们个人的追求融入家乡、社会、国家的建设之中,将自己的梦汇入中国梦,时时处处都是我们的人生大舞台。

五、脚踏实地

此时,我想,航海类专业的同学已经迫不及待想开着船去寻找诗和远方,船舶与海洋专业的同学早已想登上"钻石公主号"探个究竟。这看起来很远,只要我们脚踏实地,一切又近在咫尺。

同学们,眼下是大三下学期了,专业课程多,还越来越难,事关饭碗,大家一点儿都不要松懈,预习、复习、练习不落下。疫情大课堂,教会我们专业救国、专业报国这个理,我们一样可以在"海洋强国"的路上,走得越来越好,越来越远。

现代社会变化太快,但无论怎么变化,学习始终要面向现代化,面向未来,面向世界。我们青年人背靠5000年中华文明有底气,把这些宝用起来,加上"三个面向",有格局,有视野,担当起中华民族的伟大复兴的历史重任,我们做得到。

成长,有时很漫长,有时在一瞬间。

或许,你曾经为简单的选择而犹豫不决,可此刻,你已能不畏艰险,迎难而上。

或许,昨天你还在父母膝下撒娇,此刻,你已能豪情满怀,正能量满满。

或许,以前你想的更多的是自己,此刻,你已能为他人着想。

这就是我们的成长。经此一役,你学到了什么? 能否给自己交出一张合格的答卷?

同学们,春天已重启,请尽情绽放!

你们的燕姐

作者简介

　　吴燕,女,中共党员,硕士,国家二级心理咨询师。在两所高校从事辅导员工作八年。现为重庆交通大学航运与船舶工程学院 2017 级航海技术、船舶与海洋工程专业辅导员。曾获重庆市科教文卫体工会举办的"中国梦·劳动美"职工演讲比赛三等奖,长江师范学院"社团优秀指导教师"、"优秀党务工作者",重庆交通大学"2019 暑期'三下乡'社会实践优秀指导教师"等荣誉。

专家点评

　　此文从读懂人性、读懂中国、读懂责任、坚定信仰和脚踏实地等五个方面论述了我国抗击新型冠状病毒肺炎这场无硝烟战争中,中国共产党一切为人民的初心、中国政府的担当作为、国民的精诚团结、英雄模范的榜样作用,也告诫当代大学生在国家遇到困难时期什么该为、什么不该为、如何为,为学生讲明我国持续、有效对新型冠状病毒性肺炎防控的现状,对疫情防控取得最后胜利有一定指导意义。该篇文章组织合理,叙述清晰,文字简洁流畅,论点明确,论据翔实,有助于培育大学生家国情怀、责任担当意识,指导学生坚定信仰,脚踏实地,具有现实教育意义。　　　　(重庆交通大学航运与船舶工程学院党总支书记　范晓飚)

㊾　当新青年遇上新时代

——致大学生的一封信

亲爱的同学们:

　　大家好!

　　没有想到,我是以这样的方式同你们交流吧?事实上,你们的方方姐有一些心里话想和你们说说哦。

　　开学已经很长时间了,大家从高中走进大学,开始独自生活,安逸的现状却让大部分同学失去了斗志,没有了再去拼搏的动力,在寝室里打游戏、睡觉、追剧等虚度光阴。事实上,你们知道吗?等你们毕业,踏入社会之后就会追悔莫及。记住!别在最该努力的年纪,选择享受!

　　习近平总书记指出,"青年是整个社会力量中最积极、最有生气的力量,国家的希望在青年,民族的未来在青年""国家的前途、民族的命运、人民的幸福,是当代中国青年必须和必将承担的重任"。所以,在新时代,当代大学生应当肩负历史大任,珍惜韶华,潜心读书,在报效祖国的成才路上实现个人的人生价值,为中华民族的伟大复兴而奋斗!

那么,作为新时代的大学生,应该怎样具有更高的觉悟呢?我想,我们是时候该认真思索大学的意义和大学生应该肩负的责任与使命了。为此,我给你们提出以下几点建议:

确定成长目标。进入大学面对新的生活,我们需要学会规划自己的未来,确定成长目标,从自己的实际出发,在专业学习、社会实践、体育锻炼、个人修养、兴趣发展等各方面,实现全面发展。确定总体目标后,逐层分解,明确好在什么时间完成相应的目标任务,通过自我教育和自我管理,练就扎实的专业功底和综合素质,为步入社会打下坚实的基础。

点燃奋斗激情。人为什么要奋斗?为了谁而奋斗?事实上,一个人的努力奋斗,不只关系到个人和家庭的未来,也关系到国家进步和民族的未来。新时代是奋斗者的时代,将个人理想追求融入国家和民族之中,让每个人的人生价值都在奋斗中实现。追逐梦想的过程必定是艰辛的,但不能因此失去了拼搏的勇气,我们应该选择奋斗,点燃奋斗激情,选择负重前行,在奋斗中收获更多的自信,总有一天,你的汗水和心血会变成你的财富,你的付出会得到肯定!

践行青春梦想。梦想决定了我们前行的目标,立志成才,始于脚下。每个人都有理想和追求,都有自己的梦想,实现自己青春梦想和远大抱负的唯一途径就是付出足够的努力,做好当下。我们要跟上时代步伐,努力学习,打下坚实的知识功底,通过社会实践锻炼自身能力,让青春始于梦想,用实践成就梦想。

托起使命担当。我们所处的时代正是社会主义现代化建设的关键时刻,我们每一个人都是新时代的见证者、开创者、建设者,新时代大学生的一生是与中国特色社会主义新时代共荣共进的一生,我们的命运与国家民族的命运紧密相连。若想将抱负成就为现实,就需要新青年大学生少说空话,多干实事,以自己的专业为"武器",托起使命担当,成为国家建设的核心力量。

书写时代华章。习近平总书记曾在考察北京大学时指出,"青年是标志时代的最灵敏的晴雨表,时代的责任赋予青年,时代的光荣属于青年"。每一代青年都有自己的际遇和机遇,都与自己所处时代紧密相连。我们要抓住时代机遇,冲上时代前沿,争当社会主义建设者和接班人,释放出亮丽的风景线和青春的无限魅力,成为时代的骄傲和国家的未来,响应党和国家的号召,顺应人民群众的需要,用青春书写无愧于时代、无愧于历史的华彩篇章。

青年兴则国家兴,青年强则国家强。青年一代有理想、有本领、有担当,国家就有前途,民族就有希望。

若你不想虚度光阴,不想让人生后悔,不如现在就理清思绪,振作起来,在新时代的浪潮里,坚定理想信念,树立正确观念,牢记使命和责任,思考人生,奋力向新时代前进!

最爱你们的方方老师

> **作者简介**
>
> 袁方,女,中共党员,硕士研究生,现担任安徽商贸职业技术学院辅导员,曾获"优秀辅导员""优秀共产党员""优秀党务工作者""优秀指导员"等荣誉,获得安徽省 2017 年高校辅导员职业能力比赛(皖南赛区)三等奖,第一届安徽省高校学生安全教育教学能力竞赛(皖南片)三等奖,先后发表论文 2 篇,主持课题 3 项。

专家点评

刚入学的大学生,既有上大学的新鲜和期待,也有迷茫。面对迷茫,应该要用积极的态度思考和审视。袁方老师这封信,语言质朴,行文流畅,针对新时代的大学生应该珍惜韶华,肩负国家前途和使命的觉悟,提出了中肯的建议,让人感觉亲切自然。大学是一个人成长的重要阶段,要对自己大学时期的学习和生活有科学的规划,牢记习近平总书记所说:"青年人正处于学习的黄金时期,应该把学习作为首要任务,作为一种责任、一种精神追求、一种生活方式,树立梦想从学习开始、事业靠本领成就的观念,让勤奋学习成为青春远航的动力,让增长本领成为青春搏击的能量。"

(安徽商贸职业技术学院财务金融系党总支书记、副教授 徐翔)

㊿ 践行五四精神,谱写青春华章

亲爱的同学们:

你们好,见字如面。

回顾过去,青年当铭记历史、不忘初心;立足眼下,青年当脚踏实地、持之以恒;展望未来,青年当树立理想、志存高远。一百年前的五四运动,其主力是学生和青年,他们为了民族独立和解放、为了国家繁荣和富强的爱国精神,值得一百年后新时代青年大学生思考与学习。在青年节来临之际,老师与同学们聊一聊,新时代青年大学生该有什么样的青春理想,又该怎么样实现青春理想。

一、以奋斗强筋壮骨

"青年朋友们,人的一生只有一次青春。现在,青春是用来奋斗的;将来,青春是用来回忆的。人生之路,有坦途也有陡坡,有平川也有险滩,有直道也有弯路。青年面临的选择很多,关键是要以正确的世界观、人生观、价值观来指导自己的选择。"2013年5月4日,习近平总书记在同各界优秀青年代表座谈时如是说。

"宝剑锋从磨砺出,梅花香自苦寒来。"新时代呼唤着奋斗者。习近平在多个场合强调"幸福都是奋斗出来的",青年大学生作为新时代弄潮儿,成长成才离不开奋斗,唯有在奋斗中百炼成钢,才能更好地担当起时代发展重任。党的十九大报告指出,"历史只会眷顾坚定者、奋进者、搏击者,而不会等待犹豫者、懈怠者、畏难者"。青年大学生要以中流击水的劲头,以梦为马的激情,主动投入到中华民族伟大复兴的事业中,在时代大潮中去奋进、去搏击,在奋斗中实现人生价值,在奋斗中成就幸福人生。如此,泥泞的路上才会踏上脚印,陡峭的山峰才有无限风光。青年大学生要不断克服生活、学习上的困难,唯有如此,才能更好地去拼搏、去奉献,以奋斗精神铸就青春底色。

二、以立志培根铸魂

"青年的价值取向决定了未来整个社会的价值取向,而青年又处在价值观形成和确立的时期,抓好这一时期的价值观养成十分重要。这就像穿衣服扣扣子一样,如果第一粒扣子扣错了,剩余的扣子都会扣错。"2014年5月4日,习近平总书记在北京大学考察时如是说。

"古之立大事者,不唯有超世之才,亦必有坚忍不拔之志。"青年大学生在成长成才过程中,志存高远是不断前行的根本动力。"立鸿鹄志,做奋斗者。"青年大学生要树立有目标、有理想的立志观,在生活、学习过程中不断磨砺自己的斗志。人贵立志,青年大学生要把人生志向转化为前进动力,才能在成长过程中听到生命拔节的声音,看到风雨过后的彩虹。"常立志不如立长志",不仅要有小志向,更要有大志向。身处"两个一百年"奋斗目标的历史交汇期,身处中国日益走近世界舞台中央的新时代,要坚定"为中华之崛起而读书"的人生大志,厚植"心有'大我',至诚报国"的家国情怀,激励自己将个人梦与中华民族伟大复兴梦紧密联系在一起。

三、以明辨扶正祛邪

"当代中国青年要在感悟时代、紧跟时代中珍惜韶华,自觉按照党和人民的要求锤炼自己、提高自己,做到志存高远、德才并重、情理兼修、勇于开拓,在火热的青春中放飞人生梦想,在拼搏的青春中成就事业华章。"2015年7月24日,习近平总书记在致全国青联十二届全委会和全国学联二十六大的贺信中如是说。

"大学之道,在明明德。"青年大学生要有实事求是的科学精神,严谨勤奋的治学态度,不投机取巧,不急功近利,善于思考,善于提问,善于明辨是非,善于决断选择。明辨是非,是对青年大学生思想道德修养的要求。青年大学生要积极追求真理,要学会辩证看待问题,要在变化中把握方向。青年大学生要自觉践行社会主义核心价值观。通过参加以培育和践行社会主义核心价值观为主题的党、团日活动、座谈交流、参观寻访、新媒体互动等,坚定理想信念,增强责任感和使命感;通过参加社会实践活动,在服务他人、奉献社会的过程中践行社会主义核心价值观。以青春梦想,以实际行动,为实现中国梦做出当代大学生应有的贡献。

四、以乐学固本培元

"梦想从学习开始,事业靠本领成就。广大青年要自觉加强学习,不断增强本领。人生的黄金时期在青年。青年时期学识基础厚实不厚实,影响甚至决定自己的一生。广大青年要如饥似渴、孜孜不倦学习,既多读有字之书,也多读无字之书,注重学习人生经验和社会知识。"2016年4月26日,习近平总书记在知识分子、劳动模范、青年代表座谈会上如是说。

"吾生也有涯,而知也无涯。"乐学精神是贯穿人一生的宝贵精神财富,是青年大学生应有的优秀品质。"书山有路勤为径,学海无涯苦作舟。"乐学换来的是能力的提升、知识的集聚、专业素养的养成、思辨能力的增进、解决问题的勇气、意志品质的提高等,这些优秀品质对于青年大学生未来发展弥足珍贵。养成乐学精神,首先,要树立正确的学习观。确立什么样的学习目标或者方向,以及为达成目标而确立的总体学习规划、原则、方案等,对人生发展至关重要。其次,要培养主动学习的能力。"活到老,学到老。"人的一生就是一个不断学习的过程,要惜时如金,一分一秒也不浪费,主动将更多的精力投入到学习之中。再次,要勤学博学。青年大学生要博览群书,采众家所长,拓宽知识面,厚基础、宽口径。通过从书本中学习、从实践中学习,不断提高自身修养,开阔心胸眼界。

五、以修德安身养心

"青年在成长和奋斗中,会收获成功和喜悦,也会面临困难和压力。要正确对待一时的成败得失,处优而不养尊,受挫而不短志,使顺境逆境都成为人生的财富而不是人生的包袱。"2017年5月3日,习近平总书记在中国政法大学考察时如是说。

"国无德不兴,人无德不立。"青年大学生肩负着民族复兴的历史重任,不仅要学有专长,还要修身立德,不仅要专攻博览,还要学会担当。孔子曰:"德之不修,学之不讲,闻义不能徒,不善不能改,是吾忧也。"德,是一个人的立人之本。青年大学生是祖国的未来,是实现中国梦的重要力量。青年大学生要不断增强修德能力,提高修德水平。要把修德作为必修课来对待,以社会主义核心价值体系为引领,加强修养,磨炼意志,砥砺品格,陶冶情操,努力做中华民族传统美德的传承者,做社会主义核心价值观的践行者。

六、以追梦充盈血脉

"追梦需要激情和理想,圆梦需要奋斗和奉献。广大青年应该在奋斗中释放青春激情、追逐青春理想,以青春之我、奋斗之我,为民族复兴铺路架桥,为祖国建设添砖加瓦。"2018年5月2日,习近平总书记在北京大学考察时如是说。

"先天下之忧而忧,后天下之乐而乐。"新时代青年大学生,肩负着实现中华民族伟大复兴的历史使命,在新时代继承与发扬"爱国、进步、民主、科学"五四精神,对于青年大学生追梦圆梦意义深远。追梦是青年大学生肩负的使命,青年大学生更是圆梦的排头兵。追梦需要坚持不懈、持之以恒地去追。青年大学生生逢其时,拥有广阔的舞台,也重任在肩,承载着时代的使命。其梦想要与国运相连,要做中国梦的践行者,这是新时代对青年大学生的号召,也是把个人奋斗融入党和人民共同奋斗中的自觉行动。心中有阳光,眼里有远方,脚下有力量。青年大学生要把好人生的"方向盘",在追梦圆梦的路上脚踏实地、行稳致远。

同学们,新时代青年大学生当牢牢把握人生航向,志存高远,脚踏实地,传承使命,接力奋斗,为实现中华民族伟大复兴的中国梦贡献自己的力量。鼓足精气神,充满正能量,努力成为顶天立地、有所作为、大写的"人"。

守护着你们成长的辅导员:杨玉赫

作者简介

杨玉赫,男,助教,黑龙江中医药大学辅导员,中医心理学硕士,国家注册心理咨询师,世中联中医心理学专业委员会会员,于中宣部"学习强国"平台、《中国中医药报》、"高校思政网"等媒体发表文章多篇,发表核心论文10余篇,《中医心理学概论》《新时代高校辅导员素质能力提升理论与实践》编委,主持教育部产学合作协同育人项目1项、黑龙江省哲学社会科学研究规划项目(青年项目)1项,参与黑龙江省社会科学优秀成果奖2项,申请国家专利10余项。

专家点评

"爱国、进步、民主、科学"的五四精神是中华民族的宝贵精神财富,新时代青年大学生要大力发扬五四精神。"青年兴则国家兴,青年强则国家强。"习近平总书记曾说:"青年一代有理想、有本领、有担当,国家就有前途,民族就有希望。”这封信围绕近年来习近平总书记对广大青年提出的殷切嘱托，与同学们畅谈青春理想，表达了辅导员老师对青年大学生们的深切希望。当代青年要承担起国家前途和民族希望的责任，正如像这封信中所讲到的，要立志、要奋斗、要乐学、要修德，等等。要以实际行动践行五四精神，追梦圆梦，谱写青春华章。

（黑龙江中医药大学第二临床医学院学生工作办公室主任、副处级辅导员、副教授　冷德生）

(51) 时代青年，不负芳华

亲爱的同学们：

光阴荏苒，时光飞逝。在漫漫人生的历史长河中，相信一定有人和你说过，“愿你被这世界温柔以待”。那究竟何为温柔？何为温柔以待？是遇到困难时朋友们的帮助，是伤心时恋人之间的一句问候，还是马路上遇到危险时陌生人的举手之劳？其实，这些小事都是世界温柔对待你的方式。“世界是你们的，也是我们的，但终归是你们的！”你们拥有的是当今世界创造的种种条件和机遇，身肩的是时代赋予的责任和使命，梦想就在前方，不忘初心方能逐梦未来。

一、明确目标，做好“小我”

思考第一个问题，你想成为什么样的人？青春年华，切记不可迷茫与颓废。人生没有彩排，每一天都是现场直播。从你出生的那天起，父母就把全部的爱都给了你，满眼的疼爱，认真记录你每一天的生活，希望你的每一天都美好无暇，当你长大了，也许会因为你的不懂事而教育你，可难道你不懂吗？他们其实是恨铁不成钢啊。当你离开家乡来到陌生的城市，他们心心念念盼着你回家，他们时时刻刻挂念着你的安全，这就是你的父母，生你养你念你育你的父母。小时候是孩子，可以不可一世，倔强偏执，但随着年龄的增长，渐渐被生活磨平了棱角，消磨了脾气，也应该要懂得父母的不容易，把我们抚养长大，可他们却老了。而我们能做的是什么呢？知道他们是希望我们成为一位真正的大写的“人”，爱国、坚强、自信、善良，我们能做的就是要珍惜青春时光，确立明确的目标，找准正确的方向。习近平总书记一天都不能不学习，知青七年，在艰苦的条件下仍然抓紧时间刻苦学习，他想成为一个有用的人。而如今，在越来越广泛的网络社交平台上，一种以自嘲、颓废、麻木生活方式为特征的“丧文化”正在部分青年群体中流行，一旦年轻人失去了奋斗的激情，人生尚未起步就处于颓废之态，精气神没有了，整个国家就会失去蓬勃向上的生机。请问问你自己，你想成为有用的人吗？

时光不等人。

请记得，作为一名青年学生，远在他乡求学，你要做的是认真学习，遵规守纪，不让老师操心，做一名好学生。周末的时候给父母一个电话，道一句问候，不让父母担心，做一个孝敬的好孩子，只有你有出息，有成就，父母才会开心，这也是你报答他们的最好答卷！

二、不负芳华，胸怀"大我"

思考第二个问题，你为什么要努力？因为喜欢的东西都很贵，因为我们的父母都很苦，因为我们的国家需要你。中国共产党自 1921 年成立至今，历经种种磨难，却从未被打垮，在与帝国主义、封建主义、官僚资本主义斗争中愈挫愈勇，向全世界展示了无产阶级政党的无穷力量，只有这样从磨难中奋起并不断成长的队伍，才能创造一个又一个中国奇迹，才能承担起历史赋予的重担。九十九年风风雨雨，在中国共产党领导下先后实现了新民主主义革命的胜利，完成了社会主义建设时期的任务，1978 年进行改革开放伟大实践，从站起来、富起来到现在已经成为世界不可小觑的中国力量；九十九年风风雨雨，中国在中国共产党的坚强领导下经济总量在全球排行领先，"四个自信"指导中国人民坚定理想，全党始终在为人民的幸福而努力着；九十九年风风雨雨，中国共产党用实践向中国人民交上了一份满意的答卷；九十九年风风雨雨，中国共产党不忘初心，始终在坎坷征程中开拓创新，坚定前行。

毛泽东同志是中华民族伟大的英雄，他的一生都在为中国人民的幸福而奋斗。"中国人民从此站起来了。"现在看到这句话，我依然会在脑海里想象，毛泽东同志在说出这句话的时候是多么自豪。一生的使命，一生的追求，无悔的青春，无悔的付出。习近平总书记宣告："今天，社会主义中国巍然屹立在世界东方，没有任何力量能够撼动我们伟大祖国的地位，没有任何力量可以阻挡中国人民和中华民族的前进步伐。"古往今来，多难兴邦。2020 年春节，一场没有硝烟却事关生死和社会稳定的战"疫"打响。疫情就是命令，党和国家迅速部署，这就是中国优势；十四亿人民万众一心，这就是中国精神；"火神山"医院数日完工，这就是中国速度；抗"疫"英雄迎难而上，这就是中华儿女；"我是党员，'疫'往直前，绝不后退"，这就是中国底气。强大的中国是当下正处于人生"拔节孕穗期"的你们的最坚强后盾。

请记得，作为一名中国青年，身上担负着时代的使命和责任，指点江山、激扬文字，才是青年人应有的状态。胸怀天下、逆流而上，才是青年人应有的精气神。一定要坚定理想，树立崇高的人生追求，拥抱新时代，奋进新时代，让青春在为祖国、为人民，为民族、为人类的奉献中焕发出更加绚丽的光彩！

三、坚定理想,追求"无我"

思考第三个问题,你到底要怎么做? 历史赋予使命,时代要求担当。习近平总书记指出,今天,新时代中国青年处在中华民族发展的最好时期,既面临着难得的建功立业的人生际遇,也面临着"天将降大任于斯人"的时代使命。新时代中国青年要继续发扬五四精神,以实现中华民族伟大复兴为己任,不辜负党的期望、人民期待、民族重托,不辜负我们这个伟大时代。

"天行健,君子以自强不息;地势坤,君子以厚德载物。"即使学习不会一帆风顺,但你要乐观,梦想从学习开始,事业靠本领成就。即使生活会苦,但你要甜。"青春是用来奋斗的",要有锐意创新的勇气、敢为人先的锐气、蓬勃向上的朝气。"若命运不公,就和它斗到底",以青春之我,成就青春中国,你奋斗的样子正是青春中国的剪影。总有一天,你会站在最亮的地方,活成自己想要的模样。一代人有一代人的长征,一代人有一代人的担当。今天的你们,是明天的建设者,个人的命运与国家命运紧密相连,个人信仰要和国家信仰一致,建成社会主义现代化强国,实现中华民族伟大复兴,是一场接力跑,习近平总书记强调"我将无我,不负人民"。

请记得,作为一名新时代中国青年学生,现在的你要坚定理想,努力跑出更好的成绩,顺应新时代要求,立鸿鹄之志,树立"先天下之忧而忧"的责任与担当,不忘初心,坚定信仰,要用最好的精气神在最好的时代为中华民族的伟大复兴不懈努力!

处在最好的时代,时代陪你挥洒青春,追求梦想;你随时代不断成长,奋进前行。希望你,承时代重任;希望你,被温柔以待。

吕菲

作者简介

吕菲,女,中共党员,燕山大学马克思主义学院研究生,车辆与能源学院兼职辅导员。曾获第三届全国高校大学生讲思政课公开课优秀奖,河北省高校大学生讲思政课公开课一等奖,参加河北省高校辅导员专题培训班(第四期"精准送学"项目)顺利结业,在《燕山大学报》发表文章1篇,在期刊发表学术论文2篇,主持、参与市级课题2项,省级课题1项。

专家点评

青年是时代的先锋,青年什么样,国家就是什么样。青年要承担时代重任,首先是应有担当;青年要成为时代新人,首先是做一个大写的"人"——对陌生人的"举手之劳",对为你辛劳着的父母的一句简单问候……吕菲老师这封信,从最简单、最基础的做人写起,从本能、本分到本职,告诉我们最基础、最简单的,也是最根本的做人道理。在此基础上,谈时代新人的社会责任、历史使命,青年学子的成长,从小见大,从低到高,从眼下到未来,鼓励同学们做好“小我”,胸怀“大我”,追求“无我”,为民族复兴不懈努力。行文朴实,立意高远,催人奋进!

(燕山大学马克思主义学院党委书记、教授　王新华)

(52) 从这次疫情中,你感悟到了什么?

亲爱的同学们:

大家在家可好?

此时此刻的你们,是否已经热切地期待回到熟悉的校园,是否想念与你畅谈未来的好友?请不要心急,疫情防控还没有到放松警惕的时候。处在这样一个特殊的时期,我们应该做些什么,注意哪些问题,值得我们每一名同学深入思考。无论是毕业在即的你,渴望奖学金的你,还是面临补考的你,宅家学习都将是一个挑战,切莫虚度这么多可支配的时间,要保质保量地完成自己的课业,全面提升自己。

作为你们的辅导员,我在期盼着与你们相会的同时,也想跟大家说说自己的想法。现在,是新学期的开始,希望我的这些话无论在思想方面,还是在学习方面、生活方面,都能对各位有所帮助。

一、中国速度凸显我党作为

10 天时间建成“火神山”医院,12 天时间建成“雷神山”医院,短时间内在湖北建立了 20 座方舱医院。世界卫生组织总干事谭德塞认为,中方行动速度之快、规模之大,世所罕见,展现出中国速度、中国规模、中国效率,这是中国的制度优势。在疫情防控期间,中国共产党充分发挥了纵览全局、协调各方的核心作用,充分彰显中国特色社会主义的制度优势。广大党员干部、医务工作者按照党中央的领导部署,深入防疫一线,各级党委统筹调配、协同各方,在疫情防控最为吃劲、最为焦灼的情况下,中国共产党带领中国人民形成联防联控、人人参与的抗“疫”长城,为夺取疫情防控的全面胜利打下了坚实基础。

二、中国特色孕育青年信仰

新时代的你们,正是思想最活跃、最富有朝气,网络上最活泼的青年群体,应自觉承担起一定的社会责任。要学会利用互联网传播正能量,用形式多样的互联网文化产品,如漫画、视频、文字等,为身处抗疫一线的工作人员加油,为疫情防控尽一份责,这都是有社会责任感的表现。我在朋友圈、公众号看到许多同学用各种方式为工作人员加油、打气,我真的很开心,看到了你们的朝气蓬勃、雄姿英发的样子。

我们要坚信,每一名平凡人的点滴努力汇聚在一起,定会创造不平凡的奇迹。疫情暴发以来,在以习近平为核心的党中央集中统一领导下,全国各地各个战线迅速动员,众志成城,团结奋战,为抗击疫情贡献自己的力量。抗击疫情是一场特殊的战役,在这场全民战役中,党中央统一部署,全国上下听从指挥,充分发挥了社会主义制度能够集中力量办大事的最大优势。

三、中国理念坚守绿水青山

查尔斯·狄更斯的《双城记》有这样的话:那是阳光灿烂的季节,那是长度晦暗的季节;那是欣欣向荣的春天,那是死气沉沉的冬天。

疫情就像一面镜子,照出了人性的好和坏、美和丑、善与恶、光明与阴暗。

2020年刚刚过去两个多月,澳大利亚森林大火,菲律宾火山爆发,东非蝗虫成灾,美国暴发致命乙型流感,土耳其、古巴等接二连三发生地震,还有我们正在经历的新型冠状肺炎……大家都在问,2020到底怎么了?

以前,我们总以为人类的力量、科技的不断发展可以战胜一切;到今天才发现,在这些接踵而来的自然灾难面前,我们竟显得这样渺小而无助。世间万物,皆有因果轮回。历史上一次次的教训都在提醒我们:大自然千百年来都在遵循一种法则,那就是生态平衡。

我们应该把疫情和灾难变成教材,在疫情中习得生命教育、信念教育、科学教育和道德教育。我们要保持积极向上的心态,拥有正确的价值观,既要坚强,更要伟大,以最好最佳的状态尽分内之事,用成长和勇敢的足迹踏平灾难,在不幸与幸福之间架起桥梁,与祖国同呼吸、共命运,这才是我们学习的本质和初衷。

四、中国建设服务青年学习

"慎独"说的是在无人的时候,也坚守自我,严格自律,是高尚的精神境界,这也是我最担心大家的。大家还记得2020年初你们立的flag吗?"如果可以,我希望2020年可以重启",但时间不会重来,你们的目标绝不能随着疫情的消退而模糊,抓紧时间行动起来吧。"凡事预则立,不预则废",希望你从现在开始,在家上课跟紧老师的授课节奏,每天确定当天的关键任务,今天的任务绝不拖延到明天。有时候,不逼自己一次,你都不知道自己有多优秀。线上授课会带来新的挑战和乐趣,要记得和老师积极互动,感受线上授课的魅力。每天完成当天的课业任务,每天进步一点点,今日事,今日毕,开学后你会感谢现在努力学习的自己。线上授课,在家学习,隔离病毒,不隔离大家对学习的热爱。

线上学习,大家拥有更多的自主时间,大家可以多读书来充实时光,打造有趣的灵魂,增强思辨的能力;多运动来强壮体魄,记得劳逸结合,坚持适当程度的体育锻炼来增强体质;努力调整自己的心理状态,在浮躁中沉淀,在压力中获取动力;努力提升就业能力,认真准备毕业论文,充分利用身边资源,明确未来的发展方向。

五、中国时代实现全民梦想

新时代是实现梦想的时代,每个人都有自己的梦想。而奋斗,是实现梦想的必经之路。对于千千万万的青年,"中国梦"最能唤醒理想,"我奋斗我幸福"最能打动人心。你在参与创造伟大时代的同时,也在创造自己的美好人生。

我们深知,这场疫情,是终将过去的黑夜。

停课不停学,隔离不隔爱。

只待晨光乍现、春回大地之时,再摘下口罩,

带着更饱满的精神,更高昂的姿态,更丰富的学识,迎接一切新生的美好。

没有一个冬天不会过去,没有一个春天不会到来。待到春暖花开时,我们相视而笑,问候彼此:"好久不见,别来无恙!"

爱你们的举哥(付铭举)

作者简介

付铭举,男,硕士,讲师,大连交通大学电气信息工程学院辅导员,校团委兼职副书记,国家心理健康辅导员。曾荣获辽宁省"暑期'三下乡'社会实践'习近平新时代中国特色社会主义思想'宣讲交流专项行动先进个人",辽宁省"第七届大学生戏剧节优秀辅导教师"、"优秀导演",大连市党委系统"优秀信息工作者"、大连市"优秀学生思想政治教育工作者"等多项荣誉。

专家点评

本篇文章以新冠肺炎疫情为背景,将抗击疫情期间彰显的中国力量、中国精神、中国效率深深植根于学生内心,激励学生自觉地把个人理想追求融入国家和民族的事业中。激发大学生追求科学和求知向上的学习动力,使其深刻认识到当下刻苦学习就是为实现中华民族伟大复兴提供智力支持,进而激发大学生对人生观、价值观问题的正确思考,引导当代大学生进行正确的价值追求。教育学生要在"大考"中清晰地知道谁是社会的支柱,并由此确立最真挚的社会情感与是非观念;要在大考中形成清晰的历史记忆和历史责任,并由此汲取真正的经验与教训;要在大考中明白自己的世界角色,并由此坚定制度自信和人类命运共同体的理念。

(大连交通大学电气信息工程学院党总支副书记、副教授　马笑玲)

(53) 休戚与共守望相助，众志成城携手前行

——论大学生的家国情怀与时代责任

亲爱的同学们：

大家好，此刻的你可能盼望着早日回到学校开启真正的学习之旅，但考虑到大家的安全，在没有接到学校通知之前还是一律不可返校的。大家也都知道此次新型冠状病毒是一种人类未知的病毒，我们还是要多加小心，尽管现在咱们国内疫情形势向好转变，也不可放松警惕。在此，我想与大家一起聊一聊战“疫”视域下的学业、人生与家国。

一、我们大学生要深植家国情怀，坚定信念，做积极的传播者

2020 年是全面建成小康社会的收官之年，可首先迎来的是这场新冠肺炎的重大突发公共卫生事件。以习近平总书记为核心的党中央高度重视，迅速指挥，强调“把人民群众生命安全和身体健康放在第一位”。一时间，一大批“逆行者”从全国各地驰援武汉，其中医护人员就有四万多人。床位紧缺，我们仅用十余天便建好了容纳千张床位的“火神山”“雷神山”医院，全力救治病患。武汉封城的举措，对疫情遏制起到了至关重要的作用。大年初二，全国各地封村，都是为了保护我们的安全。在党中央的紧密部署下，防控工作取得了积极成效，展现出了我们的中国速度与中国效率，同时也彰显了大国担当。

我们用创纪录的速度甄别出病原体，并与他国共享。眼下国外的疫情形势日益严峻，我们中国正不断通过多项举措助力全球抗疫斗争，积极派遣救援队，提供防疫物资，交流疫情防控经验等，因为我们始终秉承着人类命运共同体理念，这受到了国际社会的广泛赞誉。听说，意大利的街头响起了我们的国歌。

这场具有新的历史特点的伟大斗争，它充分彰显了社会主义集中力量办大事的制度优势。一次次的实践证明，我们大学生应该感恩党，听党话，跟党走，增强“四个意识”，坚定“四个自信”，做到“两个维护”。疫情发生后，教育部也是先后下通知关切我们大学生。孙中山先生说，做人最大的事情，“就是要知道怎么样爱国”。我们大学生要立志做好担当民族复兴大任的时代新人，铭记这段经历，传递精神力量，把深厚的家国情怀转化为理想信念，怀着强烈的社会责任感和历史使命感去学习，去提升，将个人梦融入中国梦，并积极地感染身边的人，届时举国齐心，力量磅礴，我们中华民族的伟大复兴必将指日可待！

二、我们大学生要练就过硬本领，珍惜韶华，做有为的奋进者

在这个不同往常被延长的假期里，也许有的同学在暗自窃喜，但是你有没有

在刷微博、看直播、追热剧中结束了一天天的时光后,心里又特别懊恼? 同学们,"青春虚度无所成,白首衔悲亦何及"。没有任何事情可以一蹴而就,真正的成功都来自于不断努力、持续奋斗的结果。正如我们祖国从不断的实践中得出,我们想要发展振兴,就必须依靠自己的英勇奋斗来实现,没有人会恩赐给我们一个光明的中国。如今,我们看到的"基建狂魔",实则是多少人日日夜夜团结奋战、攻坚克难的成果! 大家可知道方舱医院里边化疗边复习考研的大三学生,正在做着"最后冲刺"的高三学生,还有躺在病床上专注看书的"读书哥"? 我们是否应该在感叹于他们的乐观与坚强的同时,又自省吾身呢?

当今时代,知识更新迭代迅速,新技术新业态层出,这既为我们大学生施展才华提供了广阔舞台,也对我们的素质能力提出了新的更高要求。疫情中巡逻无人机、智能测温设备,还有钟南山院士的权威解答,这无不体现了科技与知识的力量。

作为大学生的我们,要明确知识的重要性和学习的紧迫性,要在学习中增长知识,以真才实学把爱国之情转化为报国之行。学习的过程是永不停歇的,线下课堂也好,线上课程也罢,关键在于要形成良好的学习习惯,实现自主学习和自我提升。毕竟学识赢得的不仅仅是一时的成绩,而是更幸福和成功的人生,我们一定要过好充实而有意义的每一天。

三、我们大学生要锤炼品德修养,守望相助,做"无我"的奉献者

疫情无情,人间有爱。14亿人心手相牵,守望相助,涌现出了一大批英勇无畏的奉献者。正如习近平总书记所说的"我将无我,不负人民",这是他对人民的庄严承诺,并始终践行着。身患渐冻症的武汉金银潭医院院长张定宇,"吹哨人"李文亮,他们不论生死,前赴后继,都以"无我"的状态,夜以继日地用生命呵护生命,给患者带来希望,给战胜疫情注入力量,更给我们大学生树立了精神榜样。

"苟利国家生死以,岂因祸福避趋之。"在此,我们要致敬奋战在一线的最美的人,他们是剃去青丝的女护士,是誓师出征的军人,是朴实善良的建筑工人……同时,我们大学生要常怀对党和国家、对人民和社会的感恩之心,在感动中感悟,在感悟中成长,增强社会责任和民族担当,从逆行者的大爱、奉献与牺牲中汲取道德滋养,随时准备为党和国家贡献力量。

诚然,高校的根本任务是"立德树人",立德简言之就是做人,学会做人是立身之本,不论何时,大学生都应做到立德第一,修业第二,要以道德为先,能力为重,全面发展。何为德? 此时为抗击疫情贡献力量的大学生志愿者们正在用行动诠释着,相信这个春天也将因为有我们的奉献而增添光彩! 只愿大家做好防护,安然归来!

四、我们大学生要树立规矩意识,顾全大局,做理性的守护者

同学们,疫情防控是一场关乎生死的战役,疫情就是命令,防控就是责任。疫情之下,守住规矩就是守住责任,我们每个人都应该担负起相应的责任。在这场全面战"疫"中,没有旁观者,没有局外人,在家听从党和国家指挥的人们都是战士,我们就是要遵守指令,坚决服从管控规定,顾全大局,让不串门不聚会、少外出戴口罩等成为一种自觉行为,用守规矩为疫情防控筑起一道城墙,维护社会安全稳定、文明有序运行。

同样我们应该知道,良好的舆论是战胜疫情的有力保障。在面对网络信息良莠不齐,谣言满天飞时,我们大学生要具备媒介素养,要敢于甄别、冷静思考,做到重科学、听官宣、不信谣、不造谣、不传谣,听从党和国家的声音,积极传播正能量,以实际行动守护家国。

疫情面前,不论尊卑贫贱、身份地位,病毒吞噬了上千人的生命,我们大学生要加强生命健康和生态文明认知,尊重生命、拥抱自然,提升身体素质,正确认识生命的真谛,珍惜韶华,不让时光在空虚中流逝。有数据显示,春节期间"王者荣耀"的流量峰值创下了历史新高。作为大学生应该做到适度理性娱乐,逐渐从他律走向自律,要按照学校规定做到停课不停学,充分运用有限的时间,静心修炼,自我提升。同时,积极关注自身心理变化,进行心理调节,保持理性平和的阳光心态。

多难兴邦,众志成城,我们大学生要坚信在党的正确领导和全国人民的共同努力下,我们的祖国必胜! 坚持就是胜利,曙光就在前方。无论何时,我们都要始终秉承生命安全第一的理念,积极传播科学知识,传递全国上下一心战胜疫情的必胜信念。同时,我们要认真规划自己的未来,努力学习提升,创造美好人生!最后,共祝我们的祖国早日春暖花开,国泰民安,山河无恙!

刘妍君

作者简介

刘妍君,女,思想政治教育专业硕士,讲师,青岛科技大学信息科学技术学院辅导员,被评为校级"先进工作者",山东省"暑期社会实践优秀指导老师"。指导的学生参加计算机设计大赛获得国家三等奖、大创获得国家级立项等。

🎗 **专家点评**

作为大学生思想上的领航者、成长中的知心人,她时刻关心关注着学生的思想和成长,并将这份爱化为春风化雨的文字,给予学生虽然距离遥远但情感贴近的关怀与鼓励,让我们感受到了一名年轻辅导员站位高、立意远、情谊切的师者情怀。文章从家国天下、信念梦想入手，站位高，谆谆教诲，既有事实依据，又有名人警句，微言大义；再从练就过硬本领、锤炼品德修养、树立规矩意识切入，娓娓道来，立意远，情谊切，充分彰显了一名和学生朝夕相伴、时刻关怀，因为疫情虽然不能同在校园，但是心却仍在一起的人生导师的心愿。大学里的辅导员，其实年龄往往并不大，但是岗位要求，责任使然，往往让他们思想上要足够成熟、境界上要追求高远、事业上要无私奉献。这篇文章中，我感到了这样的力量，我想它一定也能感染大学生，激起他们前行的力量。

（青岛科技大学马克思主义学院副院长、副教授　曲慧敏）

54　让实践把担当点亮，让青春在服务中闪光
——致敬武汉"疫阵父子兵"的一封信

小陈、陈爸（武汉"疫阵父子兵"）：

你们好！见字如面。

今天，刚好是"湖大新闻网"刊发你们志愿服务事迹跟踪报道满一个月的日子。还记得当时那篇报道的网址么？（不介意我用当时新闻中的"疫阵父子兵"的提法，来继续称呼你和你的爸爸吧？）

你们知道吗？这一个月来，你们父子兵的典型服务事迹好评如潮。有人找我打听你们的近况，有人联络转告提醒人身安全，有人想请教志愿服务相关经验……但有一条如出一辙，大家都希望你们能够平安健康，都发自内心地祝福你们，为你们的示范行为点赞！

自1月23日武汉被按下"暂停键"以来，阴霾一度笼罩着这片大地。在极度焦虑恐慌、防疫物资紧缺、生活物品匮乏的关键时刻，是你们——第一批"逆行"志愿者，在封城当天挺身而出，开始扎根社区，不顾风险，誓为打赢这场"武汉保卫战"！此时此刻，我想告诉你，小陈同学，作为你的辅导员，我很骄傲。

小陈，你知道吗？榜样的力量是无穷的。

在你的带动和影响下，越来越多的大学生开始主动报名加入志愿者，服务地方。以我们生科院为例，截至今天，已有50余人正在参加当地志愿服务。有的和你一样协助爱心社团，有的前往村部，有的扎根社区，有的义务家教……从上访排查、沟通疏导，到门禁守卫、物资配送，再到网络帮扶、信息播报，都有你们大学生志愿者守卫一方、不辞辛劳的身影。面对疫情，大家顾全大局、服从安排，力所能及地为家乡、为当地奉献爱心，勇担大任！此外，我还听说有越来越多的同学为湖北抗疫一线的医护、干警子女做线上家教，用奉献传递感恩，用爱心守护

爱心——作为生科院的辅导员,我真的很骄傲。

你知道吗?"逆行"志愿者们是这个春天值得铭记的骄傲。

在这场没有硝烟的抗"疫"战中,在武汉中心湖北大学,有我们下沉社区的教职工党员,有我们365名干部教师志愿者,有我们武汉最大的康复驿站——湖北大学站的13位师生志愿者和若干后勤服务志愿者,或定期关爱帮扶社区独居老人,或参与紧急整理学校二期学生公寓转为康复隔离用房的1469间学生宿舍,或精细服务出院留观的1076名新冠肺炎初愈客人。他们的感人故事点滴先后被《焦点访谈》《新闻联播》等节目,"学习强国"、《中国教育报》等平台点赞和报道。

在这里,我还想介绍一个人给你认识,你的研究生学长,他叫王勇,是此次新型冠状病毒的感染者(估计是放假回重庆老家的路上不幸感染的)。不幸中的万幸,经过当地医院悉心治疗,他康复出院了,现在他成了一名光荣的献血志愿者,截至目前已献血多次,随叫随到,他的血浆已经救治了两名重症病人,其先进事迹还被央视和重庆当地多家媒体数次报道。你说棒不棒!

你知道吗?我们的爱心永远不会缺席。

在得知你们大学生抗疫志愿服务的先进事迹后,我们生科院的吴文华、张冬卉等领导、教师、辅导员班主任们,都为你们感到骄傲和自豪。大家开始做起了力所能及的事情,或踊跃捐款捐物,或捐赠特殊党费,或争当社区志愿者,或联络团购爱心菜,或帮邻里购物送上门,或帮扶关爱老同志,甚至联络海外华侨给近20家定点医院捐赠抗疫物资……一颗颗爱心,因志愿服务紧密地联系在一起。而我本人作为班主任、辅导员,除了时刻关注、跟踪学生思想动态,开展网上交心谈心,还不时联络家长,了解学生居家身体与心理状况,引导学生树立积极向上、不断进取的人格品德。另外,我还积极参与了康复病房的打扫整理信息汇总工作,参加了购买医院物资捐款、特殊党费捐赠等活动。

志愿天下行,大爱一家亲。

生命重于泰山,舆情就是命令,防控就是责任。在此次疫情大考中,生科人、湖大人没有退却,从你们"疫阵父子兵",到全校师生志愿者,大家不畏艰辛,团结一心,一个又一个大爱故事和志愿精神影响和感动着我们。虽然我们不在一线,但没有人是旁观者,大家都在用实际行动彰显当代青年的大爱情怀,展示危难时刻的责任与担当。借此机会,我想对湖北大学、全武汉高校的师生志愿者们衷心地说一声:谢谢你们,大家好样的!我们一定能向祖国和人民交出一份满意的答卷!

此时此刻,作为一名辅导员,我想和你们说说心里话,谈谈疫情给我们带来的三点反思。

一、英雄的城市，奋斗最美丽

也许我们舒适惯了平时较好的物质条件，不一定能体会到生活的艰辛。然而这次武汉封城，一个小区、一个病人、一件小事，需要的是依靠社区工作人员和我们师生志愿者冒着风险，用牺牲和奋斗，用艰辛和付出才能换来的健康和安宁。有了亲身体会我才更能明白，英雄的城市来自一个个英雄的成绩，是靠一个个英雄的人民、一个个英雄的奋斗、一件件英雄的小事。疫情防控期间，我们大学生志愿者的作风、作用、作为，全社会有目共睹，也为这场全民参与的疫情防控阻击战烙上了深深的青春印记。

二、责任显担当，处处皆爱国

责任显担当，处处皆爱国。副校长肖德曾多次向我们强调，此次疫情蔓延到世界各个国家，结合各国各阶段的防控措施做一下比较，我们不难发现，爱国不是一句空话。社会主义制度的优越性，在这次抗疫中得到了充分体现。我们武汉人、湖北人用大爱与担当，不仅在全国做出了样板，还为全球抗疫赢得了时间，做出了重要贡献。武汉胜则湖北胜，湖北胜则中国胜。关键时刻还要靠团结和责任，爱心和奉献，我们祖国的力量才最强大。要想彻底消灭病毒，打赢这场人民战争，要靠每一份力、每一分光，要靠全国上下温暖和能量的汇集。再次谢谢各位大学生志愿者们，是你们用实际行动向着理想毅然前行，用责任和担当点亮青春之光，用可爱和行动见证着历史和奇迹。

三、科研无止境，学习在路上

我们原以为科学发展到如今已经很先进了。但是这次在疫情面前，我们也曾束手无策、不知所措。所以必须承认，科学研究还不够，学习还永远在路上。期待生物医药技术在抵抗病毒等方面早日有新的突破，希望我们生科院同学们不断增加学习的主动性和紧迫性，刻苦钻研，向屠呦呦老师学习，早日为中国、为人类的健康做出我们自己的贡献！

我们坚信不久之后就能战胜疫情，回归平静，我们全校师生就能"一个都不会少"地重回美丽校园，开启复学"快进键"。让我们一起为武汉加油，为中国加油！

湖大发哥

作者简介

许良发，男，讲师，福建永安人。现任湖北大学生命科学学院分党委副书记，兼中国性学会性教育专委会委员、性心理专委会委员，湖北省性学会性心理与性教育专委会委员。湖北大学"SKY·启明星"工作室（学生德育工作特色基地）、湖北大学"青春同行525"辅导员工作室主持人。曾获全国"校友工作先进个人"，湖北大学"十佳辅导员""十佳服务标兵"、辅导员职业能力竞赛奖等荣誉与奖励。主持各级思政课题近10项，发表论文10余篇。

专家点评

习近平总书记在2019年中国志愿服务联合会第二届会员代表大会的贺信中强调:“弘扬奉献、友爱、互助、进步的志愿精神,继续以实际行动书写新时代的雷锋故事。”点赞志愿行动、强化责任担当、弘扬社会正气,正是作者撰写此信的初衷。

信件从问候、闲聊谈起,从责任、担当谈起,从志愿服务事迹谈起,既展示了武汉抗“疫”父子兵,又讲述了湖北大学一批批师生志愿服务的点滴感人故事,是一次历史瞬间的珍贵定格。与其说这封信是辅导员在武汉抗疫的关键时刻写给武汉“疫阵父子兵”的一封信,不如说是写给疫情中心——武汉的高校志愿者的一封信,字里行间彰显着当代高校志愿者的青春与风采,闪耀着志愿服务的内涵与光芒。

不仅如此,信件结构严谨,内容饱满,言语流畅,通读和感动之余,我们能深刻感受到辅导员仁义爱心的思想在流淌,“三全育人”的魅力在彰显。给辅导员的工作和青春点个赞!（湖北大学生命科学学院分党委书记、副教授　吴文华）

(55)　写在黎明破晓前

在这个2020年不平凡的开端,我们每一个人都是这场战役的参与者。犹记大家在期末结束那天的欣喜和对假期时短的“抱怨”,可谁知,此次的分别如此之长。

千百年来,春节本是我国举国欢庆、合家团聚之日,是我们每一个中华儿女倾尽全力去赶赴的一场盛典,然而,一个叫新型冠状病毒的“怪物”,从潘多拉的魔盒里逃出来,将它的魔爪从九州通衢的武汉伸到了全国各地,阻止了大家团聚和欢庆的脚步,一夜之间让整个中华大地陷入一片紧张和恐惧之中,一时间风雨如晦,举步艰难。正当大家惊慌失措之时,一位位平凡的英雄挺身而出,在国之艰难之时,围炉抵掌,以议大计,救民于水火,助民于危难,给予大众最朴实的感动和最坚强的力量。“既见君子、云胡不喜。”“岂曰无衣？与子同袍。”那么多默默无闻的平凡英雄和临危不惧的逆行者们给了我们人世间最简单却也最珍贵的感动,让我们深深感受到国家、民族给予的牢牢的安全感和稳稳的幸福！亲爱的同学们,作为国家的未来、民族的脊梁,你们应该为生于这样的国家而感到幸运,你们应该要更加深沉地去爱这片土地！

一、同学们,请记得一定要善良

在这个寒冷而萧寂的冬天,总有一群善良的人温暖我们的心间,让我们热泪盈眶。一支支驰援武汉的医疗队、一批批送往武汉的物资、一位位不畏病毒的平民志愿者们、一个个忙碌在防疫最前线的基层工作者,那个往派出所扔下口罩就跑的"无名者",那个将自己所有存款捐赠出来的拾荒老人,那些为我们照亮生命之光而自己却牺牲在工作岗位的医务工作者们……都为我们展现了人性最初的光辉,带来了春天般的温暖。"人之初,性本善",善良本是我们最本能的性格;"积善之家,必有余庆;积不善之家,必余殃",善良是一个家庭阖家幸福之根本,如果没有善良之心,哪里来的山河无恙、人间静好?同学们,沧桑岁月、世事变幻,唯有秉持善良的初心,才能点燃内心的火焰,照亮旁人,温暖人生。

二、同学们,请记得一定要勇敢

勇敢应是有勇有谋、睿智勇毅之意。疫情到现在,如果人人都没有一颗勇者之心,哪里会有钟南山院士再战防疫前线带给人的肃然起敬?哪里会有医界天团"王炸"集结武汉的震撼?哪里会有医护步入重病感染区救治病人的毅然?哪里会有让国人和世界惊叹的建设"雷神山""火神山"的中国速度?哪里会有举全国之力支援武汉的壮举?

勇者也要有坚强的意志力。在疫情持续的这段时间里,中国人民变着法儿在家自娱自乐,有在自家鱼缸钓鱼的,有在"客厅——厨房——卧室"一日游的,有在家各种"蹂躏"面粉的,即使是处于疫情旋涡之中的武汉人,都在用他们乐观坚强的心态向世界展示着中国人在大灾大难面前的良好心态和坚强意志。

同学们,希望你们既要有"心有猛虎,细嗅蔷薇"的智者之勇,也要有如五岳坚挺、江河磅礴般的坚强意志力。未来人生路漫漫,在面对突如其来的困难和未知的路途时,用智慧去分析境遇,用理智去克服慌乱,用坚强的意志去战胜害怕,不要敌人未到自己却先缴械投降。

三、同学们,请记得一定要努力

为什么钟南山院士一出现,大家就如吃了定心丸一样?为什么全国医护人员勇奔抗疫前线时,我们感到安心?为什么"王炸天团"北协和、南湘雅、东齐鲁、西华西齐现湖北时,我们坚信病毒必定会投降?因为我们深知这是对抗病毒的顶尖人才和专业化团队,知识就是力量,在此刻表现得如此深入人心!

在这个有点长的寒假里,足不出户是不是更能静下心来思考我们的未来,脚踏实地地做好学习规划呢?而不是时时刻刻抱着手机,晚上睡不着,白天睡不醒。你可能会说自己能力有限,比不上那些大人物,可以捐献大批的物资,也不如有钱的华侨,一口气买下国外的口罩厂,更加不能像钟南山院士等人那样分离病毒、研究疫苗。国家的发展不仅仅是依靠某一群人、某一个专业领域而强大的,在社会发展的洪潮中,各行各业出人才,各人各岗放光辉,即使是一颗小小的螺丝钉,都能在社会发展、文明进步、国家强盛的大机器中发挥必不可少的作用。正所谓兵马未动粮草先行,我们只有在学生时代努力积累知识,夯实基础,在专业化的道路上精益求精,步入社会才不会慌,面临困难才不会畏惧和后悔!

四、同学们,请记得一定要有担当

沧海横流,方显担当者本色! 越是大灾大难,就越能检验一个人的忠诚和担当,越能展现一个人坚如磐石的意志和信念。无论是奋战在前线的医务工作者们,还是坚守在一线的基层工作人员,无论是不计报酬、不惧危险的志愿者,还是默默无闻、不图名利的捐赠者,都在向我们展现着一个个中华儿女普通却不平凡的担当感和责任感,他们在疫情面前勇于担当,挺身而出,筑起了防疫的高墙,尽最大的可能让民众免受疫情影响。

古人曾言:"为天地立心,为生民立命,为往圣继绝学,为万世开太平。"习近平总书记也说过:"青年一代有理想、有本领、有担当,国家就有前途,民族就有希望。"大学生的"担当"既包括了社会大众对大学生们的期望,又包含了大学生自己对肩上责任的认识。通俗而言,即在人生困苦面前,担当应表现为保持良好的心态,懂得磨炼自身,具有化悲愤为行动的力量;在大是大非面前,担当应表现为头脑清醒,立场坚定,不信谣,不传谣,更不制造谣言;在大灾大难之际,"只要人人都献出一份爱,世界将变成美好的人间";在个人发展和国家强盛的路上,担当应表现为立鸿鹄之志,"皮之不存,毛将焉附",将个人理想融入祖国建设之中,将个人命运与国家命运相连,勇于承担起新时代接班人和中国梦助力者之责!

絮絮叨叨这么久,就是希望你们能永怀赤子之心,做一个有信仰、知感恩、怀大爱、懂专业、能担当之人,无论历经多少风雨彩虹,归来仍是那个明媚少年!

最后送你们一段余光中先生写过的话:下次你路过,人间已无我,但我的国家,依然是五岳向上,一切江河依然是滚滚向东,民族的意志永远向前,向着热腾腾的太阳,跟你一样。无论是 1998 年抗洪、2003 年"非典"、2008 年汶川地震,还是 2011 年利比亚撤侨,中华人民永远团结一心,我们的祖国从来没让我们失望过,这次,也一样!

与你感同身受的丽姐

作者简介 黄丽,女,助教,湖南信息职业技术学院软件学院团总支书记兼辅导员,2019 年 10 月参加湖南省高校辅导员法律法规专题培训获评"优秀学员",2019 年年末获评湖南信息职业技术学院"优秀工作者"。

专家点评

作者主动抓住网络这个主阵地,充分发挥网络育人优势,强化思想理论教育。作者有很深的家国情怀,在疫情灾难面前,有强烈的国家认同感;作者以小见大,感情真实,笔触非常细腻柔软,寻找个人情感与家国情怀的共振,读起来非常感人。文章能让人从中充分吸取养分,正确勇敢地面对疫情。作者鼓励学生在逆境中努力绽放,看到希望,明白疫情终将过去,无论何时祖国永远是最坚强的后盾。文章用生动语言,直接对话学生,呼吁定要勇敢,遇到困难,理性对待;呼吁定要合理规划时间,做专业领域英才;呼吁定要有担当,一起筑起防疫的高墙;呼吁一起守护这个世界,照亮旁人,温暖人生。

(湖南信息职业技术学院软件学院院长、副教授　蔡琼)

56　百年奋斗,青春担当,不负时代
——致同学们的一封信

亲爱的同学们:

见字如面。

党的十九大报告中提到,中国特色社会主义进入新时代,我国的社会主要矛盾已转化为人民日益增长的美好生活需要和不平衡不充分的发展之间的矛盾。这个转化让我们欣喜,我们可以追求更美好的生活;这个转化也让我们不得松懈,我们任重而道远。历史的车轮滚滚向前,时代的潮流浩浩荡荡,当我们站在中国特色社会主义新时代的今天,再回首过去,我们发现,在这一百年中出现的各个奇迹般的进步,都离不开每一代青年人的热血奋斗。每一个时代的青年在他所处的时代中面对着不一样的挑战,有着不一样的使命,但他们都无不用自己的实际行动去完成时代赋予他们的责任,书写奉献灿烂青春的时代篇章。

一、"天下兴亡,匹夫有责",是"19 后"的豪迈

"一个强者要有三个基本条件:最野蛮的身体,最文明的头脑和不可征服的精神。"在五四精神的指引下,1919 年,罗家伦和他的同学们在得知了自己的祖国在国际上遭受到不平等待遇时,选择了上街游行。一群热血青年高呼:"外争主权,内除国贼。"他们呐喊:"中国的土地可以征服而不可以断送! 中国的人民可以杀戮而不可以低头!"随后,群众,工、商、学联合起来,这一爱国举动也得到了部分农民的支持响应。正如鲁迅先生所期待的一般,大家"能做事的做事,能发声的发声。有一分热,发一分光。就令萤火一般,也可以在黑暗里发一点光,不必等候炬火"。就是这样一点一点的微光聚集在一起,汇聚成了五四的火炬,唤醒了民族的觉醒。全国人民万众一心,也换来了1922年中国收回山东主权和胶济铁路权益的《中日解决山东问题悬案条约》。在那个生死存亡的年代,青年人用他们的行动诠释自己的责任——"天下兴亡,匹夫有责",事关中国的存亡,每一个国人都不能袖手旁观,这就是在国家生死存亡的时代,青年人的担当!

二、同吃同住,劳动学习,是"49后"的情怀

"知识青年到农村去,接受贫下中农的再教育,很有必要。"在毛主席的指示下,一大批知识青年带着梦想,怀着对未来的希望奔赴农村。而北京市八一学校的二十多名知识青年也在那个时候坐上了知青专列,离开他们生活已久的大城市,一起奔赴陕北延安农村,开始了他们上山下乡的艰苦历程。而习近平总书记也在陕北农村里度过了他人生经历中十分重要的七年知青岁月。习近平总书记在黄土高原的山沟里与村民们同吃同住,劳动学习,共过四关:"跳蚤关""饮食关""劳动关"和"思想关"。习近平总书记称自己为"黄土地的儿子",他扎根基层,扎根农村,与农民朝夕相处,深入地了解群众最需要的是什么,然后靠自己的知识与才能苦干实干,做到实实在在地为人民谋福利。在困境中完成的一次次蜕变,树立起了习近平总书记为人民办实事的理想,也坚定了习近平总书记为人民谋福利的决心。在那个百废待兴的年代,青年人用他们的行动诠释自己的责任——同吃、同住、同劳动、同学习,扎根基层,了解人民的需要,为老百姓办实事,这就是在国家百废待兴的时代,青年人的担当!

三、敢于创新,勇于实践,是"78后"的弄潮

"从我做起,从现在做起,为社会主义现代化事业多作贡献。"改革开放的初期,清华大学化学工程系77级2班王文一同学提出的这句口号犹如那个时代的写照。从清华园唱响的这个口号掀起了一股主动承担责任,促进社会经济发展,为社会主义现代化建设奉献自己力量的浪潮。随着十一届三中全会的召开,"解放思想,实事求是"的观念深入人心,生产力得到了极大的发展,中国也取得了一项又一项足以让世界惊叹的成就。在庆祝改革开放40周年的大会上,于敏等100名同志获得了"改革先锋"的称号,他们是在改革开放中做出杰出贡献的人,他们也是改革开放几十年间所有爱国青年的代表。改革创新,实干兴邦,一代青年人发愤图强,努力学习,积极工作,奋发向上。短短几十年间,"中华民族实现了从站起来、富起来到强起来的历史性飞跃"。在那个改革开放的年代,青年人用他们的行动诠释自己的责任——敢于创新,勇于实践,用实践来检验真理,解放和发展生产力,这就是在国家改革开放的时代,青年人的担当!

四、伟大斗争,逐梦前行,是"90后"的坚定

"我们一定不会懈怠,继续努力,贡献'90后'青春力量!"北京大学第三医院

国家援鄂抗疫医疗队的137名成员中,"90后"的比例超过一半,他们冲锋在前,成了疫情一线的骨干力量。吴超和王奔两位医生代表医疗队在给习近平总书记的信中表达:"我们不是'娇滴滴的一代'！我们不怕苦,不怕牺牲,争做共和国的脊梁！"我们发现,在新冠肺炎疫情发生以来,抗疫一线出现了众多"90后""95后"的身影,他们冲锋在前,不怕苦,不怕牺牲,义无反顾地扛起责任和担当。"'非典'袭来时,全世界都在保护我们'90后'。现在,换我们'90后'保护你们！""90后"的话温暖了这个寒冬,"90后"的行动体现了责任担当。他们把"小我"融入"大我",工作中始终把党和人民的利益放在首位,把自己的崇高理想落实到中国特色社会主义的建设当中,为实现中国梦而不懈努力。随着2020年的到来,最早的一批"90后"已进入了而立之年,如今"90后"开始成为各行各业的中坚力量,有抱负,有作为,为社会主义现代化建设奉献自己的青春与力量。在那个逐梦前行的年代,青年人用他们的行动诠释自己的责任——伟大斗争,逐梦前行,将个人梦融入中国梦,这就是在中华民族伟大复兴的时代,青年人的担当！

五、时代召唤,青年担当,是青春最亮丽的色彩

习近平总书记曾经说过:"每一代青年都有自己的际遇和机缘,都要在自己所处的时代条件下谋划人生、创造历史。青年是标志时代的最灵敏的晴雨表,时代的责任赋予青年,时代的光荣属于青年。"新中国成立以来取得的各个瞩目的成绩,都离不开每一个时代的接力。每一个时代的青年都有他们特定的使命,每一个时代的青年都付出了他们闪耀的青春。正如李大钊所说:"黄金时代,不在我们背后,乃在我们面前;不在过去,乃在将来。"时代在召唤,这是属于你们的时代,这是美好的时代;青年勇担当,中国梦的实现指日可待,中华民族的伟大复兴必将胜利！你们,是这个时代画卷的创作者,灿烂的历史等着你们去书写,这一刻,你准备好了吗?

对你们充满信心的辅导员

作者简介 梁小燕,女,硕士研究生,助教,广东职业技术学院辅导员,获得广东省"辅导员年度人物"入围奖、广东省"高校心理健康教育与咨询工作先进个人"、校辅导员素质能力大赛主题班会单项第一名、校"优秀工作者"等。

专家点评

梁小燕老师写给学生的一封信《百年奋斗,青春担当,不负时代》主题鲜明,立意高远,首尾呼应。信件通过书写百年来中国青年的时代使命、家国情怀和责任担当,让学生真正懂得每一个时代都需要弄潮儿,"无论过去、现在还是未来,中国青年始终是实现中华民族伟大复兴的先锋力量"。青年是新时代蓬勃发展的关键力量，面对新型冠状病毒疫情，广大青年学子务必做到“时代有呼唤，青年有担当”。可以说这封信不仅弘扬了主旋律，传播了正能量，也达到了对青年学子较好的思想政治教育目的。（广东职业技术学院党委副书记、教授 叶忠明）

(57) 学会成长

亲爱的同学们：

见字如面，甚是想念。

岁末年初的一场疫情，让我们度过了一个终生难忘的假期，人生中第一次面对如此大范围的“世界灾难”，是我们每个人都不愿意经历，但却无法回避的现实，面对现实，这或许是你我人生中最有教育意义的一段成长经历。你学到了什么？

一、学会在逆境中成长

顺境中的成长让我们得心应手，但逆境中的成长更让我们刻骨铭心。在此次疫情中，能够让我们感动的正是那些逆向而行的人们，他们可能是父母的子女，也可能是孩子的父母，他们可能正是从孩子的生日祝福中遗憾而去，或者是从父母的担心中毅然离开。每一个逆向前行的人都知道前面危险重重，都明白可能会危及生命，但责任和使命驱使他们不断向前，脚步坚定。

“我是党员，我先来。”“我不是独生子女，我可以上。”“我有经验，让我去。”从 80 多岁的钟南山院士到刚刚 20 出头的医生护士，没有任何一个人选择退缩，因为他们看到的不仅仅是病人对自己的期望，而更多的是背后 14 亿人坚定的眼神。

有的人说，是病魔让他们无路可走，但我却认为是他们让病魔无处可逃。往往在逆境中的人才能够绝地逢生，才能够创造奇迹，才能够变成英雄。是逆境让我们感到恐惧，但更让我们看到了自己身上的无畏无惧，看到了原来自己如此的强大。

你看，在抗“疫”一线超过 1.2 万名“90 后”，与在一线英勇奋战的广大疫情防控人员一道，不畏艰险、冲锋在前、舍生忘死，彰显了青春的蓬勃力量，交出了合格答卷；还有那些战斗在家乡抗“疫”一线的大学生志愿者们，发挥自身本领，贡献青春智慧，保卫家乡，守护人民；同样，还有宅家抗“疫”的你们，积极配合社区管理，在家人中宣传防疫知识，在网络上表达爱国之情，你们也是这场人民防疫战争中不可或缺的一员。

经过这次逆境，相信足以让我们懂得敬畏生命，保护自然，尊重规律，珍惜彼此。学会在逆境中成长,变逆境为顺境,化悲痛为力量,让我们在逆境中变得更加强大,才有更多的力量,战胜困难,赢得胜利。

二、学会独立自主成长

年轻的朋友,每天都想着自己能够长大,变得独立,拥有自己的生活。但当真正需要独立的时候,你准备好了吗？将近两个月的宅家生活,需要我们自己能够主动学习,规划时间,严格自律,你做到了吗？同学们都在说"好想回学校",从来没有像此时此刻强烈地热爱我们的大学生活,向往着大学的校园,怀念着宿舍的同学。但事实是这样吗？其实大部分同学是因为厌恶自己在家懒惰无章的生活状态,在家无法安心学习、写论文,担心身材发胖,根本原因是我们没有学会独立自主地成长,养成了懒惰症、拖延症,等等。

所以,希望通过此次疫情,让我们学会自我反思,作为一个成年人,如何去安排自己的生活？作为一个大学生,如何去完成自己的学业？作为一个即将踏入社会的人,如何去规划自己的人生？从此时此刻开始,从放下手机开始,从每日计划开始,从第一次坚持开始,成长的道路永远不晚,而你还很年轻。

朋友们,你们的路还很长,只有真正了解自己的人,才能够在成长的道路上走得更远,缺乏自我规划的人,往往都会走更多的弯路。疫情对于我们而言,只是人生中的一瞬,但希望这一次的成长能够照亮你独立成长的道路,明确人生目标,坚定地走下去,收获自己美好的未来。

三、学会为他人而成长

在疫情期间,我们看到了太多的感动与泪水,有些人本来并未感染病毒而离开我们,但为了帮助和救助他人,却丧失自己的生命,这种舍己为人的大无畏精神,也是对自己生命价值的延续。

作为大学生,或许不需要我们这么伟大,但也需要我们为别人做些什么。因为疫情,或许是你陪伴父母最长的一段时间,但你和他们促膝长谈过吗？你有和他们聊过未来吗？你知道他们现在最需要什么吗？都知道父母为我们的成长付出了太多,而我们呢？当学业遇到困难的时候,是否想到了能够为家人再努力一把？当因失恋心里压抑的时候,是否想过为家人珍惜自己？当就业抉择人生的时候,是否想过问问家人的意见？

为自己成长并没有错,但为别人成长更有意义。也许很多人都没有明白自己为什么而活,但这次疫情让我们读懂了"有的人死了,他还活着"的含义,他们是为了延续别人的生命,为了战胜困难,为了打败疫情,为了国家和人民,为了自己心中的信仰,而献出了自己宝贵的生命。这才是值得我们学习的榜样,我们的人生意义或许也会因为他人成长而变得更加丰富多彩。

四、学会为祖国而成长

习近平总书记在给北京大学援鄂医疗队全体"90后"党员的回信中提到"广大青年用行动证明,新时代的中国青年是好样的,是堪当大任的!"习近平总书记感谢他们在自己最年轻的时候为国家做出的贡献,感谢他们能够成为这个社会中的青春力量,感谢他们能够真正担当起祖国未来的重任。

艾青说:"为什么我的眼里常含泪水?因为我对这土地爱得深沉。"有人说"我三岁就学会了唱国歌,一场疫情才让我真正理解其中的含义。"在这场疫情中,我们看到了一个政党的责任与担当,看到了一个国家的能力与刚强,看到一个逆境中的国家,如何挽救生命,稳定治安,发展经济,保护国民;看到了一个民族,团结协作,不分你我,奋勇抗击疫情。

我们虽然刚刚经过疫情的摧残仍伤痕累累,但从不会忘记"滴水之恩当涌泉相报"的道理,当全世界都在抗击疫情的时候,中国从来没有缺席,救助物资,派遣专家,希望在人类命运共同体下的各国能够共同抗疫,共同进退,共同胜利。面对这样一个负责任、有担当的国家,我们何愁自己没有幸福的生活?我们何愁没有一个光明的未来?"此生无悔入华夏,来世愿在种花家。"

然而,国家的发展需要我们,"两个一百年"的奋斗目标需要我们,实现中华民族伟大复兴的中国梦需要我们。年轻的朋友们,从现在开始,将自己的人生理想与祖国的发展融为一体,将自己的梦想和伟大的中国梦融为一体,为祖国富强而读书,为民族复兴而奋斗,为自己和祖国的未来,贡献出我们的青春力量。

青年朋友们,疫情终将过去,我们必定胜利。面对疫情,希望我们可以从逆境中找寻自我,坚定信念;从独立中明确目标,筑牢梦想;从他人中懂得价值,学会奉献;在祖国里树立自信,砥砺前行。同学们,珍惜新时代给我们带来的春风沐雨,学会成长,共创未来。

你们的虎哥:赵老师

作者简介

赵德虎,男,讲师,中共党员,硕士研究生。现就职于云南师范大学教育学部,担任学部团委书记、本科生专职辅导员。获第七届全国高校辅导员素质能力大赛二等奖,第六届全国高校辅导员职业能力大赛第四赛区优秀奖,第九届云南省"高校辅导员年度人物",第六届、第七届云南省高校辅导员职业能力大赛一等奖、"最佳博识奖""最佳博才奖",云南师范大学"优秀共产党员""师德标兵""优秀辅导员""最关爱学生班主任"等荣誉称号。

专家点评

该文章以信件的形式，用谈话的口吻，结合当前疫情期间的所思所感，对大学生开展思想政治教育工作，形式新颖，语言亲切；文章以学生“成长”为话题，从“在逆境中成长”“独立自主成长”“为他人而成长”“为祖国而成长”四个方面阐释，层次分明，逻辑清晰，教育和引导学生要具有“爱党爱国、集体主义、无私奉献、顽强拼搏”的道德品质，并且引用习近平总书记给北京大学援鄂医疗队全体“90后”党员的回信的内容，结合时政，有理有据，是一篇对大学生成长成才有教育意义的思政文章。（云南师范大学教育学部党委书记、教授　张云）

(58)　春暖花开，等你归来

亲爱的同学们：

好久不见，甚是想念。在我给你们写下这一封信的时候，正是我们经历一场浩大疫情的艰难时刻。春风送暖，本是我们再次相逢的时节。但因为这次新冠肺炎疫情的影响，不得不用这封信表达我的心声。这次的防疫攻坚战，对我们每一个人都是巨大的考验，相信在我们的共同努力下，一定会迎来我与同学们的相聚重逢。

在以习近平同志为核心的党中央坚强领导下，全国的疫情防控形势已经积极地向好的态势发展，这离不开党中央的正确领导，离不开一线工作者的辛勤付出，更离不开全国人民万众一心、众志成城的坚守。所以，通过这次我们共同经历的疫情阻击战，我想让同学们从中多一份认识，有一些学习。

一、用理性认识，树立坚定信念

理性是最好的“良药”。通过关注官方渠道和权威媒体的疫情通报情况，增强辨别是非能力，做到不信谣、不传谣、不恐慌。疫情是一面镜子，是一次大考，“照”出了、“考”出了真善美。抗击疫情体现了社会主义制度的优越性。疫情暴发以来，在以习近平同志为核心的党中央集中统一领导下，全国各地、各个战线迅速动员，众志成城，团结奋战，为抗击疫情贡献出自己的全部力量。“火神山”“雷神山”医院的极速建成，就是“中国速度”和“中国力量”的充分体现。抗击疫情是一场特殊的战役，在这场全民战役中，党中央统一部署，全国上下听从指挥，充分发挥了社会主义制度能够集中力量办大事的最大优势。世界卫生组织总干事谭德赛表示，“中方行动速度之快、规模之大，世所罕见，展现出中国速度、中国规模、中国效率,这是中国的制度优势。"共产党领导的社会主义制度就是我们战胜一切困难的保证,我们任何时候都要树牢"四个意识",坚定"四个自信",坚决做到"两个维护"。2008年,在四川汶川发生了8.0级的地震,可能大多数同学并没有亲身经历,那真是一场突如其来的"灭顶之灾"。可在中国共产党的领导下、在中国人民的奋斗下,只用了一年多的工夫,一个新汶川拔地而起。中国震撼了世界,中国创造了奇迹。只要你们始终保持高度的政治自觉,保持敏锐的政治观察力和鉴别力,坚定正确的政治立场,不分心、不动摇地沿着实现中国梦的道路走下去,中国梦就一定会在你们的手上得以实现。

二、要心怀感恩,肩负时代担当

家是最小国,国是最大家,家是国的基础,国是家的延伸。要学会对祖国感恩、对逆行的英雄感恩。作为当代大学生,我们应该比谁都清楚,我们今天的岁月静好,是仰赖祖国先辈们的负重前行。如果没有他们坚如磐石的初心和信仰,哪有什么万水千山只等闲? 如果不是背靠强大的祖国,哪有什么安宁平和的家?疫情来袭,没有人是孤岛。在这次疫情中,我校涌现出一大批优秀学生志愿者,他们用自己的实际行动诠释着"崇严、尚实、坚韧、执着"的大铁精神,彰显出交大学子的青春风采,"学习强国"、《中国青年报》《辽宁日报》等主流媒体对他们的事迹进行了宣传报道,纷纷为他们点赞! 每代人有每代人的历史使命,作为青年学生,一定要莫负使命,勇于担当,用实际行动贡献自己的青春力量,把家园建设好,一定要惜时如金,最大限度地丰富自己的文化知识,提高自己的能力水平。"停课不停学",当前,学校的网上教学工作正在有序进行中,老师们因为这次疫情,努力学习,丰富自己的教学技能和教学资源,你们更要同向同行、积极配合,正确对待线上授课模式,努力做好自己该做的事,遇到问题及时和老师们沟通,高质量完成学习任务,在"云上交大"学出精彩!

三、怀赤子之心,成为国之栋梁

这次疫情期间,具有多年留日经历的郭方准教授正在日本大阪公出,当他得知国内各地一线防控救治物资非常紧缺的消息时,竭尽全力共凑齐了23500只口罩,却没舍得给自己留一只。"大疫当前,人尽其力",没有专业知识的讲授,没有通篇的说教,却让我们看到了一位大连交大教师的初心! 郭方准教授在日本留学多年,并获得博士学位,博士毕业后他放弃日本的优厚待遇,毅然选择回国,决心用自己的知识报效祖国,他是千千万万心系祖国却身在海外的游子之一。同学们,你们正值青春青少,树立正确的价值观、世界观尤为重要。梁启超先生说过:"少年强则国强;少年独立则国独立。"《湖北日报》曾报道了武汉方舱医院内有位边治疗边备考研究生的"考研哥",在如此艰难的环境下仍在加紧学习,看看你们所处的学习条件,不学习干什么! 这是时代的召唤,也是对自己的负责。希望你们能牢记"明德求索,锲而不舍"的校训精神和"崇严、尚实、坚韧、执着"的大铁精神,利用好线上课程资源,不断在学习中长才干、增本领、悟心得,为未来打下坚实基础。作为当代高校学子的你们,要以成为栋梁之材为理想,担当国之大任为追求,无论身在何方,都要心系祖国,为社会奉献青春力量。这么大的困难我们都经历过,小困难更会迎刃而解,记住这一次疫情教给我们的东西。

春色盎然关不住,鸟语花香"醉"满园。春暖花开,等你归来。亲爱的同学们,你们的安全、健康始终是学校的牵挂,请所有的同学们再耐心一些,没有一个冬天不可逾越,没有一个春天不会到来! 相信乌云遮不住升起的太阳,胜利终将属于我们! 让我们一起期待,在春暖花开之时重聚滨城,重返美丽大连!

爱你们的举哥(付铭举)

作者简介

付铭举,男,硕士,讲师,大连交通大学电气信息工程学院辅导员,校团委兼职副书记,国家心理健康辅导员。曾荣获辽宁省"暑期'三下乡'社会实践'习近平新时代中国特色社会主义思想'宣讲交流专项行动先进个人"、辽宁省第七届大学生戏剧节"优秀辅导教师""优秀导演",大连市党委系统优秀信息工作者,大连市"优秀学生思想政治教育工作者"等多项荣誉。

专家点评

面对新冠肺炎疫情,学校师生与祖国同频共振,紧跟党中央疫情防控战略部署,通过线上教学、疫情防控进课堂等一系列实际行动,坚定信心,共同抗击疫情。学校通过深入、系统地总结和学习抗击疫情精神,教育引导大学生发扬爱国主义精神、团结协作精神、敬业奉献精神、求真务实精神,将抗击疫情期间彰显的中国力量、中国精神、中国效率深深植根于内心,激励学生自觉把个人理想追求融入国家和民族的事业中。通过认识科技创新在本次抗击疫情中发挥的重要作用,进一步激发大学生追求科学和求知向上的学习动力,深刻认识到当下刻苦学习就是为实现中华民族伟大复兴提供智力支持,进而激发大学生对人生观、价值观问题的正确思考,塑造当代大学生正确的价值追求。

(大连交通大学电气信息工程学院党总支副书记、副教授 马笑玲)

(59)　致全体学生的一封信

亲爱的同学们：

“寒雪梅中尽，春风柳上归。”正当同学们欢度寒假之际，一场来势汹汹的新冠肺炎疫情横扫神州大地，挡住了同学们回归校园的脚步，也打乱了学校正常的教学计划，我们只能采取隔空教学的方式，开启最难忘的2020年春学期教学之旅。病毒无情，人间有爱。疫情期间，校领导和老师念念不忘的就是同学们的健康和安全，你们安全了，我们就放心了。疫情阻隔了我们的校园相见，但阻隔不了我们师生之间的情谊。

一、中国人民坚决打一场抗击新冠肺炎的大战役

以习近平同志为核心的党中央是此次战役的总指挥。疫情之下，在以习近平同志为核心的党中央英明领导下，制定了“坚定信心、同舟共济、科学防治、精准施策”的总要求和“坚决遏制疫情蔓延势头，坚决打赢疫情防控阻击战”的总目标，迅速出台一整套对付疫情的“组合拳”：成立国务院联防联控机制；延长春节假期；大中小学延迟开学；生产单位灵活复工，错峰出行；果断封城；严控湖北外流人员；保供医用物资和生活必需品；维护社会稳定；加强宣传教育和舆论引导；争取国际社会的支持等。短短一个月，就取得了战“疫”的阶段性胜利，充分展示了以习近平为核心的党中央高超的指挥艺术。只有把人民放在心中的最高位置才能有如此迅速的反应，人民的生命健康安全就是对党的绝对命令，疫情来临，战斗开始。

各级政府、领导干部是此次战役的前线指挥员。为了有效应对新冠疫情，各级政府、领导干部坚决贯彻执行党中央的决策部署，精心组织，靠前指挥，调度物资运送，分配人员到各个战场，有序安排志愿服务，每个社区和交通要口设立检查人员，负责测温、统计、宣传、物资保障等各类服务工作。他们是中央决策的实际执行者，关系到战“疫”的成败，广大党员干部“不忘初心，牢记使命”，守土有责，守土尽责，组织好每一场战斗，得到了人民的点赞。

广大医护人员是此次战“疫”冲在最前线，勇猛拼杀的勇士。病毒袭来，普通人可以躲避，但医护人员不能，他们向着疫情最严重的湖北前进，向武汉进发，全国四万多医护人员驰援湖北，其中包括一大批“90后”的年轻医护工作者，他们连续工作，忍受着疲劳和痛苦，脱下工作服，里面的衣服早已被汗水浸透，脸上留下一道道被防护镜、口罩压出来的深深痕印。为了抗击疫情，他们付出了自己的美丽，甚至生命，他们是最美“逆行者”，新时代最可爱的人！

成千上万的志愿者是此次战“疫”的“支前民兵”。志愿者是中国特有的最闪亮的标签，每遇重大事件总少不了志愿者的身影。他们见缝插针，哪里需要就投身哪里。帮助检查站测量体温、统计数据，做疫情防控的义务宣传员，社区居民家里缺什么，他们就去购买什么，食品、饮用水、药品等。武汉快递小哥汪勇就是志愿者的典型代表，医护人员需要接送、需要快餐、需要紧缺的医护用品等，他都自己开车接送、连夜拉货、联系快餐店，自己忙不过来就组建一个车队为医护人员服务。"人一辈子都碰不到这么大的事，不管做什么，尽全力不后悔。"这正是广大志愿者的朴实心声。没有这些志愿者，医护人员的工作就更艰难，前方的疫情防控就会吃紧，防控工作就可能被迫放慢脚步。

居于后方的我们是此次战"疫"的参与者、支持者。对于处于疫情最严重的湖北民众来说，我们居于相对安全的后方，但是我们决不能置身事外，这场战"疫"是全民参与的人民战争，即使我们不能到疫情最严重的的武汉前线去冲锋陷阵，至少可以随时关注战况，表示声援和支持。疫情防控我们胜利了，全国人民都受益；我们失败了，全国人民都遭殃。我们身在同一条大船上航行，每个人都应该为这艘大船增添一份前进的动力，这就是参与者和支持者的意义所在。

二、有效防控疫情的号召

第一，希望同学们从此次疫情防控阻击战中看到中国共产党的伟大、祖国的强大，更加热爱我们的党，热爱我们的国家。人民的利益至高无上，这是中国共产党始终不变的追求。疫情发生后，党中央果断行动，制定一系列应对措施，科学防治，精准施策，坚决遏制疫情蔓延势头，全国四万多名医护人员驰援湖北，十九个省份对口支援湖北各市，成千上万名志愿者逆行武汉；不计其数的物资从四面八方运抵武汉。短短一个月，中国的疫情防控就已经出现了可喜的转变，新增确诊病例和死亡人数都大幅度下降，治愈出院的人数不断增加。世界上有哪一个国家、哪一个政党有如此强大的社会动员能力？有如此凝聚人心的力量？只有中国，只有中国共产党。此次战疫情再次展示了中国力量、中国效率、中国精神，彰显了中国特色社会主义制度集中力量办大事的巨大优势。世卫组织总干事谭德赛高度赞扬："中方行动速度之快、规模之大，世所罕见……这是中国制度的优势，有关经验值得其他国家借鉴。"作为新时代的大学生，应该为我们的祖国、我们的党感到无比骄傲和自豪。

第二，希望同学们严格按照政府、社区、学校的要求，居家隔离，做好个人防护，未经批准不得返校。我们一定要知道，以家庭为单位进行隔离是阻断病毒传播的最有效方法，我们居家不出门就是为防控疫情做贡献。我们希望所有的重工学子都平平安安，不被病毒感染，你们的平安就是我们最大的心愿。而确保不被感染的最好方法就是"宅"在家里少出门，不能为了一时高兴而不计后果，不能为了个人的一点自由而破坏全国的疫情防控。暂时牺牲个人的部分自由，是为了赢得全国疫情防控阻击战的全面胜利，这个道理相信同学们是懂得的。

第三，希望同学们配合老师，顺利开展线上教学活动。严峻的疫情迫使我们改变传统的教学方式,采取线上教学的全新形式,这是在当前疫情形势下最有效、最可行的方式。对于大多数老师和同学来说,这都是新鲜的。为了搞好线上教学,学校相关部门和全体老师付出了极大的努力。希望同学们积极配合老师的线上教学活动,认真对待每一节线上教学课,以全新的方式获取知识,学习本领,提高能力,而不能懈怠,以为没有人监督就可以痛快地玩耍。学习如逆水行舟,不进则退,你不学习,别人在学习,到毕业时后悔就晚了。我们应该抓住这大好时机,认真学习,努力提高自己,这才是正道。

第四,希望同学们关爱自己,珍惜生命,自觉调节身心健康。对于绝大多数人来说,连续关在家里几十天都是第一次,是对我们生理、心理的巨大挑战。长期宅在家里是不舒服,是向往自由自在地放飞自我,但是比起那些因感染新冠肺炎而逝去的同胞,我们是多么幸福!人的生命只有一次,大家一定要懂得关爱自己,珍惜生命。关在家里不舒服的感觉可以通过适当的方式进行调节,比如看书学习、做适量的体育运动、帮助父母做力所能及的家务劳动、增进与父母之间的感情等。凡事都有利和弊,疫情有阻碍我们自由行动的有害一面,同时也有有利的一面,比如有大块时间用来学习、思考、锻炼,我们要善于化害为利,缩小"害"、放大"利",以积极的心态对待人生中的每一次困难和挫折。

第五,希望同学们在条件允许之下积极服务社会,奉献爱心。中华民族历来有大爱、有仁心,天下为公,世界大同。1976 年唐山大地震,全国人民支援唐山;1998 年抗洪抢险,全国人民支持子弟兵奔赴抗洪第一线;2003 年 SARS 病毒,全国人民团结一致,共抗疫情;2008 年汶川地震,全国人民手拉手支援灾区;今天的新冠肺炎,全国人民再次心手相连,守望相助,团结一致,众志成城,打响气势磅礴的抗击疫情的人民战争。从古至今,一条看不见的"团结友爱"的坚韧长城贯穿中华民族五千年的历史长河,绵延不绝,一直延伸到无尽的未来。作为中华民族的一分子,同学们自然要继承这一爱心血脉,在有条件的情况下服务社会,奉献爱心。

同学们,我们出生于伟大祖国的怀抱,生逢盛世,成长于民族复兴的伟大征途,我们所有的奋斗和拼搏都将汇入祖国繁荣昌盛的伟大事业之中。明天我们将相会于美丽的重工校园,同诉离别意;二十年后我们再聚首,共议真英雄!

金正连

作者简介 金正连,男,博士,副教授,重庆工业职业技术学院马克思主义学院院长,2014 年荣获常州大学"优秀思想政治理论课教师",2017 年荣获常州大学"优秀工会干部",2019 年荣获重庆工业职业技术学院"优秀党务工作者",2020 年荣获重庆工业职业技术学院"'双高'申报工作先进个人",两次获得江苏省社科联学术大会一等奖,全国高职高专党委书记论坛一等奖、教育部职业院校文化教指委"文化育人"高端论坛一等奖。

✂ **专家点评**

这封信把中国人民抗击新冠疫情比作一场大战役,在以习近平同志为核心的党中央坚强领导下高效、有序地组织战斗,全国人民团结一致、众志成城,取得了伟大胜利,展示了中国速度、中国精神、中国力量,彰显了中国特色社会主义制度集中力量办大事的巨大优势,给大学生以积极的思想政治教育引导。在此基础上向广大学子发出号召,要热爱党、热爱祖国,做好个人防护,配合老师开展线上教学,关爱自己、珍惜生命,服务社会、奉献爱心。此信充满了对大学生浓浓的关爱、殷切的希望和对祖国强大的自豪、战胜疫情的必胜信念。全文语言朴实、流畅,感情自然流露,是一篇对大学生进行思想政治教育的好文章,值得推荐。

(西南大学硕士研究生导师、重庆工业职业技术学院党委书记、教授、教育部职业院校文化素质教育指导委员会副主任委员、教育部职业院校文化素质教育指导委员会与工业和信息化部工业文化发展中心联合成立的全国职业院校劳动教育研究院首任院长　王官成)

⑥⓪　青春,要有一颗最闪亮的心

亲爱的同学们:

见字如面,首祝安好。

"海上有青岛,心中无红尘。"今天是五四运动一百周年纪念日。恰巧,我在山东青岛参加"五月的风"纪念五四运动 100 周年首届大学生曲艺周,意义非凡,感慨万千。于是,写下这封信,跟青年朋友们共话青春的奋斗、青春的担当,共同重温那颗年轻而闪亮的心,与君共勉。

一、青春要不忘初始心

在"还我青岛"到"青春之岛"的五四运动发源地,再次重温了"共青团中央"微信公众平台曾经发布的一个精心打磨、数易其稿的可视化入团知识手册《入团第一课》,每次重温,都让我回想起我的青春我的团、我的初心我的梦。每个人都有属于自己的青春,那是人生中最美好、最精彩的阶段,而人和人之间的差别就在于内心,在于对自己的未来有着怎么样的期许、什么样的梦想,更在于是否能够将之转化为有效的行动。

以前有记者采访过一代伟人邓小平同志:"您体质弱、个头小,长征您是怎么过来的?"小平同志意味深长又富有哲理地答道:"跟着走。"同样的,当代青年在奋斗的征途中,可以有快慢、可以有迂回、可以有转折、可以有变化,但只要接续奋斗,凯歌前行,就能放飞青春梦想,谱写青春之歌。

想得太多、干得太少的克星,就是不忘初心,不懈奋斗。

我从小钟情于地方曲艺表演,11 岁开始登台演出,17 岁师从著名的绍兴莲花落表演艺术家吴宝炎先生。正式拜师前,先生跟我说:"学艺很苦的。"我说:"此生只为莲花哭笑,不为名利折腰。"眨眼十五年过去了,我忘不了自学弦乐时的情景,拇指肿得像个水萝卜一样,但依然坚持不懈,那把廉价二胡还是自己凑了三年零花钱悄悄买的;我忘不了学唱桥段时的情景,为了不影响乡邻,每天清晨连走数公里,去荒山调嗓或是在家对着酒瓮发挥热情;我忘不了闭门练胆时的情景,母亲的三个巴掌根治了我的结舌,让内敛的自己渐渐敢于面对除镜子以外的其他看官;我更忘不了中学时代紧张的课业,让我学会理性,分清主次,又不忘初心。

胡适先生说过:"天下没有白费的努力。"现在的我虽然不是职业曲艺工作者,但很幸福,因为我的生活不苍白、不空洞。青年朋友们,初心是青春开花结果的种子,是青春奋楫扬帆的号角。我们要不忘初心,并且坚信,今日的努力,必定能换取将来的大收成。

二、青春要保持平常心

曾经有学生用"有没有用""有什么用"这样的标准来决定自己的大学生活。而我想告诉广大的青年朋友,大学不是名利场,任何体验和锻炼不是以简单的"有用"或者"没有用"来衡量,而更多的是积累、蜕变。在这个敢于做梦、勇于试错的年纪,就应该保持一颗"平常心","只要没坏处就去做",而不是"没有好处就不做"。

保持平常心,看本书,书中有不可战胜的力量,不仅仅是它有所有问题的现成答案,更在于它提供了寻找答案的基本理论和方法;保持平常心,学道菜,不是解决想象中的问题,而是学会回应真实世界的生活挑战;保持平常心,做点事,如萤火一般,在黑暗中发一点光,不等候炬火,因为我们还要为全面建成小康社会"只争朝夕",为纪念建党 100 周年"扫除一切害人虫"呢。

过去的六年时间,我就是保持着这样的一颗平常心,用各种各样的方法,在各式各样的场合讲述着一个不完美的人带着一群不完美的人,努力去创造一个完美过程的故事:我们用"彩虹学堂"培养"风云市政青春领袖"的理想和追求;我们用会议纪要记录团干部培育"七彩市政"的担当和作为;我们用"紫藤计划"培植青年学生的品质和修养。讲好这个故事就像"绣花",我整整绣了 2125 个日日夜夜,而这关键就是要有一颗平常心。绣的时候要精细精准、不跳针脱线,要稳扎稳打、不急躁冒进。两期"彩虹学堂"16 次课时、八任团干部 96 份会议纪要、十期"紫藤计划"600 余名帮扶对象,从不满足于一时之效,相信久久为功。我坚信,只要保持一颗平常心,哪怕用全站仪,照样可以测绘出绚丽的青春画卷。

三、青春要坚定赤诚心

习近平总书记在全国高校思想政治工作会议上强调,高校立身之本在于立德树人。团员团干更应成为广大青年学生立德树人的领头雁。现在是和平年代,虽然我们不需要像杨靖宇、赵一曼、江姐、陈树湘、邱少云、雷锋、黄继光、刘胡兰等先驱那样为革命抛头颅、洒热血,也不需要像《人民的名义》中提及的那个"只有一天党龄"的革命烈士一样去扛炸药包,但在十九大报告中所勾勒的蓝图,就是新时代的新青年们成长发展的平台、赶学比拼的擂台、人生出彩的舞台。"两个一百年"奋斗目标的历史交汇期,我们更要始终坚持以习近平新时代中国特色社会主义思想为指导,更加紧密地团结在以习近平同志为核心的党中央周围,坚定一颗赤诚的"红心",胸怀"无限的远方,无数的人们,都与我有关"的家国情怀,自发地学习、践行五四精神,用奉献书写担当,把责任刻在心房,听党话、跟党走,让现在的美好时光成为青春飞扬的动力、青春搏击的能量,成为行走世间最饱满、最厚实的底气。

而坚定一颗"红心"绝不是空洞的口号,它是你报名"援藏专招"的积极,是你带头"学雷锋"时的热诚,也是你投身"村小二"时的主动。就像我们的"校园文明公约"一样,没有那么遥不可及,也没有那么虚无缥缈,你在课堂认真了,浙江水院的青年就文明了;你的寝室干净了,浙江水院的青年就修身了;只要你是阳光的,社会就一定会给浙水青年点赞。

在给大家写这封信的时候,我想:"到底什么是青春?"我觉得,青春,就是小时候,妈妈叮嘱我们要好好走路,而我们呢,非要不走寻常路,直到弄脏了衣、擦破了皮。是啊,没有一代人的青春是容易的。青春如果没有了奋斗,没有了挣扎,没有了希望,没有了绝望,那还叫什么青春? 同学们,坚定红心、保持常心、不忘初心,爱你现在的时光吧,奋斗、拼搏、奉献。相信,你越在乎过程,你越会拥有一个完满的过程,而你的结局越有可能不错。

努力奔跑,加油。祝大家节日快乐、天天进步!

吴伟泉

作者简介

吴伟泉,男,中共党员,浙江水利水电学院测绘与市政工程学院学工办主任,全国辅导员"年度人物"入围奖、浙江教育新闻"年度人物"、浙江省"优秀辅导员"、浙江省辅导员素质能力大赛二等奖、浙江省故事会金奖等荣誉获得者,"天外天"曲艺文化育人工作室负责人。坚持将优秀传统文化与思政教育有机结合,做有思想的行动者,有情怀的教育者,创作《治水"村官"竺水宝》《探浙水院》《水利浙江》等校园曲艺作品。被"人民网""央广网"等70余家媒体转载报道。

专家点评

作者围绕“青春的心”这一主题，通过“初始心、平常心、赤诚心”三个关键词，将青春之奋斗与担当的画卷徐徐展开。在这幅画卷中，我们看到了作者如何在初始心的驱动下，坚持最初的梦想，成为最好的自己；看到了他如何在平常心的安抚中，脚踏实地履行着一个辅导员的职责；看到了他如何在赤诚心的光芒里，弘扬着充满青春律动的校园正能量。这封信是简单的，因为这是一个基层辅导员的平凡故事；这封信也是不简单的，因为这个故事是千千万万辅导员努力奔跑的缩影。作者能取得今天的成绩绝非偶然，正如信的结尾所说：“你越在乎过程，你越会拥有一个完满的过程，而你的结局越有可能不错。”希望学子们都能从这封信中汲取信念与力量，成就自己的无悔青春。

（浙江水利水电学院党委副书记、教授　吴小英）

(61)　让爱国主义旗帜在疫情防控阻击战中高高飘扬

亲爱的同学们：

见字如晤！

一场突如其来的疫情防控阻击战，打破了2020年寒假的平静，时至今日，这场新冠肺炎疫情席卷全国，形势仍十分严峻。在这场战“疫”中，全国人民在党中央的坚强领导下众志成城，努力织起一张联防联控、群防群治的严密防护网；“白衣天使”冲上前线，成为“白衣战士”；“火神山”“雷神山”两座医院从无到有，都是10天建成；16个省对口支援湖北，全国一盘棋，可歌可泣的感人事迹不断涌现，让我们见证了爱国主义的硬核力量。

在“居家”就能为国做贡献的战时状态，此刻的你，或许正为疫情牵肠挂肚，感到揪心难安，或许正焦急难耐地等待着开学的讯息，或许正利用网络优质资源进行自我“充电”，又或许肩负起了时代赋予的使命与责任，正为疫情防控工作贡献青春力量。让我们静下心来，一起体悟这堂鲜活生动的爱国主义教育大课。

爱国是中华民族的精神基因。爱国主义自古以来就流淌在中华民族血脉之中，去不掉，打不破，灭不了。从范仲淹的“先天下之忧而忧，后天下之乐而乐”，到顾炎武的“天下兴亡，匹夫有责”；从林则徐的“苟利国家生死以，岂因祸福避趋之”，到孙中山的“做人最大的事情，就是要知道怎么样爱国”，再到习近平总书记的“我将无我，不负人民”；从84岁的钟南山院士临危受命毅然奔赴疫情前线,到身患"渐冻症"依旧坚守一线的武汉市金银潭医院院长张定宇,再到脸上被防护面罩勒出深深印痕的除夕夜驰援武汉的军人刘丽……一代代中华儿女与祖国同命运,与人民共患难,顽强拼搏,迎难而上,无不彰显着深厚的爱国主义精神,为我们打赢疫情防控阻击战提供了不竭动力。

国家有难可鉴个人忠心,沧海横流方显英雄本色。我们要用报国忠心高扬爱国主义旗帜,忠于祖国,忠于人民,坚持"一方有难,八方支援",就能遏制疫情蔓延势头,打赢这场疫情防控阻击战。

爱国是心之所系,情之所归。爱国是人世间最深层、最持久的情感。在武汉疫情暴发后,针对国家核酸检测试剂产能有限,青科大马翠萍教授充分利用专业特长,从大年初二就带领研究生积极投身工作,在国家新型冠状病毒基因序列公布后,与合作公司、高校紧密协作开展技术攻坚,在前期技术储备的基础上仅用3天时间,就推出核酸快检解决方案,为国内第一批。同时积极将研究成果应用到战胜疫情中,成功研发新型冠状病毒核酸检测试剂盒,可在30分钟内完成核酸扩增检测,大幅提高快检效率,为打赢这场战"疫"书写了教育科研力量,这就是爱国。针对防疫物品紧缺局面,青科大孵化企业——山东艾孚特科技有限公司果断停产年产值过亿元的生产车间,全力投入防疫消毒液生产。截至2月12日,已为社会各界捐赠消毒液5吨,累计生产和供应符合国家质量规范的消毒液500余吨,体现了企业在疫情面前践行社会责任和勇于担当的精神,这就是爱国。针对武汉多家医院面临防护物资紧缺情况,青科大德国校友会组织校友积极参加德国各地学联发起的疫情募资筹款,接力转运捐赠物资,购买防护服、医用防护口罩驰援武汉,展现了海外华人心系祖国、慷慨解囊的精神,他们用大爱构筑了抗击疫情的万里长城,这就是爱国。

上下同欲者胜,风雨同舟者兴。我们要用万众一心凝聚众志成城力量,在党的坚强领导下,全社会坚定信心,团结一致,同舟共济,不断增强中华民族共同体意识,凝聚起打赢疫情防控阻击战的磅礴力量。

爱国是立身之本、成才之基。爱国是一个人立德之源、立功之本。疫情就是命令,防控就是责任。家住山东德州的青科大机器人工程专业2019级学生胡东哲,从大年初二(1月26日)上午到初三(1月27日)下午6点筹集近2万元捐款,并顺利送达武汉大学中南医院,1月28日收到了医院发来的"捐赠款项接收确认函",展现了新时代大学生的担当和力量,这就是爱国。青科大2019级中英动画班班长张忠潮在班级发起了对武汉的爱心捐赠活动,爱心募捐得到了传媒学院2019级全体同学的积极响应,2天时间募集善款8610.72元;随后,爱心倡议又辐射到学院全体师生,不到一周的时间里,爱心捐款已达42995元,学院将用善款采购的 2300 个 N95 级防护口罩全部捐赠给武汉。高校师生的爱心接力捐赠,情系武汉,这就是爱国。青科大控制工程专业 2018 级研究生张晨,主动加入了德州市陵城区郑家寨镇防疫工作中,利用所学专业知识为村民普及防疫知识,协助村委会对于来往人员及车辆进行记录,劝告村民不要聚集,减少不必要的外出等,他不畏严寒,坚守岗位,为疫情防控贡献自己的微薄之力,这就是爱国。

一代人有一代人的长征,一代人有一代人的担当。我们要用砥砺奋斗担负起时代使命,在担当中历练,在尽责中成长,胸怀忧国忧民之心、爱国爱民之情,为夺取抗击新冠肺炎疫情斗争的胜利作出应有的贡献。

同学们,从 1998 年的抗洪抢险,到 2003 年的抗击非典,再到 2008 年的抗震救灾,一次次伟大斗争告诉我们:爱国主义始终是激昂的主旋律,始终是激励我国各族人民自强不息的强大力量。爱国不能停留在口号上、情感上,而是要把自己的理想同祖国的前途、把自己的人生同民族的命运紧密联系在一起,扎根人民,奉献国家。让我们用爱国主义精神筑牢抵御风险、战胜谣言的思想防线,凝聚起众志成城、共克时艰的精神力量,把爱国情、强国志、报国行自觉融入当前防控战"疫"中来,听从党的召唤,一切行动听指挥。

打赢疫情防控阻击战,我们有信心,我们有能力!

刘海波

作者简介

刘海波,男,讲师,青岛科技大学自动化与电子工程学院分团委副书记兼学工办副主任。工作以来,先后获校"先进工作者"、校"优秀辅导员"、山东省大学生暑期"三下乡"社会实践"优秀指导老师"、山东省"大学生优秀科技创新导师"等荣誉称号。

专家点评

该信件主题突出,层次分明,语言精练,紧紧围绕习近平总书记关于爱国主义的重要论述,政治站位高,视野开阔,语言平实、接地气,有现场感。事例旁征博引,人物形象鲜活,点面结合,反映出全国人民在党中央的坚强领导下众志成城、共克时艰的精神风貌,讲述了学校师生校友在校党委的统一部署下纷纷响应号召,担当作为、守望相助,以实际行动投身疫情防控阻击战的故事,彰显了中国特色社会主义制度的独特优势,有助于培育青年爱国情,激发青年爱国志,引导新时代大学生担当历史使命,将青春梦想扎根祖国的广袤大地。

（青岛科技大学学生工作处处长、副教授　陈刚）

62 让青春在感恩中扎根，在奉献中升华

亲爱的孩子们（我的学生们）：

你们好吗？2020年新春伊始，万象更新，假期未过，俯坐案头，提笔深思，感慨万千，故，略抒一二，以畅青春之歌，以表期待之情，以望成才之意。寄希望于你们，也寄希望于我们。用真心真意真行动，谱写青春最美的花。

先从这个春节说起，原本是一个万家团圆、喜气洋洋的中国节，如今所有中国人都被"禁足"家中，与病毒做斗争，原本团圆的日子，变得不再团圆，甚至有的家庭以后再也不会团圆。这是一个特殊的假期，更是一个特殊的时期，假期里我们计划的出行、相聚、旅游，甚至返校，全部被搁置；这个时期里，全国医护人员、公安干警、人民解放军等相关人员奔赴防疫一线，他们回不了家，见不了亲人，超负荷工作，为挽救人民群众生命做出巨大的努力。也正是这个特殊时期，我们看到人间大爱，感受到了平日里感受不到的温暖和感动。

这种温暖和感动来源于一群人的感恩和奉献，来源于心中有大爱，肩上有责任感的一线奋战的"战士们"，也来源于一群素不相识的普通人。通过媒体的报道，你们可能也会了解到他们的感人事迹，不知道你们有没有注意到这样一个普通人，山西小伙刘亮，他是一名退伍军人，父辈们曾支援过汶川地震灾区，当得知武汉情况和火神山医院需要开工建设时，他和工友们相约奔赴武汉，为火神山医院的建设出一份力，他仅仅是一个普通人，也不忘当初祖国培养的恩情，在国家困难之时，毅然选择奔赴建设一线，贡献出自己的力量。还有无数个普通的中国民众，自行将口罩送给执勤的民警，自行购买医护用品捐送武汉，他们将点滴的付出凝聚成了人间大爱，支撑武汉、支撑祖国。

就是这样的一群平日里路过都不会认识的陌生人、普通人，在这个关键时期，如暖流般流淌在我们心田，那是因为我们也心怀感恩之心、友爱之心。正是一群普通人的感恩与奉献，让我们在这个寒冷的冬季感受阳光。也正是他们的奉献和付出，让我们有深深的沉思，无论社会如何变迁，时代如何发展，这个社会终是需要有感恩之心和奉献之情的人的，也是需要有责任、有担当，肯付出、肯奋斗的人的，一旦世人集体沉默，集体冷漠，那么这个世界也将不复存在了，你们说，对吗？

这种感恩、奉献、付出、责任与担当，归根到底来自于人类内心的一片青葱世界和阳光地带，来自"人之初，性本善"的一以贯之，更来自"初心与始终"。新时

代的今天,开放而包容的中国,为所有人提供了不同的舞台展示自己,放飞自己。机会颇多,机遇颇多,每个人都会在这个多元化的社会中实现自我价值,也许方式不同,但也总有适合自己的路去走。也正是这样"条条大路通罗马"的大好局面,让我们忽略了内心情感的培养,忘记了思想道德教育的重要性,很多人在追逐物质发展的同时,忘记了更多内在的东西。物质世界极度拥有,精神世界极度匮乏,似乎也成了当今这个时代躲不开的话题,在物质基础已经完全可以决定上层建筑的今天,实实在在的"上层建筑"里却住了很多"没有灵魂"的人,这是极度可悲的。没有丰盈的内心和精神世界,注定会用冷漠的态度对待世界和世人,这不是我们所追求的。

岁月的长河中,能够沉淀下来的一定是精神财富,如中华上下五千年的灿烂文明,孔孟传统文化的千年传承。作为礼仪之邦的中国,感恩与回报是我们的永恒主题之一,自古以来就有很多经典的感恩的故事,如投桃报李、滴水之恩涌泉相报、寸草春晖等等,其中较为出名的故事——漂母一饭之恩,讲的是韩信的故事,韩信少年时家中贫寒,父母双亡,他虽然用功读书、拼命习武,却仍然无以为生,迫不得已,他只好到别人家吃"白食",为此常遭别人冷眼。韩信咽不下这口气,就来到淮水边垂钓,用鱼换饭吃,经常饥一顿饱一顿。淮水边上有个为人家漂洗纱絮的老妇人,人称"漂母",见韩信可怜,就把自己的饭菜分给他吃。天天如此,从未间断,韩信深受感动。韩信被封为淮阴侯后,始终没忘漂母的一饭之恩,派人四处寻找,最后以千金相赠。这可能是你们耳熟能详的知恩图报的故事吧,那不正是历史名人心中的最闪亮的光吗?

"饱读诗书,满腹经纶",当你们读懂了传统文化的"之乎者也",当你们欣赏了古代名人志士的生平故事,当你们默默无闻了解每一个看似不相关的知识点时,其实,这种积累已经在你的身体里发生了巨大的变化,而这种变化也终将为日后你们的成长奠定一定的高度。

同学们,你们还在享受朝气蓬勃的青春时期,享受美丽校园带给你们无限憧憬,请一定记着,未来长长的路是要靠脚踏实地,一步一个脚印走出来的,只有自己掌握了一定的本领和技能,才可能在社会的大舞台上大显身手,因此这一段读书时光,是最好的时光,也是走过就再也找不回来的时光,更是你们提升自己、充实自己、拓展自己的最好时光,"不负韶华,只争朝夕",这是一件多么美好的事情,也将成为日后你们美好的一份回忆。只有掌握了一定的知识,丰盈了自己的内心,开拓了自己的视野,才能将感恩之心永存,才能将默默奉献看成人生常态,才会在日后激烈的竞争和工作中,保持平常之心,进取之心。

多希望,可以在每个图书馆的门口看到你们排队进馆的样子;多希望,迎着初升的太阳看到你们静坐在校园角落里读书的样子;多希望,看到你们谈笑风生间褪去青涩走向成熟的样子。那些美好的画面,必定会铭记你们如今的付出,成就未来更美好的你们。

青春与奉献,感恩与付出,是这个时代持之以恒的坚持,培养青年人的感恩和奉献,是我们伟大民族的使命所在,也请同学们常思恩情,奉献于人,让青春在感恩中扎根,在奉献中升华。

想念你们的辅导员

> **作者简介**
>
> 孙璐,女,讲师,河南财经政法大学马克思主义学院党政办公室主任、团总支书记。2018年参加河南省委组织部党员教育电视片观摩交流活动,其微党课作品《时代新征程的"新武器"》获三等奖;获2019年共青团河南省委微团课一等奖;获2017年"中原爱心书画展暨助力脱贫攻坚"扶贫"先进个人",2018年11月河南财经政法大学第三届廉洁文化主题演讲"优秀指导教师",2019年5月河南财经政法大学暑期社会实践"先进工作者",2019年6月河南财经政法大学"优秀党务工作者"等荣誉称号。

专家点评

作者写出了在特殊时期对学生的想念之情,家书感人、人心,意在表达特殊时期把灾难变成教材的思想感情,引导学生与祖国共同成长,作者认为当代大学生要有赤诚仁爱、感恩奉献、胸怀天下的家国情怀。

(河南财经政法大学副教授、中国心理学会注册心理师、国际生涯规划设计治疗师、团体心理辅导师、北师大心理学院访问学者 马云献)

⑥③ 致学生:我们终会相逢在星辰大海

亲爱的同学们:

东风解冻,蛰虫始振。疫情下的春天,没有一个地方是孤岛。我们看到,天使白、孔雀蓝、志愿红交相辉映,使这个春天有了别样的色彩和风景;我们见证,关键领域基础研究依然肩负着科技强国的重任,人文力量依然钩沉着中华民族纵深千年的文化自信,这已然内化为我们成长和崛起最深刻的记忆。这种信念与力量,源自我们始终扎根于这个伟大的国度,源自我们对超越考验、共克时艰的坚信,像水滴击穿岩石,像火焰照亮星空,将撑开我们共同的硬核年代,趟过寒冬,抵达星辰海面。

欲酬凌云志,当效逆行人。防疫一线是团员青年的试炼场,检验着广大青年在急难险重任务面前守初心、担使命、敢作为的现实表现。你们有的"逆行"于社区、乡村、车站以及咨询热线的另一端,合力构筑群防群治抵御疫情的严密防线,为打赢疫情防控阻击战集聚青春力量;有的用声画作战鼓,用笔墨凝信心,于危难时刻在网络空间传导正气、振奋精神,给予时代铿锵回应。这回应时而高声,却不乏韧性;时而细语,却格外铿锵。

万物得其本者生,百事得其道者成。悲壮不必然是家国情怀的底色,我们也同样可以拥有诗意、浪漫、自由的灵魂。因为,为个人梦想奋斗是快乐的,为家庭美好奋斗是幸福的,为国家富强奋斗是伟大的。我们所憧憬的诗意,是用眼睛发现这个时代的真善与美好,是用脚步丈量这个国度的青春豪情;我们所向往的浪漫,是用书卷拥抱岁月山川,是在实验室驰骋星辰大海,是对无尽的远方倾尽善良。

百年前,梁启超先生曾在《少年中国说》讲道,青春如朝阳,如乳虎,如雏鹰,生气勃勃、活力满满,孕育着无限的潜能和希望。今日,值此疫情大考,相信你们也一定能够从容作答,将大写的预期化整为零,用一个个小目标的花瓣穿成大梦想的花环,颗粒归仓,零存整取,以奋进开拓、拼搏奉献描绘出精谨细腻的人生工笔画。

暗尘随马去,明月逐人来。窗外行人寥寥,但你看,那春风赤手空拳,却能击退风雪,温暖江海。

爱你们的老师:刘晓彤

作者简介　　刘晓彤,女,硕士,讲师,济南大学材料学院团委书记、讲师、国家三级心理咨询师,获山东省辅导员职业能力大赛三等奖、校"优秀青年工作者"等。

专家点评

值此疫情大考,作者以温暖的笔触唤醒学生心里最深处的温柔、善良。相信学生在刘老师的引领下,也一定能够从容作答,将大写的预期化整为零,用一个个小目标的花瓣穿成大梦想的花环,颗粒归仓,零存整取,以奋进开拓、拼搏奉献描绘出精谨细腻的人生工笔画。

(济南大学音乐学院副教授　宋莉璐)

第五章　青春须早为

⑥④　战"疫"时刻,辅导员和你聊聊"礼"

亲爱的同学们:

你们好!

新冠肺炎疫情当前,又一次让我们看到了作为礼仪之邦的中国的大国底蕴,看到了睦邻友好,看到了守望相助,也看到了那诸如恶意瞒报,让人不忍直视的鄙陋。

中国人向来把"礼"放在重要的位置上,以礼仪之邦来表明我们是文明的,不讲礼仪是不文明的。"礼"的核心思想应该是"尚礼守法"。

今天,老师就来和你们聊聊"礼"。

一、"礼"是援助,重在雪中送炭

新冠肺炎疫情发生以来,71 个国家,9 个国际组织,以不同形式向中国提供了援助。在中国全力抗击疫情的紧要关头,这些真诚、友善的帮助,我们铭记在心。("网易新闻"3 月 7 日报道)

中国的老铁一如既往的好。2 月 1 日巴基斯坦政府从全国公立医院库存调集 30 万只医用口罩,800 套医用防护服和 6800 副手套运到我国! 不要简单看数据,这是他们调集了全国现在所有库存! 要知道,巴基斯坦本身不富裕,而且正在遭受着 27 年来最大的蝗灾!("中国经济网"3 月 5 日报道)

日本一次次的捐赠也表现了日本和中国人民之间友好的态度。日本捐赠武汉的物资上写道:山川异域,风月同天。无论是"青山一道同云雨,明月何曾是两乡",还是"辽河雪融,富山花开,同气连枝,共盼春来",抑或是"岂曰无衣,与子同裳",都说明人家是在用心对待这件事,不只是为了国际形象做做样子。

　　俄罗斯一如既往地保持战斗民族的彪悍,实在又低调。运送物资的时候直接打包了5名医疗防疫专家,与我们合作研制疫苗,这是国内首个也是唯一一个外国专家团。此外,俄罗斯还打包了一飞机的物资过来,后来经过盘点发现,这些物资足足超过了23吨,至少包括200万只口罩,以及其他的防护医疗物品。简单,放下就走,丝毫不含糊。("搜狐网"2月14日"深蓝锐评"报道)

　　国内各省,更是拿出浑身解数,"八仙过海,各显神通",变着花样给湖北、给武汉送礼物,抗击疫情。内蒙古送肉,四川送火锅。重情重义、冲天豪气的好客山东送的更多,网友微惊呼:"山东这是在支援吗? 这明明是给湖北送家。"

　　充满燕赵侠义之气的河北,淳朴厚道。"你缺什么? 有的,我立马送;没有的,我连夜造!"蔬菜、肉类、牛奶、酸奶、消毒液、口罩……一车一车送。廊坊文安一企业火速成立突击队,一口气建了3500套箱式房!

　　唯一要还的是医生护士,这是借给湖北的,要安全回来的。

　　国内国外,硬核礼物纷至沓来。

　　雪中送炭,自是难忘。

二、"礼"是回应,重在礼尚往来

　　"来而不往非礼也。"

　　疫情正凶,友人给予的礼遇将铭记于国人之心。以国人的性格特征,受人滴水之恩,当以涌泉相报。

　　这次疫情暴发,中国第一时间分享病毒基因序列,危难当头,中国始终不忘他国安危。

　　"中国日报网"3月12日谈到,面对疫情,中国不仅提供了抗疫经验,还急人之所急,给其他国家提供力所能及的帮助。得知日方新冠病毒核酸检测试剂不足,中方紧急捐赠一批检测试剂盒;韩国大邱疫情形势严峻,中方紧急筹备大量医用口罩;伊朗疫情暴发,中方紧急捐赠一批核酸检测试剂盒及医疗设备,并派出中国专家组驰援;应意大利红十字会的紧急请求,中国红十字会组建7人抗疫专家组赴意大利协助开展新冠肺炎疫情防控工作……一桩桩一件件,国际社会看在眼里,记在心上。

　　2月9号,日本东京,一名14岁的女孩怀抱捐款箱,拼命向路人鞠躬,为武汉抗击新冠肺炎募集资金的视频让人泪目。

　　2月24日,还是在日本东京,中国女孩曾颖,捧着一个装满1000个口罩,用日文写着"来自武汉的报恩"的箱子,向来来往往的日本市民免费发放口罩。用善意感动了无数网友。

"投我以木桃,报之以琼瑶。"

四川支援湖北医疗队中,24 岁的四川省第四人民医院内科护士佘沙两次"请战",才可以到武汉支援,她的坚持就是"因为我和其他的护士不一样,我是汶川人呀"。

"12 年前我是受援者,今天是支援者、感恩者。"

曾经被时代贴上"垮掉的一代"的"90 后",在这次疫情面前更是表现得可圈可点。"90 后"走在抗击疫情的前沿阵地,学着大人的模样,誓言铮铮:"我们长大了,这次换我们来保护你们。"

三、"礼"是尊重,重在互相成就

这种尊重,是对规则的敬畏。

国家的制度、社会的法度、人际的尺度都是规则。

疫情面前,不瞒报、不漏报、不迟报就是对规则的敬畏,是礼之所在。

"平安北京"3 月 7 日发布消息:3 月 4 日,廖某君、廖某海等两家一行 8 人自意大利乘机抵达北京首都国际机场,其中,廖某君、廖某海等 4 人被北京市确诊为新冠肺炎病例,几个人相继发热、干咳,在登机前使用药物退烧降温,不如实填写中华人民共和国出/入境健康申明卡,给同机人员造成感染风险,公安机关已经依法展开立案侦查,法律自有公道。

这几天,更有甚者,一个名不见经传的人扰了一座城,惊了一个国。也被网友怒名为:"郑州输入性毒王"。

有人说:"一座现代化城市,再次因为这个默默无闻的小人陷入了空前的危机,一个'信球货'只为看一场球赛,让河南辛辛苦苦取得的战果功亏一篑,全河南人两个月的努力付之东流,只因自己的侥幸与自私让这个上千万人口的城市再次人心惶惶。"

我们有必要再来温习一下先秦的《相鼠》:

相鼠有皮,人而无仪;人而无仪,不死何为?

相鼠有齿,人而无止;人而无止,不死何俟?

相鼠有体,人而无礼;人而无礼,胡不遄死?

失去了尊重,是无礼,也是无理,甚至是无法无天。

保护环境,不食野生动物。野生动物是人类的朋友,是自然生态系统的重要组成部分,是大自然赋予人类的宝贵自然资源。可是偏偏有人喜好这一口,为了满足一己之私欲,致他人安危于不顾。无法也是无礼。

时刻记住对规则的尊重,质疑权威,挑战权威,都是为了更好地利用规律,完善规则,而不是破坏秩序。只有如此,才可以创造和谐社会、美好生活,成就彼此。

这种敬畏的尊重,是礼之理。

这种尊重,也是对他人努力的回馈。

一位刚满 2 周岁的小患者治愈出院,蹒跚着向医院护士鞠躬致谢,质朴而热烈,护士随即鞠躬回礼,庄重而神圣。故事发生在浙江省绍兴市中心医院,这暖心的一幕被定格在照片里。

无独有偶,跨越百年,老院长梅藤根先生查房时,面对小患者的鞠躬致谢顺势回礼,也镌刻在时光里。

一批曾在协和医院工作过的环卫工人被安置在酒店隔离 14 天,在离开酒店之后,把房间打扫得像没有入住过一样,干净整洁,让酒店经理惊讶不已,也感动无数网友,纷纷为她们点赞!

还有无数的人对志愿者的感恩,对累瘫在地的医生的敬意,对执勤民警的嘘寒问暖,无处不是昭示着对善良的回报,对美好心灵的尊重,是礼之尊。

这种尊重,也是对自己的多元的肯定。

能够尊重自己的人也是对生活和生命有更多要求的人。我们每一个人其实都对未来有着美好的期许。尊重人的不同,允许差异性的出现,和而不同共生共长。

有的人,立志做一个平凡的人,对家庭有贡献,自己能够顺利稳妥,享受恬淡的幸福,有人立志以拯救天下苍生为己任,有人要立德立功青史留名……只要是为社会做贡献,职业不分高低,没有贵贱,都值得尊重。

哪怕自己的内心脆弱,有时候也值得尊重。我们应当允许自己在暴发的疫情面前,有些许的无力和失去控制的感觉,我们也应当允许自己面对着就业升学重重的压力,有些许的无助和无奈,成年人的生活哪里是一帆风顺的呢?

对于这些,我们也要予以充分尊重,尊重他们的拼搏奋斗、自强不息,也尊重他们享受尘世间的温暖和繁华。

唯有如此,尊重才是真实的。这是礼之情。

同学们,孔子也有一句名言:"克己复礼为仁。"的确,我们每个人都应克制自己不正当的欲望、冲动的情绪和不正确的言行,做到"非礼勿视,非礼勿听,非礼勿言,非礼勿动",使自己的视、听、言、行,一举一动都符合"礼"的规定。

记住老师的话:彬彬有礼,然后君子也。

你们的辅导员:黄福元

作者简介

　　黄福元,男,河北师范大学体育学院副书记、副院长,副教授,国家二级心理咨询师,国家高级职业指导师,个人教育规划师。曾获得全国辅导员"年度人物"提名奖获、全国高校心理健康工作"先进工作者",河北省辅导员"年度人物"、河北省"先进德育工作者"、河北省辅导员大家访"先进个人"、河北省教育系统"优秀志愿者"等多项荣誉。2019 年 3 月 18 日,受邀参加习近平总书记主持的学校思想政治理论课教师座谈会。

专家点评

　　殷忧启圣,多难兴邦。中国面对新冠肺炎这次大考,为人民提交了一份强信心、暖人心、聚民心的满意答卷。该篇文章能够以小见大、引经据典,以生活在我们周围的普通人切入,从不同年龄、职业、成长经历的中国人,到71 个国家、9 个国际组织的外国友人,用不同的视角展示了你我身边的抗疫感人故事。

　　中国是四大文明古国中唯一绵延至今的古文明国家,拥有《周礼》等多部"礼"的典章著作,两千五百年前,孔子便说过,"能以礼让为国乎,何有? 不能以礼让为国,如礼何?""不学礼,无以立",足见"礼"在治国安邦、教化国人上的重要作用。黄老师的这篇文章中,也更多地体现了"礼"对于当代大学生思想方面的积极引领,文中的故事和道理都值得我们去细细品读,克己复礼,反思自己是否称得上是彬彬有礼的君子。

（沈阳工业大学建筑与土木工程学院党总支副书记兼副院长、副教授　李青山）

㉞ 此刻,我想和你们隔空拥抱
——写给暂时不能见面的我的学生们

各位好久不见的宅男、宅女们:

　　晚上好!

　　我掐指一算,各位"夜猫子"此刻正应是头脑最为清醒、精神最为亢奋的时候。这个因疫情而格外特殊的寒假发生了很多的事情,延期开学,暂时不能与你们相见,我只好提笔以这种特别的方式"见字如面"。

　　自从经受过小区保安大叔的灵魂三问"你是谁?""你从哪里来?""你要到哪里去?"后,我无法自拔地陷入了沉思……今日,在看你们定位签到打卡信息时,忽然发现有一位同学上报所在位置和实际定位不同,反复与她核对,我终于也发出了灵魂拷问:"你到底搞清楚了自己的定位没有?"看来2020 年的这场战"疫"注定成为我们每一个人生命里最深刻的记忆。

保安大叔的灵魂拷问，很完美地回答了你们最近迷茫的一个问题：为什么我总是轻信网上的消息，然后转身被现实啪啪打脸？我体会过你们说的这种对自己智商产生怀疑的"赶脚"！

据心理学家说，对外部信息的轻信源于我们对于目前生活状况的强烈无力感。自疫情暴发后，我们每一个人都太渴望这次的事件能够尽快好转，但作为普通人，我们好像终于在现实面前意识到自己的渺小和无力，突然发现仅仅依靠我们自己无法处理，同时积压在心理的许多无处宣泄的恐慌、担忧、不安和怀疑，催着我们下意识地选择依靠外部的力量，感受到自己不是孤立无援，总有人跟我们在一起，即便是一些信息上的共通，能减轻心中的无力感就可以了。

毕竟 17 年前非典时，你们还是穿着开裆裤的小宝宝，没有实实在在地经历过"全民战疫"，这个寒假大量来自微信、微博、电视新闻等相关报道充斥着你的视线，一时间你有点懵圈，仿佛大脑停止运行，你会比平时更容易相信一些转发量高、煽动性强却无法验证真伪的信息，但很快就被事实打脸。盲目的从众安全感，让我们放弃了理性全面的认识、分析。

这时保安大叔的三问让我们冷静下来："你是谁？""别总跟着别人瞎吵吵，人说啥你就说啥，你是复读机啊？人转啥，你转啥，你是复印机啊？"

安静下来，在身体隔离的日子里，让我们透过假象和迷惑，跟随内心直抵真相：真相从未离开，一直就在我们灵魂的深处。我们安静下来，才能找到它。

任何事情都有它的两面性，我们需要在全面了解信息之后，再决定自己应该有怎样的后续行为，在信息杂乱且真假难辨的时刻，与其去相信无法证实的小道消息，给自己增加恐慌、愤怒等负面情绪，我们更应该选择相信官方发布的数据信息，以及经过官方或专业医务人员、科学家认证过的防疫信息。

怎么样？小区门口那个你天天见的保安大叔才是高人，才是真正爱你的人。我想带个头，送给我家小区门口的保安大叔一个隔空拥抱。

前天晚上，我看到你们线上主题团日活动里，有人说，这场突如其来的疫情，让我们记住了这些人的名字：84 岁的呼吸病学专家钟南山，73 岁的传染病学专家李兰娟，79 岁的著名建筑学家、从小汤山到火神山医院的总设计师黄锡璆……

我算了一下，他们的平均年龄在 79 岁，但危机时刻扛起的，却是一个民族的安危。

我还看到新闻里：新疆阿勒泰市阿苇滩镇的两位老人捐出 15 万元退休金用于抗疫；江苏江阴，以捡垃圾为生的 73 岁阿婆徐美英捐款 9000 元被婉拒后大哭；为帮助附近邻居抗击疫情，浙江缙云县 83 岁的陈爷爷和老伴每天早上去菜地割菜免费送给过往路人；内蒙古托克托县一位参加过抗美援朝战争的 88 岁老兵捐出 3 万元支援抗疫;江苏泗洪一位老人将自己积攒的 1 万元捐给武汉红十字会,由于银行规定 1 万元必须实名,老人最终将捐款额改为 9900 元;安徽阜南县一位脱贫不久、双目失明的老人向武汉疫区捐款 1000 元;重庆涪陵区龙潭镇敬老院里的 19 名特困老人自发为武汉疫区捐款 2430 元;浙江德清县乾元镇一位 84 岁的老人向德清县红十字会捐出 50417 元养老金;广西梧州一位 88 岁老人来到当地政府捐出 1 万元养老金用于抗疫;辽宁省本溪市 75 岁的米花妈妈陈淑兰拿出卖爆米花攒下的 25000 元,委托儿子购买物资,全部捐给了本溪市中心医院;湖州吉山四社区一名从事废品回收利用的老人,到社区送来一万元捐款,不愿留下姓名,只称"知恩者"……

马尔克斯说:父母是隔在我们和死亡之间的帘子。父母在,人生尚且漫长。父母亡,暮年叫嚣逼近。疫情下的我们说,了不起的父辈,是隔在我们和灾难之间的一道墙。有父辈在,这片多灾多难的土地,历经恐慌,受尽磨难,终将安详。

如果可以,我好想隔空拥抱这每一位令人尊敬的老人!

下周一开始,同学们就要开始上网课了,我可是记得很清楚,有人说梦想有一天可以在家上学,这不梦想实现了吗?

但是这几天看到你们手忙脚乱时不时地哀号,貌似并没有理解为什么要"停课不停学"? 我看朋友圈里的心声:"学校和老师真的想太多了,一学期的课程我们都是通过最后两个星期学习的,现在不开学,也来得及的……"

我们其实还挺有缘分的,话说 2003 年"非典"的时候,那时我正好也在上大学,我记得刚开学一个来月,2003 年 4 月教育部发出《关于高等学校非典型肺炎预防和控制工作若干问题的通知》,这个通知中提到:"要做到教师不停课、学生不停学,师生都不离校,保证学校正常的工作和生活秩序。"

2020 年 2 月 7 日,教育部召开全国教育系统应对新型冠状病毒感染肺炎疫情防控工作视频会议,陈宝生部长强调:"停课不停教不停学。要做好疫情防控期间高校在线教学组织与管理。"2003 年到 2020 年,"师生都不离校"换成了"都不得提前返校",但"停课不停学"的号召依旧没变。

顿悟了吧? 那时我们人在学校,离校是不安全的;现在你们在家,返校是不安全的。在安全的前提下,学习不能停止! 这里的"学"并非传统意义的课堂授课,而是有着深刻内涵的。

如何理解这个深刻内涵? 我们每一个人,在灾难面前,必须真正地风雨同舟、携手共进! 必须共同面对、共同讨论、共同参与、共同承担,真正地与祖国一起成长,用成长的足迹踩踏灾难,让不幸成为通往幸福的桥梁。

你们是谁? 是学生!(保安大叔光辉再次照耀)

怎么共同承担？怎么共同成长？做自己应该做的事情！

亲爱的同学们,请大家深刻理解教育部提出的"停课不停学"的真正内涵,在做好线上课堂学习的同时,也要坚持课堂外的学习。对于"空中课堂"不是只有你们第一次尝试,学校和老师也是第一次,在这个过程中难免会有硬件、软件上的各种问题。老师们已经提前上班,为"网课"做了大量的准备工作,希望大家能想起:你们着急的时候,老师更着急,头发都脱落一地;你们不按时上报打卡的时候,老师需要一个一个联系确认……所谓教学相长,在这次疫情防控大课堂中,我们所有的老师和大家一样,一起学习,共同成长。

有同学在我朋友圈之前晒的海边度假图片下留言:旭姐,你的生活,是我的梦。我知道他的心情:此刻宅在家里的梦想,就是照片里我之前度假时的岛民生活。

我想说:这很快就不再是一个梦,这个学期之后,你们就要实习、工作了……然后就可以去见那个无法见面时心里最想见的人,去做那些你一直想做但因懒而没做的事,去看看这个随时有惊喜的、带劲的未知世界。然后你会想要给生活一个大大的拥抱,因为它告诉你,生活的真相,不只是谈一场或圆满或残缺的恋爱;做一份或纠结或喜爱的工作;生一个或优秀或平庸的孩子;有一个或璀璨或暗淡的身价……而更重要的是:你是否活着,是一个什么样的人。

此刻,我想和你们在这个深夜隔空拥抱!

高旭

作者简介

高旭,女,汉族,中共党员,现任宁夏工商职业技术学院商贸学院团总支书记、辅导员,校非洲鼓舞社团指导教师。多次获得校级"优秀辅导员""就业指导先进个人"等奖项。2018年入选宁夏教育电视台教师节专题节目《寻找最美教师——"最美师说"》;2019年3月受邀作客宁夏教育电视台《我是辅导员》节目专访。2018年指导学生参加"挑战杯"创新创业大赛获得全区一等奖、全国三等奖,并获得"优秀指导教师"称号。2019年指导学生参加第五届宁夏"互联网+"大学生创新创业大赛获得银奖。2019年指导团会《我爱你中国》荣获全区高校组二等奖。2019年被评为"宁夏高校辅导员年度人物提名"。

专家点评

网络思想政治教育是辅导员重要的工作职责。习近平总书记在全国高校思想政治工作会议上强调,"要运用新媒体新技术使工作活起来,推动思想政治工作传统优势同信息技术高度融合,增强时代感和吸引力"。尤其是在当前特殊的抗疫时期,辅导员更要时刻"在线",充分发挥网络思政作用,积极引导学生。高旭老师通过"见字如面"的书信形式,字里行间充分表达出对学生的关爱深情。由问题切入,直接对话学生,更加亲近真实地答疑解惑、排忧解难,提高了教育引导的实效。

(宁夏工商职业技术学院党委副书记　宛国成)

⑥⑥　坚定责任担当,谱写青春篇章

亲爱的 2019 级同学们:

见字如晤,展信佳!

2020,一个读起来有点浪漫的年份,却以一种不太美好的方式与我们相遇,似乎有些措手不及,又有些百感交集。一场突如其来的疫情,肆无忌惮地在全世界蔓延,举国上下高度警惕,"宅"成为你我生活的主旋律。在这段"家中禁闭"的日子里,你们一定同我一样,为日渐增长的新冠肺炎确诊数字而揪心,为无数逆风而行的战"疫"者而感动,亦为终将到来的胜利曙光而祈祷。同学们,借此机会,让书信传递我对你们的期盼。

一、愿你能敬佑生命,心存感恩

"世上没有从天而降的英雄,只有挺身而出的凡人。"在这场无硝烟的战"疫"中,一群不平凡的凡人扛起责任的大旗,挺然逆行,舍生忘死,用血肉之躯,筑起钢铁长城,封锁严冬和病毒。他们虽担任不同的身份,有的是父亲母亲,有的是妻子丈夫,有的是儿子女儿……但却拥有同一个名字——"最美逆行者"。无论是救死扶伤、不计生死的医务人员,还是奋战疫情一线、守护一方平安的社区工作者,或是坚守岗位、默默无闻的普通工人,抑或是无私奉献、传递真情的广大志愿者,他们的背后都演绎着一段段"和衷共济,大爱无疆"的故事,深深地感动着你我。

亲爱的同学们,正当青春年少的你们,何其有幸,蒙受着祖国的培养、先辈的护佑、父母的养育,不必像逆行的英雄那样,冲锋在前,也不会因疫情而暂时难以重返家这一温暖的港湾。所以,希望你们学会知足和感恩,感恩无论何时都为你遮风挡雨的伟大祖国,感恩疫情路上为你筑起安全堡垒的无数逆行者,相信此刻的你们也正坚定同他们在一起,并肩前行。

二、愿你能追求知识,学有所成

"没有任何力量比知识更强大,用知识武装起来的人是不可战胜的。"这场战"疫"过程中,广大科技工作者用毕生之所学拯救着这片土地上的人们,让我们不由感叹道,知识就是力量。以钟南山和李兰娟院士为代表的医护团队,用精湛的医术让死神战栗,从病魔手中抢人;以陈薇院士为代表的科研团队,用渊博的专业知识打响科研攻关战,誓做病毒的"终结者";以中国医师协会为代表的科普团队,本着"疫情不退,科普不停"的原则,助力大众扫除知识盲区,做疫情谣言的"粉碎机"。他们就如电影中的超级英雄一般,以知识为盔甲,以技能为盾牌,站在防疫前线,守护着我们的健康和平安。

亲爱的同学们,通过这场疫情,我们必须深刻地认识到,知识不仅能改变我们的人生,亦能救人于水火,救国于危难。当危险来临的时候,我们拥有的知识便是战胜它的最好武器之一。所以,希望你们,珍惜宝贵的大学时代,利用好身边的资源条件,脚踏实地,重视学习,钻研学术,打牢知识功底,练就过硬本领,有朝一日用自身之所学为祖国的发展添砖加瓦。

三、愿你能使命在肩,责任于心

"国家兴亡,匹夫有责。"在抗疫队伍中,有这样一支年轻的主力军——"90后",甚至是"00后",格外亮眼。他们既是驰援武汉的白衣天使,也是奔波在基层一线的党员干部,还是主动请缨的大学生志愿者,更是"居家隔离不出门,苦口婆心劝父母"的子女们。这群曾经被贴上"垮掉的一代"标签的青年人,面对来势汹汹的疫情,用稚嫩的肩膀担负起责任,用实际行动诠释习近平总书记"不惧风雨、勇挑重担,让青春在党和人民最需要的地方绽放绚丽之花"的殷切嘱托。何其骄傲,何其欣慰,你们中的某些人已然是其中的一分子,或是主动报名成为"社区守护者"的一员,或是化身疫情防护知识的"科普小达人",用不同的方式贡献自己的力量,用行动筑起疫情防控的青春之城。你们那身穿"红马甲"、肩戴"红袖标"的身影,将当代大学生的责任和担当彰显得淋漓尽致。

亲爱的同学们,"青年是国家的未来和民族的希望",我始终相信,你们是能担大任、挑重担的一代。所以,希望你们做一名有担当、有作为的大学生,坚定个人的理想,坚守自己的责任,用心学好专业知识,用实际行动肩负起国家的未来。

祝好!

莉莉姐姐

作者简介 曹莉莉,女,安徽商贸职业技术学院人文外语系专职辅导员,安徽省高校思想政治工作领军人才和中青年骨干队伍建设项目成员。曾被授予"军训优秀指导员"等荣誉称号。

专家点评

　　曹莉莉老师这篇文章从战"疫"的大爱着手,从同学们的成长着眼,从学生的思想政治教育着力,把习近平总书记在纪念五四运动 100 周年大会上的讲话中对新时代中国青年要树立远大理想、热爱伟大祖国、担当时代责任、勇于砥砺奋斗、练就过硬本领、锤炼品德修为的要求融入文章中,用"逆行者"的榜样作用引发学生共鸣,升华了文章的育人效果。

　　　　　　　　（安徽商贸职业技术学院人文外语系党总支书记、教授　朱吉玉）

⑰　花开须有时,唯有静待之
——一封来自辅导员的信

亲爱的同学们:

　　你们好! 2020 年因为一个陌生的医学名词——"新型冠状病毒"(2019 – nCoV),一场没有硝烟的"战争"迎面而来。疫情何时过去? 社会何时复工复产? 我们何时能返校? "停课不停学"到底怎么学? 一系列的问题也许正困扰着你。

　　清朝三代帝师翁同龢曾写过这样一副对联,"每临大事有静气,不信今时无古贤"。当前,疫情防控进入最吃劲的关键期,形势依旧严峻复杂,我们无法如期相聚美丽的校园。面对因疫情在家中宅到快"发霉"的状态,我们又能做些什么呢?

　　一、疫情当下,感受人民对国家的信任

　　以习近平同志为核心的党中央高度重视,多次主持召开专题会议研究部署疫情防控工作。各级党委科学判断形势,统一领导、指挥、行动。10 天内"火神山"接诊,"雷神山"交付使用,中国速度再次震惊世界。无数医护工作者无私无畏坚守在抗疫第一线,以钟南山、张文宏、李兰娟、张定宇等为代表的一批科学家、医学家冲锋在一线,战斗在前沿,为我们提供有效而专业的防控指导;各界爱心人士勇于担当,纷纷捐款捐物,用实际行动为我们诠释人间大爱;从各地"抄家底"式援助到"一省包一市"对口支援,显示中华大地暖人的兄弟情谊,充分证明中国特色社会主义制度的优越性和显著优势。家是缩小的国,国是放大的家,在这危难时刻,需要全国人民的齐心协力,具体到每一位同学:首先就要做到主动配合学校工作,在家静候开学通知,坚决服从居住地的管控措施;其次如实准确报告自己的身体状况,留意班级群里各类通知;如遇不适可勇敢地寻求专业心理疏导和帮助,目前学校已开通应对疫情网上心理咨询,由专业心理咨询师免费为大家提供咨询服务。

二、疫情当下,唤醒人民对生命的珍爱

全球新年一开始,病毒、火灾、地震、蝗灾就来势汹汹。当每个人都直面危机之时,我们总能再次感受到人类生命的脆弱。病毒来势汹汹,医疗资源的缺乏,暂无特效药的救治,有的还因无法被收治入院,自己或家人无限接近死亡,让人们迅速陷入恐慌,社会陷入暂停生活状态,数字和文字的背后明明是一个个无上宝贵的生命。如今,武汉市利用各区和在汉高校现有资源,在"火神山""雷神山"基础上加快筹备兴建各类"方舱医院"11座,用于收治确诊轻症患者、国家已调集4万多医护人员组成两百多支医疗队驰援湖北各地。一切的努力,都是因为生命本身的重要意义,党和国家对人民群众生命安全的重视和关爱,而我们能做的又岂止于"管好自己"。我相信,科学抗击疫情的过程,就是一堂生动的生命教育课程,唤醒大家认知生命、尊重生命、珍爱生命。在此不禁真诚地说一句:让我们珍爱生命,善待他人;管好自己的嘴,拒食野味,吃该吃的食物,这就是对自己、对他人、对社会、对大自然最好的回馈。

三、疫情当下,增强人民对是非的分辨

1月底关于双黄连口服液可抑制新型冠状病毒的消息传得沸沸扬扬,此消息一出,立即引发一波全民抢购热潮。直到上海药物所回应"科学的事情我们也不能说得太多",这一波抢购热潮才得以平息。本应严肃、科学的疫情防控工作,在荒诞走板下居然成了巫术般的笑柄。这样的例子不止一例,本就饱受痛苦的患者在对抗病毒的时候,一旦精神先垮,病毒也就更嚣张了。莫让"舆论感染"乘虚而入,国务委员兼外长王毅在2月15日慕尼黑安全会议上也表示,"疫情无国界,人类就是在同各种疾病疫情斗争中不断向前发展的。而每当疫情发生,谣言总是不胫而走,滋生各种恐慌情绪,需要有人主持公道,讲明真相"。面对层出不穷的网络媒体和错综复杂的舆论环境,作为个性独立、思维活跃的大学生,必须时刻保持清醒的头脑,拥有自己的判断能力,切勿盲目从众;培养深度思考力,利用宅家时光自主自觉地学习,迭代思维力和判断力;传播战"疫"感人故事,投身主题创作,弘扬主旋律,共同为奋战在一线的抗疫人员加油,营造万众一心阻击疫情的舆论氛围。

四、疫情当下,提高人民对学习的自律

我们如何在一个不断变化、快速变化的世界中找到满足感,找到自我?凤凰卫视时事评论员邱震海在一期节目中聊起,我们如何在变化的世界中寻觅到"那片绿洲"?唯有通过不断学习,积极拥抱改变,让自己的旋转速率跟上这个世界的变化速率,我们才能说没有被世界抛下。是啊,因为疫情我们拥有了超长假期,享受独处空间的同时也面临着自主学习能力的考验。按照疫情防控的要求,学校制定了新学期"开学教学工作"的方案,各学院成立了由党政负责人任组长,副院长(副主任)和副书记任副组长,辅导员、教务员、办公室主任为成员的本科教学工作领导小组。任课教师将根据课程实际,开展制定线上教学,这无论是对于老师还是同学,都将是疫情防控给我们带来的深化课堂教学改革的一次全新尝试。充分利用网络学习资源(如网易公开课、中国大学 MOOC),激发学习的自觉和兴趣;保持相对安静的学习环境,用系统性学习代替网上的闲谈,查漏补缺,培养学习定力,在学习中完善新学期规划。

三毛说:"我要你静心学习那份等待时机成熟的情绪,也要你一定保有这份等待之外的努力和坚持。"战胜疫情,需要你我同心,将心力转化为脚力,严格遵守《学校防控新型冠状病毒感染的肺炎疫情时期学生行为规范》,用实际行动,为国分忧,为国助力。武汉的樱花快开了,我们一起扛住,静待花开。信已至此,期待与同学们在美丽的广师校园早日重聚。

　　祝
健康、平安!

娇娇老师

作者简介　　鲜于乐娇,女,广东技术师范大学辅导员,国家二级心理咨询师、职业指导师。

专家点评

辅导员是高校从事大学生思想政治教育工作的重要骨干力量,其教育影响力有着独特的优势。面对突如其来的新型冠状病毒肺炎疫情,作为一名基层辅导员,出于一份天然的情怀与使命,通过朴实的文字,就疫情期间如何树立良好的家国情怀、如何珍视自我生命、如何科学分辨媒体舆论、如何学会自主学习成长等四方面,与青年大学生进行了一场跨空间的"疫情当下"交流,形式新颖,内容真实,极富意义,不失为疫情思政教育工作的好形式。

(广东技术师范大学财经学院党委副书记、思想政治教育副教授　林幸福)

⑱ 用心守护，以行践行

我的小可爱们：

　　庚子鼠年的开端并不美好，疫情暴发、流感来袭、蝗灾汹汹。来势汹汹的新冠肺炎疫情，不仅改变了我们的生活习惯，还给我们带来了一场生动的社会实践课。15 天方舱医院建成、19 个省份对口支援湖北、几万名医护人员请战赴一线、全国人民宅家做贡献……我们看着疫情患病人员数字的起起落落，听着广播里奋战在一线的医护人员的感人事迹报道，感受着疫情严防严控的政策逐渐落地，不禁感慨生活在大自然下，人们必须用心地努力化解人与自然的纠纷。

　　一、秉持热爱祖国之心

　　平时一直教育小可爱们要爱国，如何践行爱国的使命，听起来很遥远，其实它就在眼前。我们看到一批批救援队写下战书奔赴一线，年过 80 的大妈捐出自己所有的积蓄，为建成"火神山""雷神山"年初从家奔赴武汉的各地劳动者，他们用自己的行动诠释，爱国就在自己脚下。作为新青年的你，努力学习专业知识报效祖国，这是爱国；在疫情硝烟下，拿起自己所学的专业知识，帮助那些需要帮助的人，这也是爱国；小可爱们用自己的专业知识帮助村民、社区增加防疫新知识，用自己的专业知识配制消毒药水，保护居住环境，这都是你们的爱国行为。当今世界正处在激烈变革中，中国也面临着巨大的艰难挑战，居安思危、沉着应对，正是面对困难的重要法宝。爱国不仅仅说在口头上，更要落实在行动上，全面思考各种问题，学会辨别网络上各种舆论声音，自发自觉地做党的坚定支持者，这都是你们的爱国行为。

　　二、常怀敬畏生命之心

　　我们生活在地球上，即使今天的人类建造了一栋又一栋的"CBD"，我们依然要敬畏生命，热爱自然。非洲埃博拉、2003 年的"非典"都与人类捕杀野生动物有关，往日的灾难仿佛依然在眼前，我们却再次因为新冠肺炎困于家中，起因还是野生动物。澳大利亚的大火还不够警醒吗？尼日利亚突然暴发的流行性疾病正在眼前。敬畏生命不仅仅是说说而已，遵循自然生长规律、遵循人类发展规律，让我们与自然和谐相处，不肆意捕杀野生动物，还它们一个家园。新冠肺炎面前，无论是一线战斗者还是宅家抗疫情的普通人，我们都能感受到生命的可贵，敬畏生命不仅仅是敬畏生死，更是敬畏生死之间生命存在的过程。医护人员的逆行是为了让更多人延续生命的过程，我们宅在家中更能体验生命的过程。

三、永葆承担责任之心

84岁的钟南山院士的日记让人为之动容,从对疾病的把控到群众心理的疏导,从简单的盒饭到凌晨的不眠不休,一个老人用自己的知识经验承担着沉甸甸的责任。19省对口支援湖北,一批批"白衣天使"、援鄂志愿者奔走在一线,我们看着他们脸部被勒出的印痕,"天天蒸桑拿"的手术服,让人感动的画面一幕又一幕。正是拥有了这样一批敢于承担社会责任的人,我们才有信心打赢这场战"疫"。作为你们的知心朋友,我想对你们说,在这场疫情面前,你们学会勇于担当,积极传播正能量,为打赢这场战"疫"做出应有的贡献。小可爱们要对自己的家庭负责,特殊而又漫长的假期里,小可爱们应该加倍珍惜与父母相处的机会,主动为家人做一顿饭、陪父母聊聊天,点滴而又平凡的行动都会成为你们难忘的回忆。要对社会负责,学会辨别网络舆情,宅家里不给社会添乱,主动在班级群内报送一声声平安,甚至主动去社区服务,这都是你们对社会负责的表现。要学会对自己负责,也许你还在深夜打游戏,有人已经写了很长的阅读心得;也许你在无聊彷徨,有人已经GET了新技能;人与人之间的差距都是在点点滴滴中拉开的,不知不觉中走向不同的人生道路,小可爱们要抓住每一寸时光,努力提高自身技能,为自己负责。

四、牢记意识规则之心

中国特色社会主义制度的优势在哪里?它集中体现在我们可以利用这种制度集中力量办大事,统筹调配、万众一心、攻坚克难。我们看到国家从财政拨款,各个职能部门用自己的力量帮助疫区人民,我们还看到国家号令一出,一大批党员牺牲假期时间,不断宣传疫情防控知识,做好严防严控。从这场疫情中,你们看到了老党员把市委书记拦在路口不让进村的场景、小型无人机在天空飞翔喊话居民"赶紧回家,莫唠嗑"的场景、不听话提前返校学生被处分的场景,等等。这些现象的背后都是一个个的规矩,你们要听学校的统一指令,待在家里,就是我们可以为一线工作人员提供的最大便捷,我们赢了,中国也就赢了。卢梭曾言:"一切法律中最重要的法律,既不是铭刻在大理石上,也不是铭刻在铜表上,而是铭刻在公民的心中。"小可爱们不仅要遵守规则,更要将规则意识内化于心、外化于行,这次新冠肺炎疫情是对我们社会文明的一次大考,规则是文明的内化,小可爱们必须捍卫以公序良俗和法律为基础的文明规则,不断提高自身的规则意识和道德自觉,才能在战胜疫情的过程中推动社会有序文明运转。

家是最小国,国是千万家。小可爱们要做一个对时代有用的人,用心守护自己的国家,在艰难的时刻,共克时艰,静下心来,磨炼自己。时代的接力棒终究会传到你们身上,守卫江山、复兴国家民族、守护人民安康的大任终将落到你们肩上。百年青年历史印证了中国青年是有家国情怀、敢于奋进担当的一代,只要你们在奋斗中砥砺意志品质,努力在实践中增长技能本领,青春必将给予你们深厚的回报。俱往矣,数风流人物,还看今朝!

陈艺茹

作者简介　陈艺茹,南昌大学,工会宣传员,2019 年 3 月至今在南昌大学工会担任宣传员一职。

专家点评

文章短小简练,采用平铺直叙的方式娓娓道来,具有较强的思想引领和育人功能。文章通过信的形式,分几个论点为学生展开一堂生动教育课,教育学生要牢记爱国,将强国志、报国行融入自己的理想建设之中,引导学生树立共产主义理想和中国特色社会主义共同理想,培育和践行社会主义核心价值观,将立德树人的根本任务落到实处。　〔南昌大学工会办公室主任(正科级)　何丽青〕

⑥⑨　善爱自我,善爱家人,善爱生命
——疫情期间辅导员写给大学生的一封信

亲爱的同学们:

好久不见,你们还好吗?

今天是 2020 年 3 月 25 日,距离我们上次见面已经过去了整整 75 天,还记得放假前晚点名时你们挥手说再见的样子,还记得临走前叮嘱你们注意安全时的话语,还记得过年前询问你们开学返校计划时的期待……谁知一场突如其来的疫情,让这个假期变得格外艰难,也格外温暖有力。

在这个漫长的寒假里,我无时无刻不惦记着全国各地的你们。往年这个时候,我应该在忙着组织开展线下活动,因为"325"的谐音是"善爱我",每年的 3 月 25 日,学校都会开展心理健康主题教育活动,意在倡导大学生善爱自我,关心他人,健康成才。今天,就让我们通过文字一起来聊聊这个话题。

一、善爱自我

疫情发生后,大家积极响应号召"宅"在家里,时间久了,多多少少都会积累一些不良情绪。从最开始疫情大面积暴发后的恐慌无助,到后期居家隔离的无奈沮丧,再到延期开学的孤独焦虑,等等。其实,这些情绪都是我们在突发性压力事件中产生的自然心理应激反应。本次新冠肺炎具有突发性、传染性、影响范围广等特点,严重影响了日常的工作、学习和生活状态,属于典型的社会公共危

机事件,在此过程中出现明显的心理应激反应属于正常现象。

首先,我们要学会理解和接纳自己当前的心理状态。面对不良情绪,不必过分强求自己保持镇定,也不需要一味压抑情绪,这样反而会影响后续的抗压能力。可以提醒自己这些不良情绪是正常的心理应激反应,随着疫情的有效防控和学习生活的逐渐恢复,它们会逐渐减轻并自然消退。其次,我们要及时关注自己的情绪变化,适时开展自我调节。疫情期间媒体上的信息铺天盖地,纷繁复杂、良莠不齐的各类信息很有可能会引发情绪困扰,此时,要学会放下手机,减少接收负面信息,从实际生活中获取情感支持。如给家人打电话,寻求亲情的支撑;跟老师和同学交流,分享自己的真实感受;向周围的朋友倾诉,相互鼓励,增强信心。最后,如果不良情绪过于严重,通过自我调适无法改善,甚至已经影响到正常的生活,请务必记得积极寻求专业帮助。疫情暴发以来,师大依靠学科优势,从疫情的心理防治角度切入,编写出版了《新型冠状病毒感染的肺炎疫情下心理健康指导手册》,紧急开通了心理支持网络平台和服务热线,为同学们提供免费的咨询服务。同时,我们学院的二级心理辅导站依托"知心小筑"微信平台,开展了系列活动,为同学们提供心理疏导。让我们始终怀着温暖、包容的情意,欣赏和接纳全部的自己,以积极、豁达的心态,体验我们生活中的每一次经历。

二、善爱家人

因为疫情,假期里同学们居家不出,与父母相处的时间自然增多,这也许是上学以后我们待在家里最长的一个假期。那这段时间,你与父母的关系是"母慈子孝"还是"鸡飞狗跳"呢?从同学们参加 21 天打卡活动的内容来看,大部分同学都能够养成良好的学习生活习惯,我想,坚持早睡早起、认真努力学习、主动参与家务劳动的同学应该是不会遭到爸爸妈妈嫌弃的吧。还有部分同学积极参与了我们的家风故事征集活动,与家人一起重温自己的成长经历,总结家庭教育的有益经验,在获取家庭温暖回忆的同时也给予自己克服困难的勇气。然而,也有少部分同学反映家庭关系紧张,甚至有个别同学喊出"疫情还未结束,亲子关系却面临破裂""再不开学就要被妈妈赶出家门了",这中间自然不乏戏谑调侃的成分,却也从另一个侧面反映出当前亲子关系的紧张。

延期开学期间,如果你与父母相处融洽、关系亲密,说明你做得很好,需要继续保持。如果你与父母之间摩擦升级、矛盾频发,那就需要思考一下如何改善你们之间的关系。我觉得咱们可以尝试以下三点:

一是学会共情。共情又叫同理心,也就是我们常说的换位思考。当父母对你提出批评意见时,先不要着急反驳或者辩解,可以尝试着与父母交换身份,想象一下当父母为了生计在外奔波、冒着风险采购物资、辛苦忙碌操持家务,再对比一下自己宅家期间的种种表现,也许你就会更加理解和体谅他们,也更容易说服自己做出改变。二是学会沟通。你们在学校里会对老师同学侃侃而谈,在QQ、微信上会与好友无话不说,但在家里却与父母交流很少。经常有同学反映父母不理解自己的想法,而父母却觉得孩子不喜欢跟自己交流,这就是彼此缺乏有效沟通的表现。趁着假期在家,主动创造机会与父母谈谈心、聊聊天,试着了解他们的生活经历和成长过程,试着告诉他们自己的学习生活和喜怒哀乐,坚持下去,你会发现其实你们之间有很多的共同语言,因为家人永远是世界上最亲近、最需要彼此关爱的人。三是学会承担。疫情之下,我们更加深刻感受到家庭的温暖、亲人的关爱。曾经是他们,如今是你们,父母终将老去,而当他们需要的时候,你能否学会承担,你是否具备能力? 请先从承担家务开始,请先从关爱家人开始。

三、善爱生命

陶行知先生曾说,"生活即教育""过什么生活便是受什么教育"。生命的启示无所不在,疫情的发生更是对我们每个人展开了最直接的生命教育。肆虐全球的新冠病毒,使全世界的人们陷入恐慌,成千上万的家庭因此而面临生离死别。在小小的病毒面前,自认为无所不能的人们感觉到自身的渺小和无助。而作为大学生的我们,也需要重新审视以往的生活,及时反思自己对于生命的态度,自觉做到珍惜生命、敬畏生命、善爱生命。

珍惜生命,尊重科学。面对来势汹汹的新冠病毒,如何严格防护? 面对焦虑恐慌的负面情绪,如何理性疏导? 面对纷繁复杂的网络信息,如何鉴别评价? 采取最科学的防护措施,保持最乐观的积极态度,坚持最冷静的应对方式,不是怕死,而是对生命的珍惜,对科学的尊重,也是对防疫战争的支持。

敬畏生命,爱护自然。敬畏自然,归根到底也是敬畏生命,如果缺乏敬畏之心,对大自然一味地索取破坏,往往会面临灾难。17年前的"非典"已经敲响警钟,而这次的病毒暴发,依然是由于人类对野生动物的过度伤害。只有尊重自然规律,常怀敬畏之心,才能与大自然和谐相处。

善爱生命,提升境界。疫情之下,除了学会善爱自己、关爱家人,也要尽己所能去帮助他人,赋予生命厚度和高度。从疫情发生到现在,我们看到了许许多多的逆行者,这当中有民族英雄、医护人员、人民战士、社区工作者、心理工作者、快递小哥、良心企业,等等,他们冲在抗疫一线,为生命护航,用生动鲜活的事例告诉我们,责任、担当和奉献才是生命的价值所在。

当前,我们依然需要在家上学,不知道你每天能否严格自律? 不知道你上课是否全神贯注？不知道你的学习目标有没有全部实现？如果你还是严重依赖手机，不自觉地就想刷刷朋友圈，使用电脑的时候总是埋怨游戏自动打开，那么你绝对是在浪费生命。当你想放纵自我的时候，想想在方舱医院里专注读书的"清流哥"；当你抱怨学习条件的时候，想想爬屋顶蹭网上课的高三学霸。劳逸结合、适度娱乐是可以的，但也要充分利用好防疫在家的日子，多读书、多思考，为开学做好准备，为人生发展奠基。

师大校园里繁花似锦、杨柳新绿、湖光潋滟，国内的疫情已得到有效控制，但疫情防控的压力依然存在，我们当前还是不能返回学校，只能通过网络在云端交流。但我想这些都是暂时的，很快，我们就会在师大校园再次相见，到那时，同学们又可以到不高山踏春赏花，到昆明湖观鹅喂鱼，到图书馆遨游书海，到体育场撒欢奔跑。

我在师大，等你们回来！

想念你们的龙老师

作者简介

龙卓华，陕西师范大学化学化工学院本科生辅导员，教育学硕士，国家三级心理咨询师。曾荣获陕西高校"优秀辅导员"、陕西高校首届心理健康教育优秀案例一等奖，陕西师范大学"优秀共产党员""优秀辅导员""心理育人先进个人"、青年教师教学能力大赛优秀奖等多项荣誉奖励。主持陕西省辅导员工作研究课题一项、校级学生工作研究课题三项，参与省级课题两项，公开发表学生工作相关论文五篇。

专家点评

龙卓华老师的这封信只是她在网络思想政治教育实践中的一个片段，关注她的"知心小筑"公众平台已经有很长一段时间了。给我的感觉，龙老师的网络思政工作关注问题，把握节点，有方法，重实效。当然印象最深的就是打组合拳。疫情当前，学生的心理焦虑是普遍现象，龙老师抓住"3·25心理健康教育"的常规节点，"因事而化、因时而进、因势而新"，主动引导和干预，以心理学和思想政治教育基本原理为主导，以"认知——态度——行为"的思维框架展开，教会学生正确认识突发危机时的心理状态，并给出调试配方。没有生硬的说教，却能让大家感受到在心理焦虑面前可以通过主动调节生活方式、家庭相处模式来进行情绪管理，这样的网络思政是以促进学生的主体性发展为目标的，是在真正地立德树人。

她的组合拳模式值得辅导员老师们借鉴参考。首先是思政方法的组合。不同学科知识和方法的有效架构确保了网络思想政治教育的科学化水平。其次是教育载体的组合。我们看到除了文字,还有照片、微表情等多种形式,甚至还会有音视频等多媒体手段,大大提升了网络思想政治教育的亲和力和有效性;最后是系列教育活动的有机组合。这次的心理教育并不是孤立的教育活动,是与之前的家风故事征集、榜样教育、日常打卡、宅生活展示等系列活动的组合,整体思维和辩证思维发挥了思想政治教育的协同效果。

网络思想政治教育需要思维、方法、载体、话语等系统创新。龙老师一直在努力,网络育人已初显成效,期待她的更大进步。我也会持续关注并向她学习!

(陕西师范大学马克思主义学院副教授　朱尉)

⑦ 疫情之下,青年学子应该有的感悟

亲爱的同学们:

见字如面! 在互联网高速发展的今天,我选择用书信这样原始的方式和同学们交流,因为在我看来最原始的交流透露的却是最诚挚的心声。我很庆幸,班上没有同学感染新冠肺炎,也很欣慰同学们在抗疫中很听话,宅在家、不聚集、不扎堆、不添乱、戴口罩、勤洗手,静候春暖花开,迎接阻击战的胜利。战斗即将结束,这段经历却刻骨铭心,老师很想就这场生死大考和同学们谈谈心,谈你们的责任,谈青年学子的担当,谈这堂生动还带有鲜活案例的大课堂,谈青年学子应该有的感悟。

一、敬畏生命,与大自然和谐相处

人类繁衍生息的历史告诉我们,大自然是人类赖以生存的家园,人类离不开大自然。破坏自然,人类无疑会受到严酷的惩罚。17年前的"非典"、非洲的埃博拉病毒以及本次的新型冠状病毒居然都来自于野生动物,而人类之所以感染病毒是因为贪念、好奇以及触犯了自然界的底线。沉痛的教训让我们认识到,在大自然面前,人类是渺小的,不尊重自然法则,就会受到无情的惩罚。同学们,你们今后不管从事什么工作,不管你走到哪里,请记住不要污染水源,不要滥伐森林,不要破坏植被,破坏动物的家园。要懂得任何伤害的次数达到了某个"临界点",大自然都将以人类不可承受的方式加以返还。

敬畏自然其实就是敬畏生命,大家想想,人们不去乱捕乱食野生动物,自然界的冠状病毒怎么会跑到人身上去呢? 小小病毒,疯狂传播,危及数万人的生命安全。沉痛的教训、生命的代价再次告诉我们,与大自然和谐相处,与野生动物和谐相处是多么的重要。敬畏自然,就是要从我做起,从点滴做起,爱护自然,保

护自然,让山更青,水更绿,祖国的山川更加秀美。保护野生动物,保护生灵,不乱捕乱食野生动物,珍重自然,敬畏生命,实际上也是保护人类自己。

二、制度优势,在疫情阻击战中彰显

没有强的国,哪有富的家。没有稳定的国家,何来温馨的小家。中华人民共和国经历了 70 年风雨,从站起来到富起来再到强起来,今天中国在世界的地位,让我们中华儿女无比的自豪和骄傲。疫情发生以来,习近平总书记多次召开政治局会议,亲自部署指挥疫情阻击战。中国共产党在大灾大难面前,坚持把人民群众生命安全和身体健康放在第一位,集中人力物力,驰援湖北武汉。党中央吹响集结号,全国各地的专家、医护工作者、人民解放军,从四面八方汇集湖北武汉。医疗物资、生活物资、蔬菜水果,从陆上、水上、空中源源不断运往湖北武汉。空军启动大型运输机参与兵力与物资的远程投送。

为了挽救感染人群的生命,人们争分夺秒,与时间赛跑。中国速度、中国实力,令世人叹为观止。修建两所医院,24 小时内拿出设计图纸;37 小时完成钢骨架安装焊接;3 天完成"雷神山"送电,5 天完成"火神山"送电;10 天病人入住接受治疗。世界卫生组织总干事谭德赛在 1 月份与习近平总书记会面,后来当地媒体援引他的话报道,"中国速度、中国规模和中国效率……这是中国制度的优势"。英国权威医学杂志《柳叶刀》周刊的一篇社论称,"没有其他任何一个国家可以用这样的速度动员各种资源和人力"。美国外交学会的全球健康高级研究员黄延中说,中国采取的措施在西方国家,无论从政治还是技术上来说,都是不可想象的。中国免费治疗新冠肺炎,疫情阻击战初战告捷,世人听闻无不仰慕。此时此刻,无数海外华人多想回到祖国的怀抱啊。当疫情在国际上蔓延,部分感染国家从不理解中国举措,转而主动邀请中国专家帮助指导。习近平总书记出席二十国集团领导人应对新型肺炎特别峰会上发表重要讲话,得到了多国的赞同,在国际社会上引起了热烈的反响。

这一切都在告诉我们,中国特色社会主义制度的优势不是一句空话,而是用铁一般的事实证明得出的结论。同学们应该坚信,有党中央的坚强领导,有中国制度的优势,我们国家将会以最快速度打赢这场阻击战,取得最终的胜利!

三、责任担当,挺身而出无私奉献

84 岁高龄的钟南山教授,在疫情暴发前期,不顾个人安危,深入武汉开展工作,把人民的生命放在最前面,带领他的团队争分夺秒与病毒做抗争。70 多岁的李兰娟院士,记者采访时关心她的身体,问她身体吃得消吗,她说道"没问题,放心好了。家里人都担心我,其实我身体蛮好的"。武汉大学人民医院的负责人告诉记者"李院士每天只睡 3 个小时,凌晨 4 点下了火车,吃过早餐就接着开会"。还有深入病区救人,丢下两个孩子的医生母亲,瞒着家人上前线的"90后"实习护士。他们这些"逆行者",用行动高度诠释了医护人员的社会责任和担当精神,也向全国人民证明了"他们行,她们能"!

正因为有这样的责任担当和无私奉献精神,才有现在强大的中国、团结的中国、有爱的中国。越是这样的危难时刻,越能感知来自这个国家这个民族的力量;越是在无情的灾难面前,越是能感受中国人的温暖与美好。经过这场战"疫",我们青年学子,要自觉树立责任意识和民族担当精神,在困难面前,不要退缩,要有坚韧不拔和勇于斗争的精神,在这场战"疫"已经进入"外防输入、内防反弹"的下半场时,同学们依然要做到听指挥,不要信谣、传谣、造谣,更不能给社会添乱,无视要求和纪律;要明辨真伪、知行合一、勇于担当,积极传播正能量,做好青年学子应有的社会贡献。

亲爱的同学们,春分已至,未来可期! 愿世间美好与大家环环相扣! 待到山花烂漫时,我们一起相约在校园里!

牵挂着你们的辅导员:彭媛

作者简介

彭媛,女,汉族,中共党员,研究生、讲师、心理咨询师,重庆机电职业技术大学工商管理学院学工办主任。荣获重庆市就业"先进个人"称号,多次荣获学校"优秀党务工作者""优秀团务工作者"称号。工作期间先后在国家级刊物发表多篇学生工作论文,担任"十三五"精品规划教材《大学生思想道德修养与法律基础》副主编,网文《网课来袭,辅导员该如何加强班级学风建设》在教育部面向全国高校辅导员及广大思政公众干部开设的官方微信公众号"高校辅导员在线"上刊登,同时名列网文周阅读量第一。

专家点评

彭媛老师撰写的《疫情之下,青年学子应该有的感悟》一文,以书信形式呈现,亲切朴实,通过讲述战"疫"经历,讲述中国故事,传达作者尊重自然、珍爱生命的理念;表述了作者爱党爱国爱社会主义制度的真情实感;表达了作者对逆行者们责任与担当精神的赞美和敬意。

此文中心突出,选材真实;结构合理,段落分明;内容充实,入情入理;自然顺畅,措辞得体。作者与同学们一起分享全国人民在党中央、国务院的领导下,在习近平的亲自部署、亲自指挥下,众志成城,万众一心,打赢疫情阻击战的特殊经历。通过这段特殊经历,感悟自然与生命,感悟中国制度的优势,感悟青年一代应有的责任与担当。感悟深刻,真实可信,对学生的思想教育和成长进步,具有引领和启迪作用。　　(重庆机电职业技术大学人事处处长、高级政工师　孔敏)

㉛ 无穷的远方，无数的人，都和"我"有关

亲爱的 2019 级同学们：

好久不见，恭喜你们，你们的假期又充值成功了。2020 年的春天已经到来，但是受新型冠状病毒的影响，你我都没想到今年的春季学期会以居家学习的方式进行，不知道大家是否习惯通过手机打卡向老师报备平安？有没有渐渐习惯线上的学习模式？是不是盼着早日回归校园？我相信，所有被迫宅在家里的同学们都有一颗盼望早归校园的心，毕竟因为疫情，这样的"寒假 Plus"并非如你我所愿，且度日如年。与同学们离别区区数十日，内心已过万重山，在经历了疫情期间充斥着震惊、担心、悲痛、惋惜、感动等诸多情绪的日日夜夜，这才发现每天平静且安逸的校园学习时光的是如此珍贵而美好。

今日的随笔，简单的和同学们分享一下在疫情期间我的一些感触。首先，我想和大家聊聊尊重科学的重要性。当前，新冠肺炎虽初来乍到，但来势汹汹，由于人们对此新型冠状病毒的认识尚浅，真假信息难以分辨，微信公众号里，QQ 群里，微博上充斥着各种荒诞的谣言，网络上关于新冠病毒相关的谣言甚嚣尘上，特别是在疫情防控时期，诸如蜜蜂治疗法，高度白酒治疗法，甚至鼓掌杀毒法等等各种治疗新冠的伪科学在互联网中不胫而走，究其原因，我想大概是由于人们的整体科学素养仍有待提高，公共卫生观念依旧薄弱，对科学防治认识存在不足，以至于三人成虎，"谣言病毒"在互联网上肆意传播，在人群中造成恐慌不说，造谣张张嘴，辟谣跑断腿，同时也给疫情防控帮了倒忙。在这里，老师不禁想要提醒同学们，互联网中充斥着各种未经筛选难以辨别真假的信息，作为互联网原住民的你们，在网上"冲浪"要始终保持独立清醒的头脑，对获得的信息保持怀疑的态度，审视环绕在我们周遭的信息，质疑并不是否定一切，而是探究其本源，知其然才能知其所以然，谣言止于智者。

其次，我想和大家谈谈敬畏自然。如今科技的发展，人类早已开始探索外太空，潜入海底，上天入地仿佛无所不能，然而在小小的病毒面前，你我仍旧束手无策，无论是古代的瘟疫，近代的天花、霍乱、黑死病，还是如今科学家们仍在攻坚克难的 SARS，纵观历史，在瘟疫战争中，人类从古打到今，从未获得全胜，都是以牺牲了无数个你我作为代价。在面对大自然时，人类的傲慢不堪一击，凌驾自然之上终将会被自然反噬，这刚过不久的雾霾，澳大利亚的山火，肆意泛滥的洪水，归根究底还是人类对自然过度的消耗导致的，因此，同学们，在自然面前，只有心

存敬畏时,方能行有所止,才能与其和谐共处。

时间之河川流不息,每位青年都有自己的际遇与使命,我们理应在时代的坐标轴中找到属于自己的定位。最后,我想和大家分享的是勇于担当。在灾难面前,没有人可以独善其身,没有人是一座孤岛,毕竟,"无穷的远方,无数的人,都和我有关"。疫情之下,正是那些奔走在最前线的医护人员,是那些驻守在寒风中的志愿者,是那些让人热泪盈眶的普通人,是那些互帮互助让我们重拾温暖的陌生人,是那些逆行者们的无所畏惧,那些勇往直前,那些敢于担当,才让我们在疫情的洪流中守得云开见月明。网络上流传着一句话,十几年前的"90后"被大家保护着,现在换"90后"来保护大家,我亲爱的同学们,作为"00后"的你们,在全民抗疫的战争中,希望你们在这场疫情中收获成长,学会担当,完成生命中的成人礼,懂得幸福生活的来之不易,要知道这些静好的岁月,源于有人替你负重前行。

相信这场疫情危机终将会过去,希望同学们从这场危机中明白"危"从何而来,"机"又该如何调整当下,正如孔子说,"危者,安其位者也,亡者,保其存着也,乱者,有其治者也,是故,君子安而不忘危,存而不忘亡,治而不忘乱,是以身安而国家可保也"。

作者简介

潘乐,女,安徽商贸职业技术学院会计系专职辅导员,安徽省高校思想政治工作领军人才和中青年骨干队伍建设项目成员。任职期间曾被授予"军训优秀指导员"等荣誉称号,校大学生思想政治工作案例征集比赛中获得三等奖。

专家点评

作为一名专职辅导员,潘乐同志能够随笔和学生交流尊重科学、敬畏自然和勇于担当三个主题,非常具有针对性和时效性。此封信感情真挚,语句贴心,流露出辅导员对新时代大学生成长为真正的"人"的殷切期盼和谆谆教诲,具有很强的思想引领作用。相信同学们读后能够树立正确的价值观和人生观,热爱科学,拥抱自然,勇挑中国民族复兴的重担。

（安徽商贸职业技术学院会计系党总支书记、教授 丁增稳）

⑫ 行胜于言,努力不掉线

亲爱的同学们:

展信佳,见字如面。

不知不觉间,庚子年已过近三个月,线上开学已四周。一场突如其来的疫情,打破了我们学习和生活的节奏。在家的你是不是已经习惯了线上学习的日子? 是不是解锁了更多的生活技能?

一、大道至简、唯有奋斗

钟南山院士全程用英语向欧洲国家分享中国抗疫经验时,我不禁感叹:"太帅了,您!"可你们也要知道,钟南山院士是从 43 岁才开始学习英语的,再忙再累也没能阻碍他学习的步伐。所以不要再说你基础不好,那只不过是为自己的懒惰找个借口而已。疫情来势汹汹,方舱医院里,"我自波澜不惊"的"清流哥"从容淡定地翻着手中的书本;大三"考研哥",一边接受治疗一边做考研试题,为了他的武大梦不顾一切地努力着;蹭网上课的"屋顶男孩",在寒风中学习,为了他的大学梦而坚持着……无论处于什么困境,他们都毫不示弱;无论遇到何种困苦,他们都毫不沮丧,理所当然地坚持学习,用不懈的努力去追逐自己的梦想。我想,不知不觉中,这些人、这些事儿、这些毅然决然的精神已经融入我们的生命之中,化为我们前进的不竭动力。

习近平总书记在十九大报告中指出:"青年兴则国家兴,青年强则国家强。青年一代有理想、有本领、有担当,国家就有前途,民族就有希望。"作为新时代的大学生不仅是点赞者,更是不可或缺的奋斗者。感受得到,经历了这场疫情"大考",同学们都有一腔热情,我们能做点儿什么呢? ——行胜于言,上好每一堂课、做好每一次作业,不辜负自己,更不负生此中华家!

春分已过,春意盎然。如今,"宅"家线上学习是对同学们学习态度和学习能力的一次强有力检验。没有了老师在身边的督促和陪伴,很多同学采用表格或 APP 做学习计划、设置日程,驱除干扰,组队学习,自律力、效率都大有提升;还有一些同学晒出了自己的网课笔记,不管是工整隽秀的手写版,还是五彩斑斓的思维导图版,都折射出了认真严谨和追求卓越的学习态度;有的同学惊觉自己有些"厌恶"手机了,感到"已解密,不神秘",开始思考要活出怎样的人生,并重新设定自己的目标和追求;也有同学大呼:好难呢! 感觉比平时上课还累,有点儿跟不上节奏,现在最想念学校了……非常感谢同学们对我的信任,能够敞开自己的心扉,对我倾诉你当前的状态。当你觉得迷茫时,先让自己忙起来,只要在正确的路上,永远不会错;当你感到闹心时,记得理清思路,做好当下的事情,再整理心情,或许坏情绪早已烟消云散;当你遇到目标模糊、决策困难、执行力差等问题时,不妨和老师聊一聊,我们一起探讨解决问题的方法。面对变化和挑战,我们要主动应对,用脚踏实地的努力,成为自己命运的主宰。

本杰明·富兰克林曾说:"如果我们爱惜分分秒秒,岁月自然也会爱惜我们。"希望同学们更加"吝啬"时间。将"现在"当成出发点,选择去做我们需要做的事情,制定目标、合理规划、立刻行动;下苦功夫、求真学问、练真本领。继续保持过去一个月在线学习的旺盛斗志和饱满状态,夯实基础、拓展视野,以努力成就未来,用知识缝制铠甲,待他日为国排难,为民解忧!

二、天下大事、必作于细

不积跬步,无以至千里;不积小流,无以成江海。我们发现"天眼"探空、"蛟龙"探海、粒子"探微"……这些中国制造的背后是大国工匠们不忘初心,通过无数个日夜的辛勤付出,破解了无数个创造之路上的难题,保证了求索之路的永续延伸。换作是你,不考虑现实因素的话,你最想破解的是什么难题? 你为此还需要做哪些努力?

足不出户的日子,你可能做出了人生中的第一根油条、第一份凉皮、第一个蛋糕……也许是出于无聊、好奇,抑或是真心喜欢,无意中练就了一身好厨艺。慢生活,你也拥有了一段和家人相处的专属时光,不妨来一次和父母最深情的告白,聊聊过往、说说现在、谈谈未来,用实际行动去爱家人、爱生活、爱这个世界!我国著名教育家陶行知提出:生活即教育。好的生活就是好的教育。居家生活中,你完全可以大显身手,从衣食住行做起,从细小的每一件事情做起,一点一滴地积淀,努力做一个独立自主的人。近日,中共中央、国务院把劳动教育纳入人才培养全过程,劳动教育将成为必修课,每年学会1到2项生活技能成为我们劳动教育的"硬指标"。如果你不曾体会过面朝黄土背朝天的艰难,不曾尝过烈日炎炎下汗流浃背的滋味,又怎会懂得体力劳动的艰辛? 又怎能感受丰收的喜悦? 在这个"加长版"的假期,有的同学有效利用课间十几分钟统筹规划,一边听着《断舍离》,一边整理物品;一边跳着《野狼 disco》,一边准备晚餐,大脑得到了调节,碎片化时间也得到了有效利用;有的同学为了营造更好的学习氛围,对学习环境来了一次大改造,书房变教室,卧室变寝室,父母秒变舍友。不经意间,你或许开始迷上了洗衣、做菜、整理家务、修理家电……那种物我两忘的投入感! 同学们,一如狄更斯笔下的世界,这是一个最坏的时代,也是一个最好的时代。我希望你们在做好自己的同时,转换一下看待事物的角度,在世界中重新定位自己。大学是你们踏入社会前的最后一站,毕业后的社会需求会是什么样?我们想做什么,我们能做什么,现在的我们该做什么?这个时代值得我们为之而奋斗!从此刻起,我们要持续地经营自己,积极生活、认真生活、主动找活干、主动找苦吃,辛勤着、坚持着、成长着、幸福着!

古人云:天行健,君子以自强不息。一代人有一代人的历史使命,一代人有一代人的担当。这次驰援武汉的医护人员之中,"90 后""00 后"就有 1.2 万人,占了整个队伍的将近三分之一,成为这场战"疫"的主力军。无数个青年人在一边恐慌,一边勇敢中破茧成蝶,淬炼成钢,用青春力量勇做中国脊梁。恰同学少年,风华正茂。疫情期间,很多同学也积极投身到战"疫"之中,以实际行动践行着新时代大学生的使命与担当,用付出收获了满满的幸福感和成就感。我向抗击一线的逆行者们致敬,也为投入到此次疫情防控工作中的同学们点赞!"我们都在努力奔跑,我们都是追梦人。"希望同学们永远保持一颗赤子之心,主动作为、勤勉上进、砥砺前行,欣欣向荣地面对这个美好的世界。

加油吧!同学们,相信你们是最棒的!

爱你们的辅导员:冯秀玲

作者简介

冯秀玲,女,渤海大学辅导员,渤海大学"拾梦涯"工作室指导教师,国家三级心理咨询师、GCDF 全球职业规划师,曾获渤海大学 2019 年度辅导员大赛二等奖;2017—2018 学年度被评为锦州市大学生思想政治教育"优秀工作者"。

专家点评

习近平总书记指出:"做好高校思想政治工作,要因事而化、因时而进、因势而新。"一封《行胜于言,努力不掉线》,写在全国上下共抗新冠肺炎疫情决胜阶段的关键时期,一名高校辅导员结合自己的日常实际工作,将大学生思想政治教育的基本元素融汇贯穿于学生管理工作的全过程,根植于内心对学生的期盼与呼唤,导引学生从小事做起,向榜样看齐,让学生学会思考、体味成长。"文为时而作,言为心声",书信语言表现力张弛有度,内容极具亲和力和感染力,紧紧围绕学生的成长主题,聚焦"青春""奋斗""使命""担当"等核心要素,在为学生送上了一堂理论铺衬与实践力行相结合的思政课的同时,也承载了一名扎根基层近十载高校学生思想政治工作者的梦想与情怀。

(渤海大学学生处副处长、副教授 李昱)

⑦ 学会学习,理性思考,寻找精神家园
——疫情之下,一封学校老师的来信

亲爱的:

见字如面。

许久未见,甚是想念。

本以为我们会在 2 月 22 日或者 2 月 23 日相见,疫情却让我们不知何时才能相聚。你知道吗? 校园的玉兰花已经含苞待放,好似热切盼望你归来,以前你总是满怀欣喜的随手举起手机拍各种颜色的玉兰花和校园的春,好怀念那时的时光。有老师已经在为线上教学做各种准备并表示努力当十八线女主播了,以我的水平十八线也上不去,好在我的课根据安排开学后再上。以前我很看不上主播职业,觉得什么人也能当主播,化化妆,甚至不化妆会美颜就行,如乔碧萝殿下,门槛太低,现在我不这么想了,我很崇拜他们了。从未像这次一样热切期盼开学,从未像现在这样迫切想要见到你和满校园青春面孔。很想自己能做点什么,可我目前仅有的武器还是这支笔,所以,忽然,我想写封信给你,聊聊我的近况和对人生的感悟。

自从成为孩奴之后,每天的任务便是打怪兽,一路打来,我的等级没有升上去,怪兽们的魔力却见长,索性我自暴自弃,任由那两个怪兽打来打去,我时刻关注的,除了疫情,还有你。

还记得年前的作业经典作品赏析吗? 咱们两个班的作业中出镜率最高的是余华的《活着》,这有点超出了我的意料,因为据我所知你们最喜欢做的事情是刷,各种刷,微信、微博、抖音、快手,超喜欢刷那些爱豆,最喜欢谈论的主题是爱情,最喜欢的作品是悬疑、科幻。可是看你们对《活着》的赏析,我心里暗暗高兴,曾经在一个学生的作业上写上这样的批语:"原来对于人生,你们一直在思考,感叹命运的无情,思索个人与时代的关系,体味《活着》的美好与难过。"哪有什么"80 后""90 后""00 后",这一场疫情又让每一个人都开始细细品味活着的意义,我们又重新思考"时代的一粒灰"的重量。我看好多同学朋友圈 2020 年的愿望,删去了脱单、中 100 万大奖、不挂科、全世界旅游,就剩俩字"活着"。这几天的小地震,让我对这俩字也特别渴望。疫情之下,人生百态,百态人生,网上有篇文章叫《不敢看武汉医生的朋友圈》,我因有个武大的同学,特别能够感同身受,她的朋友圈真的是不敢看又想看,想知道她安全的状态,又不忍看她感叹疫情下的人生,她的文笔看似温柔,却剜着毒瘤,那感觉,哎,"细看来,不是杨花,点

点是离人泪"。

你的每一条朋友圈动态我都在看,前几天你发的是日本捐赠中国防疫物资的标语,上面写的是好文艺! 是啊,俄罗斯、巴基斯坦是两个大憨憨,扔下东西就跑,日本不仅送来了援助物资,还送来了温暖的诗句。"山川异域,风月同天。""岂曰无衣,与子同裳。""青山一道同云雨,明月何曾是两乡。"被疫情搅得有些恍惚的我们,这才发现:这些标语,有历史,有故事,有温暖,有情谊。"山川异域,风月同天"收录在《全唐诗》里,应该是当时日本的相国写的,盛唐时期,日本遣人来中国学习佛法,相国命人制作了一千件绣着"山川异域,风月同天。寄诸佛子,共结来缘"偈语的袈裟,赠送给大唐的高僧们。鉴真大师为偈语所感动,披着这件袈裟,前往日本传法,传下中日友好交流的佳话。还有那句"岂曰无衣、与子同裳",这是《诗经》里的,《诗经》作为我国的第一部诗歌总集,简直不要让人太喜欢,孔老师整天说,"小子何莫学乎诗"。秦国战士们慷慨、勇敢、互助的请战书,流传至今,成为团结一致、鼓舞斗志的诗歌。"青山一道同云雨,明月何曾是两乡"两句诗,更是写出了两个不同城市甚至两国人民头顶一轮明月"人分两地、情同一心"的美好场景,为这个春天写下一个温暖的开篇。

这一切不禁让人再次感慨:我们的诗歌这么美,又这么有力量。可有些媒体居然发文说比起"山川异域,风月同天",我们更喜欢"武汉加油"这样直白的表达。我在想,不管有什么过去,现在这些救援物资带着温暖的诗句前来,我们最起码对这个国家这个民族要怀有感激之情的,"山川异域,风月同天"古朴典雅,表达了中日友好之谊,且文艺范十足,"武汉加油"简单直白,表达了我们最迫切的祝愿,钢铁直男之范,一起战"疫"中,这些范式都是 OK 的,都美得很。搞不懂有些媒体是什么用意,好在后来觉得实在不妥,删去了。这是最好的时代,也是最坏的时代。

世间有太多假象,我们要有自己的眼睛。

我们应该牢记,越在紧要时刻,我们越该谨慎言行,尤其当你不是代表个人的时候。你说,老师,那我们还没有舆论监督权了吗? 没有言论自由了吗? 有,这是必需的,只是别被一些别有居心的人利用就好,不要盲目转发。顾城说:黑夜给了我黑色的眼睛,我却用它来寻找光明。疫情之下,我看到广大青年大学生通过组织网络募捐,缴纳特殊党费或者拿出奖学金、压岁钱等,积极捐款捐物,还有的主动到村值守点志愿服务,感觉新时代的青年大学生们在疫情面前一下长大不少。可是,如果你和我一样,上不了一线,当不了十八线女主播,我想咱们还是居家战"疫",好好读几本书吧,李银河的传记《人间采蜜记》里,提到在她做的有些社会学调查中,王小波手痒给写了几段,但读者一下就能看出哪些地方是小波写的,她说小波的文字是立着的,我感触很深,专业加极致才是我们的立足之本。还有那个上海华山医院感染科的张文宏,我是他的"路转粉"加"秒杀粉",看了他的讲课视频,我才明白什么是专业,什么是内涵,什么叫"平时长本领,战时冲上去"。

2月24日开始,咱们就要开始线上学习了,不管怎样,还是得克服下困难,停课不停学,当你面临没有网、没有书、没有各种东西的困难时,想想战时的西南联大吧,从长沙到昆明,又到蒙自,可是八年培养的人才,简直大师云集,杨振宁就是西南联大的学生,电影《无问西东》大家应该看过,追求理想的路上纵然困难重重,也要坚持所爱,无问西东。网课也只是众多学习方式之一,网课之外还有太多的资源和太多美好的书可以"拿来主义",多少年之后可能我们才明白我们读的书才是我们的眼,学会学习,理性思考,唯有这些书可以让我们的心灵得到满足,唯有书可以帮助我们找到我们的精神家园。

嗨,亲爱的,没有一个冬天不会过去,没有一个春天不会来临。最好的时光就是现在,最好的人就是在你身边的那个人,乌云遮不住升起的太阳,疫情挡不住春天的来临,期待着与你的再次重逢!

纸短情长,见面再续。

素笺暖心,遥寄祝福。

你的老朋友:萍萍老师

作者简介

贾萍萍(1985－),女,现任山东女子学院学生工作处教育管理科科长。开设有个人微信公众号"真萍实句",长期致力于大学生思想政治教育工作,总结思政教育规律,传递正能量,做大学生的良师益友。2010年－2013年任辅导员,2014年－2016年任教育管理科科员。2018年荣获校级"先进教育工作者",2017年荣获山东省"无偿献血先进个人"。主持厅局级课题2项,论文《论研究型辅导员的培育》获2015年山东高校辅导员论坛三等奖;论文《性别视角下的大学生安全教育》,获得山东省安全厅2019年高校安全教育研究成果二等奖。

专家点评

这封信发出后,点击量达4000次,学生们在留言板留言:"老师写的每个字都写进了我们的心里。"这封信可谓写得感情饱满,情深意切,娓娓道来,字字珠玑,用中国经典的诗歌涵养育人,在传统文化的土壤中铸魂育人,避开枯燥的说教却又有较好的教育意义。坚持用特有的方式讲好中国故事,用心灵陪伴心灵,用青春点燃青春,以文化人,以美育人,做学生的知心人、热心人、引路人,这便是最好的行动。每个学生的背后是一个家庭,家庭的背后是国家和民族,为每一个学生负责就是为我们的国家与民族负责,"道阻且长,行则将至",愿每一个学工人都继续奔跑在追梦的路上。

(山东女子学院学生工作处处长、教授　王永泉)

⑦⑭　樱花烂漫,就在不远处

亲爱的同学们:

见字如面,大家都还好吗?

2月15日,武汉封城的第24天,你我的朋友圈里飘起了雪花,雪簌簌飘落,染白了枝头,像极了武大校园里的樱花。是的,武汉病了,湖北病了,新冠肺炎疫情还在蔓延,但是她,却在努力绽放。

2020年春学期比以往来得更晚一些,想必你和我一样,正"宅"在家里抗着"疫"呢。虽然你我都不愿意接受这位戴着皇冠的不速之客,但是,2020不能重来,时间也无法暂停,你我唯一能做的,就是一起坦然面对。作为一名辅导员老师,作为并肩的战"疫"者,我想与你们分享三个心愿。

一、同学们,愿你深信不疑

一个有信仰的人,是不容易被打倒的,那些不能将我们打倒的,必使我们更加强大。战"疫"期间,我们相信党和政府,相信在他们的坚强领导和有力指挥下,防疫工作会有条不紊地开展,人力财力物力会得到合理分配和有效利用。习近平总书记在调研指导防疫工作时强调,要"以更坚定的信心、更顽强的意志、更果断的措施,紧紧依靠人民群众,坚决把疫情扩散蔓延势头遏制住,坚决打赢疫情防控的人民战争、总体战、阻击战"。李克强总理第一时间奔赴武汉,来到金银潭医院和火神山医院,看望慰问患者和奋战在一线的医护人员。我们的党和国家,与人民同呼吸,与人民共命运,同舟共济,攻坚克难,这是宗旨,也是使命,更是法宝。

我们也要相信医务工作者和众多战斗在疫情一线的工作人员,正是他们夜以继日的无私奉献,才换来成千上万新冠肺炎患者的无限生机和疫情地图上治愈人数的逐日攀升。疫情汹涌,84岁高龄的钟南山院士临危受命,火速驰往武汉,餐桌上的电脑一直未合,钟老紧锁眉头,闭眼沉思,这一幕让人肃然起敬。疫情召唤,无数可爱的医务工作者们义无反顾,支援武汉,扬州大学附属医院骨科主管护师黄艳就是其中一位,面对家人的担心,她留下"我是医务工作者,落棋无悔"的信言,让人久久难以忘怀。

我坚信,也愿你深信,这些强大的支持力量终将助我们渡过难关,这一群最可爱的逆行者们必将载入战"疫"史册,让我们相信信仰、忠诚和担当,毋庸置疑,抗疫必胜!

二、同学们,愿你善良有爱

疫情也是一面镜子,照出美与丑、善与恶。在这面镜子里,我们看到了病毒的强大和人类的渺小,看到了人类因贪恋野味而最终自食其果;我们看到了无数爱心人士慷慨解囊,为湖北同胞捐资助力,也看到了无良商家囤货居奇,坐地起价;我们看到了热情网友为战"疫"建言献策,加油接力,也看到了有的"键盘侠"们无中生有,网络上谣言四起;我们看到了不少同志坚守岗位,冲在疫情第一线,守土有责,守土尽责,也看到了一些公职人员在其位不谋其政,玩忽职守,履责不力。

拨开迷雾,丑与恶原形毕露,但是我依然坚信,善良与爱是人性中最为宝贵的,也是占绝大多数的。"山川异域,风月同天""岂曰无衣,与子同袍",日本捐赠物资上的这些暖心话语,是跨越国籍不分疆域守望相助的爱;"不计报酬,无论生死,望领导批准",这是请战书上的医者仁心和无私奉献的爱;"你是我妻也是战友,务必牢记初心如磐,使命在先,盼早日凯旋",这是一位丈夫对驰援前线的妻子饱含深情的支持与关爱。

隔离病毒但不隔离爱,不是一句空洞的口号,善良与爱其实就在你我的身边。不久前,扬大文学院的留学生范秀英用中越两种语言写下,"如果我有一个愿望,那我就希望武汉的疫情快过去、让天空恢复蓝色,武汉加油! 湖北加油!!! 我爱中国",让人动容。亲爱的同学们,你们"宅"在家里,每天吃到"妈妈牌"家常菜,听家人嘘寒问暖,这是世间最平凡却最温情、绵延在血液里的爱。保持感知爱的能力,不让愁闷、愤怒甚至仇恨充斥心头,保留理性,心存善意,传递温暖,在疫情肆虐的现在难能可贵。

三、同学们,愿你多多珍重

请千万要牢记并践行"少出门,勤洗手,戴口罩,多通风"的十二字箴言,守护自己和家人的身心健康。疫情面前,容不得半点疏忽和侥幸。当然,"宅"在家里,也可以"宅"出花样,"宅"出精彩。教育部面向全国高校免费开放在线课程2.4万余门,我校各类公选课和专业课陆续上线,总有一款适合你。中国知网研学平台、万方数据产品、维普期刊和超星发现平台等免费开放,学校图书馆数据库资源远程接入无障碍,同学们,文献读起来,论文写起来,"居家研学"不是梦! 各位毕业生们也莫慌,"江苏省2020届高校毕业生春季网络招聘会""扬州大学 2020 届毕业生春季网络招聘会"等也在火热进行中,赶紧准备好简历,主动出击,体验下网络应聘一条龙服务。2020 届考研的同学们,也请耐心在家等待初试成绩,安心在家复习备考,要知道,机会总是留给有准备的人。

"宅"在家里,我们可以做的还有很多。告别"葛优躺",换个姿势,舞个八段锦,来段广场舞,运动健身增强抵抗力;煮个火锅,做个蛋糕,自己动手,一家人在一起分享美食,比吃快餐点外卖更有乐趣;看一本自己想看而没来得及看的书,充盈自己的精神世界;做一名防"疫"志愿者,线上给小朋友辅导功课,协助社区信息登记,进行科普宣传,做好心理疏导,都是充满意义的寒假社会实践方式。

防疫期间,我们享有大把的自由时光,来关注当下,规划生活,关照内心,调整情绪,也可以自由选择一种恰当的方式,为疫情防控发一点光,献一份力。我期待,开学之后,看到的是一个个平安、健康、收获满满的你。

近日,在和一位身处疫区的学生聊天时,她与我分享了她的《封城日记》。她说,她也曾感受到焦虑、紧张甚至恐惧,但好在周围的老师、朋友和家人一直给她鼓励和安慰,有关疫情防控、心理支持的消息也会第一时间获取,她还收到了学校的资助,这些都给予她莫大的支持、温暖和关怀。她坚信,"生活学习必将重回正轨。纵使黑夜吞噬了一切,太阳还可以重新回来"。这让我想起了史铁生《我与地坛》中的一句话,"当寂静的光辉平铺的一刻,地上每一个坎坷都被映照得灿烂",与君共勉。

春雷已响,瑞雪已霁,樱花烂漫,就在不远处。待到樱花千树雪,可曾有约逐风鸢?

祝好。

与你们并肩战"疫"的朋友

作者简介　崔余辉,女,讲师(思政),扬州大学文学院团委副书记(学工办副主任),曾获第五届江苏高校辅导员职业能力大赛三等奖、第六届全国商务秘书职业技能大赛"优秀指导教师"、校"优秀团干部"、校大学生暑期"三下乡"社会实践活动"先进工作者"、校"研本 1 + 1"引领计划精品项目"优秀指导老师"、校第十二届大学生职规赛"优秀指导教师"等,发表论文多篇,获校党的建设研究会优秀论文二等奖,主持科研项目 4 项,参与校科研项目 3 项。

专家点评

作者饱含深情,从一个辅导员的角色出发,对广大学生如何在疫情期间管理好自己的学习、生活殷殷寄语。作者从"深信不疑""善良有爱""多多珍重"三个方面层层深入,既有理想信念的高度,也有对学生成长关心关怀的温度,既融入心理学认知调整、情绪管理的理论和方法,也结合学生实际有建设性地提出了具体的行动方案。作者文学功底深厚,引经据典,将生活中的榜样力量有效融入其中,激发广大学生强烈的爱国热情和行动力,是一篇读来暖心、舒心、知心的好文章。

（扬州大学心理健康教育中心副主任、副教授　周敏）

⑮　"云听课"后,辅导员想对你说

亲爱的同学们:

见字如晤,展信佳。

庚子新春,本是阖家团聚、热闹过年的欢乐时刻,却被一场突如其来的新冠肺炎疫情打断。疫情暴发后,党中央总揽全局、决策指挥,集中力量办大事;全国各地陆续启动重大突发公共卫生事件一级响应,广大医务工作者、党员干部、人民子弟兵、建筑工人们纷纷身先士卒、迎难而上、冲锋在前,第一时间赶赴疫情防控的战场。

每一天,我们都在为疫情数字变化和感染同胞的生死揪心不已;每一天,我们都在为医护人员的向死而生和无私奉献的壮举热泪盈眶;每一天,我们都在为祖国母亲的强大而自豪欢呼。就这样,居家防控的日子在每天的感慨、感动、感激和忧心中慢慢过去,同学们的假期也悄悄流逝。

2月17日,我们原定开学的日子,我收到了来自同学们的信息。"何老师,假期过得还好吗? 很想您。""何老师,好想念咱学校的泮湖和食堂的小笼包啊!""何老师,我们什么时候可以回学校,网络课程又要如何安排呀?"看着你们的每一条留言,我思绪万千。是啊,本应在天工大校园相聚的我们,却被疫情阻断了返校的脚步,原本应在教室里完成的课程也因疫情要暂时改变听课的方式。中央教育部在经过慎重研究后,于1月29日发布了《利用网络平台,"停课不停学"》的通知,于是"云课堂"走进了你们的生活。其实我知道,自1月31日起,学校各部门都严格按照"停课不停学"的要求落实工作,全体教师也都以高度的责任感全身心投入在线教学的准备中。在线的这一头,学校和老师们都已做了完全的准备。但这一切对我、对你们、对学校都是第一次,所以我们都将面临新的挑战。

今天,在线上课程正式"开播"的两天后,身为辅导员的我还是不免对同学们的云听课效果有些担忧。于是,我化身众多听课者的一员,悄悄上线,走进了同学们的"云课堂"。在云听课中,我看到了老师们辛勤的付出和你们的积极活泼,看到了师者的爱生敬业和你们的求真若渴,内心感慨良多,所以想通过这封信对同学们说:

一、要心怀感恩,懂得理解尊重

"学科千万条,物理第一条,上课不认真,补考两行泪,停课不停学,不如学物理""听懂的扣 1,不懂的面壁思过",老师们语言风趣,同学们互动积极,"停课不停学"的网上授课模式,让教师与主播这两个看似毫不相关的职业,因疫情合二为一。虽然老师们无法像医务人员战斗在抗"疫"的第一线,但他们在教书育人的"战场"上正在拼尽全力。尽管教学条件在变化、交流空间在变化,老师们的敬业精神没有变,对授课的投入、对教学的认真和对你们的关爱更是依旧,认真备课、积极调动课堂氛围、关注每一个同学们的留言提问,但他们也是第一次当"主播",请同学们对"跨界"主播的老师们给予更多理解与尊重。

二、要不忘初心,学会自律自强

在改变了上课方式后,缺少了老师与班委的监督,一些同学不免心中窃喜:这样的上课方式太自由。可是,你们是否知道自由的另一个名字是"自律"。在看似自由的时间里,同学们一定要学会调整积极心态,提升防疫抗疫的正能量,利用这个特殊的假期,学会与自己对话,合理规划时间。你可以在课余时间静下心看一本有趣的书,学一门感兴趣的技术,又或者为辛劳的父母做一顿美食大餐。时间是最公平合理的,它从不多给谁一分。泰迪·罗斯福曾说,"有了自律能力,没有什么事情是你做不到的"。希望每一个你,都能认真对待每一门课程,做好每一次预习复习,认真完成每一份作业。不忘初心,践行优良学风;学会自律,做自己生活的主人。

三、要深钻细研,培养钉子精神

习近平总书记曾说,"青年处于人生积累阶段,需要像海绵汲水一样汲取知识"。从"面对面"到"键对键"听课方式的改变,一时的不适应难免造成有些知识点不理解。这都需要同学们有"钻"的劲头和打破砂锅问到底的"钉子精神",想尽办法拨开表层入深底,求得真学问。同时,树立正确的科学观念,学会创造性地学,集中精力去钻,真学真懂真用,做到知行合一、以知促行、以行求真。现在的你们没有约束、时间充足、网络发达,正好可以静下心来深入研究老师的所教所讲,没有什么时候比现在更能提高自己了。他日,待你成才,请做像钟南山院士那样的人,靠专业一流勇挑重担,成为祖国千万人的依靠。同学们,马云的 AI 技术已经应用到抗疫一线了,你还在等什么?

四、要提高警惕,严防网络诈骗

互联网是一把双刃剑。网络在拓宽了我们视野的同时,也衍生出了多种多样的诈骗手段。作为大学生的你们,尚缺少一定的社会经验,很多诈骗组织便将触角伸向大家,通过互联网贷款、网上分期付款、美容贷等多种电信诈骗手段,致使同学们的财产受到损失。

"老师,院长要进我们的高数群,是不是真的啊?""等我核实,暂时不要同意其加群。"这是来自学院班长群里师生的真实对话。为了方便授课,各科任课教师与同学们组建了许多教学群,一些不法分子便企图利用老师名义加入群中以骗取同学们的信任,进而骗取同学们的钱财。这样的事件早已不鲜见,请同学们一定要擦亮双眼,时刻紧绷防范之弦,严防犯罪分子趁机行骗。请记住,防范诈骗,警钟长鸣,辅导员24小时为你开机,遇到任何疑问我都在你的身后。

五、要共克时艰,强化责任担当

疫情就是命令,防控就是责任。当前全国各地的防控手段使我们的生活受到诸多影响,但我们一直见证着以习近平总书记为核心的党中央的坚强领导,视人民的生命和健康高于一切,坚决遏制疫情蔓延的决心和行动。作为新时代的青年,我们虽然不能像万千医务工作者们一样奋战在抗疫一线,但可以居家做好自我防护,做科学防控的知识宣传员、家人健康的守护者,用我们青年自己的方式,与党和人们同频共战,共克时艰,一同打赢这场没有硝烟的战争。在此,希望同学们一定要保持理性认识,强化责任担当,立足本职,坚决做到"日报告、零报告""不返津、不返校""不瞒报、不谎报",同时,要坚决遵纪守法,服从管理,顾全大局,不当头条新闻里的违法者,不做新冠肺炎病毒的传播体。疫情终将过去,春天已经到来,让我们众志成城,同心战"疫"。

"人生的意义在于因为希望,所以等待。更在于因为选择了等待,所以看到了希望。"亲爱的同学们,在这个特殊的时期,请保持住对学习的热情,树立"为天地立心,为生民立命,为往圣继绝学,为万世开太平"的志向,修身待命,静等开学,春暖花开时,我会在天工大等待你们归来。

爱你们的辅导员:何佳彤

作者简介　何佳彤,女,1992年生人,硕士研究生毕业,助教职称。天津工业大学计算机科学与技术学院辅导员,从事大学生思想政治教育和日常管理工作,现任2019级新生辅导员、学生全媒体中心指导教师、学院官微新媒体推送指导教师、学校博雅书院执行委员会委员。曾于2019年7月至9月参加全国第十届残运会志愿服务,并获评"优秀志愿者"。

专家点评

此信撰写于全民抗击新冠肺炎疫情期间和学校"停课不停学"在线开学初期。何佳彤老师围绕学校中心工作积极开展大学生思想政治教育,把思想政治教育与学生个人成长相结合,与学生的生命安全、法治安全相结合,与学生的学习研究、生涯发展相结合,与学生的责任使命相结合,具有很强的亲和力和感染力。文章有机地将习近平总书记关于防控工作指示和精神融入其中,具有鲜明的政治性和思想性,对高校辅导员开展网络思政具有较强借鉴意义。该文充分展示了新时代高校辅导员的敬业精神、关爱学生成长的育人情怀,更体现了当代"90 后"辅导员守土有责,主动作为,用心用情引领当代大学生青年爱国力行、共抗疫情,立大志、成大事的责任担当。

（天津工业大学计算机科学与技术学院党委副书记、高级政工师　方桂珍)

㊐　写给在战"疫"中成长的同学们

同学们:

大家好!

时节不居,岁月如流。2020 年的春天注定不平凡,我们每个人在这场没有硝烟的人民保卫战中,看到了中国速度、中国担当、中国精神。在疫情持续的这段日子里,我们懂得了国泰民安的重要性,懂得了居安思危的紧迫性。也正是因为这次疫情,我们也渐渐懂得了:生命只有一次,有的重于泰山,有的轻于鸿毛。对于正在成长中的大学生来说,如何践行社会主义核心价值观,如何传递我们的正能量,是一个课题,更是一种担当、一种责任、一种使命。在这场没有硝烟的人民保卫战争中,我们也看到了一些来自网络上的负能量,有些是不明就里的,有些是无理取闹的,有些是随波逐流的,有些则是用心良苦的。作为你们的老师,在疫情的这段时间里,也思考了很多,我想与同学们分享一下,在战"疫"中成长,我们需要如何做? 做什么? 做成什么样子? 希望我的同学们能够与我一起成长,疫情中的纸短情长,不负青春,不负人民,不负学校,不负自己。

一、我们要在经历中学会思考与感恩

纵观历史,中华民族屡经挫折而不屈,屡遭坎坷而不衰,成为世界上唯一文明不曾中断的伟大民族。回顾过往,无论是"98 抗洪""03 非典"、冰雪灾害、汶川地震,无一不是危难促使人民更加团结,无一不是危难激发出人民迎难而上的精神,无一不是取得最后的胜利。再看今天,在这场没有硝烟的战"疫"中,无数医务工作者不退缩、不当逃兵,做坚定的"逆行者",做中国的"脊梁",他们用大爱续写了"白衣天使"救死扶伤的神圣诗篇。他们必将成为我们前进路上的一座丰碑。这个寒假独特的经历,使我们每个人都懂得了生命的可贵,懂得了只要人人都献出一点爱,世界将变成美好的人间,也更进一步加深了我们对怀感恩之心的理解,进一步加深了本没有什么岁月静好的认识,只是因为有人为我们负重前行而已。在人类历史前进的过程中,我们总会遇到一些挫折和磨难,可我们从未害怕过,因为我们始终相信:"风雨过后,总会有阳光。"作为一名成长中的大学生,我们要学会在经历中思考一些问题,比如如何践行社会主义核心价值观,如何做一个对社会、对家庭、对自己有用的人。而不是抱怨、诋毁、放弃,更不是没有担当、没有责任、没有初心,在这场没有硝烟的人民保卫战中,我们更应该明白:历史是人民书写的。

二、我们要在自律中学会尊重和关爱他人

对于同学们来说,此时的担当,更侧重于做好自身安全防护,不外出,不聚集,不信谣,不传谣;如实填报相关资料,配合学校、社会、国家做好应对疫情的相关工作;这既是对自己的保护和珍惜,也是对社会的责任和使命,更是对国家的支持与贡献! 在疫情持续的这段日子里,我们每个人的身上都承载着一份责任,都代表着一分力量。居家隔离的时光,虽然无聊,但作为在战"疫"中成长的我们,要学会自律,自律是我们每个人在成长道路上的一种生存哲学。在疫情持续的这段日子里,在家量体温,如实报告行踪,是一种自律;不去人群聚集地,坚持每日健康打卡,是一种自律;如实申报自己的健康状况,是特殊时期,对生命的尊重,对社会的贡献,对家庭的负责……在疫情中经历的我们,只要人人都能够自律,我想这就是一种担当、一种责任,更是一种大爱。我常常在想:在巨大的灾难面前,为什么我们能? 是因为我们相信能,是因为在我们的身后,祖国作为强大的后盾在支持着我们。因为国是千万家,家是最小国。我们始终相信:有一个强大的力量,就是你们! 同学们,在这样一个重大考验面前,我们也是重要的一分子啊。加强宣传,加强监督,学会尊重和关爱他人,是我们义不容辞的自律。

三、这场战"疫"是一堂很好的爱国主义教育课

耄耋之年的钟南山院士临危受命,逆行而上,第一时间给瘟疫定性,他的铿锵话语是国人心中的"定海神针";武汉受病毒感染的医护工作者表示,"等我的病好了,我还会再上一线",他们的担当令人肃然起敬;全国各地的一群群白衣天使,有的来不及与家人告别,便冲向了疫情防控最前线,他们的勇敢让人热泪盈眶;人民警察、快递小哥、超市售货员、基层公务员、环卫工人、小区保安、出租车司机、新闻记者,还有千千万万的志愿服务者,他们尽职尽责,才使得我们在疫情

面前工作有序,生活如常,内心安定;当然,还有我们敬爱的老师,他们每天除了关心大家健康,叮嘱生活、学习中的注意事项,还为我们的学习答疑解惑……这些不论名利、不计报酬,甚至将生死置之度外的勇者,用自己的行动印证了这句话:没有从天而降的英雄,只有挺身而出的凡人。在这场战"疫"中,没有局外人,每个人都置身事内。在这场没有硝烟的人民保卫战中,爱国主义从来都不是因为某一件事情而大谈特谈。爱国主义也从来都不是形式主义。作为在战"疫"中成长的大学生,我们应该随时心怀祖国,听党指挥,应该传递社会的正能量,将爱国主义落到实处,将感恩的心,植根于我们的内心。

四、这场战"疫"是一堂很好的生命教育课

在这场战"疫"中,我们看到了离别、生死、责任、中国加油。我们看到了大爱、担当、荣辱、义无反顾。无论是过去还是现在,无论是风雨还是阳光,除了生死,没有大事。同学们,在这场旷日持久的战"疫"中,我们懂得了生命的渺小,我们看到了生死的瞬间,我们学会了尊重生命。在和平年代,我们更需要懂得敬畏生命,敬畏自然,敬畏我们本该敬畏的一切事物。也让我们更加深了对《义勇军进行曲》的深刻理解和重新解读。我想起了雷锋同志的一句话:"人的生命是有限的,可是,为人民服务是无限的,我要把有限的生命,投入到无限的为人民服务中去。"人的一生应当这样度过:"当他回首往事的时候,他不因虚度年华而悔恨,也不因碌碌无为而羞愧。在他临死的时候,他能够这样说:我的整个生命和全部精力,都献给了世界上最壮丽的事业——为人类的解放而斗争。"

疫情无情,人间有爱。这场疫情,虽然打乱了我们的生活,但我们坚信,没有哪个寒冬不可逾越,没有哪个春天不会来临。等到春暖花开的时候,让我们一起迎接那缕灿烂的阳光。最后我想与同学们共勉这段话:有能力时,就做点大事;没能力时,就做点小事;有权力,就做点好事;没权力,就做点实事;有余钱,就做点善事;没有钱,就做点家务事;动的了,就多做点事;动不了,就回忆开心的事。我们肯定会做错事,但要尽量避免做傻事,坚决不要做坏事。

汪水兰老师

作者简介

汪水兰,女,中共党员,硕士研究生,桂林航天工业学院外语外贸学院辅导员、创业指导师。曾获桂林航天工业学院"优秀教育工作者"、辅导员素质能力大赛二等奖和演讲比赛三等奖。指导的学生荣获"自强之星"称号,指导学生参加"创青春"大赛获省级铜奖,指导大学生"三下乡"社会实践团队取得优异成绩并获"优秀指导教师先进个人"称号。发表理论研究论文7篇,参与国家社科基金研究项目1项和省、校级项目3项。

❤ **专家点评**

作者牢牢把握新时代大学生思想政治教育工作的特点和规律,以对这次新冠肺炎疫情的所思所感为主题,通过信函的形式加强与同学们的沟通交流,让同学们懂得思考、学会感恩、加强自律、尊重他人、心怀祖国、敬畏自然、珍惜生命等。该文通篇语调亲和,易于接受,能引起读者的自我反思。特推荐此文。

（桂林航天工业学院学工处处长、教授　王凯）

⑦ 奋勇拼搏,为梦前行
——致学生们的一封信

亲爱的同学们:

你们好!

时光匆匆流逝,转眼间,我作为一名辅导员老师已在这个岗位奋斗多年。今天回过头来,看着还在校园里为了自己梦想奋斗拼搏的你们,回想着那些已经毕业的你们的学长学姐,发现我也早从一个稚嫩的大学毕业生变成了老练的辅导员。这一切,归功于你们,是你们教会我成长,促使我努力成为一个值得信赖的老师和朋友,在你们走好自己路的同时,今天在这里,我也有许多话想对你们说。

习近平总书记在 2020 年新年贺词中指出,万众一心加油干,越是艰险越向前。习近平总书记的话指引着中国青年的前进方向,也在砥砺新时代思政工作者和新时代大学生的使命初心。2020 年是具有里程碑意义的一年,降生于新世纪、逐梦于新时代的你们是何其幸运,因为你们将亲身经历第一个百年奋斗目标的实现,将亲眼见证中华民族几千年发展史上首次整体消除绝对贫困的现象。但 2020 年也会是"风平浪静"与"波涛汹涌"并存的一年,因为"船到中游浪更急,人到半山坡更陡",物质极大丰富的背后有精神消颓疲糜的隐患,视野日益开阔的背后有不良思潮侵蚀的危险,思维更加活跃的背后有多元价值渗透的挑战。因此越是身处向目标冲刺的"最后一公里",越是要坚定、沉着、细致、精准,持之以恒固信念之基,千方百计聚同心之力。新时代青年的"固信念"是民族复兴、时代发展的动力所在,因此你们作为新时代青年大学生,更应发展好自己,为梦而前行!

在我的心中,大学一直是一座孕育梦想的象牙塔。这里有着自由向上的氛围、完善的设施和优秀的学者。心怀理想的你们可以在这里通过努力实现抱负,从而改变自己和家庭的命运,并为社会做出贡献。你们可以在这里学习新鲜事物,接触先进的理论和技术。文体活动和社会实践也为大学生活注入了活力,为你们提供了表现的平台。

俗话说,梦想只属于有准备的人。经历高考洗礼成为大学生的你们,证明了自己的聪明、勤奋、坚韧与勇敢。但若因此而懈怠,不好好在大学中努力前行,放任自己窝在被窝睡懒觉,沉迷网络游戏,这样下去,你们就会脱离实际生活,甚至荒废学业。同时,你们的梦想也将离你们越来越远,慢慢变成幻想。作为你们的辅导员,我认为你们应该抓住自己的梦想,时刻做好准备,你们应该时刻牢记以下几点。

第一,你们要永远相信知识改变命运,不要相信别人所说的知识无用论。在入世情结如此严重的今天,太多的人急功近利,把学习知识落在了一边。但试问,如果没有了知识,没有了追求知识的动力,那么你们又会获得什么? 走出校园又该如何回报社会? 我们的国家又如何依靠你们青年力量走向复兴呢? 知识绝对是大学发展生活中最重要的一环,你们作为学生应谨记这个本职任务。

第二,永远记得成功来源于 99% 的汗水,坐享其成没有出路。成功不是买彩票,梦想不是无本之木、无源之水。一切投机和侥幸的心理只会将人拖向懒惰和虚度的深渊。天才毕竟只是少数,只有将自己的汗水洒在梦想的土壤中,梦想的种子才能够顺利地生根发芽,以至开花结果。因此,我希望你们能够在自己梦想的土壤上勤勤恳恳地耕种,而不是幻想一夜发芽成材。

第三,要努力与周围的人沟通交流,做到坦诚相对。在大学,你们必须打开心门。为了自己的学习而将内心封闭起来,这固然能使你心无旁骛,但你们终归要走入社会,需要与他人进行交谈。因此,在步入社会前,我希望你们能够学会消除陌生感,提高人际沟通的能力。我想,班委会和团组织部都是很好的平台,能够帮助你们实现这一目标,但这也并不是说担任学生干部就是唯一的方式,凡是好的、能正确表达自己的方式都可以为你们所用。

第四,要做一个懂得感恩的人。大家离开家,许多事情需要你们独自面对。对于亲情、友情、爱情,该怎样把握? 当它们之间有了冲突时,你又该怎样解决? 我想,这是一个重要的课题,将决定你对人生很多问题的看法。如果你始终保持着一颗感恩的心,你就会对"情"心存敬畏。这样,你就会少些鲁莽,多些沉稳。

第五,在学有余力之时,也要丰富自己的课余生活。在未来,你一定会怀念大学时光,你也一定希望这段人生经历充满色彩。所以,充实自己的大学生活吧! 像科技创新活动、社团活动、实践下乡、文娱体育等等,如果你有精力参加的话就尝试下,它们的趣味性一定不会让你失望的。在这些活动中也相信你能获得很多!

第六,不要过度沉迷于网络。在这里,我主要是想告诫大家,特别是男生,许多大学生是"网虫",经常沉迷于电脑游戏。高中时,由于学习紧张,被家长管得严,因此,你们没有太多时间用在这上面。现在到了大学,你们是不是想放松放松呢? 我想,如果你们过度地沉迷于网络,深陷虚拟世界而不能自拔,那么,你们注定只能离现实世界越来越远,终将无法避免地被现实淘汰。适当的放松娱乐是没问题的,但一定要适度适量,如果将全部精力都放在电脑游戏上,那你们只会越来越远离梦想。

以上是我作为辅导员接触教育学生多年总结的一些经验,也是大家在大学期间应该仔细思考的一些基础话题,但基础并不代表不重要,希望大家能仔细思考,自己需要的到底是什么,自己又该如何为了梦想去努力拼搏。我作为辅导员老师并不是你们人生路上唯一的引路人,但至少我能在这四年指引你们、陪伴你们。希望大家奋勇拼搏,为梦前行,走好自己的人生长途之旅,在大学期间书写出自己青春无悔的"交大故事",创造出属于自己的青春传奇,在奋斗中释放青春激情、追逐青春理想,以青春之我、奋斗之我,为民族复兴铺路架桥,为祖国建设添砖加瓦!

爱你们的举哥(付铭举)

作者简介

付铭举,男,硕士,讲师,大连交通大学电气信息工程学院辅导员,校团委兼职副书记,国家心理健康辅导员。曾荣获辽宁省暑期"三下乡"社会实践"习近平新时代中国特色社会主义思想"宣讲交流专项行动"先进个人"、辽宁省第七届大学生戏剧节"优秀辅导教师""优秀导演"、大连市党委系统"优秀信息工作者"、大连市"优秀学生思想政治教育工作者"等多项荣誉。

专家点评

走好人生长路,将梦想照进现实,需要的是不断的努力和脚踏实地。本文作者以鞭策的语气鼓励大学生切勿松懈,应保持积极进取之心。大学是人生中一个十分重要的阶段,在这个阶段中同学们会遇到很多新事物,在面对新事物时也相应地会发出对人生新的感悟,并去切实地考虑自己的梦。而在如何追梦中,作者思考并提出的几点建议,也为青年大学生度过大学生活、追逐个人梦想提供了帮助。让大学生们牢记奋勇拼搏,为梦前行这一主题。

(大连交通大学电气信息工程学院党总支副书记、副教授　马笑玲)

⑦⑧ 致学生：庚子大疫，遍看人生的四重境界

亲爱的同学们：

著名哲学家冯友兰先生曾在其文章《人生的意义及人生中的境界》中写道："人生的境界可分为四种，自然境界、功利境界、道德境界和天地境界。"

2020 年 1 月，己亥之末，庚子之初，一场新冠疫情席卷全国，在此期间，我们看到了太多的人性光辉也见识到了不少人性之愚恶——我们为医护人员义无反顾的出征而落泪，也因那些故意传播病毒的人而齿冷；我们为贯彻网格化管理、坚守岗位的志愿者们而感佩，也因那些不戴口罩硬闯关卡的人而愤慨；我们为一方有难八方支援的口罩捐助、果蔬捐赠和背影逆行而激扬，也因将受助物资中饱私囊的武汉红十字会而恼怒……一场疫情，演尽人生百态，庚子大疫，让我们遍看人生的四重境界。

一、自然境界，依从本性的人

冯先生描述的自然境界，是缺少知识与思考的境界，一如婴儿吃奶，又如原始人的求生本能，在这个境界中的人，依靠本性活着，糊里糊涂。我也曾以为，当代社会义务教育的普及，已经让所有人都从自然境界中走了出来，结果庚子大疫却出现了确诊的病人为了发泄自己的悲痛与不满，便扯掉医生的口罩对其吐口水并追打护士的情况。仅仅是为了自己的情绪发泄，甚至不是为了谋求自己的利益，只是依着自己的本性来行事，自然境界中，人所异于禽兽者，又有几希？

二、功利境界，不那么精致的利己主义

处于功利境界的人，其行为是以追求个人利益为目的的，先我而后人，做事多出于私心。为了一己之私，不顾隔离防控法，非要去聚会凑热闹的人有之；贪墨公款私自处理募捐物资的武汉红十字会有之；为了哗众取宠博取流量故意造谣传谣的"键盘侠"亦有之……所幸，在大是大非面前，在大灾大难跟前，如此显著的功利利己，只是少数，否则，多令人心寒！

三、道德境界，负重逆行

如果说功利境界是求个人之利者，那么道德境界就是求社会之利者，此二者，即私与公，小我与大我之别。一批又一批的医护人员签下请战书，舍小家而顾大家，驰援湖北；一辆又一辆大货车，拉起横幅为武汉加油，一车又一车的捐赠物资从全国各地送达武汉；一个又一个求学国外的学子、散布海外的华侨，为了支援祖国而不知疲惫地在国外商场、药店购买、筹集医用口罩，不远万里寄回祖

国……太多感人的画面,让道德境界的义举的光辉,温暖了无数彷徨的心灵。

四、天地境界,我将无我

天地境界是最高的境界,是天地与我为一、万物与我同生的境界,是看淡生死、我将无我、服务宇宙的大格局与大气象。84 岁挂帅出征的钟南山院士,73 岁浴血一线的李兰娟院士,因超负荷工作而收到强制休息令的无数抗疫战士们……他们那"捐躯赴国难,视死忽如归"的格局与气象,令人敬仰与叹服。

亲爱的同学们,你们是什么样子,你们的国家就是什么样子,你们是什么格局境界,就决定了你们的国家是什么格局和境界!习近平总书记有言:"国家的希望在青年,民族的未来在青年。"作为当代大学生、时代新青年,我们应该向崇高致敬并且努力向其靠近,不断提升自己的思想境界、人生境界。

(一)人生的扣子从一开始就要扣好

明是非,辨善恶,知荣辱,只有思想认知摆正确了,我们的人生路才不会走歪。扣好思想的扣子,我们才不会在众志成城一起战役的时候硬闯关卡、才不会在人心惶惶的时候还要在网上造谣散布恐慌、才不会因为自己患病而想要报复社会传播病毒……我们才不会变成我们所不齿和厌恶的样子。正所谓"立志圣则圣矣,立志贤则贤矣",在遵守基本的公民道德和法律法规的基础上,当代大学生还需志存高远,应以圣贤为导向,以时代英雄楷模为目标,一苇以航。

(二)道不可坐论,德不能空谈

想要提升人生境界,还不可单单停留在想和说上面,还需要知行合一,持之以恒。面对疫情,我们大学生能做什么?我们可以做很多!我们身上有蓬勃的力量!每一天认真填写按时提交防疫信息系统,就是在为抗疫统一战线的信息整合和防控做贡献;遵守地方防疫的部署,按规出行或是宅家隔离,就是在为抗击疫情、阻隔病毒做贡献;在社会需要的时候,挺身而出,戴上口罩穿上志愿者的红马甲,配合社区防疫工作,更是体现了大学生的社会担当!"道虽迩,不行不至,事虽小,不为不成",尽到我们的责任,做好我们的担当,知行合一,坚持不懈,总有一天,于平凡中成就伟大,我们也可以是平凡的英雄。

(三)奋斗是青春最靓丽的底色

面对庚子大疫,我们有时候会抱怨自己的弱小,我们既不像白衣天使一样战斗在最前线,也不像科学家一样研制疫苗调配药方,也不像人民公仆坚守岗位布局谋划,甚至都不像一个有稳定收入的社会人能为灾区捐助财款物资……似乎,我们能做的好像就只是宅家、填表,再厉害一点就是当志愿者了。但同学们不必妄自菲薄,一代人有一代人的长征,一代人有一代人的担当,就像网上流行的一句话说的:2003 年的"非典",全世界都保护着"90 后",所以在 2020 年的新型肺炎疫情中，"90 后"接过了接力棒，开始学着保护世界了。同学们，与其自怨自艾，宅家无所事事，不如珍惜时光，不负韶华，更坚定自己的目标与信念，学好本领，才能在未来可能的灾难中，成为世界的保护者！

亲爱的同学们，愿我们永远都有向上的力量，永远都保持着热泪盈眶的赤子之心，永远铭记庚子大疫带给我们的感动与启发，收拾好行囊，再出发，走出自然境界，走出功利境界，走进道德境界，走向天地境界！

你们的辅导员小姐姐：颜子如

作者简介

颜子如，女，硕士，助教，中共党员，毕业于南京师范大学思想政治教育专业，西南石油大学经济管理学院辅导员，国家三级心理咨询师，BCC生涯教练，主要负责学院学生心理健康工作、"易班"建设工作。曾获得学校心理工作"先进个人"、学院工作"优秀个人"等荣誉。

专家点评

本篇信件从冯友兰的人生四境界引出疫情期间不同人的不同行为和不同思想道德境界，引发了读者对当代大学生应该追求什么样的人生境界、什么样的价值观的思考。随后，信件结合了习近平总书记给青年的寄语，对当代大学生应该如何去提高自己的思想境界、人生境界展开了具体论述，对大学生厘清人生目标、向正确的方向奋斗有一定启示。信件中流露出辅导员对学生成长的关怀，彰显了人文主义情怀，通篇文笔流畅，有理论功底也有事例支撑，既有深度也有生动，是篇不错的文章。　　（西南石油大学经济管理学院团委书记、副教授　刘波）

第六章　乘风破万浪

⑦⑨　给宅家学习同学们的信

亲爱的同学们：

你们好！

从 1 月 11 日寒假至今，已经两个多月未见到同学们了，甚是想念！各位在家过得好吗？

鉴于目前疫情防控形势的复杂严峻程度，按照教育部的统一部署，高校开学的时间可能要继续往后延，估计三月份开学已经可能不大，究竟要到何时，只能耐心等待。看样子，同学们还要在家宅一段时间。

自 3 月 2 日学校线上开课以来，同学们居家线上学习已经步入第三周。对于习惯了按部就班课堂学习的你们，突然打破常规，完全自主学习、自主支配生活、自主规划一切，一时难以适应肯定难免，再加一些同学由于受家庭条件的约束（如网络信号质量差、学习资源缺等），学习遇到种种困难，有的同学生活也遇到一定困难……这些老师完全能够理解，学校也十分清楚。

作为你们的老师，更重要的是作为承诺过你们——"我助你们成长、你们伴我退休"的"商贸老员工"辅导员，时时刻刻在牵挂着你们，因此，写这封信一是作为你们的父辈与同学们谈谈心，二是算作一次主题班会的个人发言。这里同你们交流四个方面问题：

一、精心规划学业。

假期我又再次认真翻阅了各位的档案（包括高考志愿表、高中学籍及家庭状况等),对每位同学情况又有了进一步的了解。进入本班的同学高考成绩都不错,有近一半的同学在第一年高考成绩不理想的情况下没有迁就,随意选择就学,而是坚持复读,为的就是要上一所好一点的学校(当然也有不少同学一直为未能进入本科大学而心存遗憾),好在有缘相聚安徽商贸,我们组成了 60 人的大家庭。进校后,我一再要求同学们规划好自己,为实现自己的梦想继续奋斗。无论你是选择三年后的专升本,还是参加小自考,还是走专业发展之路,都必须要认真规划,必须要有路线图、时间表,必须要一步一个脚印走实,并努力为之奋斗。建议趁这次居家期间,好好调整或完善自己进校时的三年规划,要求在 3 月底提交,我来备存,到 2022 年 7 月你们毕业时我们来对标。当前同学们务必珍惜来之不易的整段时间,集中精力攻关五月份的会计初级职称考试,力争打胜专业发展进程中的第一战役,给自己大二大三专升本(今年安徽的专升本招生计划可能是去年 3 - 4 倍,据说有 30000 多人)、自考等储存更多的时间,否则,到大二时,专业课全面铺开,在紧张学习之余,还要一面忙于职称考试,一面忙于专升本等学习,到时候会感到应接不暇。要学会"弹钢琴",合理安排好时间,完成公选课学习,精心学好线上开设的两门专业课,助力职称考试。对于线上学习,要按照进度和要求,认真完成自学(会计课的课件充分结合职称考试的内容,通俗易学,我花了不少精力,值得细看),同时一定要加强作业练习,做到学、做、练有机结合。

二、珍惜亲情相聚。

今年寒假是我最心痛的一个假期,元月 31 日我 93 岁的老母亲驾鹤瑶池。永失母爱,我才真正感受到自己从一个有母爱的孩子变为即将步入独立的六旬老人行列,原本生我养我的家变成了故乡! 我在这里不是向各位诉说心中的痛楚,而是想说,希望你们珍惜亲情,珍惜当下! 大家是学会计的,可以算一笔账,18 岁上大学后(一般情况),每年两个假期居家时间最多三个月,三年大学期间最多有 9 个月时间与家人在一起(其中不包括自己独自外出活动时间);工作后如果在异地,每年只有假期才能与家人相聚,一年能有 10 天时间就非常不错了,如果你们的父母还能健康 50 年,试想,还能够与他们在一起生活多长时间? "树欲静而风不止,子欲养而亲不待"! 孩子们,今年的寒假是同学们高考进入大学后回家与家人团聚的第一个假期,疫情延长假期更是各位回报父母家人 18 年抚育之恩的难得机会,当倍加珍惜!

三、养成生活规律。

从我与一些同学的电话交流中得知,不少同学经常熬夜,甚至通宵,乃至有的到中午还未起床,生活没有章法。这样长期下去,不仅自己身体承受不了,还将家人的生活规律打乱。可以想象,自己的父母及家人白天要忙于劳作(工作)、家务,还担心影响到你们的休息(白天睡觉),中午还要给你们准备午饭,这样不但加重家庭的负担,同时也让自己成为家庭的负担,我自己也是做父母的,对此深有感触。在此,建议各位,可以根据家庭的现有条件,尽量适应家人的生活节奏,合理安排自己的作息时间,进行适度简易的身体锻炼,保持足够的睡眠时间,做到学习、生活、锻炼皆兼顾。

四、履行责任担当。

习近平总书记 3 月 15 日在给北京大学援鄂医疗队全体"90 后"党员的回信中指出,"在新冠肺炎疫情防控斗争中,你们青年人同在一线英勇奋战的广大疫情防控人员一道,不畏艰险、冲锋在前、舍生忘死,彰显了青春的蓬勃力量,交出了合格答卷",并寄语广大青年"让青春在党和人民最需要的地方绽放绚丽之花"。在这场疫情防控的总体战阻击战中,4 万多名驰援湖北的医护人员中就有 1.2 万多名是"90 后",其中相当一部分还是"95 后"甚至"00 后",他们与各位都是同时代的青年,国家有号召,青年应有行动。在防控疫情战斗中,我校也涌现众多的先进典型(如会计 198 班的齐家乾同学通过腾讯公益捐款 1000 元;会计 188 班邹星、黄曼丽、王琼等 15 名同学捐款近两千元;广告与策划 193 班的陈辉出门倒垃圾时,看见门口的环卫工人工作时没有口罩戴,当即拿出 20 个医疗口罩送给环卫工人;还有众多的同学成为当地社区、村民组志愿者等),当然更多的同学遵规守纪不添乱,"宅"在家里本身就是对疫情防控工作最大的支持。国难兴邦,作为新时代的大学生的你们应当有所思、有所行,在安全得到充分保障的前提下,利用自己的知识或简便易行的志愿行动做一些力所能及的公益活动;每天及时准确填报疫情防控调查表也是对学校防控工作的极大支持;在家多帮助家人做点家务、多参加一些家庭劳动,减轻父母的负担,也是对家庭的贡献。总之,希望你们以自己的实际行动来传播一名当代大学生的家国情怀,在校做一名勤奋上进的好学生,在家做一名懂事孝顺的好子女,在社会做一名勇于担当的好公民。

初春的校园,"爱情海"边杨柳依依,"情人坡"上碧草葱葱,春暖花开的校园,静等你们的归来。

祝同学们学习进步,身心健康,生活愉快! 同时向你们的父母及家人问安!

你们的老师、辅导员:朱光应

作者简介

朱光应，男，1962 年出生。工商管理硕士，教授，中国注册会计师，中国会计学会高级会员，安徽省教学名师，安徽省高职高专财务会计专业带头人，安徽师范大学经管学院兼职硕士生导师。芜湖市审计学会副会长，安徽省政府质量奖评审专家。现任安徽商贸职业技术学院党委副书记、纪委书记，兼任安徽商贸职业技术学院会计 199 班辅导员。工作 37 年来，坚守教育教学一线，秉持以生为本、以德为先的教育理念，坚持将教书与育人有机融合，在承担大量教学与行政工作的同时，先后担任五届辅导员（班主任），始终以饱满的工作热情感染学生，以言传身教影响学生，以细致入微关爱学生，深受学生的喜爱。工作之余在《华东经济管理》《教育发展研究》《商业研究》等期刊上发表学术论文 20 余篇，主编、参编教材 20 余部（其中主编 5 部，国家规划教材 1 部，省级规划教材 2 部），出版专著 1 部，获省级教学成果一等奖 2 项、二等奖 4 项、三等奖 1 项。曾获评安徽省高校"优秀党务工作者"等荣誉称号。

专家点评

初心易得，始终难守。教书育人不是一阵子的事，而是一辈子的事。朱老师 37 年来始终捧着一颗育人初心耕耘在学生工作第一线，实在令人敬佩。此信从精心规划学习、珍惜亲情团聚、养成生活规律和履行责任担当四个方面详细地给因疫情而宅家学习的大学生提出了针对性的建议，用会计专业知识为学生精算一笔时间账，用失去至亲的切身感受去感召，用身边的朋辈榜样去引领，从思想与行动上引导大学生树立合理规划学习、珍爱亲情与勇担责任的使命意识，并努力践行之。言辞自然亲切，感人至深，能让读者深刻地体会到一名热爱学生工作的老辅导员的拳拳之心，对大学生具有很强的思想启迪教育意义。

（大连海事大学二级教授、博士生导师、时代楷模、全国道德模范、最美奋斗者 曲建武）

⑧⓪ 不怕人生的转弯
——给一个大一家庭经济困难新生的回信

A 同学：

您好！

收到你给我写的信，非常感谢你对老师的信任，能将家中的一些情况及你当前的一些迷茫及时和我交流。当你面对专业学习、未来就业和家庭经济困难等多重压力时，能够写信告知我，我深感欣慰。感谢你对老师的信任，老师也愿意和你一起坚强面对现实中的一些挑战,一起努力克服困难,走向一个更好的未来。老师想以自身的一些成长经历和你一起分享,并将成长中的一些感悟作为给你的回信,以此共勉! 希望大家在这个美好的时代一起努力奋斗,实现人生价值。

和你一样,我也出生于一个农村困难家庭,小时候的我无忧无虑地成长,从小学到初中一直成绩较优秀,各方面表现都非常好,得到老师和同学们的一致肯定。但那时候,我的家庭经济也十分困难,于是在面对家庭经济条件较好的同学时,我偶尔会自卑。

中考时,我以全校第 11 名的成绩考取了当地重点高中,但考虑到家庭经济状况,我选择了放弃学费高昂的省重点高中,而去了一家给我免学费的私立学校。这个选择完全是考虑到我的家庭经济困难现状。我感恩我读书的私立学校,学校对我们家庭经济困难学生给予了多方面的帮助,学校不仅给我们免学费,而且还在学习、生活和心理等各方面对我们非常关照,到现在我都记得高中学校的各种好!

在老师的帮助下,我学习上勤奋努力,于是我顺利地以优异的成绩考取了大学。高三毕业了,很多同学因为考取了大学都很高兴,而我却很忧愁,面对高昂的大学学费,我很担忧,以至于我不敢去大学报到。幸亏我接到当时大学辅导员的一个问候电话,辅导员和我说可以先走"绿色通道",先来校报到,学费的事情学校会给予适当照顾。于是结果你可以猜想得到,我非常顺利地上了大学。我今天能对辅导员岗位这么认同,这和我读大学时候的辅导员对我的关心和帮助有很大的关系。

我依靠两年的国家生源地助学贷款和国家助学金等各项资助顺利完成了学业。在大学,我学习也算努力,获得国家助学金和优秀学生奖学金等各类资助累计超过 2 万元,同时我也靠个人努力做过家教,去辅导机构做兼职,寒暑假去建筑公司实习等不断提升自己,在大学阶段我基本做到了自立自强。不仅如此,我还经常鼓励我的家人和我身边的同学要努力奋斗,通过学习和知识改变现状,改变命运,相信未来一定会好起来。到了大四,我也面临着就业和考研等前途方面的压力,同学们纷纷落实了工作单位,而我由于考研等因素一直没有去找工作,那段时间我特别焦虑,以至于我经常需要借助跑步锻炼或者去图书馆安静地看书以求心理的一时安定。

我很清晰地记得我的考研成绩,我的英语刚好过国家线,少一分我就考研失败了,但幸好那段时间我没去找工作,静下心来考研终于有一个好的结果,而我当时也依然是从家庭经济的角度考虑,选择当时在读研期间不用交学费,而且每个月发生活费补助的深圳大学。我在深大跟着老师做项目、做课题,公开发表了我人生第一篇论文。感谢老师的栽培,我的导师经常请我去他家吃饭,教育我做人脚踏实地、自强不息的道理,让我受益至今。

研究生毕业后,我选择了考博士,虽然在坐满三个教室的考生中,我的笔试成绩第一,心理统计与测量科目是最高分,但是由于面试表现不佳,我和博士擦肩而过。毕业后我去到广东中山市做了一名普通的中学老师,三年中学老师生涯后,我有幸考取了本校的辅导员,一直工作至今。我想这是我喜欢的工作了,因为在这个岗位上可以将国家和社会对大学生的关爱传递,我愿意为之一直努力地做下去。

以上是我求学求职生涯的一些成长经历,写出来是很轻松的,但是经历并不轻松,每一步都走得非常不容易,也经常感觉无助、迷茫和困惑。但是感恩于我遇见的每一位老师、每一位同学、每一个长辈,他们都尽心尽力地帮助我,让我得到成长。而我现在也是从事高校思想政治辅导员工作,职责就是立德树人,帮助我的学生们从思想和心理上走向成熟和成长,成为德智体美劳全面发展的社会合格人才。

而如今,对于家庭经济困难学生,国家设立了国家助学金、国家奖学金、国家励志奖学金、国家助学贷款等资助政策,学校层面有经济困难学生补助、勤工助学、爱心互助基金、绿色通道、社会各界资助等。高校对家庭经济困难新生入学实施"绿色通道"。可见,当前大学生可以实现:入学前不用愁,可申请生源地信用助学贷款;入学后更不愁,各类奖助学金项目,你符合条件即可申请。高校在校生可以按照规定申请享受国家助学金、国家励志奖学金、国家奖学金、建档立卡困难家庭学生特别资助、服兵役国家教育资助等国家和省资助项目。党的十八大后,国家对学生资助政策出台和完善的速度进一步加快,财政投入进一步增加。当前我国建立起了具有中国特色的学生资助政策体系,实现了各个教育阶段全覆盖、公办民办学校全覆盖、家庭经济困难学生全覆盖,在制度上保障了"不让一个学生因家庭经济困难而失学",使教育公平这一崇高理念在社会主义中国落地生根。

著名作家林清玄在撒贝宁主持的《开讲了》节目中的一个演讲《不怕人生的转弯》中讲述了他青少年时来自一个家庭经济非常困难的成长故事,他说:"你的环境并不能决定你的未来,你的过程也不能决定你的未来,而是你的心的向往决定了你的未来。我小时候那么穷,可是我八岁的时候就立志将来要当一个成功的、杰出的、伟大的作家,自己每天鼓舞自己。"艰难困苦,玉汝于成,人要经历困难和挫折,才能够体验到克服困难挫折、直面挑战和努力奋斗的意义和价值。

习近平总书记在纪念五四运动100周年大会上的讲话中指出："青年是整个社会力量中最积极、最有生气的力量,国家的希望在青年,民族的未来在青年。"作为新时代大学生,一定要相信我们党和政府,善用自己的聪明才智克服成长成才过程中面临的困难,实现发展、成长和成才,记住:不要怕人生的转弯!

"子曰:三军可夺帅也,匹夫不可夺志也。"祝福你能通过努力,实现自我价值,做社会主义合格建设者和可靠接班人! 祝好。

你的辅导员老师:彭彭

作者简介	彭胜华,男,1988年12月生,江西余干人,中共党员,硕士,讲师,五邑大学文学院辅导员。曾荣获广东省教育系统基层党支部组织生活创新案例二等奖、五邑大学"优秀学业指导师"等荣誉。研究方向:大学生思想政治教育、大学生心理健康教育。参与省市级课题2项,公开发表论文9篇。

专家点评

该信语言质朴却又饱含一片深情,一片对家庭经济困难学子的拳拳爱心。信中辅导员以亲身经历徐徐展开与学生的心灵对话:老师同样来自经济困难家庭,因为经济问题连上大学都困难,后来在其辅导员的帮助下,心怀感恩的他,在国家各项利好政策资助下,不仅顺利完成大学学业,还攻读了研究生。正是受到其辅导员的影响,使得彭老师毅然选择了大学辅导员这份职业作为人生职业,心怀感恩的彭老师觉得要把这份爱心和勇气传递下去,让更多的家庭经济困难学子不能因为家庭经济困难而失去了奋斗志向,失去人生目标,所谓"穷且益坚,不坠青云之志"。此外,辅导员还给学生详细介绍了当前国家给家庭经济困难学生的各项资助政策,让学生安心完成当下学业。

整封书信,娓娓道来,动之以情,晓之以理,既可让学生放下思想的包袱,懂得常怀感恩之心,又可以鼓励学子努力前行,只争朝夕,不负韶华。书信语言平实,故本人极力推荐。

〔五邑大学文学院副院长、教授、文学院2019级汉语言文学(师范)导师 周文〕

⑧ 不忘初心，勇于担当
——写给"受委屈"的学生干部

亲爱的同学们：

你们好！

开学已经一段时间了，同学们初入大学的新鲜劲儿正慢慢褪去，学习和生活步入正轨，学生干部正发挥着越来越重要的作用。然而，每到这个时候程老师总能收到几封学生会干部的辞呈，也常听到辅导员提起一些曾经十分热心班级工作的干部"撂挑子"了。细问原因，同学们除担心忙碌的工作影响学习外，纷纷表示当学生干部心里头有委屈。

当了干部才知道，学生干部没有想象中的光鲜，有时候为了工作忙前忙后来不及吃饭休息，有时候工作难度大不仅得不到同学们的理解和配合，甚至迎来冷嘲热讽。程老师在学生阶段也曾是一名学生干部，也曾有过"猪八戒照镜子——里外不是人"的感受，但最后都能克服困难完成工作并总结出一套管理经验。今天，程老师就和同学们聊一聊如何当好一名学生干部。

首先，要找回竞选干部时的初心。

相信每一位竞选干部的同学都思考过这样的问题：为什么要当干部？当干部有什么好处？不排除有的同学想利用干部身份获得评奖评优的便利，但绝大多数同学竞选干部的初心都是很真诚地想要服务学校师生，提高自己的综合素质。如何才能既帮助他人又锻炼自己呢？融入学生组织，竞选班级干部，积极协助老师开展工作，赢得更多搞活动、写策划、练表达、学沟通的机会，无疑是最好最高效的方法。现在，面对从学生到干部角色转换的不适应，工作杂乱没有头绪，问题处理缺乏经验，你就忘记竞选干部时的初心了吗？

记得有这样一句话："无论面对什么样的困难，比克服困难的技能更重要的，是克服困难的动机。"不忘初心，方得始终。同学们，在遇到困难想打退堂鼓的时候，不妨问一问自己，当初为什么要积极争取这个职位，这个职位对你而言意味着什么。如果能从内心去思考事物本质和背后蕴藏的道理，不那么轻易地迷失自己的努力方向，你一定会走得更加坚定，创造出更高的价值。

其次，要正视并努力克服"畏难"情绪。

世界上没有一件工作不辛苦，没有一处人事不复杂。工作开展不顺利，受了点委屈就想放弃是典型的畏难情绪。当然，这也是一种再正常不过的心理，因为谁都想过得轻松舒服些。但是如果你想得到自己追求的，就必须克服畏难情绪，哪怕是硬着头皮也要继续努力。你要知道没有什么是可以不劳而获的。要想做到上台发言条理清晰,就需要台下十遍百遍的练习;要想 PPT 做得精美大方,就要潜心学习软件知识;要想活动开展得如火如荼,就要充分了解同学们的所思所想;要想赢得同学们的支持和配合,就要真诚地付出,设身处地地为他人着想。

万事开头难。不试一试,怎么知道自己到底能不能做到? 谁不是一路跌跌撞撞地去尝试,才能让自己得到更好的呢? 建议同学们少一些矫情想象和自我感动,多听、多看、多学、多干。当你身处其中,会发现很多事情真的没有你想象的那么困难。戒掉"玻璃心"吧,勇敢地向前跨一步,你会看到不一样的天地,收获更好的自己。

第三,要积极沟通,找到解决问题的最佳方案。

校园生活不似职场,学生与干部之间没有明显的利益冲突。那为什么会出现矛盾和纠纷呢? 主要还是沟通出了问题。有些干部未能很好地进入角色,虽然工作认真负责,但说话做事欠考虑,往往伤害到别人的自尊而不自知,最终失去了同学们的支持,落得"努力工作而不被认可"的境地。可见,当学生干部是要讲究方式方法的,需要不断总结经验,找到问题的最佳解决方案。

遇到不配合的同学,可以先问问自己,是不是用命令式的口气布置工作了? 有没有把活动的意义和内涵讲解清楚? 能不能从同学们的角度重新思考问题? 可不可以采用更恰当的沟通方式呢? 真要是遇到自己没见过的、解决不了的问题,还有最后一招,向上任干部请教,与学长、学姐沟通。更不要忘了你的辅导员、负责团学工作的老师,他们是你工作的坚强后盾。相信经过一番思考和准备,可以找出最佳的工作方案。如若不然,也是一次可以吸取经验教训的宝贵经历。

第四,做最好的自己。

你的身边有这样一群优秀的学生干部吗? 他们青春有活力,开展活动总能别开生面,不论是考专业证书还是参加比赛都能手到擒来,受到老师和同学们的一致好评,还没毕业就被各大公司争相邀约。观察这些优秀的学生干部,我们会发现他们并非一入学就表现突出,而是在一次次的工作磨炼中成长起来的。遇到失利的情况他们也会委屈难过,但是这都不能将他们打倒。他们总是积极面对,不躲懒,不抱怨,勇担当,即使明知会失败也不放弃任何一个提升自己的机会。久而久之,这些学生干部的能力都得到锻炼,成为同学们争相学习的对象,工作开展也越来越顺畅。如果你也想和他们一样,拥有充实、精彩的大学生活,那么从现在开始就不断努力,做最好的自己。

当学生干部是一种很有益的人生锻炼过程,是培养管理意识和服务意识的宝贵机会。希望每一位学生干部都能够不忘初心,勇于担当,不负青春不负己。

可爱的学生干部们,加油!

程慧

程慧,女,中共党员,硕士研究生,现任安徽商贸职业技术学院会计系团总支书记。曾荣获安徽省高校教师就业创业指导课程教学大赛创业组一等奖,指导学生参加安徽省大学生创业大赛荣获金奖,多次荣获校"优秀辅导员""先进工作者""优秀共产党员""优秀党务工作者""优秀指导教师"等称号。主持省级课题1项,校级课题2项,发表多篇论文。

专家点评

学生干部是学生群体里不可缺少的重要角色,对他们的培养有利于搭建师生沟通的桥梁,营造良好的班风、学风。作者敞开心扉,从亲身经历谈起,表达了对学生干部的理解和信任,设身处地为学生干部支招,对指导学生干部开展工作具有很好的借鉴意义。文章言语温暖又充满力量,相信同学们读后能够找回初心,克服困难,提升自我,早日实现梦想。

(安徽商贸职业技术学院会计系党总支书记、教授 丁增稳)

82 走得再远,不能忘记为什么出发
——给学生骨干的一封信

小雪:

善良、上进、负责的姑娘,新年快乐!

期末考试过后你们,作为学生骨干提交给我本学期的工作总结,当我看到你的名字时,去年关于你工作的一些事情又浮现在了我的眼前。那是去年11月16日下午,我登录QQ,看到了一条你发来的长留言。你向我"求助"说:"刘老师,我发现了自己性格上的一件事——我变得越来越自私了""我觉得我现在的行为越来越令自己失望了,我不想这个样子,我该怎么办?"随后还向我列举了三个例子,分别是参加活动不希望别人获奖,学代会学生代表评选私下拉票和逃避班长分配的任务。我看到了之后不仅没有丝毫失望的想法,反而感到十分温暖,谢谢你把我当作知心朋友,告诉我你的"秘密",也很感谢你把我当作人生导师,信任我有能力帮你解决问题。还记得当时关于你的问题,老师是怎么说的吗?

首先,调整心态。其实我想,你所遇到的,是年级里每位学生骨干都将面临的问题,而善良的你第一时间发现了作为学生骨干因为拥有了小小的"权力"而给自身带来的心理变化,你要知道,你的这种想法是普通人都会存在的想法,所

以大可不必为此自责。反而,老师希望你能悦纳自己,接受多面的自己。但是,老师也发现你所列举的三个例子,都是抱有功利心的。其实功利心并不完全是一件坏事,它可以帮助你明确目标,少走弯路,但如果你高频率地出现功利的想法,那你就要开始警惕了,因为万事功利的思想会导致一个人患得患失,忘记初心。所以,你要学会思考,找到问题。你当时说,参加学校的三行情书活动时,只有你带了稿纸,刚开始你愿意主动为其他参与进来的同学免费提供,但当你想到他们都可能是你的潜在对手时,你赶快将纸拿了回去。虽然你不确定自己能否获奖,但你觉得,如果你无法获奖,那么也不愿意成全其他同学。你的这种心理在心理学研究中其实是很常见的。荷兰心理学家尼尔斯曾将嫉妒分为两类,一类是善意嫉妒,另一类是恶意嫉妒。善意的嫉妒简单来说就是看到别人有,我也希望有;恶意的嫉妒则是我可以没有,但你不能有。你看,你是不是有一些恶意的嫉妒呢?其实,拥有善意的嫉妒很多时候也是一件好事,它会帮助我们不断努力,追求自己的心中所想,但恶意的嫉妒则会使我们逐渐变得阴暗。所以,老师在劝慰你悦纳自己的同时,也想告诉你学会调整心态,拥有善意的嫉妒。你可以试着用“应得感”来调适自己。你要知道,获奖的同学,当然是因为他们通过长时间的学习积累,拥有了好的文笔,而不是因为你提供的稿纸啊。所以面对他们获奖,是不是应该抱着一种,这是他们“应得的”的心态呢?而你如果也想获得,就应该努力、沉淀、积累。

其次,目光长远。让我们产生情绪困扰的,其实并不是外界所发生的具体事件,而是我们对于这件事本身的态度和看法。所以,就像你突然发现了这个陌生的、你不喜欢的自己一样,老师建议你改变对待事物的态度,将目光放长远,进而改变你的情绪。当你把眼光放长远,学会眺望远处的“山顶”,不再纠结于此刻的得失,你就会发现眼下的小利真的很微不足道,重要的是你做了什么事,通过这些事你有什么内在的收获和提升。2019 年 9 月 17 日,国家主席习近平签署主席令,授予“杂交水稻之父”袁隆平共和国勋章,这是莫大的荣耀啊,但很少有人知道曾经多少人对袁隆平的努力不屑一顾,甚至觉得他的尝试纯粹是在做无用功。毕竟世界上的一些发达国家在水稻的亩产上都无计可施,何况当初他是一个人在潜心探索。他的收获和付出远远不成正比,但他深切地知道:中国的未来需要用粮食的自给来作保障。凭借着爱国的情怀和长远的目光,袁隆平并未放弃,倾尽一生都在解决中国十几亿人的温饱问题,并最终创造了让世界惊叹的伟大奇迹。人生难自负,求索见丹心,袁隆平和他精心培育出的被西方人称作是“魔稻”的新型水稻,一起被载入史册。我们从袁隆平身上可以看到,脚踏实地做实事的人是不计较眼前的得失的。老师建议你要更多地在意那些潜移默化影响你人生的东西,而不是在意眼前的一纸证书或是一时荣誉。只有这样,心态才能放平,心态放平了,才能刀刃向内,从而厚积薄发,满足内在的需求,甚至成就魅力的人格。要知道,积累够了,该来的幸运总会来的。正如明代书画家董其昌所说:"读万卷书,行万里路,胸中脱去尘浊。"老师希望你努力读书,让自己的才识过人,希望你多多实践,让自己的所学能在生活中体现,理论结合实际,做到学以致用,知行合一。

今天老师还想再补充一点,那就是不忘初心。王勃说:"老当益壮,宁移白首之心;穷且益坚,不坠青云之志。"中国脱胎于千难万险,走过充满血与泪的近百年,如今在中国共产党的带领下,从曾经人均国民收入仅27美元到如今稳居世界第二大经济体,正是因为一代代前辈坚守为中国人民谋幸福的初心,牢记为中华民族谋复兴的使命,才带领我们迎来了今天的新时代。你作为一名优秀的青年团员,曾在你的入党申请书中提到,你渴望接好祖国发展的接力棒,不断努力奔跑,为共产主义事业奋斗终生! 老师希望你能坚守自己的崇高理想,在实践中不断践行初心。上学期临近期末,作为班级团支书,你组织了"不忘初心、牢记使命"主题团日活动。在这次活动中,你谈到了入校的初心和做班级团支书的初心,你说你想要通过为同学们服务来锻炼自我,通过自我提升更好地为同学们服务。老师很开心,看到了和你初步沟通后的进步,帮你找回了初心。还记得去年12月11日晚上十点多,我突然接到了你的电话,你说学校有个非社团组织的"早早早读群"周末要去人民公园举行活动,班内很多同学都有打算参加,但你觉得他们经常给同学们洗脑,担心是传销组织,不希望看到同学们上当受骗。你组织整理了充足的证据,有详细的聊天记录,有具体的文字描述,希望我能和其他学院的辅导员沟通,避免同学们上当。这时,我在你身上看到了责任、勇敢和担当。

在开学典礼上,我说过:"请大家想想自己想成为一个什么样的人,大学的四年应该怎样做才能帮助你实现目标。希望你们在虚度在盲目在灰心丧气在急功近利的时候,能够想一想我们今天对内心的叩问,我相信你们会做出正确的选择。"作为你的辅导员,你的知心朋友和人生导师,看到你的成长,是我的荣幸。

看完了你的工作总结,我会心地笑了,在你的工作总结中,我仿佛又看见了那个上进、善良、负责的姑娘。

你的辅导员:刘老师

作者简介 刘晓涵,女,硕士研究生,毕业于湖南大学中国语言文学学院。现为河南师范大学辅导员,曾获得河南师范大学第八届辅导员素质能力大赛一等奖。认为做辅导员工作,要有四"心",即要对待学生付真心、处理事情要尽心、陪伴成长有耐心、面对工作搞创新,只有拿出真心、将心比心、以心换心,才能做好学生的人生导师和真心朋友。

专家点评

　　本信件重在解决学生骨干工作中产生的心理不平衡问题,引导学生摆正心态,规范自身思想行为。信件围绕学生小雪感觉自己"越来越自私"所引发的思想困惑着笔,教育小雪首先要调整心态,利用荷兰心理学家尼尔斯对于嫉妒的解读,科学阐释小雪的心理变化,具有较强说服力;之后引导小雪要目光长远,"学会眺望远处的山顶,不再纠结于此刻的得失",表达娓娓道来;最后教导不忘初心,不忘记学生骨干的初心,结合时政热点,做好思想政治教育。信件充满热情,体现着辅导员对学生的尊重与关爱,是真诚之作,值得推荐。

（河南师范大学外国语学院党委副书记、博士　曹崇）

⑧③　不忘初心,做有担当的新时代学生骨干

亲爱的学生干部们:

　　见信好! 时光荏苒,岁月如梭。我自从分管团学工作以来,见证了一届又一届的学生干部们的不断成长。团学工作虽然是"铁打的营盘流水的兵",但我很珍惜我们之间的缘分;和每一届的学生干部都是从陌生到熟悉,有欢笑也有泪水,有拼搏也有收获,有成功也有失败。我能够在你们最美好的青春年华里遇见你们,在你们失落迷茫的时候引导你们的方向,在你们成功喜悦的时候为你们鼓掌,在你们伤心痛苦的时候与你们一起分担,我感到非常幸福。这就更加坚定了我要坚持努力做好你们的人生导师和知心朋友的决心。

　　作为学生干部,你们要清醒地认识到自己身份的双重性,首先是学生,然后才是干部。你们是大学生队伍中的骨干分子,是学生群体中的先进分子,是引导学生进行自我管理、自我教育的重要力量,也是老师和学生之间的桥梁和枢纽。你们要坚定理想信念,更加珍惜学校时光,把学习放在第一位,把创新工作当常态,努力做到"心中有爱,肩上有担,腹中有墨,手中有艺"。在这里,我想叮嘱大家三点:

　　一、坚定信念,自觉践行社会主义核心价值观

　　习近平总书记教育我们广大青年要牢记"从善如登,从恶如崩"的道理。学生干部要想把学习工作做好,必须要坚定理想信念,有一颗关爱社会的心,始终保持积极的人生态度、良好的道德品质、健康的生活情趣。爱心无大小,只要我们怀有感恩之心,感谢社会,感谢他人,帮助他人,我们的精神境界层次就会有很大提升,生活也会更加有意义。作为学生干部,你们更要懂得关爱身边的人,与

家人、同学、老师和谐相处,对于身边需要帮助的人要自觉主动地提供帮助,要带头学雷锋,积极参加志愿服务,主动承担社会责任,把正确的道德认知、自觉的道德养成、积极的道德实践紧密结合起来,自觉树立和践行社会主义核心价值观,学会为社会奉献自己力所能及的力量。

二、不忘初心,全心全意为师生服务

曾经一篇网上的关于某高校学生组织"官僚化"的报道引起了众多高校的高度重视。有一些高校学生干部对自身定位不准确,对学生干部的角色认知也出现了偏差,"官僚化"思想十分严重,认为担任学生干部就是为了"镀金",为了评优,为了入党。在工作中讲索取,凡事斤斤计较,不愿吃"亏",严重缺乏吃苦耐劳和无私奉献精神。作为当代的学生干部,需坚守全心全意为师生服务的初心,积极传播正能量,拒绝摆官架子。学生干部是学生的一部分,要从学生中来,到学生中去。你们并不是真正的干部,而是要在学生中做一个有组织、有纪律,起模范带头作用的学生,学会与教师在学习工作生活中密切合作,积极配合老师的教学和学生管理工作,帮助同学向老师及时表达诉求,发挥好师生间的纽带作用。

三、脚踏实地,争做学习创新排头兵

"人才有高下,知物由学。"梦想从学习开始,作为学生干部,你们要利用好课堂时间自觉加强学习,不断创新工作,增强本领,处理好学习和工作的关系,让勤奋学习成为青春飞扬的动力。学生干部长期活跃在学生组织、班级等各类组织与团体中,你们这种双重身份在学生中起到"表率"作用,可以对学业成绩产生积极影响,不要以"工作忙""以工作为主"等为借口而冠冕堂皇地做"逃课族""挂科族"。有研究认为,担任学生干部可以有效影响学生的学习动机,进而对学业成绩产生积极作用。你们要做好时间管理,不但要在学习和生活上成为同学们的榜样,还要脚踏实地做好团学工作。踏实做事是学生干部的必备品质之一,事业都是靠脚踏实地干出来的。

"纸上得来终觉浅,绝知此事要躬行。"学到的知识要转化为能力,就必须躬身实践,做到知行合一。如果你想成为一名优秀的学生干部,必须沉下心来用心做好这些琐碎和繁复的工作。通过策划、组织、积极参加第二课堂活动,既努力创新活动形式,又注重内涵建设,重视第二课堂活动的延续性和精品化,增强自己的团队意识,提高组织的凝聚力和战斗力,锻炼写作能力,沟通协调能力和组织管理能力等,使自己和同学们一起在实践历练中提高综合素质,茁壮成长。

同学们,感谢你们的一路相伴!你们辛苦了!也衷心祝愿每一位学子,学业有成,做一名真正有担当的新时代学生骨干!

爱你们的辅导员:王孙琳

作者简介

　　王孙琳,女,中共党员,硕士研究生,中级活动策划师,现任安徽商贸职业技术学院经济贸易系团总支书记、2019 级辅导员。连续八年获评学院"优秀辅导员",发表论文多篇,指导学生参加创新创业类比赛获省级一等奖一项、二等奖两项、三等奖五项。

专家点评

　　高校学生干部是高校各项工作开展的中坚力量,必须具备良好的思想政治素养,能够在学生群体中起到良好的模范带头作用。该信件抓住了学生群体的骨干力量,通过对他们的要求和培养,来达到连点成线、以点带面的教育效果。在内容上,该信件既立足于学生干部的实际,肯定他们的重要作用,指出其存在的思想问题,又高于实际,提出学生干部应该达到的标准,勉励他们不忘初心,继续努力。这既指明了学生干部努力的方向,又增强了他们的思想意识,勉励他们提高自己的能力,做新时代的高素质人才,为社会做更多的贡献。

　　　　　　　(安徽商贸职业技术学院经济贸易系党总支书记、教授　秦宗槐)

⑧4　愿你历尽千帆,仍是那个逐梦少年
——给心理学生的一封信

亲爱的小丁:

　　好久不见! 近来可好?

　　当看到你给老师发来的邮件,老师深感欣慰。无论是对于学习还是生活,你现在都变得越来越开朗,越来越自信,越来越自强,越来越有明确的目标和不懈的毅力。作为你的辅导员,我相信你会越来越好,毕竟对你而言,丰富多彩的大学生活才刚刚开始。

　　你在信中提到的那件事,其实我到现在还记忆犹新。那是刚刚开学的时候,你们这届新生们都在军训。你突然有一天穿着便服,来到我的办公室,跟我聊了近三个小时,你向我讲述了自己多次高考的经历,现在仍然有强烈的复读意愿,但迫于父母压力不得不来到这里就读。为此你常常难以入眠,反复思索如何是好。我也记得,你当时想离开学校一段时间,自己外出寻找复读学校,你渴望我能帮你"打掩护"。可面对这个请求,我毅然决然地拒绝了你。老师并不是不近人情,而是此事涉及原则、涉及底线,违背原则和突破底线的事情万不可为之。在接下来的交谈中,我明显感受到你的情绪不对,果然,当晚便与你失去了联系。

当我和你寝室长、班长等人找到你的时候,你和女朋友坐在公交站的长椅上,不知哭了多久。

小丁,往事终会过去,生活还要继续。东汉末年魏国大文豪曹植说过:丈夫志四海,万里犹比邻。好男儿志在四方,因一时的不快和烦恼影响自己的一生,是非常不值得的。你还记得当时老师是怎么说的吗?

一、学会接受现在的一切

小丁,人在一生中有很多阶段,不同阶段也有很多不同的状态,每一个状态都对应着不一样的生活。高中时期的你,曾经是备受瞩目的学优生,是亲朋好友口中的"别人家孩子",你现在上的大学、学的专业可能与你的预期有着较大的出入,但不断变化的是外部环境,不变的应是你自己的初心!人生的每一段经历都是难得的成长,你所付出的每一点努力,都会让你成为更强大的自己。就如一句电影台词所说:真正的失败者不是那些没有赢的人,而是那些害怕失败而不敢尝试的人。

努力过,坚持过,你就已经赢了。你要相信,一切安排都是最好的安排。老师也相信,你还是你自己,你依然会努力下去。我知道你对自己要求很高,这是好事,但凡事都有度,过度要求便是苛求,一定不要苛求他人或是苛责自己,那样的压力与负担会使你失去自己、失去状态。秉持一切都是最好安排的心态,这不仅能使你放下过去,更会让你走向成熟。接受现在的一切,是改变自己的第一步;认识现在的一切,是完善自己的第一步。做人做事,和种树有些时候很相像,最恰当的时光一是在十年前,一是在现在,所以老师才会给你反复强调,把心态放平稳,因为你即将拥有新的生活,学会接受新生活,学会接受现在的一切,会让你逐渐释怀,感悟生命与生活的美好存在。

二、学会开启全新的一切

小丁,大学是一个全新的环境,《大学》曾有言:"大学之道,在明明德,在亲民,在止于至善。"这里的环境氛围和你曾经多次奋战的高三不同,在这里有立德树人的人民讲堂,在这里有休闲自在的文化鉴赏,这里可以是年轻人的"根据地",这里可以是知识分子的殿堂。大学的生活,远比我们想象的要丰富得多,你既然置身于此,为何不去开启新的一切,去感受它,去体验它。网络上曾有人这样说,生命的意义就在于快乐的体验。我想何尝不是呢,生命就是由一个个经历的片段组合而成,逝者如斯,长此以往唯一能在我们脑中留下的就是那份体验,尤其是愉快充实的体验。在大学你可以泡在图书馆,你可以动在篮球场,你可以学在自习室,你可以玩在社联团,每一处都散发着生机与活力,如果总把自己局限在宿舍里的一亩三分地,那你的感受可谓是大打折扣了。

习近平总书记多次强调,"青年是社会上最富活力、最具创造性的群体,理应走在创新创造前列"。大学就是创新人才培养的摇篮,你在这里拥有着无限的创新可能。我和很多人都建议过,去参加辩论队,这不单单是因为辩论使人逐渐学会表达,更重要的是让人学会创新性地思考。在和你的沟通中,我发现一个细节,你的逻辑思维很缜密,但唯独在表达上不够简练明确,我觉得辩论队很适合锻炼自己的思维运转,也很利于帮助你提升表达能力和创造能力,我想你可以试试。要知道,有时候会说话比会写文章更有趣。

三、学会把一切向远看

小丁,有句话说:"事,靠自己扛,才能面对;路,靠自己走,才有骨气。"能扛事,是一个人真正成熟的标志。你在给我的信件中,提到了一个词语,登高望远。的确,登高方能望远。我们如今社会的进步发展,就是在前辈的肩膀上实现的,中国特色社会主义的成功并非是轻轻松松的"过家家",而是无数革命先烈与仁人志士浴血奋战换来的。那个时代的他们,尽管身处黑暗,可为何还能坚持不懈地前赴后继?就是因为他们的目光不局限在当下,而是看到了远方,看到了未来。令我高兴的是,你也做到了,你说你希望自己今后钻研学习,励志考研突破自己,要从现在、从大一就开始准备。虽然你这种做法稍稍有点早,但是这里所包含的热情与信心远超绝大多数如今大三还在考虑是否考研的学长学姐们。

人的成熟,是一个从迷茫到自知、从自知到坚定的过程。在这个过程中,每个人都要慢慢学会扛起自己的责任,学会独自面对生活中的风风雨雨。所谓成熟,不是年龄长了就叫成熟;而是成长了,能自己去扛事,那才是真正的成熟。不瞒你说,我向你寝室长和你女朋友询问过你的情况,问到的时候,她们总说你在图书馆,一坐就是一整天,这股奋斗劲,可以说已经达到了一种境界。在此,有句话老师想与你共勉,"唯有勤苦让人心安",勤苦的人往往也是优秀的人,优秀的他们之所以坚持勤苦,是因为比普通人看得见更多值得努力的东西。

小丁,老师知道你的内心曾备受煎熬,暗潮涌动,也曾想过对生命的舍弃。但作为老师,作为你的辅导员,我更希望做的是去关怀每一个生命和去保护每一个生命。我的使命就是守护,就是用一份真心换一份真情,成为守护你们的那束光,这不仅仅是照亮你们,也照亮我自己。生命是可贵的,对每个人来说,只有一次,青春芳华的年纪,可能会有一时的不快,可能会有一时的心塞,可我相信,在我们共同努力下,你的志气和决心足以让这些不快和心塞的阴霾挥散而去。"青年者,人生之王,人生之春,人生之华也。"正值青年的你,风光无限好,青春正当时。老师希望同你一道,以担当共前行,因使命同光荣,加油吧,小丁!

辅导员张老师

作者简介

张清宇,男,汉族,中共党员,思想政治教育专业毕业。现任河南师范大学软件学院 2019 级辅导员、学院心理健康教育工作站负责人。曾获得河南师范大学第八届辅导员素质能力大赛一等奖,参与省教育科学规划重大招标课题、省高等教育教学改革研究与实践项目等科研项目 5 项。工作以来,坚持理论学习与实践探索并重,不断提升自身专业素养,创新工作思维与路径,期待在陪伴学生成长过程中也收获满满。

专家点评

信件寄托的其实是爱,体现出的是对学生的关怀和帮助。高校学生工作是良心工作,辅导员的责任是重要责任,要把对学生的教育热爱,时刻融入服务管理中去。信件中的小丁心理被压迫了很久,如何开导小丁,做好心理健康教育工作,是辅导员职责所在。本信件围绕学生小丁"不满现状"所触发的思想困惑、心理压力着笔,信件整个行文思路清晰,导向明确,说理充分,富有启迪性、引导性。本信件是一篇"交心"之作,字里行间透露对学生小丁的尊重、真诚、热爱,值得收藏和推荐。

(河南师范大学计算机与信息工程学院党委副书记、博士　张东亮)

⑧⑤　如何成为一名入党积极分子
——写给大一新生的一封信

亲爱的同学们:

一场突如其来的疫情,打破了 2020 年祥和的春节氛围。新冠肺炎蔓延全国,使得我们共同度过了一个不同寻常的寒假。不知不觉,我们已经进入大一的第二个学期,在抗击疫情这个没有硝烟的战场上,广大党员冲锋在前、无私奉献,勇于担当、不怕牺牲,发挥了先锋模范作用,成为这场严峻斗争的中流砥柱。

中国共产党党员在危难时刻的抉择与逆行,谱写出非常多可歌可泣的故事,同学们看在眼里,记在心里,努力想加入其中,奉献自己的力量。据我所知,很多同学都在家里参与了当地疫情防控的志愿工作,也在用自己的行动,践行着一名共青团员的誓言,在这里,给大家点一个大大的赞!

近期我们各个班级开展了"团员推优"的相关工作,许多同学都在争先恐后的递交入党申请书,渴望加入党组织,关于入党,我有一些话想和同学们交流一下。

第一,我们为什么要入党

这两年网络搜索这个问题,占据热搜榜首的当属南京航空航天大学徐川老师的回答,徐老师通过摆事实、讲道理、举例子的方式回答同学们"为什么入党"这个问题。还有前些年一部反腐题材电视剧《人民的名义》,给大家留下深刻印象的一幕,就是陈岩石老先生用自身入党的经历,回答了"为什么入党"的问题。陈老回忆他当年入党,是为了在攻击云城之前,获得扛炸药包的"特权",因为能扛炸药包的战士必须是党员,当年他年纪还不符合入党规定,虚报了两岁,火线入了党。有的同学可能会说,这是剧情需要,艺术加工,为了给同学们更真实地讲解老一辈革命者的入党动机,我回到家,再次请教我的姥爷,一个年过九十、参加过抗美援朝的老党员,他当年为什么要入党?老人家的回复简短有力:"为解放全人类啊!"这个答案深深触动了我,当时四万万的中华儿女,占世界总人口的四分之一,能解放全中国,就是解放了四分之一的人类啊!简洁的入党动机,包含了深刻的含义,体现了信仰的力量。还记得我第一次参加新生党的基础知识教育课,一位负责党务工作的老师,在大屏幕上就放了一张图片,图片的内容是一个在叙利亚战争中失去妈妈的小姑娘,因为太思念妈妈,在孤儿院的水泥地上,用粉笔画了一个妈妈的模样,她蜷缩着躺在里面,像是躺在了妈妈的怀抱里,可能是怕弄脏妈妈的衣服,她把她的鞋子,小心翼翼地放在了画的外面。当这位老师将这幅图片讲给同学们听时,我发现台下的同学们都陷入了沉思,我们现在幸福的生活,是多么的来之不易,在我们中国共产党的正确领导下,国泰民安,经济迅猛发展,相比较战争中国家的孩子,我们祖国的"花朵"们在妈妈的怀抱中,衣食无忧,茁壮成长,新时代的我们还有什么理由不努力学习?作为新时代的青年,要爱国、励志、求真、力行,为中华民族伟大复兴而奋斗。我想,在不同的时代,回答"为什么入党"这个问题,可能会有不同的解答,但永恒不变的,是中国共产党一直追求的初心和使命。

第二,我们怎么做才能入党

首先,我们需要年满18周岁,并且是团组织关系在我校能够按时注册且团龄满1年以上的共青团员;本人要向党组织递交书面入党申请书,所在的党支部会派专人和你进行谈话,确保你在政治思想上、道德品行上、发挥作用上、执行纪律上是先进的。

其次,你所在的团支部向学院团委提出召开"推优"大会申请,经学院团委批准同意后,由团支部书记主持召开。今年受到疫情的影响,我们的大会可以采用视频会议的形式,大会召开流程和会后工作流程如下:(1)大会召开前,清点参加"推优"大会的团员人数,须有半数以上有表决权的团员到会方可进行。(2)团支部委员会介绍符合"推优"条件的候选人情况。(3)候选人从思想政治、道德品行、作用发挥、执行纪律等方面进行自我评述,重点介绍入党动机和接受培养教育的体会认识。(4)参会人员通过无记名投票的方式进行民主评议,赞成人数超过应到会有表决权团员的半数以上的候选人,进入考察环节。(5)团支部委员会对推选出的候选人进行考察,考察不唯票,结合平时掌握的情况,提出组织意见,形成书面材料。(6)"推优"情况在团支部内部进行公示,公示期一般不少于5个工作日,公示期内如有异议可向学院团委反映。(7)公示无异议后团支部将有关材料报学院团委审核。(8)学院团委审核团支部推荐意见和相关材料,对被推荐对象进行进一步考察。对符合条件的,汇总"推优"情况说明以及考察材料等向党支部推荐,并向校团委进行上报。(9)经党组织确定的入党积极分子,学院团委应当在规定时间内向团支部通报传达。(10)"推优"工作结束后,团支部应及时整理归档有关材料,并将"推优表"及时转交党支部,由党支部归入入党积极分子个人档案。只有通过这十步严格的流程,才能确立一名入党积极分子。今年团委专门对疫情期间有突出贡献的团员,制定了相关倾斜政策,更多的是对这些同学的鼓励和肯定。

第三,如何正确看待"团员推优"的结果

每个同学都想让自己变得更加的优秀,也都想通过"团员推优"成为一名入党积极分子。但我希望大家可以正确看待这次"团员推优":

(1)被推荐上的同学,不要骄傲,要保持初心,随时对自己展开"灵魂"三问,我是不是班级里爱学习的代表?我是不是为同学们服务最多的代表?我是班级里正能量的代表吗?接下来,要继续全心全意为同学们服务,努力做到知行合一,不断追求更高的目标。

(2)没有被推荐上的同学,不要气馁,这一次的得票低并不代表你不优秀,可能是你比较腼腆,同学们还不熟悉你,或者你人际交往,与人沟通交流方面,还有所欠缺,在短短的一个学期里,优秀的你,可能还没有在同学们面前充分地展示自己,暂时没有给大家留下深刻的印象。不过这都没有关系,请一定要记住,不断反思总结,及时查找自己的缺点并改正,继续坚持做充满正能量,积极向上的事情。

"成功时,不骄傲,继续努力,不断追求卓越。失败时,不气馁,查找原因,不断修正自己",这是我在这次"团员推优"过程中最想和大家分享的。

最后,我希望大家可以认真思考"我们为什么入党"这个问题,在加入党组织的一步步过程中,不断锤炼自己,全面认识自己,勇敢接纳自己,努力改变自己。士别三日,当刮目相待!从今天开始,努力练就过硬本领,锤炼优秀的品德和修为,以实现中华民族伟大复兴为己任,担当时代责任,争取早日成为一名入党积极分子,做新时代有理想、有道德、有文化、有纪律的四有青年!

作者简介 张晨骏,男,中共党员,讲师,洛阳理工学院辅导员。曾获得洛阳理工学院"优秀党务工作者""优秀教师"、辅导员素质能力大赛一等奖等荣誉。

❦ 专家点评

本文作者具有一线党务工作经验,这封写给大一新生的信,语言亲和,有助于同学们了解党的基础知识,有助于激发同学们成为入党积极分子的热情,更有助于端正同学们的入党动机,教育时机及时,行文表达严谨,"团员推优"流程准确。实现中华民族的伟大复兴,需要一代又一代人的不懈努力,青年大学生是国家最宝贵的人力资源,青年有希望,国家的发展就有希望,我们要努力把青年大学生培养成为中国特色社会主义事业的建设者和接班人。

(洛阳理工学院团委副书记 杨涛)

⑧⑥ 致未来可期的你们

广大学子们:

大家好,做思想政治辅导员已四年有余,每年九月必要做的一项工作便是贫困认定,这项工作虽被归为日常事务工作之一,但其意义对师生而言却很重大。几年来认定手续虽有所变动,但以辅导员为小组长开展的民主评议一直是重要环节,当拿到大家的申请材料后,除了要审核基本信息外,更把这次机会当成辅导员深入了解各位同学的一次很好的机会。资助育人作为十大育人体系之一,不仅要求我们要完成"扶困"和"扶智",更要求我们做好"扶志",于是便想到了为广大贫困学子们写这一封信,希望这封信也能够燃起大家新的斗志和激情,生活的贫困不可怕,只要不断地前进,牛奶会有的,面包也会有的。

我们没有办法选择自己的起点,但是我们却可以选择努力,选择未来

至今还记得很早以前的一篇网络爆文《我奋斗了18年,才能跟你一起喝咖啡》,是的啊,有的人出生便嘴含金钥匙,哪怕丝毫不用奋斗,一辈子吃喝却也不用愁,很多一线城市的"房二代""房三代"便是如此,也许他们每个月收到的房租就比普通白领收入高得多。我们有的人出生在偏远贫困的乡村,信息闭塞,父母亲面朝黄土背朝天地辛苦劳作,一年下来的收入可能也微乎其微,有些同学的亲人可能还被疾病缠身,需要常年服药治疗,甚至因此背负高额债务。面对这些物质条件的差异,我们要承认并接受,人确实没有办法选择自己的出生。

转念一想,那又能怎么样呢? 你能因为自己家庭不如别人家庭便远离自己的家庭吗？你能因为自己父母没有别人父母有钱便抛弃自己的父母吗？你能因为自己条件不好便整日抱怨命运、逃避生活吗？你闷闷不乐的抱怨又能怎么样呢？谁都不会无缘无故地资助你五百万，所以与其自己和自己较真，不如自己和自己和解，选择接纳，我们没有办法选择我们的起点，但是我们可以选择斗争，选择努力，用自己的勤劳和汗水换取一个美好的未来。

我们可能出生在一个不幸的家庭，但我们却成长在一个伟大的时代

在这不想举什么贫困学子通过奋斗完成梦想的例子，虽然这样的例子有很多很多，你可能觉得这些很过时、很老套，"他们那么厉害，我就是一个普通人，没有什么特长，也没有'头悬梁、锥刺股'的惊人毅力"。其实，我们都是普通人，不可能为了学习不吃不喝不睡觉，老师也是很阻止那些过分"拼命"学习的同学，因为身体是革命的本钱，激进的学习方式往往会起到适得其反的效果。不可否认，我们因为自己家庭贫困的原因要比其他同学承担更多，比如我们要利用寒暑假时间去兼职，赚取下一学期的生活费，我们要牺牲掉游玩、休息的时间去追赶上曾经学习落下的课程，我们工作要更努力，但生活要更节俭。我们确实要比周围同学更辛苦，但这些辛苦绝对会是另外一种财富、一种养料，在时间的土壤里滋养着你更充实、坚强地成长。

前几日看一篇博文说一位异国社会精英、女博士，想证实贫民窟中人穷的原因只有一个，那就是懒——懒得动手、懒得动脑，于是她便乔装打扮卧底社会底层，几个月下来，她便体会到之前精英们的想法都是天方夜谭，"很多社会精英，之所以成为佼佼者，除自身因素外，最主要的是，能有一个好的机遇，能有一个好的环境去成长"。贫与富的话题本就是社会争议的热点，翻阅文章下面的评论却让我更加动容，"在中国，小时候努力就很容易考上好大学，我们很多硕士博士同学都是农村出来的孩子""还是我们社会主义大家庭好，社会主义不存在贫民窟这个东西""中国的脱贫计划在努力解决这些问题，还是觉得中国好"……每一条评论都代表了一个角色的一种看法，但在这一点上大家都是一致的，在中国，命运是掌握在我们自己手中的，比如高考，虽然竞争激烈，但绝对公平，只要你努力奔跑，就可以进入一所好大学，改变自己的现状，这便是教育脱贫。

庆祝中华人民共和国成立 70 周年的大会震惊中外，全国人民为祖国献上祝福的同时也由衷地感到骄傲和自豪，习近平总书记在庆祝大会上的讲话为我们的前进提供了新的力量和方向，"中国的昨天已经写在人类的史册上，中国的今天正在亿万人民手中创造，中国的明天必将更加美好"，我们作为亿万人民中的一员，建设好自己小家的同时，也可以为这个大家贡献出自己的一分力量。现在距离 2020 年脱贫攻坚目标只有不到 1 年的时间，习近平总书记也发出"不获全胜,决不收兵"的指令,所以"贫困生"这三个字也即将成为历史,"贫困认定工作"终有一日也会被取消,我们成长在一个如此伟大的新时代里,还有什么可担忧的呢? 只要努力便会有收获,只要肯付出便会有得到。

无论你富有或贫穷、青春或年迈,无论你来自哪里、要去往何方,生命应在奋斗中绽放光彩,正确地看待物质差异,努力实现自我人生价值。

"祸兮福所倚,福兮祸所伏",家庭的贫困看似让我们比其他同学付出更多,辛苦更多,但也是促使我们不断前进、不断奋斗的最直接动力,一时物质条件的落后不能成为我们放弃追求梦想的借口。金钱在一定阶段内可以带来喜悦,但并不代表拥有金钱便拥有幸福,真正的快乐来源于内心的满足,而这种满足来源于通过脚踏实地的努力,一步一步实现自己的小目标,每日都以崭新的精神状态迎接朝阳,每日都以沉甸甸的收获致敬落日,珍惜美好时光,在不断前进中收获到一个越来越优秀的自己。

生活想明白了,其实很简单,做自己应该做的事,解决自己可以解决的问题,等修炼得足够强大了,再去做自己想做的事,完成自己想完成的梦想,除此之外的所有焦虑、担忧都是庸人自扰。更何况,在这个伟大的时代里,你绝对不是一个人在孤独奔跑,有困难找老师、找同学、找社会,每一个都会尽己之力帮助大家。同时,我们也要利用好每一次兼职锻炼机会、珍惜好每一个勤工助学岗位,用好每一笔助学金,不断地用知识来武装自己,用过硬的本领来锤炼自己,自信地把握好人生每一次机遇,终有一日,你会感谢曾经这个拼搏的自己,感谢这段亮丽的奋斗青春。

我们承载着历史的荣光,更肩负着未来的希望,在实现"两个一百年"目标、实现中华民族伟大复兴的中国梦的路上每一个人都不会掉队,也不能掉队,作为从贫困中走出来的大学生,我们肩上承担的不仅是自己的未来,还是我们家庭的未来,更是我们中华民族的未来。我们更是要勇往直前,义无反顾地前进,我们要崇尚奋斗者,争做奋斗者,只争朝夕,不负韶华,让自己的人生更加绚烂多彩。

相信自己,一切皆有可能。关于过去,关于贫困可以告一段落,关于未来,关于你们,我们共同期待!

与大家共同成长的辅导员

作者简介

杨凤美,女,硕士,助教,上海商学院辅导员,院团委书记,上海市学校中级心理咨询师,荣获上海市辅导员技能大赛三等奖、市"优秀共青团员"、第六届大学生创新创业训练计划成果展"优秀指导老师"、第五届"互联网+"大学生创新创业(校赛)"金奖指导老师"、校暑期社会实践"优秀指导老师"等十余项荣誉称号,主持或参加市、校课题七项,指导学生双创项目十一项,校"启＊点工作室"主持人,发表网络文章三十余篇。

专家点评

　　我觉得杨凤美在某种程度上具备了担当学生知心朋友的基本素养。首先，她能设身处地考虑学生的所思所想所需。只有真正理解习近平总书记关于推进教育精准脱贫的深邃思想，才能脚踏实地地做好贫困学生的培养工作。其次，她能运用沁人心脾的平实语言，把深刻的道理讲出来，让学生顿感平易近人、和蔼可亲。只有深刻理解学生资助政策理念、目的和精神实质的人，才会善于发掘资助工作中的德育资源，善于将思想道德教育渗透在学生资助全过程。这样才能"有利于渗透德育理念和德育义理，在润物细无声中，让学生感受到社会的公平正义和人间的大爱无疆"，才能实现立德树人的根本目的。所以，我感觉，杨凤美的博文风格和资助育人的方法值得广泛推介。

　　（上海商学院马克思主义学院教授、硕士生导师、教育部学位与研究生教育发展中心学位评审专家　赵贵臣）

⑧⑦　写给犹豫参军入伍的你

同学们：

　　你们好！

　　在 2020 年 1 月 16 日，一则消息短时间内迅速抢占各大媒体平台重要位置：经国务院、中央军委批准，自 2020 年起，义务兵征集实行一年两次征兵两次退役。这则消息引起了同学们普遍关注，因为它是继 2013 年调整征兵时间后，征兵工作的又一次重大改革。这一重大改革关系到有志青年将个人梦想融入强军梦想的现实考量，很多同学找到了我，虽然同学们对于各项政策有一定了解，但即使对政策了解透彻，但是还有一个问题困扰他们：我到底要不要去当兵，我为什么要参军入伍？对，并非所有学生都适合参军入伍，大学生参军入伍要结合自身具体情况，选择适合自己的发展路线方可取得成效。为了能够解开同学们心中的疑惑，所以我决定给大家写一封信，通过信件的方式谈一谈我对于参军入伍的看法。

　　从我个人角度我是十分赞同同学们参军入伍的。有人说：当兵后悔两年，不当兵后悔一辈子。也有人说：未读过大学、未当过兵的人生是不完整的。而军营又是什么样子的呢？我认为军营是个"大熔炉"，当和来自五湖四海的战友一起走在整齐的队列里，高喊"1、2、3、4"时，你会感受到集体的力量，这就是军营；当你站在神圣哨位上时,会懂得三尺岗台上的不平凡,正如雷锋同志把自己比作螺丝钉一样,虽然小,但缺了它,机器就不能正常运转,同样的道理,平凡的哨位里连着光荣使命,无论是风霜还是雨雪,都在哨位上坚守屹立,这就是军营;当第一次跑完 5 公里,当单双杠达到优秀,才发现没有什么克服不了的困难,无论是怎样的逆境,都必须勇敢前行,相信终会感受到柳暗花明的喜悦,这就是军营。那为什么要参军入伍?我认为有以下几个原因。

一、家国情怀,这是积极响应祖国的号召

首先我为同学们解释一下,我国兵役制度分为两种:一种是义务兵役制,又称"征兵制"。这种制度是国家利用法律形式规定公民在一定的年龄内必须服一定期限的兵役,带有强制性。另一种是志愿兵役制,又称"募兵制"。这种制度是公民凭自愿应招到军队服兵役,并与军方签订服役合同。我们今天主要说的是志愿兵役制,参军入伍就是担负着保护全国近 14 亿人的安全,人民群众的生活发展,都离不开军人的默默奉献,建设一支强大的军队,能够使国家远离战火硝烟,让人民生活安居乐业。同样强军建国离不开大学生的参与,党和国家号召青年大学生积极参军,这是历史赋予的重任,也是有志青年应该履行的义务。加强国防力量,捍卫共和国的主权和领土完整,国无防不立,民无军不安,能战方能止战。热血儿女,理应到祖国最需要的地方去!

二、个人梦想,这是一段人生不平凡经历

大学生正当青春年少,你们满怀激情,怀揣理想,那一身军装,是多少青年心中的梦想啊!如今国家大力号召大学生应征入伍,这真是实现梦想的绝佳时机。有的同学可能心心念念着军人梦,可是真到报名应征的时候却又思前想后,瞻顾不前,曾经的梦想,如果没有努力就放弃,终究是人生的一大遗憾。而且军营中的生活,这是在任何社会环境中都不可效仿的,军营环境是真正的让所有人"入脑""入心"的地方,最根本的是让你生命中有了一段不平凡的经历。读万卷书,行万里路,做人经历事情越多,思考得越多,学会和领悟的东西才会更多,从而促进自己成长,变得博学多识。大学生参军入伍服役时间是两年,在部队经过两年规律严谨的军旅生活的历练,不仅能使你们的身体素质明显提高,还可以帮助你们养成良好的生活习惯,练就坚强的意志,使你们受益终身。军中接触的人和事,将增强你们责任意识,使你们做事更加成熟稳重,同时你还会收获到铭记一生的战友情谊。

三、契合实际,这是解决家庭困难的途径

我们很多同学家庭其实并不富裕,应该承认的是,当兵带来最直接的回馈就是减轻家庭经济负担。大学的学费虽然不算很多,但是几年的学费和生活费加起来也足够令一些学生、家长焦头烂额。更有些许学生直接因为负担不起而放弃考上的大学。学生把当兵作为一种权宜之计，也是很不错的选择，因为国家对当兵的大学生的补偿在经济上是比较多的，国家每年给他们的经济补偿最高的达到了 8000 元，足够同学们支付学费，而且有的地区甚至会直接对大学生的学费进行减免，这笔经济补偿金很有可能还有剩余。而大学生当兵期间国家考虑到你们会有日常生活开支需要，每个月发放的生活津贴虽然不算多，但节俭一点的大学生，还是可以从津贴上攒下一笔费用。

四、展望未来，这是实现个人发展的舞台

大学生新生入伍，学校会保留学籍，在退役后两年内可以再次入学，大家不用担心学籍的留去问题。国家针对大学生参军入伍出台了相应的优惠政策，各大高校也放出利好政策。高职学生在部队立下三等功及以上的，可免试入读普通本科学院。参加普通本科专升本考试，实行计划单列，招生人数比例达 60%。同时在完成本科学业后三年内参加全国硕士研究生招生考试，初试总分加 10 分，同等条件下优先录取。而且在部队立下二等功及以上的，符合研究生报名条件可以免试（初试）读硕士研究生。现役或退役军人优抚政策"一路飘红"，全国各地优惠政策"多项并举"，可以肯定的是，只要存有"上进心"，确立好梦想目标并为之努力，发展前景将是一片光明。

一片丹心图报国，英雄自古出少年。依法服兵役，是法律赋予公民的神圣职责，也是青年人应尽的义务。报名参军，是每位有志青年的光荣选择，同学们应自觉接受祖国挑选，用自己火热的青春谱写国防建设的壮丽篇章，踊跃实现个人成长成才的光荣梦想，肩负起新的历史责任，扬起时代的风帆，将青春的正能量融入绿色军营。用火热的青春去书写军旅人生，到祖国需要的地方去，为自己的人生添彩，为家人增光，为巩固祖国国防和军队现代化建设贡献自己的青春和力量！愿你带着老师的与同学们的期许从容前往，也愿你带着军人的灵魂、血性、本领凯旋。

你们的辅导员：于德洋

作者简介

于德洋，男，中共党员，助教，黑龙江职业学院辅导员，国家三级人力资源管理师，ECE 教练型教育者，"发哥辅导员工作室"成员，"雷一鸣工作室"成员，参加教育部高校思想政治工作中青年骨干建设阶段性成果项目，主持校级课题 4 项，开发校级成果导向活动课程 6 门，2019 年获黑龙江省辅导员"年度人物"提名奖，指导学生参加黑龙江省市场营销技能大赛获一等奖。

专家点评

　　近年来,大学生征兵数量、质量一直在稳步提升。那么是否选择参军入伍?这是困扰众多大学生的话题。而高校辅导员则在大学生征兵工作中起着举足轻重的作用,辅导员要懂征兵政策,要善于进行征兵宣传,扎实做好大学生征兵工作。本文辅导员则在 2020 年 1 月 16 日国家实行一年两次征兵这个关键节点,为在参军入伍边缘犹豫的学生写信助力,他分别从祖国号召、人生经历、家庭实际、个人发展四个方面引出自己的观点,通过详细的论述、精辟的分析,劝谏当代大学生应肩负起新的历史责任,其中列举了诸多实例,能引起学生的强烈共鸣,使学生深刻认识到时代赋予青年的责任与使命,对于提高学生参军报国的意愿起着积极的作用。(黑龙江职业学院工商管理学院党总支副书记、副教授　孙亮)

⑧⑧　树立坚定信念,练就健康体魄,为祖国贡献力量
——写给将入伍大学生的一封信

亲爱的即将踏入军营的同学们:

　　你们好,听闻你们即将踏入军营,心中异常地为你们感到高兴和自豪,与你们在校园里朝夕相处的日子此时此刻又浮现在我的眼前和脑海里,忆往昔,你们不负青春,不负时光,在校园里创造了曾经属于自己的篇章;望日后,你们依然能不负韶华,珍惜当下,在军营这个大熔炉里,慢慢地炼就自己,为这一段特殊的路程增添一份最美的光辉。

　　同学们,你们的青春一如优美的进行曲,有高低起伏,有缓缓流淌,有慷慨激昂,有婉约宁静,在校园里的这部分就如同缓缓流淌的小夜曲,慢慢地滋润着每个人的心灵,而未来的军营生活就如同慷慨激昂的协奏曲,在绿色里不断地感受着不一样的青春色彩,作为你们的辅导员,对你们充满着祝福,也满怀着期望。

　　大学的生活是多姿多彩的,也是非常令人难忘的,大学是座象牙塔,这个时期没有人催促你工作,没有人约束你生活,较之高中繁重的学习生活,这里是相对自由和放松的。大部分同学在这里可以放飞自己的梦想,也可以掌握更多的知识和本领,你们都有各自喜欢的专业,也都能够脚踏实地地学习专业知识,还能积极地参加校内外的活动和社会实践,以提升自己的整体素质,这些都是你们一路走过来的最宝贵的财富,无人能及,无人能代替。

　　我还记得,大学校园里每一次文艺会演和庆祝活动,都有你们嘹亮的歌声、婀娜的舞姿,你们将自己创作的作品搬上舞台,我知道那是青春的气息,更是青

春的激情。我很荣幸能够陪伴你们走过这样一段最美丽的时光,也很庆幸看到你们在大学的校园里成长成才。

未来的日子里,你们当中即将有一批同学踏入军营的大门,接受军营的锻炼和深造,这是人生中一次多么难得的机会啊,军营里的生活不仅仅是每一个中国青年的向往,更是一次检验自己、锻炼自己的大好时机,"报效祖国,奉献社会"从来都不仅仅是一句口号而已,而是扎扎实实印在心里的誓言,我相信每一个有志的中国青年都会有这样的愿望和决心。看着你们即将踏入军营的背影,我有很多嘱托说与你们听,也有更多的牵挂留在心底。

我国的第一支人民军队,诞生于1927年的"南昌起义"之后,南昌起义,又称"八一起义",指的是在1927年8月1日中共联合国民党左派,打响了武装反抗国民党反动派的第一枪,揭开了中国共产党独立领导武装斗争和创建革命军队的序幕。1927年8月1日,中国共产党领导部分国民革命军在江西省南昌市举行武装起义。起义由周恩来、贺龙、叶挺、朱德、刘伯承、谭平山领导。1933年7月11日,中华苏维埃共和国临时中央政府根据中央革命军事委员会6月30日的建议,决定把8月1日作为中国工农红军成立纪念日。从此,8月1日成为中国工农红军和后来的中国人民解放军的建军节。起义的目的是反抗国民党反动派的屠杀政策,唤醒广大中国人民,表明中国共产党要把中国革命进行到底的坚定立场,共产党的目的是联合愿意革命的国民党左派,挥师南下广东,建立革命根据地,实行二次北伐。1927年4月和7月,中国国民党内的蒋介石集团和汪精卫集团,勾结帝国主义和买办性的大地主大资产阶级,在上海和武汉等多地在全国范围内发动反革命政变,残酷屠杀共产党人和革命群众,使中国人民从1924年开始的国共第一次合作的反帝反封建的大革命遭到失败。自此,人民解放军队伍,肩负着民族的希望,保卫着家国的安全。他们穿林海,过雪原,用小米加步枪,抵御外侮;他们抛头颅,洒热血,用青春和生命,维护和平。如今,中国人民的生活幸福,并不是因为世界已经和平,战争在世界的其他角落里仍然在发生,而是因为我们强大的人民解放军和强大的军队,是他们为中国人民撑起一把保护伞,为我们遮挡枪林弹雨,为我们守护岁月静好。这就是人民的军队,同学们,不知道你们对中国军队和中国军人有多深的认识,但请你们一定要记着,这是军队的历史和过往,也一定记得军人的使命和担当。

进入军营生活,首先希望你们能够牢固地树立起"保家卫国,服务人民,奉献社会"的坚定理念。有了正确的理念和信念做支撑,才能拥有正确的态度,才能支配起积极的行动,才能有良好的结果。我希望同学们都能树立起这样的理想和信念,培养正确的世界观、人生观、价值观,这样你们才能有积极的态度去迎接新的军营生活,才能真正开启人生中一段难忘的军旅生活。这样,即使有一天你们离开了军队,在军队里树立起来的坚定的信念,锻炼出来的过硬的本领,也会伴随着你们一生,也会是你们一生最宝贵的财富。

其次,希望你们能够严格按照部队管理,服从命令,听从指挥,遵守纪律。我们都知道,军人以服从命令为天职,军队里有铁一样的纪律,这些是每一个军人必须服从和遵从的,你们在进入军队以后,要尽快适应身份的转变,一步入军营,身着绿色军装,你们就已经不再是父母身边的小公子、娇公主了,也不再有大学生活里相对自由的生活了,有的是"中国军人"的形象,有的是"中国军人"的气质,有的是铮铮铁骨和报效国家的决心,你们从此更代表了中国军队。因此,希望你们不要小看人生中的这一次身份转变,它转变的不仅仅是你们的生活状态,还有你们的生活态度。要时时刻刻"不忘初心、牢记使命",用实际行动诠释当代大学生、当代军人的新形象。

再次,要认真地学好文化知识,不断充实和丰富自己的内在。外在的形象靠训练,内在的形象靠知识,如今的军队已经不再是解放战争时期冲锋陷阵上战场的时代了,但是新时代的军队仍然时刻面临没有硝烟的战争,因此我们要有先进的国防,要有高精尖的国防人才,更要有"拉得出,用得上,战能胜"的中国军人。想必中国军人的优良作风和良好的形象已经在我们每个人心中扎根,同学们在成为其中一分子感到骄傲和自豪的同时,更要努力提升自己的内在知识和内在素养,无论何时都不要忘记学习的重要性,不要忘记知识可以改变命运的真理,更不要忘记,只有内外兼修,才能称得上是一名合格的中国军人。

最后,还是希望同学们进入军营生活,能够照顾好自己的身体,保证自己的健康。良好的身体素质才是更好地融入军营生活的基础,在此基础上加强训练,增强体魄,待你们归来时,一定会蜕变成更好的自己。

前方路漫漫,希望同学们要脚踏实地,珍惜这次踏入军营历练的机会,把握住当下,锻炼好自己,在军营里充分发挥自己的特长,为祖国的建设贡献出自己的力量,为保家卫国贡献出自己的力量,也为自己的青春画上最浓墨重彩的一笔。

你们的辅导员老师

作者简介

刘洋,男,助教,现任河南财经政法大学经济学院团委副书记,曾获2017年河南财经政法大学"辅导员优秀论文"、2017-2018河南财经政法大学暑期社会实践"优秀指导老师"、2017—2018河南财经政法大学"优秀共产党员"、2018—2019河南财经政法大学"优秀党务工作者"、2019年河南财经政法大学"重温经典、坚守初心、勇担使命"红色故事宣讲大赛"优秀指导教师"、2019年河南财经政法大学第四届廉洁文化主题演讲比赛"优秀指导教师"等荣誉。

专家点评

这封信积极向上,具有时代正能量和感染力。作者言辞恳切地向同学们阐述了选择走进军营的重要意义,同时也向即将成为保家卫国的人民子弟兵的同学们提出了殷切期望与嘱托。希望同学们能够不忘初心,不忘革命先烈们抛头颅洒热血、峥嵘岁月换得今日国泰民安;希望同学们能够牢记使命,牢记为中华之崛起而读书、为中华之崛起而从戎;希望同学们能够坚定信念,坚定强军才能强国,党领导下的人民军队才是中华人民共和国繁荣的强大保障。只有不断丰富自己的学识和素养,才能更好地在人民军队中发挥自己的聪明才干,为中华人民共和国强军之路贡献力量。

(河南财经政法大学经济学院副教授、浙江大学经济学博士、美国肯特州立大学访问学者　王春晖)

(89) 成人为己,成己达人

同学们:

这次新冠肺炎疫情的发生推迟了我们见面的时间,想着去年这个时候我去人事处报道,再过些时日便是与你们的第一次见面,在图书馆二楼报告厅,面对将近300个你,我有些许紧张,但更多的是美好的期待。

比起说,我更喜欢记录下来。曾经写过一篇给你们父母的一封信,曾经也让你们给三年后的自己写过一封信,在相处一年后,我选择写一封信给你们。疫情仍然严峻,遥相寄思,纸短情长。

刚放假那会儿,一直在刷《庆余年》,沉迷于剧本中设计缜密、环环相扣的情节,却很喜欢剧中的一段话,“时光如河,浮生为鱼,在暗流湍急中相会,总是命里该遇,就算那日不见,终会路左相逢”。能在生命中遇见,那就是缘分吧。在大家眼里,辅导员可能是一个比较尴尬的角色,他没有专业老师给你们的作用大,毕竟关系到你们的绩点,他也许没有宿管阿姨的亲切,会给迟归的你们开门,叮嘱你们日常,但辅导员的工作却与你们息息相关。有些同学还是不太会主动来找辅导员,尽管一次次说大家有任何问题都可以来找我。嘉琳姐不希望你们成为“唯分数”者,人的一生有许多追求,人的理念信念就是最基本、最重要的品质,假设你不知内心信念所在,只一味地追求外在的表象,那你终究会变得疲惫、空洞。

　　总想着表现得成熟、稳重、从容淡定,但很多东西掩饰不了,因为我知道哪些是你们没做到的,你们也许知道哪些是我的无奈。过去一年的点滴都融合在你我的拼搏和遗憾中,很多东西会随着时光褪色,但我们相处过的青春会像一首唱不完的歌。要知道,每个阶段追求的都不是短、平、快的欣喜和基于绩点的快乐,而是兴趣的激发、信任的建立、陪伴的重视、感情的契合、人文的践行和青春的完整。

　　直到现在我依旧可以清楚地背出辅导员的职能所在,脑海里浮现的是辅导员的使命和担当,刻苦铭记要做你们的知心朋友和人生导师。在不断地学习成长中,我也渐渐对辅导员工作有了更多的思考,若你愿意,我既有为你好的初心,也有锻炼你的本事。你们也是我正式入职后带的一批学生,所用的心不言而喻;比起11级到15级所经历的波折也会多一些。也许有那么几个瞬间或夜晚,我会有些许挫败感,但好在身边经验丰富的前辈总是会开导、鼓励我,我也渐渐明白,"90后"与"00后",注定有代沟。人与人相处并不容易,成长环境不同、性格脾性各异、眼界格局有别、认知标准有差,你以为的只是你以为,我觉得的也可能只是一厢情愿,但我明白这是我的工作,我的职责所在。

　　过去一年里,有小伙伴会对我的某些严格要求有些许不赞同,认为自己已经是成年人,可以做到自律学习,想要宽松地去安排自己的时间,但我想告诉你,没有一个人是一座孤岛,也许书中告诉你学会与自己独处,但你所在的班级是一个集体,是一个群众自治组织,你应该服从班规班纪,遵守校纪校规,不要忘记班级是你的归属。

　　过去一年里,有小伙伴不喜欢上课,只喜欢打游戏,我让班委严格做好签到工作,向班委和同寝室室友了解情况,你也许被硬逼着去了教室,但你的精神状态完全不适合听课。我总是苦口婆心地教导你,只希望你明白学习的重要性,再这样下去你的时间就无所事事地被浪费了,没有下一个大二在等你,你肯定会在之后任何一个阶段碰壁。

　　过去一年里,有小伙伴会为了规则、为了考核、为了评奖评优来找我,我也知道更多时候,你们在背后有些不满或者怨言,甚至有些疑惑。规则是上级制定的,我们既然不是制定规则的人,那便自觉遵守即可,当你有想法时,可以通过合理恰当的方式提出,而不是随着自己的性子发泄一通,要知道你的任性行为首先影响的是你自己。也许是我学科背景的影响,不单是评奖评优,在很多事情上我更希望做到有理有据、不偏不倚,但你想变优秀,老师们会非常愿意为你提供平台。

　　过去一年里,有小伙伴认为自己所学的专业太难了,不想继续了,眼巴巴看着别的班级同学轻松学习而获得很高绩点。但我想告诉你真相,努力的人只会比你更努力,每一份漂亮的成绩背后,一定是有持续学习的过程,肯定不是最后教学周结束后突击熬夜复习得来的,也不是专业老师特别仁慈给的高分。要知道,你现在所学的知识都会成为你之后谋生的饭碗,这样你还有理由不端正态度好好学习吗?

过去一年里,看到你们的成长,看到在台上讲述心路历程的你们,在晚会上尽情展现魅力的你们,在学活排练无数个晚上的你们,为了顺利举办活动忙前忙后的你们,在体育赛场上勇敢拼搏的你们,在看台上加油助威的你们,等等。你们也带给我许多的感动,在第一次班会后有学生特地来找我聊天说话,并送我一束小花,至今还被我保存到现在;在我生日的时候送上诚挚的祝福;在我备赛的许多个夜晚,帮我修改幻灯片;在我比赛前给我加油打气;在端午节时收到国会三班写满祝福的卡片;在我感受挫败的时候,总有几个贴心的娃给我力量,告诉我你们在身边,等等。遇见你们,真好。想起国会二班送我的可乐瓶上印着的话,"嘉琳姐,时光不老,我们不散"。

在我看来,最好的你们不自持高考带入校的高分优越感,而是你摸透大学的规则和规律后,没有靠小聪明吃饭,没有一味追求速度和技巧,没有成为一个精致的利己主义者,依然全力以赴,为了朴素或偏执的梦想努力着。

大二已过半,这封信写在一年之际。你们在长大,我也在成长,愿我们彼此陪伴、彼此护航,成为更好的自己!

你们的嘉琳姐

> **作者简介**　朱嘉琳,女,1991 年 3 月出生,浙江丽水人。法学硕士,现为浙江工商大学财务与会计学院辅导员,曾获第三届浙江省高校辅导员工作案例大赛二等奖、学校辅导员职业能力大赛二等奖、"微党课"比赛三等奖、辅导员理论宣讲三等奖、辅导员案例分析大赛三等奖等荣誉。

🎈 专家点评

这不是一封信件,而是一封家书。从中我看到了这样一个辅导员:朱嘉琳是全国辅导员家庭中的一员,她承担了一名辅导员所应承担的所有角色职责,做到了深入学生,了解学生,教育学生,如管理学生纪律、督促学生学习、解决生活困难、解答人生困惑等,那一件件看似琐碎的平常小事,却完整地勾画出辅导员的工作形象。然而,一切平凡铸就了一身卓然。她跨越了一名普通辅导员的角色境界,做到了理解学生,引导学生,以身示范。她与学生融为了学习成长的共同体,是一名受学生爱戴的了不起的辅导员。时下的校园社会,很多初入职场的年轻教师仅仅把教师身份当成一个留身安命之所,忘记了天职使命的丰满,留下了骨感无情的责任。唯有像朱嘉琳老师这样用丰富的行动和深刻的思想,在学生成长之路上谱写着辅导员对职业的敬畏,对职责的躬行,对学生的真情,对人民教师使命的尽忠,才能从真正意义上实现教育的真谛。

（浙江工商大学学工部部长、副教授　何波）

⑨ 这世间的善良,值得我们一同守望!

各位同学:

　　大家好!

　　新冠肺炎疫情已经持续近三个月时间了,这段时间,我们从各大媒体都能看到,每天有救护人员、医疗物资、生活物品等抵达疫情最前线。他们身先士卒,冒着生命危险,高强度、高负荷地奋战在一线工作岗位。他们是医生,是护士,是公安干警,是奔走在乡村小道上拿着扩音器苦口婆心进村宣传的村干部,是马不停蹄将救援物资运往一线的司机师傅,是用生命与时间赛跑以彰显"中国速度"的一线工人……作为一名高校辅导员,虽然并没有深入一线,与他们战斗在一起,但我和我的同事们也是丝毫没有松懈,时时保持在线,深夜里依旧趴在电脑前一遍一遍核对学生数据,了解他们的动向和身体状况。作为一名思政工作者,我每天都能透过疫情,看到在灾难面前人性的不屈、伟大和坚强。他们来自各行各业,尽管看不清他们的脸,不知道他们的名字,但毫无疑问的是,他们都拥有尘世间最美好的品德——善良。在这里,我想把我看到的善良转成文字分享给莘莘学子,正是这善良,如同一道光,驱散阴霾和恐惧,为这个寒冬送去温暖和希望。

　　一、因为善良,所以慈悲

　　2020年1月18日,一张照片火遍全网和朋友圈。照片上是一位两鬓斑白的老人,他背靠在高铁座椅上,微闭双眼,眉头紧锁,他面前的桌子上摆的是各种文件材料。这位老人就是呼吸病学专家钟南山,2003年抗击"非典"的国士和英雄。照片上的他正坐在由广州开赴武汉的高铁上,而此时这位老人已经是84岁高龄了。就在疫情初期,他通过媒体告知人们:"没什么特殊情况,不要去武汉!"但他自己却毅然决然奔赴疫情第一线。网上有这样一句评论:"您是爷爷般的年龄,本该退休享福的时候,却身先士卒、挂帅前行,愿您平安归来,国士无双!"是的,钟老已是耄耋之年,在本该享福的年龄,挺身而出。我想,当钟老出现在新闻报道上时,大多数人都能从他的话语中找到力量和希望,获得一种安全感。因为在2003年抗击"非典"之后,他已然成了一面旗帜,一面带领患者、医务工作者和全国人民奋起,向疫情冲击的旗帜。"我是一个渐冻症患者,双腿已经开始萎缩,我必须跑得更快,才能跑赢时间;我必须跑得更快,才能从病毒手里抢回更多病人。"这是武汉金银潭医院院长张定宇医生的话语,57岁的他,因身患渐冻症,走起路来非常吃力,但这并没有打倒他,影响他的正常工作,虽然走路一瘸一拐,但双脚站立的地方,已然成了抗疫最坚实的阵地。

钟老和张定宇院长是善良的,用实际行动诠释着什么是医者无惧,医者仁心!也许他们都是医生,看惯了生死,也就无惧生死。但他们诚然在用尘世间最美好的品德——善良,来浇灌着一颗慈悲之心,用最大的慈悲来点燃生命,唤醒春天!

二、因为善良,默默坚守

2月11日下午,一则新闻让我泪目,感触良久!

吴亚玲是随军队支援武汉火神山医院的一名护士,11日下午她接到家人通知,母亲因身患疾病离开人世,得知母亲去世消息的她泪如雨下。因为她的家乡远在云南昆明,此时又正值抗击疫情的关键时期,无奈不能赶回去送别母亲最后一程。12日上午,她母亲的遗体被火化,面对远方逝去的亲人,在与母亲告别的最后一刻,她忍着悲痛,在医院一个无人的角落,对着家的方向深深三鞠躬,送别亲人,送别她最爱的母亲。不知在哪里看到过这样一句话,"在所有的离别中,亲人的逝去会让人更加的迷茫与绝望"。但我想说,在吴亚玲的身上并不是这样的。当她心情稍微平复过后,还是像往常一样走进重症病房,与她的同事一起,面对疫情,继续奋战。当有记者对她进行采访,问她状态如何时,她坚定地说:"我会在这里把我的工作做好,完成好我的任务,不胜不归!"有人说:"母爱就像太阳,无论时间多久,无论走到哪里,都能感受到她的照耀和温暖。"也许正是母爱的伟大,给了亚玲无穷的力量,让她在疫情面前无比坚强。

像吴亚玲这样奋战在一线的护士有很多,他们很多是子女,牺牲了与自己亲人在一起的时间;他们很多是母亲,放弃了陪伴孩子、照顾孩子的机会;他们很多是亭亭玉立的姑娘,却剪短了长发,披上了洁白的"圣衣"……他们用一颗颗善良的心,筑起了一道道生命的防线,也架起了一座座充满爱的桥梁。

三、因为善良,勠力同心

"一方有难,八方支援!"这早已是我们在面对困难和灾难时的集体意识,是浮生在中华大地,融入中华民族血液里的深厚情感。当疫情暴发,武汉市被全面封锁,来自全国各个省的救援医疗队纷纷奔赴武汉。一辆辆满载救援物资和生活用品的货车，一排排带着希望和关爱的医疗小分队，一声声铿锵有力的"武汉加油、中国加油"，还有那一箱箱从世界各地人肉背回来的口罩、防护服……像这样的感动每天都在上演着。2月5日上午，从四川阿坝州汶川县三江镇运过来的援助物资，经过近36个小时的长途跋涉运抵武汉市。让人感动的是每辆货车前方都挂着一条横幅，上面写着"汶川感恩您，武汉要雄起"几个大字。在2008年的"5·12"汶川特大地震中，有受伤的500名伤员，分批送到武汉的同济医院、武汉大学人民医院等11家最好的医院进行治疗。汶川人民不忘旧恩，他们牵挂着疫区里的同胞们。于是，当地的村民自发捐款采购100吨新鲜蔬菜，他们日夜兼程，将蔬菜送达到抗疫一线。

因为善良，所以同心！12年前的武汉，用温暖和爱接纳了汶川，给了汶川人民健康和关怀；12年后的汶川，同样用美好祝福和实际行动回馈武汉人民，鼓励他们"雄起"，早日战胜疫情。

四、因为善良，我们必胜

2月10日下午，习近平总书记在北京地坛医院考察慰问时强调要"信心百倍打好阻击战、总体战，打好这一场人民战争，我们一定要树立信心，一定会胜利"。习近平总书记把此次疫情定义为人民战争，而人民战争的本质是最大程度保护人民群众的利益，争取人民的幸福安康，打好这场战争根本上要靠广大人民。相信你们很多人都跟我一样，每天早上起床的第一件事，就是打开手机，查看疫情实时动态，那些变动的数据背后牵动着千千万万家庭，里面有感动、有痛苦、有辛酸、有无奈……我深知在一线有千千万万个医务工作者夜以继日与病毒抗争，是他们用爱付出托起了千万个家庭的希望！在疫情和灾难面前，我们显得特别渺小，个人的力量很微弱，但我们坚信只要一个国家、一个民族的人们团结一心、拧成一股绳，每个国人心中的那一丝善良都能聚集在一起，那星星之火，便可燎原！

学子们，正值青春的你们，在成长的道路上目睹了疾病给人类生存带来的挑战，也让你们看到了国家发展中存在的不足和缺陷。"一代人有一代人的使命，一代人有一代人的长征"，未来的你们毕业后将奔赴祖国的每个角落，"你所站立的地方，正是你的中国；你怎么样，中国便怎么样；你是什么，中国便是什么；你若光明，中国便不黑暗"。

灾害无情，人间有爱！我亲爱的学子们，愿你们都能感受到世间的善良，做一个心存真善的人，活成如他们这般大写的模样。我相信疫情总会过去，春天终将到来，因为世间的善良，值得我们一同守望！

潘龙飞

作者简介

潘龙飞，男，汉族，1993年7月生，中共党员，硕士。温州大学电气与电子工程学院辅导员。曾荣获第三届浙江省辅导员工作案例大赛三等奖、温州市高校辅导员素质能力大赛一等奖、温州大学辅导员素质能力大赛一等奖。

专家点评

善良，是我们后天可选择的最宝贵的秉性。中国人历来讲究善有善报。善良，是一种民族的秉性坚守。善良背后是一种坚定的信念，是一个民族强大的力量源泉。以善良为视角审视抗疫中的精神力量，很民族，很传统，很独特。

（温州大学电气与电子工程学院党委书记、副院长　李方强）

(91)　感恩你们的每一个“收到”

同学们：

见字如面！这是我与你们共同度过的第二个寒假。

本以为这个寒假会很平常，像平常一样如期开学。你们会像平常一样“左手卷饼右手奶茶”冲进教室，我会和平常一样查课点名。然而一切都变成了想象，昨天有同学问我：什么时候能开学？我在家待得上火了！竟然还有同学和我说，他想开学了，他想学习！还记得每次临近放假，都被你们返乡的车票刷屏，这一次你们却都在期待开学的日子！

一、同学们，别急，不只你一人在家等待开学

从新冠肺炎暴发到现在，已经过去了一个多月的时间，在这段时间，每天都在不断地排查。截至目前，我已接收5177次“收到，身体正常，无发热”。

作为一名学生，我们没有能力像医护人员一样冲在战疫前线；也没有能力像“雨衣妹妹”一样驾车千里只为前线的医护人员吃得好一点。我们能做的，唯有待在家中，如实向社区、向学校上报自己真实的身体状况。每天晚上一过12点，班级群内的消息就异常整齐，看来这夜晚注定是要熬不过你们！

作为一名学生，开学似乎变得离我们越来越远。从未想过坐在同一间教室里都变得遥不可及，从未想过坐在同一张桌子吃饭都只是在回忆里，从未想过一起结伴上学放学都变为“点击退出直播间”！

意外的不是疫情突如其来，意外的不是延长的寒假，而是我竟如此想念和期待开学的日子！

二、同学们，别急，不只你一人想念商大的主楼

此刻的校园很安静，她和我们一样在默默等待。等待五月丁香花的花香飘满整个校园，等待六月即将毕业的你们回到图书馆门前拍下离别前的大合照，等待上课铃声又能准时响起，等待你们的琅琅读书声。

此刻的校园很安静，她和我们一样在默默祈祷。祈祷孩子们在家中平安，祈祷疫情得到有效控制，祈祷学校恢复往日的热闹，祈祷我们再相见时一个都不少。

此刻的校园很安静，她和我们一样在默默期待。期待我们相见的那一天，期待疫情散去的那一天，期待你我不用隔空拥抱那一天，期待不用上报健康数据的那一天。

你是否也想念食堂二楼的麻辣烫，想念寝室阿姨让你准时回寝的各种唠叨，想念室友和你一起吃饭追剧的日子，想念团书记面对面追你要大学习截图的日子，想念坐在教室一起上课的日子？

三、同学们，别急，不只你一人想念哈尔滨的中央大街

3 月 11 日下午召开应对新型冠状病毒感染肺炎疫情工作领导小组指挥部例会明确要求：黑龙江疫情低风险地区，人员流动不需查验健康证明，不再实行隔离 14 天规定。我们的战果累累，各地区已经逐渐复工复产。哈尔滨这座"冰城"身着一袭白纱，怀揣一颗赤子之心，倾其所有援武汉。如果有一天你来到了这里，记得去中央大街踩一踩百年历史的石板路，去松花江边吹吹风，去品尝马迭尔冰棍的凉甜。

我们用意志与病魔抗衡，我们用团结与病毒斗争，我们用乐观战胜疫情！方舱医院里有人翩翩起舞，有人欢歌笑语，白衣天使变身小品演员，肺炎患者变身拍摄小哥。这一切仿佛只是我们给自己放了一个假，假日里阳光可亲，清风拂面。

同学们，快了，距离我们摘下口罩的日子越来越近！

当我得知你们变身为志愿者，奔赴防疫一线的时候，我的内心无比感动与骄傲。感动于你们的担当与勇敢，骄傲于你们的天下兴亡匹夫有责。你们让我看到了未来的中国，更让我看到了未来中国青年该有的样子。你们也是孩子，却坚定地走向战场；你们也是孩子，却担起别人的希望；你们也是孩子，却成了别人的保护伞。正是这些志愿之心，从四面八方汇聚而来，筑起一座城墙名叫——信心。

在这场无声的战"疫"中，越来越多的人加入志愿者这支队伍。即便被口罩遮住了脸，但是遮不住你们内心的光芒。病房里的医护人员、道口限行的警察同

志、小区门口的物业人员、随处可见的志愿者们，冲锋陷阵是你们的日常，你们为百姓筑起了一道又一道的防护墙。看着一点点褪去红色的疫情地图，那一刻才知道"中国"二字是多么的坚不可摧。

四、同学们，快了，距离我们一起坐在教室上课的日子越来越近

停课不停学，为了装下更多的学习平台软件，你们忍痛卸载了手机里的购物软件、P图软件。有时候一个不小心就进错了直播间，慌慌张张地重新进入正确直播间，才发现点名环节已经结束。坐在电脑前，边吃早饭边上课，远不如在教室里吃得香。

老师第一次当主播，不懂的很多；老师第一次线上开课，不会的很多；老师第一次把家里当课堂，不习惯的很多。这样的课堂比以往安静了许多，没有窃窃私语，没有迟到的同学。只是对着屏幕讲课，看不见你们相互切磋游戏技能的惊喜神情，感觉这堂课的节奏都被打乱。只是在键盘上敲字答疑解惑，并不能让你们完全理解这些难点。看见屏幕中你们的名字有序进入直播间，总觉得缺少了什么。有人说网课挺好的，以后可以一直上网课。校园之所以称为校园，那是因为学生在老师在；课堂之所以称为课堂，那是因为你讲我在听、你说我在记、你问我在答。网课却是我在电脑的这头，老师在电脑的那头。少了上课的铃声，少了粉笔擦着黑板的"沙沙"声，少了零零散散的翻书声，更少了老师的嘱咐声。

五、同学们，快了，距离我们打赢这场疫情防疫阻击战的日子越来越近

3月20日湖北新增确诊、新增疑似、现有疑似连续三天清零，各省援鄂医疗队陆续撤回。在这个注定不平凡的春天里，我们一起见证，一起前行。无数的"白衣天使"逆风前行，无数的志愿者坚守岗位，还有千千万万的"我"在与生命赛跑，在与死神做斗争。"走，我们回家"温暖了无数海外华侨的心，"细理游子绪，菰米思故乡"让身在祖国之外的学子深知此刻的他们绝不是一座孤岛。

中国红不是普通的红，中华民族不是普通的民族。"我"是一名普通百姓，什么都做不了，那就安心在家不乱走；"我"是一名工人，做不了什么，那去支援建设方舱医院；"我"是一名保洁人员，不会什么，那就认真做好楼宇间的消毒工作；"我"是一名送餐人员，能做的不多，那就帮助居民代买物资；"我"是"90后""00后"，不再是被保护的孩子，我要冲在抗击疫情的最前线。

防护服再厚重，也无法放慢救人的速度，身体再疲惫，也无法停止忙碌的身影。此刻的你我不再是"90后""00后"，我们是让人竖起大拇指的"中国后"。

这个寒假很长，你们总在问我：老师，什么时候开学？我想回学校了。以前总是吐槽食堂的饭难吃，现在却觉得这是花钱都买不到的美味。以前总是抱怨室友呼噜声太大，现在自己在家却睡不到上午9点。真想去篮球场打一个全场，出一身汗，再去食堂点一份黄焖鸡米饭，回到寝室和他们一起吹吹牛，看看手表时间到了，一起背着书包去上课。同学们，感恩你们的每一个“收到”，回复已成为你们的日常。同学们，感恩你们的每一个“收到”，与我共同坚守在防疫战线上。同学们，感恩你们的每一个“收到”，做到如实上报。

春已至，冬渐远，让我们静待开学。那时，一起去镜湖坐坐，纵意而谈，看看盛开的荷花。一起去主楼走走，三三两两，看看上课的教室。一起去操场转转，英姿飒爽，看看奔跑的青春。

你们的辅导员老师：关欣

作者简介

关欣，女，现任哈尔滨商业大学辅导员。负责学院党建、团委、新媒体新闻中心工作，参加哈尔滨商业大学“向日葵学生工作室”、参加“发哥辅导员工作室”。组织开展“12·9”大学生合唱活动、五四诗朗诵活动，荣获哈尔滨商业大学“我用青春告白祖国”二等奖等。

专家点评

关欣，作为哈尔滨商业大学法学院一名年轻的辅导员，她用热心、爱心、耐心、责任心，践行初心与使命，引领大学生与时代主题同心同向，在全国上下抗击疫情时刻，她每天除了排查统计学生信息外，在学院公众号发表抗疫推文 15 篇，指导学院团员青年观看团中央防疫工作的青年大学习。在信中可以看到关欣老师对学生有感激、有信任，有关怀、有嘱托，有教导、有期待，希望同学们牢记青年一代的使命，用知识武装自己，不断锤炼意志品质，为实现中华民族伟大复兴贡献青春力量！

（哈尔滨商业大学法学院党总支副书记　李萍）

(92)　珍惜身边事，关心眼前人

亲爱的同学们：

见字如面！

作为你们的辅导员，在新的一年里，我有以下几点期望送给大家：“一寸光阴一寸金，寸金难买寸光阴”，我希望大家珍惜时间，努力学习；“宝剑锋从磨砺出，梅花香自苦寒来”，我希望大家磨炼意志，锤炼品格；“世事洞明皆学问，人情练达即文章”，我希望大家多读书，开阔眼界。当然，我更希望大家身体健康，开开心心地过好每一天！

"生日会"已经举办四次了，每每看到同学们抽贺卡时期待的表情，读贺卡时紧张的样子和唱生日歌时幸福的微笑，我的心里便犹如蜜一般甜。大家能从这项活动中获得快乐、得到满足，我十分欣慰。这项活动我已经筹划半年多了，起初是因为有同学和我说，一学期过去了，身边好多同学还不认识，希望我能举办一些班内活动，以此多认识一些同学。我认为这位同学说得很有道理。大学不同于初高中，除了学习知识，还有很多其他技能需要我们掌握。广交良友，提升沟通能力，扩宽交际圈便是其中很重要的一项技能。于是我便开始思考、设计活动。有一次，我在核对大家信息的时候，无意间看到了大家的生日。生日是每个人一年中非常重要的日子，大家都希望在生日这一天能收到亲人好友的祝福，于是我便把目光投向了大家的生日。为每位同学举办一次集体的生日会，让每一位同学在生日当天都能收到其他同学的祝福，这一定很有意义。

主题定下来了，接下来便是设计内容。最终经我和班委讨论决定，生日会每周一次，形式是让每位同学准备一张贺卡（贺卡写给谁并不确定），上边写上祝福的话，然后将贺卡随机打乱，等生日会的时候让本周过生日的同学抽取贺卡，在全班同学面前读出贺卡，并告诉同学们他抽到了谁的贺卡，最后由全班同学为本周过生日的同学唱生日歌。虽形式简单，却情谊饱满。除此之外，我还要求抽到贺卡的同学主动联系写贺卡的同学，向写贺卡的同学道一声"谢谢"。

举办了四次生日会后，同学们都收获满满。有同学说："收到贺卡很开心，感觉做贺卡的同学非常用心，自己一定要把这张贺卡好好珍藏起来，以后每一年生日都拿出来看一看。"还有同学认为"生日会"是一个让人既感动又惊喜的活动，这项活动让他感受到了政管大家庭的温暖。也有同学开玩笑地说："怎么没有蛋糕啊？是不是因为启动经费有限啊？"

同学们！大家可知道何为友情？伏尔泰曾说过："人世间一切的荣华富贵都不及一个好朋友。"友情便是好友间存在，但又无法用语言描述的东西。友情是一份寄托，"海内存知己，天涯若比邻"，一份珍贵的友情，让你不再感到孤单；友情是一面镜子，"独学而无友，则孤陋而寡闻"，失去友情，你将很难进步。在成长的道路中，我认为大学的友情最为重要，原因有二。首先，你们学着共同的专业，有着共同的话题和目标。现在你们可以在学习中共同进步，将来你们可以在工作中互相支持。其次，"有朋自远方来，不亦乐乎"。大学同学来自四面八方，在和他们的交谈中，你便能感受到东北的雪是多么的白，三亚的海是多么的蓝，泰山的日出是多么的壮丽，成都的小雨是多么的感伤。"读万卷书，不如行万里路"，这份足不出户便能领略祖国大好河山的友情，你们一定要珍惜。

同学们,朋友固然重要,但亲人更为可贵。亲人是在你成功时比你还高兴,在你失败时比你还难过的人。你的亲人不会关心你飞得高不高,只会关心你飞得累不累。亲人之间是不需要用言语表达的,一个眼神、一个动作,便能让你热泪盈眶!同学们,在你生日当天,最挂念你们的亲人,便是疼你们、爱你们的父母了。"儿行千里母担忧",身在异地上大学的你们,一定会让父母牵肠挂肚。每逢过节、过生日更是如此。父母含辛茹苦地把你们养大,不求回报,也不求你们有多大的成就,只求你们健健康康、快快乐乐地长大。"可怜天下父母心",全世界只有父母能为你们付出百分之一百二十的爱,还不求回报。同学们,时间不会因为任何人、任何事而停止,白驹过隙,转眼间你们长大了,考上大学了,父母为你们骄傲。但骄傲的背后是深深的不舍。"我的宝贝从没离开过我,不知道在学校里一个人过得怎么样。他能按时吃饭吗? 天冷懂得加衣吗? 能适应太原柳絮漫天的春天和异常干燥的秋天吗?"

同学们! 不知从何时起,你记忆中的父母便只剩下夏天坐在院子里乘凉和冬天围在餐桌前喝烧酒的样子。再过几年,你眼中的父母便只剩下冬天围在餐桌前喝烧酒的样子了。

同学们! 老师举办生日会还有一个目的,那就是提醒你们,二十几年前的今天,你们出生了,给予你们生命的是父母。在你们生日当天,给父母打个电话,告诉父母你想他们了,告诉父母你很感谢他们,感谢他们把你带到这个世界,让你看到这个世界的五彩缤纷;感谢他们辛辛苦苦地把你养大,感谢他们用爱建起一座城堡,让你成为这座城堡中最快乐的公主和王子!

同学们! 信,就写到这里吧。下学期来了,生日会还会继续!

同学们! 你们是辽阔星河里最耀眼的光芒,你们是浩瀚星空中最璀璨的微笑,你们是岁月划过时空时最耀眼的星辰。愿你们手捧鲜花芬芳岁月,愿你们脚踏山河繁华人生,愿你们满眼星辰璀璨无边,愿你们以梦为马不负韶华! 虽然太原的冬天寒意凌然,但希望你们能记得午间的暖阳和文字中的情谊,以及为你们用心做贺卡的同学和牵挂你们的父母!

刘春阳

作者简介

刘春阳,男,29 岁,山西太原人。毕业于云南大学法学院,获法律硕士学位。山西大学政治与公共管理学院本科 2017、2018 级辅导员,本科生第二党支部书记,分团委书记。先后参与"三推一课一品":"高校大学生党员发展与培养创新机制研究"(校级)、"当前强化高校学生党支部政治功能的路径探析"(省级)、"共青团改革背景下高校党建带团建的实践旨趣与路径选择"(省级)等课题研究。先后获得山西大学 2019 年"优秀共产党员"称号、山西大学 2019 年"暑期三下乡优秀指导教师"称号。

专家点评

辅导员是高校大学生的思想教育者、管理者和服务者。春阳老师给学生的信中饱含了对青年学生的关怀和呵护,体现了新时代大学生辅导员的初心和使命,简单的生日会中蕴含着他丰富的辅导员智慧。

一是贯彻"以人为本"的管理理念,引导学生参与班级文化建设。生日会活动能够还原学生的主体性地位,以接收亲友祝福等调动学生的热情和正能量,为学生心理、情感与认知的良好发展创造氛围。

二是贯彻"立德树人"的教育理念,帮助学生树立正确价值观。生日会中的感谢同学、感恩父母等积极的德育引导,不仅关注了学生思想动态,而且润物细无声地做好了思想政治教育工作。

三是贯彻"学生中心"的服务理念,帮助学生"筑梦""圆梦"。辅导员的梦归根到底是学生的梦,必须依靠学生来实现,不断地为学生谋利造福。通过生日会提醒学生珍惜时间,要求通过读书交友不断提升自己,用行动诠释"奋斗的青春最美丽"。

(山西大学政治与公共管理学院副教授　任晓春)

㊟ 用实干成就青春梦想

亲爱的学生干部们:

你们好！不知不觉你们已经步入大学半年了,短短的半年时间,我已经从你们身上看到了不大不小的变化。有些人入学初怀揣梦想,激情满怀,想要在学生干部这方平台上实现自身价值,成就青春梦想,渐渐地便消磨了意志,迷失于游戏,将梦想抛诸脑后;有些人工作初认真负责,想要在班级树立威信,获得能力提升,经历过多次同学不配合的冷遇,自信心极度受挫,进而开始退缩;有些人坚守岗位,即使受到委屈,即使遭遇不解,依然秉承竞选时的那份初心,越挫越勇,淬炼成长。青春是一张白纸,它有怎样的色彩,取决于你这个画师,你用心绘就,它便呈现精妙绝伦的景色,你敷衍应付,它便呈现粗制滥造的画面,如何让自己的青春之画更加五彩斑斓,如何在学生干部的岗位上成就青春梦想呢？在这里,老师想给大家说,唯有实干,方可书写美丽青春。

一、做坚定信念的实干家

理想信念是共产党人精神上的"钙",没有理想信念,精神上就会"缺钙"。

中国共产党带领中国人民取得中国革命胜利的力量之源便是理想信念。历史和实践也反复证明,检验一个干部理想信念是否坚定的一个重要标准就是能否做到全心全意为人民服务。17 岁的马克思在他的高中作文中曾这样写道,"如果我们选择了最能够为人类而工作的职业,那么重担就不能把我们压倒"。马克思在其高中时代就展现了心系天下的博大情怀和为人类而工作的高尚信念。这一理想信念使马克思一生都在追求真理和人类的解放事业中奋斗。作为一名青年学生干部,我们应做到坚定四个自信,增强四个意识,做到两个维护,自觉提升自身的理论修养,努力将自身从孤芳自赏的"小我"中解放出来,将更好地服务于老师,服务于同学,服务于集体作为自己的使命,自觉将全心全意服务师生作为自己的不懈追求,在服务师生的实践中坚定理想信念,在服务师生的实践中体悟初心使命,在服务师生的实践中实现人生价值,将个人理想追求融入服务师生的生动实践中,融入到国家和民族的事业中,勇做时代的奋进者、开拓者、奉献者,使青春之花在服务中绽放,使青春之火在奉献中闪光,使青春之梦在实干中铸就。

二、做善于学习的实干家

"青春虚度无所成,白首衔悲亦何及。"作为学生干部,第一身份就是"学生",学习是自己的第一要务。在日常的工作过程中,学生干部应珍惜时光,自觉将学习摆在第一位。不要做搞起活动风风火火,一问学习支支吾吾的干部,要将切实提升学习能力作为一项重要能力来抓,相信你也期待能够成为父母口中的"别人家的孩子",相信你也期待能够在同学面前上演"神仙打架"的惊人场面。然而对于每一个普通人来说,我们并不具备什么惊人的功力,也没有获得什么"学霸速成"的武功秘籍,需要的是能够沉下心来,扑下身子,认认真真地投入学习,心无旁骛地投入学习,学会从学习中体会乐趣,学会从学习中收获成长,学会从学习中实现蜕变。也许你会说,老师这样的日子太苦了,还是"王者"让我沉迷,还是"吃鸡"让人愉悦,可是无数个短暂愉悦的时光之后,你是否会在某个深夜默默焦虑起自己的未来,你是否在考试来临前无数次失眠,你是否会在某个瞬间发现父母早生的白发? 游戏中的世界是很美丽,然而青春的画卷却很现实,它不会悄然赐予你游戏中的荣光,也不会帮你摆脱现实生活的责任,你终将要面对属于自己的生活,你终将要回到现实世界。老师劝你们只有及早抽身,做好谋划,方可书写无悔画卷。时间是最好的标尺,它能够给予每个人最公平的回报,希望大家能够珍惜韶华,用心学习,在学习中懂得思考,在学习中善于总结,在学习中联系实践,在学习中收获成长。

三、做勇于担当的实干家

学生干部是连接老师与学生的桥梁。既然选择了做学生干部,便只顾风雨兼程,既然选择了做学生干部,便不顾流言蜚语,既然选择了做学生干部,便要越挫越勇。也许你会说,我只是一个宿舍长,宿舍成员之间的关系好复杂,重口难调,连基本的日常生活作息都很难协调统一。开学初,我一心扑在宿舍上,尽可能照顾到所有人的喜好,过了一阵子发现特别累,还往往会得罪室友,我都想辞去宿舍长了。遇到了一点困难便浅尝辄止,遇到了一点阻力便掉头就走,遇到了一点麻烦便烦恼不已,这是学生干部应该有的样子吗?老师想说未来的人生道路上,你会遭遇更多困难,遇到更复杂的状况,你也愿意选择做一个遇到困难绕道而走的退缩者吗?遇到同学们的不理解不支持,有没有认真思考是方法用得不对,还是沟通欠缺?作为一名学生干部,要学会研究同学们的喜好,探索用合适的方式建立有效沟通,必要的时候更需要借助班级管理制度和宿舍管理制度,用好制度这把"尺子"。遇到同学们的冷漠也要懂得借助外力,积极寻求老师和其他同学的帮助,探索更为有效的工作方式和方法,提升工作的艺术,善于从琐碎的工作中收获获得感、成就感。遇到工作中的困难,要有"逢山开路,遇水架桥"的闯劲儿,要有"化干戈为玉帛"的巧劲儿,更要有"使劲跳起来摘桃子"干劲儿,只有敢于直言、勇于直言、敢于担当、勇于担当,在困难中磨砺,在挫折中成长,你才会慢慢成为同学眼中信任的大神,老师口中称赞的干将,家长眼中长大的孩子。

四、做砥砺奋斗的实干家

奋斗是青春最亮丽的底色。作为一名基层的学生干部,最重要的就是要坚守初心,甘于奉献。要学会将班级作为自己奋斗的主战场,主动去发现班级中存在的问题,积极与老师做好沟通汇报,学会探索解决问题的有效途径,在干中学,在学中干,让青春的底色更加亮丽。主动关心身边困难的同学,及时给予必要的帮助,带着感情、带着责任去做学生干部工作,将营造积极向上、团结和谐的班级氛围作为自己的努力方向,带领班级委员心往一处想,劲往一处使,真正使同学们感受到班级强大的影响力、感召力和吸引力,使同学们融入进来,认真配合班委工作,努力为建设一个优秀的集体共同奋斗。认真配合老师工作,给予老师真诚的建议,用心完成每一件交付的小事,在小事中成长,在小事中磨砺,渐渐地你便发现自己开始懂得思考工作、思考人生,思考青年应该担负的责任,你便开始学会从解决班级成员的小事中收获快乐、收获幸福、收获成长。热情对待班级的每一位同学,帮助他们解决力所能及的困难,给予害羞的同学肯定和鼓励,给予出错的同学宽容和耐心,在你一次次的热心中、一次次的付出中,同学们也会感悟到你的真情和真心,真正打心眼里佩服你,认可你。努力使自己成为班级的"领头羊",更好地去感染他人,影响他人,带领班级不断走向优秀,我相信这也是学生干部价值所在,更是你竞选时的那份初心所在。

人的青春都只有一次,在最美的青春年华里你选择做一名学生干部,憧憬在自己青春的画卷中涂上绚丽的色彩。但是老师也想提醒大家,有的人走着走着渐渐忘记了最初的梦想,希望大家能够静下心来回想下自己当初竞选时的那份初心,真正沉下心来,扑下身子,做一名信念坚定、善于学习、勇于担当、砥砺奋斗的实干型学生干部。相信一路走来也许会遍布荆棘,充满坎坷,但请相信实干终会成就你的青春梦想!

期盼你们成长的曹老师

作者简介

曹丛丛,女,中共党员,讲师,郑州信息科技职业学院信息工程学院辅导员,学生党支部书记,国家三级心理咨询师,曾获 2019 年"河南省高等学校优秀党务工作者",校级"优秀辅导员""优秀党务工作者""优秀党员""我最喜爱的青年教师"等荣誉称号,发表论文 8 篇,参与省厅级课题 6 项,主持地厅级课题 2 项。

专家点评

该文章作者从学生干部入学半年以来发生的细微变化着手,激励学生干部要以实干之笔书写无悔青春,收获精彩未来。作者主要从坚定信念、善于学习、勇于担当、砥砺奋斗四个方面激励学生干部要沉下心来,扑下身来,做一名实干型学生干部。文章非常值得对工作产生迷茫、困惑的学生干部一读,相信他们一定可以从中收获一些成长蝶变的青春感悟。

(郑州信息科技职业学院信息工程学院党总支书记、院长　向春枝)

⑭　怎么办？我不想当幼师

小朋友:

你好!小朋友,你是否有很多的问号?知道为什么要叫你小朋友吗?哈哈,首先你是学前教育专业的学生,将来你还要作为学前教育专业去研究小朋友。所以请允许我称呼你为小朋友。

前段时间作为大朋友的我,收到了你的邮件,邮件上说你不喜欢学前教育专业,又对宿舍矛盾很苦恼,于是我决定写下这封信,希望对你和同你有一样问题的同学有所帮助。

首先需要明确,现在你们大二了,是没有转专业的机会了,必须在这个专业上进行四年本科的学习。但是我想说的是，如果仅仅把学前教育专业定位为幼儿园教师的话，那就是自己的眼界过于狭窄了。其实很多人跟你一样，对自己的专业有各种各样的迷茫。我明白，当初高考后选专业的时候很大一部分人跟你一样，是因为父母才选择了这个专业。加之没有舞蹈、美术、钢琴的基础，感觉跟不上其他同学，对所学专业开始厌倦，甚至抵触，更不想从事这个行业。

虽然学前教育专业大部分同学可能会去选择去做幼儿教师，但除了教师这个大行业，小学教师、初中教师、高中教师，等等，都可以考虑。而且我们还可以用学前教育专业所学的知识来做研究幼儿的一些工作，比如说一些早教机构儿童的行为研究，又比如说儿童的玩具研究，等等。这些都是需要学前教育专业的学生去做的，其实我们的就业面很广。

我们学院的学前教育专业是本科双语方向，也就是说我们将来要面向国际幼儿园，面向国际幼儿教育，我们的就业面要远比你想象的"看孩子"要广得多。当然了，对学生的个人要求、个人能力也就更苛刻。条件苛刻不怕，怕的是你没有目标，没有方向。我们还可以考虑考一个学前教育专业的研究生，进一步地去做深入的研究。比如像天津师范大学、河北师范大学、河北科技师范学院都有学前教育专业的研究生。自己的学历再加上自己的能力，就不会把自己限定为幼儿教师。所以没有必要把自己的定位定得很狭窄，可以做一些幼儿的教育、幼儿的研究、幼儿心理咨询、幼儿家庭教育等工作。

幼儿教育是一个民族、一个国家的希望。能够做人类的灵魂工程师真的很美。如果你真的不想去从事这个行业的话，其他的很多行业都可以去选择，甚至将来考研的时候可以跨专业去考研，毕业之后可以去考公务员、选调生等都是可以的。不是所有人都专业对口，也不是所有人的专业都相关。至于你将来选择什么样的职业或选择什么样的工作，我都是表示支持。如果可以的话，还是坚持自己的初心去做关于学前教育专业的工作。

可能我自己说的也有很多的偏差。因为我本科专业是日语，对学前教育专业了解得也不是很透彻，所以可以跟自己的专业老师去沟通，对接交流，询问一下自己的专业老师，相信你一定有不一样的收获，不仅是专业知识，更是专业老师给予的指导。

至于你和宿舍同学之间交流的障碍，我想我们应该换种想法。我们处于不同的家庭，来自于不同的地区，有着不同的生活习惯，所以一个宿舍之间肯定会有各种各样的小摩擦。有时候应该以一种包容的态度去对待舍友之间的关系。

一方面从自身去找问题，如果说所有人都觉得你有问题，是不是自己真的做得有问题？自己要学会反思。另一方面是学会从包容得角度去看问题。没必要给自己造成很多的苦恼和很多的困扰。很有可能大家都不是这样的想法,只是你自己想得太多。学会放下。总之大学能住在一个宿舍里边,肯定都是冥冥之中的一种缘分,所以珍惜这种缘分,相互去包容和关心。那这个关系可能会处得更融洽。学会去理解,学会适应,我相信你在处理宿舍关系之中会更加从容。

最后希望你能找到自己学学前教育专业的目标,也能够处理好同学之间的关系。欢迎常来信,常交流。最后祝你学业有成!

"可耐 de"王小晨

> **作者简介**
>
> 王晨,男,助教,中共党员,华北理工大学轻工学院辅导员,入选河北省骨干辅导员人才库,教育部中青年骨干队伍建设项目团队成员,职业核心能力教研室副主任,国际语言学院团总支负责人。参与科研项目 4 项,指导调研河北 1 项,参编书籍 1 部,发表论文 3 篇,获全国职业院校微课大赛优秀奖、河北省"志愿服务先进个人"、河北省辅导员大赛三等奖等省级、校级奖项 20 余项。

专家点评

未来是个未知数,我们看不到,也猜不到,学前教育专业的学生难免会感觉到迷茫。王晨老师的这封信给学前教育专业的学生指出了方向,使迷茫的学生有了进一步努力的目标。此封信从学前教育专业学生对将来从事的职业谈起,还简明扼要地谈了谈学生宿舍的矛盾问题,文笔真挚。当然,幸福不会遗漏任何人,学前教育专业的学生未来可期,也一定能够驶向理想的彼岸。

(华北理工大学轻工学院教育交流中心主任、副教授 杨艳超)

⑨⑤ 只要肯努力,岁月不会亏待你

亲爱的同学们:

岁月不居,时光如流,转眼你们已经度过了大学的 3/8 时光。导员想问问大家:在逝去的大学时光里你过得幸福吗? 回忆点滴过往,你是满意的还是自责的,是开心的还是难过的? 我们每个人在自己人生中,都充当着一个画家的角色,一张白纸能呈现出什么样的效果,主要在于我们自己如何来勾勒线条和涂抹色彩。

每个人来自不一样的家庭,有着不一样的人生经历和生活轨迹,大家各自有各自的学习习惯、生活习惯,不同的秉性、不一样的感触和心路历程。还记得大家跟我聊过的一些事情：

有的同学说："老师，我觉得自己这段时间以来进步非常大，我更自律了。"

有的同学说："老师，我通过参加各种活动，勇于挑战自我，发现原来自己比想象中的要好。"

有的同学说："老师，我觉得自己是一个拖延症患者，我总是把今日该做的事情往后拖，所以我的执行力特别低。"

有的同学说："老师，我严重缺乏自信，总觉得自己这个做不好，那个不能做，我有非常强的挫败感，我也很讨厌这样的自己，但是仿佛陷入了一个怪圈，我努力地想走出来，但是走不出来。"

有的同学说："我的英语底子太差了，逢考必挂，但是我也无能为力。"

有的同学说："老师，我觉得我的心特别累，我每天不自觉地在想很多事情，常常让自己非常的不快乐。"

听到大家向我诉说的这些事情，我时而欣慰时而焦灼。成长的路上是崎岖不平的，总会遇到这样那样的事情，非常感谢各位同学如此信任我，愿意跟我分享大家的所思所想。结合大家的问题，导员想给大家以下一些建议和意见，希望与大家共勉。

一、不以物喜，不以己悲

正确看待得与失，在成功的时候能够依然保持一颗谦虚之心，以一种空杯的心态，继续学习和历练，淡然自若；在失败的时候，能够及时调整自己的心情，不因一时的不如意而自我否定和妄自菲薄。宠辱不惊，看庭前花开花落；去留无意，望天上云卷云舒。

二、磨炼意志，奋发有为

面对眼前遇到的各种困难，我们有时候会觉得手足无措，不知道该怎么办，不知道该怎么解决。但是随着一点点的抽丝剥茧，以一种不抛弃不放弃的坚定信念硬着头皮走下去，会逐渐发现事情慢慢地朝着我们希望的方向发展，慢慢地"拨开云雾见月明"了。然后回过头来再看的时候，发现这件事情并没有当初想象中的那么难。在大学里，磨炼意志非常重要，坚定的意志力会促使我们走出自己的舒适圈，以不变应万变，如此才能更好地适应环境、适应社会，更好地提升自己。

三、读万卷书，行万里路

俗话说，你的气质里，藏着你走过的路、读过的书和爱过的人。大学里，相对比较自由，有很多可以自由支配的时间。各位同学们，导员建议大家能够每天给自己留出时间来阅读，扎实自身学识，增长知识，开阔眼界，通过较为良好的知识储备，能够更全面地看待事物，更透彻地分析问题，提升自己的思维力和认知通透力。同学们,等上班了你才会发现,大学的一整块一整块可以毫无外界打扰畅游在知识海洋中的生活是多么的令人向往,而且会真切地体会到"书到用时方恨少"的那种感觉。所以,希望大家在大学时光里一定要抓紧时间多读书,努力充盈自己、丰富身心。

四、目光长远,定位明确

"人无远虑,必有近忧。"大学四年,是人生的一段黄金时光。同学们,对于剩下的大学生涯,目前你有一些自己的规划吗? 有的同学说:"接下来,我会好好学习,认真完成学习任务。"在这里,导员想告诉大家:大学阶段,我们的学习不单单是掌握知识、通过考试,需要将眼光放得更远。在大学里,大家应该充分地认识自我,了解自己的特长和能力,明确定位,树立目标,并能够充分地挖掘自己各方面的特长,有意识地培养自己某几个方面的能力,在弥补自己短板的同时,充分地发挥自己的长板,培养自己的核心竞争力。

五、管理情绪,修炼情商

大学是一个人才荟萃的地方,你的身边有非常多的优秀同学和老师。你会发现有的人性格特别随和,待人接物非常的平和,做事的方式方法让人非常信服,与其相处让人觉得非常的舒服;有的人一出口就很容易伤人,常常将直率当本钱,总是在不经意间伤害到他人,时间长了,大家都渐渐疏离他了;有的同学不知道如何与人相处,总是觉得自己在付出真心,可是有时候自己脾气实在是不受控制,非常的不受人待见。同学们,导员想告诉大家的是:在大学里,学会与人相处也是一门学问。大家需要通过各方面的学习,不断提升自己的人文素养,学会管理自己的情绪,在大学里不断修炼自己的情商,这有利于更好地适应社会,扩大自己的人脉,从而在成长的路上能够拥有更多的资源和平台,也能够活出更优秀的自己。

亲爱的同学们,你想拥有的,只要肯努力,下定决心撸起袖子加油干,岁月绝不会亏待你。加油吧,孩子们,祝你们学有所成,前程似锦!

魏曼

作者简介 魏曼,女,中共党员,讲师,宁夏理工学院建筑与环境学院党总支副书记,ACI 国际注册心理咨询师,2019 年度荣获"宁夏高校辅导员年度人物"荣誉称号,2018 年度获第四届全区高校辅导员素质能力大赛优秀奖。

❤ 专家点评

该信是作者成长过程的亲身感悟,也是无数成功人士成长的一般规律。每个人来到人世间的第一声啼哭都是一样的,但过了若干年以后,就出现了参差不齐,原因除了外面环境的影响之外,最关键的是自己有没有立志成才的志向。只要有这个志向,你的内心足够强大,就能够实现自己的梦想。张海迪身残能够成为作家,丘吉尔天生口吃能够成为杰出的演说家,毛泽东能从一个文弱书生成为伟大的军事家,这些都是很好的例证。希望同学们抓住新时代极好的发展机遇,用自己的不懈奋斗,成就美好的人生。

(教育部国家教育行政学院原党委书记、教授 黄百炼)

96 在春天的尾巴上,不辜负春光

亲爱的同学们:

你们好呀!

我给每个寝室准备了一盆向日葵。从播种到发芽,现在也就小二十天吧,我每天去看它们,没太阳就开台灯假装有太阳,如果温度太高阳光太毒,我就给它们搭棚子遮阴。每天看着它们,想着返校后送给大家,到了秋天全是灿烂的黄色的花朵,想起来都很温柔呢。

想想,这是我这三十一年以来,对种花这件事,最上心的一次。都是因为你们,我才有机会看着一个又一个绿色的生命破土而出,这是件特别幸福的事。

但是,过几天就该移栽了,我买了一百斤土……你们问我怎么把这一百斤土搬回家。(写到这里,我想起前一段时间到寝室给大家寄书回家——快递小哥都看不下去了,书太多太重了!)

之所以会想到给你们种花,是因为有同学给我留言说,南充的春天都快没了,春天都过了,你们还没有返校。我想着,那就赶紧抓住春天的尾巴,把春天送给你们呗!我还想着,在每个盆上标注寝室同学的名字,再写一两句话的。那我就借着这个机会,回答同学们问过的问题吧!

有同学问我:生活是否永远艰辛?

我还记得新生入学时评国家助学金,我拿着材料问你们的家庭具体情况,有的同学不想讲,甚至有些同学希望我接下来四年里都不要问,也不要给家里打电话。我也记得有的同学在借贷平台上贷款,结果欠款越欠越多,觉得这是个过不去的坎,希望我能帮帮你们。

同学,我要给你说,生活总是如此艰辛,但是它一定会越来越好的!我现在还记得备考辅导员的时候,备考书籍里有这么一句话,大意是要帮助学生解决实际困难。所以在工作初期,学生工作对我来说太难了,有很多学生的困难是我没有办法立马解决的。但我也渐渐发现,每一个生命都如此顽强,只要有一丝亮光,就能拔地而起。时间真的看得见!

家里一个月只给 200 元生活费的那几个"小盆友",一进学校就开始做兼职赚钱。觉得自己想参加活动感受同龄人的快乐,就去加入社团参加活动锻炼自己。兼职赚钱挣的都是辛苦钱,小跑着端餐盘,餐盘叠很高,累得吃不下饭。兼职的同时,还不忘学习,因为国家奖学金可有 8000 块呢!第二学年刚开始,奖学金、助学金和兼职赚的钱,还能拿一部分交学费!接下来在专业老师的科研团队里也能看到你们的身影,看着你们写专利做实验,看着你们自信地跟低年级同学做经验分享,我心里特别骄傲特别自豪,就凭着生命的这个韧劲儿,生活它一定会越来越好的!

还有同学问我:你有一个会好好说话的妈妈吗?你有一个会好好跟你交流的爸爸吗?

因为一些原因,你的妈妈到了我办公室。上来第一句就是:"我们家从小学开始就……为什么上了大学不可以?"发现事情毫无转圜余地的时候,开始哭诉当家养孩子多么不易……你在旁边怯生生的,很不好意思。

似乎我们的妈妈从来不会好好说话:考得好问你是不是作弊,考得不好说你是木头脑袋,老师联系家里,一定是你闯祸了,朋友来电话,出去肯定是胡吃海喝,玩手机一定是打游戏,眼睛肯定会瞎,总是会问爸爸妈妈到底最爱谁,必须要选一个,跟家里每一个人都不会好好说话,虽然你知道她爱你,你也爱她。

同学,我要给你说,做妈妈好难,当爸爸也是一样。面对三岁的女儿时,我和孩子爸爸也生怕她说,"你看别人的爸爸妈妈"。但是我们的上一代总是用"刀子嘴豆腐心"去掩盖一个人的刻薄,我们也总是一边纠结亲情,一边在心里嘶吼"我不想变成她这样"。我经常给你们讲,我们要学会表达自己的情感,受伤了不舒服了要会表达,开心了感动了也要会表达。不管是用语言、文字还是动作,都要有合理的情感表达方式,让自己舒服,也让对方舒服。而这一点恰恰是我们的父辈做不到的。没有关系,如果他们做不到,你们要做到啊!长长的人生是你的啊!

啰唆这么一些,希望你们能够爱自己多一点!也希望你们充满善意地看待这个世界,拥抱它,爱护它!

爱你们的:王 toto

作者简介 王治平,女,中共党员,西南石油大学工程学院辅导员,曾获南充市"优秀共青团干部"等荣誉称号。

专家点评

    教育无小事,不能仅用生搬硬套的大道理来开展,而是要从身边随处可见的看似微不足道的小事来着手,真情入理,引导学生树立正确的三观。这是当前辅导员开展大学生日常思想政治教育和日常事务管理的重要原则。每一起案例都可能潜藏着家校协同育人问题、科研育人问题、资助育人问题、心理支持问题和日常教育管理问题。辅导员不仅要第一时间发现问题、分析问题、解决问题,还需要由表及里思考、由点成面总结,用心、用情、用智慧对待每个问题,必将会像一股泉水滋养学生身心。   (西南石油大学南充校区学生工作部部长 郝江岭)

第七章　未来亦可期

(97)　大学生就职，一定要问“三个人”

同学们：

从2001年起，全国普通高校毕业生人数就一路直升。2001年高校毕业生人数为115万，2019年达到834万，18年间增长了719万，2020年，应届毕业生数量依然居高不下，据教育部初步预计，将达到874万，比2019年增长40万。这一系列数据告诉教育工作者，大学生就业已成为关系到社会稳定、国家进步的基础性问题。

大学生就业是党和政府高度关心、千百万家庭热切关注的社会问题，首份工作对于即将毕业的大学生来说至关重要，甚至会影响到职业规划及未来发展。对于初出茅庐的大学生，在选择自己第一份职业时，一定要冷静理智，平心静气地问问这“三个人”。

第一个人：自己

就业首先要问“自己”，自己喜欢做什么？适合做什么？能做什么？无论学什么专业，先放平心态，冷静分析，综合考虑一下个人兴趣爱好、性格特点及专业特长。兴趣是最好的老师，喜欢的工作通常会做得持久，如同业余爱好一样，运动、阅读、旅行，很多人乐此不疲。除了兴趣，还要选择一个相对比较适合自己的工作，能力范围之内才能更好地驾驭，才能做得更完美，才能减少职业倦怠，才能更长久地体现个人价值。

第二个人：父母

找工作有时就像找配偶，之所以要精挑细选，因为这是终生的事情，马虎不得、盲目不得，一时的冲动会浪费时间与精力，所以第二个人就是要问问父母，一方面体现的是尊重，父母用几十年时间培养教育孩子，其实目的很单纯，就是希望自己的孩子找到一份体面的工作，也许有人会说，父母并不了解自己所学的专业，对行业领域也不清楚，没有行之有效的建议，但尊重是步入社会的第一课。另一方面，父母可以帮助"把关"，父母的人生阅历比孩子丰富，对社会的认知也多，所以一个企业的发展，一个行业的前景，父母还是可以给出些建议和意见的。

第三个人：师长

找工作要问的第三个人就是"师长"，包括老师和师兄师姐，他们提供的信息值得参考，班主任、辅导员、专业老师、已经工作的师长，他们对专业以及专业所从事的行业领域发展前景是了解的，他们前瞻性的判断会让我们事半功倍，一些经验之谈会让大学生少走弯路，师长在求职中扮演着智囊的角色。

大学生求职应该严肃谨慎、认真对待，这是学生从学校踏入社会的第一步，首份工作影响未来的发展轨迹，慎重选择，争取早日赚得第一桶金。

饶先发

作者简介

饶先发，男，在读博士，江西理工大学辅导员，英国雷丁大学访问学者、国家高级职业指导师，国家心理咨询师，全国共青团研究中心特聘副研究员，教育部思想政治工作中青年骨干人才、全国"高校辅导员年度人物"提名、全国十佳博客奖、全国学生工作学术成果特等奖、江西省"十大最美辅导员""最受欢迎十佳教师"等60余项荣誉。出版著作5部，主持教育部课题1项，团中央重点课题1项，省级课题6项，市厅级课题10余项，发表论文26篇，发表新闻1400多篇，先后为110多所高校做报告。

专家点评

大学生的毕业不是青春的散场，是开启了就职的战场，同学们将会进入更大的成长舞台。饶先发老师这封信从大学生就职一定要问"三个人"，"自己""父母""师长"三个发问，让学生对就业的选择有了明确的目标，让大学生少走弯路。文笔内容丰富，感情真挚细腻，是一篇关于就业就职选择的好信件。

（江西理工大学党委常委、副校长　李国金）

⑱ "再见"不难，笑迎人生"四美"

各位毕业班的同学们：

你们好！一场疫情，让我们猝不及防地度过了一个终生难忘的假期，也让我们本就为数不多的在校时光也因此戛然而止。在日复一日的牵挂中得知你们安好，我甚是安慰。今天已五月中旬了，栀子花已开，往年今日的校园既有着收获成长的喜悦，也会有着挥之不去的离愁。时间就像个任性的孩子，三年的大学生活转眼即逝。感谢你们将最美好的年华交付给我，让我有机会参与到你们三载青春里的点点滴滴，翻看着往日里班级活动的小照片，你们一个个青春的面孔在我眼前不断地浮现，让我再一次体验到了辅导员职业生命的荣光。

不久，你们就要告别母校，也许不会再有隆重的现场毕业典礼，也不便再有难分难舍的暖人拥抱，唯一可确定的是你们将正式地走向社会。作为辅导员，特别好奇一个问题，商贸交给社会一群你们，未来社会将还给商贸怎样的一群呢？学生时代是一种享有特殊优待的时光，在商贸我们快"宠溺"了你们，所以你们可以幼稚一点撒撒娇，可以吵吵闹闹，学校也好，社会也罢，也都是选择宽容你们，没有严格地要你们负行为的责任。然而，现在你们却要依靠自己的肩膀来挑你们未来人生的重担了，我预祝你们成功！同时，我也在想：疫情之中，很多人都在重新思考人生，而我既然如履薄冰般当了你们三年的人生导师，临行之际总得赠你们几句还算靠谱的话吧——可能它称不上什么救命毫毛，却有可能成为帮助你笑迎人生美景的妙招小锦囊！

其实，人生有四美，一美，美在它的不确定性。人生因为未知而显得神秘，你永远不知道你的下一分、下一秒会遇见什么人、什么事。那份对未知人生的执着追寻，以及将人生中的层层面纱揭开时的激动与欢喜，想想都令人充满着好奇与神往。你们未来的道路还很漫长，也许你会遇到很多未曾想到的情景，也许你会遭遇很多无法预料的牵绊，甚至你不得不忍受很多难以忍受的痛苦。但是，请不要用畏惧闪躲的眼光去看待未来，永远充满希望地看待未来吧。不管我们的人生经历怎样的波折，依然要努力地保持孩子般的好奇，相信未来，想想五年后、十年后的我们会怎样，身边的朋友、家人会怎样，我们的祖国、社会会怎样。我们的很多梦想会变现吗？人生是一个过程，不必太急功近利、急于求成，要知道忍耐、等待和进取是它的必修课，撒下一粒种子，不问花开，也许不经意间就到了香气满园的那一天。

二美，美在务实地挑战命运。"命运"一词曾经在我的眼中，它是个唯心的词汇，可是当经历了世事的变迁、人生的诸多变故之后，蓦然发现它竟也有着科学的定义，所谓命运只不过是挑战与机遇、优势与劣势的统一体罢了，这与 swot 分析法的四个维度竟然不谋而合，我们总能从中找到生命的契机，关键是看你是否有像贝多芬那样的扼住命运咽喉的勇气，让夹缝里盛开鲜艳的花朵。善于观察的你总能敏锐地发现，身边成功逆袭、扭转命运乾坤者比比皆是，试问其成功的秘诀，都离不开用执着的信念去坚持，用勤劳的汗水去耕耘。所以请同学们勇敢地做一名生活的强者，用踏实的行动去试探自己究竟有多大的能量，让自己活得有模有样，让人生成功上演一出"王者归来"的大剧吧。正如习近平总书记在五四青年节到来之际送给我们的青年寄语："青春由磨砺而出彩，人生因奋斗而升华。"愿我们在挑战命运之时，与历史同向，与祖国同行，与人民同在，这"三同"是我们创造美好人生最大的"务实"，只有如此，我们才可能在诸多矛盾的对弈中拓宽生命的宽度与高度，成为大写的"人"。

三美，美在与人分享之乐。曾有人说过，不去分享的人生注定是一场孤独的旅行，不会分享的人注定是一个孤独者，一个失败者。生活中我们不乏分享喜悦、成功，却往往忽略了怀着仁爱之心分享彼此的悲伤、失败、不堪的境遇等，而这恰是分享人生的最动人之处。这种分享是一种责任、担当的体现。突然而至的一场疫情打破了神州大地的宁静。面对疫情，我们总能看到一些人挺身而出，他们把生死置之度外，与时间赛跑，与死神搏击，他们用使命带给人们生的希望，用爱为人民筑起守护的高墙，他们正谱写着一曲曲惊心动魄、感人至深的分享壮歌，让人为之点赞动容！同学们，疫情还在继续，你是否能够发扬"灾难中，有我在"的分享精神呢？

四美，美在那份个性。当你们走出校门、进入社会，就是真正意义上的成年人，更需要去独立面对各种诱惑和选择，更需要坚定勇敢地走好自己的路。在这个信息爆炸的时代，碎片化的传播、快餐式的阅读，干扰和影响着我们的判断。对于今天的人们来说，做到不盲从非常不易。希望你们用在大学培养出来的独立思考能力、理性分析能力去判断，而不是人云亦云、随声附和，要拒绝被灌输、被娱乐、被消费，拒绝信谣、传谣，做一个明辨是非的智者。建议大家多读一些经典书籍，去提高思想的深度，而不要总是把精力耗费在玩网游、刷微信上；多去倾听自己内心的声音，而不要太在意别人并不客观的评价；多去发现自己内心深处的热爱，不要去盲目羡慕和模仿别人的人生。

好了，亲爱的同学们，夜已深，辅导员不能再唠叨了，"无为在歧路，儿女共沾巾"，最后的最后，我想对你们说：挥一挥衣袖，"再见"不难，我以辅导员的名义发誓,我会永远爱你们,会永远守望在你们为拥有"人生四美"而奋斗的路上,为你们加油喝彩!

你们的辅导员:叶苗苗

作者简介

　　叶苗苗,女,安徽商贸职业技术学院辅导员,国家二级心理咨询师,国家一级健康管理师。主持省级以上项目4项,发表论文10余篇。曾获2016年安徽省高校辅导员职业能力大赛特等奖;全国高校辅导员职业能力大赛复赛(华东赛区)三等奖;2019年安徽省高校辅导员"精彩主题班会"大赛二等奖;曾获安徽省高校"优秀辅导员"以及校"师德标兵""优秀共产党员""先进工作者"等荣誉称号。

专家点评

　　辅导员是大学生的人生导师和知心朋友,转眼间,叶老师扎根学生工作第一线已有十载春秋,依然保持赤子情怀,难能可贵。大学时代,是大学生形成正确人生观的关键时期,引导学生领悟人生真谛,树立积极乐观的人生态度,正确认识人生矛盾,创造有价值的人生至关重要。而社会与大学毕竟有着太多的不同,陪伴三年的学生即将踏入社会,每一位辅导员必有不舍,必定担忧,但帮助他们走好未来的人生路,才是辅导员最需要完成的事。叶老师,掩去离愁,用"人生四美"启迪学生,读来给人美的享受,能够激发学生的内在力量,书短意长,体现的是她对学生的情谊和关怀。

(安徽商贸职业技术学院学生工作处处长、副教授　郑伟)

⑨⑨　青春不散场　未来尤可期

亲爱的毕业生朋友们:

　　当你看到这封信时,你可能正从各地匆匆赶回学校参加毕业典礼,可能已在学校办理各种毕业手续,可能正在与朝夕相处的同学惜别,可能正在与美丽的校园最后一次合影,可能还在各个考试、面试现场奔波,可能已经背起行囊踏上征程,也或许正在为明天惆怅!无论如何,离别之际,大学生心理健康教育指导中心丁老师祝福你们,因为你们即将毕业,即将告别青青校园奔向社会,开始翻开自己人生新的一页。美好的大学时光,将在此刻画上一个圆满的句号,但不管你走到哪里,你们都是母校的优秀学子,母校永远是你们的避风港,因为这个地方曾承载了你们的记忆和成长足迹,沉淀了你们的欢笑与快乐,在毕业之际,让我们再次感恩那些曾经,回首初心!

一、感恩大学期间所遇到的人

离校前,记得去感恩为你们大学时光创造良好学习生活环境的后勤人员,最后一次去食堂打菜时对阿姨说声"谢谢",对学校的楼管阿姨、保安大叔、卫生工人说声"辛苦了";记得拥抱下与自己关系不好的同学,从此卸下心中的包袱,轻装上阵;记得和为你当了多年"保姆"的辅导员说句心里话,表达下自己的感激之情;记得发个短信给自己上过课的老师,说声感谢和祝福;也要感谢与你朝夕相处的舍友,感谢舍友的理解、支持和包容,那些愉快的、不愉快的都是最美好的经历;还要感谢那些曾经伤害过你的人,因为那些人让你更加坚强。

二、要对自己的未来充满信心

或许现在你还没有找到满意的工作,或许你还要继续深造,或许你还在抱怨工作不好找。这时候的你一定不要太过着急,很多事业单位招考都在下半年,你们需要做一些等待,如果工作不是编内的,也不要气馁,知道吗,沉淀一段时间,都会如你所愿,只是比别人慢那么一点点。你们即将要踏入社会了,在工作岗位上,我们都是新人,可能会有很多的不适应,也会有很多的不如意,但是,一定记得要谦虚一点、要勤快一点,要学会服从,学会处理各种人际关系,切记吃亏可能是一种福气!或许你没有好的家境,没有好的背景,抑或是家里一贫如洗,但是,都不要因为自己的贫困和平常限制了自己的梦想,越努力,越幸运!大家一定要相信自己的未来会越来越好!

三、不忘初心,温暖前行

当你正式走向工作岗位时,记得去重温一下医学生誓词,在救死扶伤的道路上不忘初心,坚守道德底线,更要体现更多的人文关怀!用自己的爱心去温暖你的服务对象。毕业后要坚持学习,不断地充电,让知识来照亮你前行的路。如果在大学里你有谈恋爱,毕业时不要轻易说分手,一定要好聚好散,如果他(她)和你一起毕业,记得把他(她)带走,如果是你的学弟学妹,记得等待。如果真要分手,一定要去感谢给你爱的那个人,因为他(她)给你的生活增添了太多的色彩。如果你有钦慕已久的对象,离开时记得去表白一下,哪怕被拒绝,那也将是你人生一件值得骄傲的事情。不管你在哪个岗位上,也不管你走到哪,都希望大家不忘初心,温暖前行,做一个诚实守信的中医人。

四、经营好你的家庭,那是你最温暖的地方

毕业了,意味着你将承载家庭更多的希望,记得让爸妈安心些,他们老了,需要你们的照顾,如果结婚了,争取和父母一起生活,你对他们的爱会影响你的人生;如果有孩子了,争取五年内自己带,父母与孩子的这种依恋关系是任何人无

法替代的,作为心理老师的我,希望你们切记这点;对自己的另一半多些关心和温暖,多一些宽容,只要有爱什么都可以克服,记得,经营好自己的家庭,因为当你受伤时,你才能有温暖,慢慢地你会发现人生最大的幸福来源于家庭的和谐。

五、不要总是等待,你需要行动

不要等到想要得到爱时才学会付出,不要等到孤单时才想念起你的朋友,不要等到有了职位时才去努力工作,不要等到失败时才记起他人的忠告,不要等到生病时才意识到生命脆弱,不要等到分离时后悔没有珍惜感情,不要等到有人赞赏你时才相信自己,不要等到别人指出才知道自己错了,不要等到腰缠万贯才准备帮助穷人,不要等到临死时才发现要热爱生活。亲爱的同学们,这样的忠告也许有点空,但是,每一句都是过来人的经验,今天写给你们,就是希望你们不要重蹈覆辙,能够在最美丽的青春年华就知道如何经营自己的人生。

六、身心健康是所有一切的基础

工作再多,每天一定抽出点时间去运动,如果你有一个运动爱好,那就好好坚持,如果没有,就培养一个运动爱好,坚持某项运动,一段时间后,你一定会看到不一样的自己,这是你一辈子的幸福,你的健康是整个家庭的希望。你们也要重视自己的心理健康,这里给大家几条建议:改变不了事情,我们就改变对这件事情的看法! 问题本身不是问题,重要的是人对这个问题的态度,态度变了,问题就变了,你的世界,就是你所关注到的世界,一个人想着幸福,就可能幸福,想着不幸,就会不幸;接受自己,允许自己不是最优秀的,适当地调整自己的目标和期望值;乐观比较,要多一些积极的比较,少一些消极的社会比较;学会感恩,当我们的心里时刻存在感恩时,我们就没有了那么多的抱怨,没有了抱怨,我们的心态自然就会好很多。

也许多年以后,你们将渐渐淡忘在学校的美好时光,但多年以后大家重回母校的时候,你们会为校园里仍然珍藏着你们最为美好、永不逝去的青春而潸然泪下! 最后,丁老师祝愿大家前程似锦,身体健康! 家一直在,记得常回家看看!

大学生心理健康教育指导中心　丁闽江

作者简介

丁闽江,福建中医药大学大学生心理健康教育指导中心主任,副教授,国家二级心理咨询师,国家二级职业指导师,国家社会工作师,全国高校大学生心理健康教育工作"优秀青年工作者",全国高校心理委员研究协作组理事,福建省高校思想政治教育工作中青年骨干教师,教育部中国大学生在线专栏作者。近年来,主编《奋斗的青春不迷茫》《心理学好书说给你听》大学生心理健康素养提升方面的书籍2部,发表学术论文20篇。

专家点评

　　丁闽江老师是一名学生非常喜爱的心理老师,他的文字总是带着真诚和温暖。写给毕业生的这封信点出了大学毕业生需要特别关注的几件事,他希望大学毕业生都能懂得感恩,牢记初心使命,经营好家庭,付出行动,关注身心健康。这里的每一件事都非常有意义,都是心灵深处的呼唤。

(福建中医药大学副教授　王凯旋)

⑩　珍惜时光,为青春喝彩

各位小伙伴们:

　　大家好!

　　现在这个时间,大家一定在紧张忙碌的复习,因为还有不到一周,全国研究生考试就要如约进行了。不知道大家的近况如何,也不知道大家复习得怎么样,已有近6个月的时间没有跟大家见面了。字迹潦草,请大家见谅。虽然知道很多人都各自在实习点实习,但还是想用这样传统的方式与你们交流,感觉更亲切,希望喜欢。

　　禁不住回想,时间过得太快,2013年的秋季,你们来到长春中医药大学的校园,经过军训、懵懂、学习、成长,转眼就到了毕业年级,一切就仿佛在昨日,也真真切切验证了我当时跟大家说的:别看大学有五年,但过得一点都不慢。刚入校园到即将离校,你们经过4年,这4年多来我与你们有过欢乐、有过困扰、也有过红脸,我的辅导员角色也从"助理"转为"正式"。不得不说,我与你们一同在成长着,你们应该也能感受到不同时期我的工作风格变化。

　　我一直认为"教师"与"学生"之间的关系应该是"平等"的,而不是"对立"的,所以对你们有种格外的包容。古人云,"师者,所以传道授业解惑也"。我知道,作为老师。不能只帮你们答疑解惑,还要帮助你们对世界、对人生、对社会有科学、正确的认识,让你们掌握专业所学,更好地提高临床能力,解除他人病痛。

　　我想通过自己的力量与资源,来影响、带动大家。一个人带动一群人,有很多种办法,但是不管多少种,只要有用,我都想去尝试。我把自己的学习与学生干部的经历,对难事的处理办法,考研与考执业医师证的心得,以及周围人好的做法都分享给大家。我自己解决不了的问题,会把你们引荐给不同方面的专家、大咖,把你们推向更大的舞台去展示。除了分享经验,我更想传递给大家的,是一种正能量,以及一份责任感、使命感。我认为这是正道,也是大道。俗话说"人过留名,雁过留声",人总要做点什么,不是为了刷存在感,但确实需要承担起这个阶段的角色使命。你们不要小看自己,正是因为有了你们,以及同样年龄的更多人的担当,这个国家的很多领域、行业才会勃勃生机。

写到这里,我脑海里不禁出现一个又一个的面孔。我跟你们每个人都聊过很多,许久不见,突然很不适应,这种感觉很怪。想起男生寝室对着食堂,夏天开着窗户,我每次路过都要驻足看看,有时候还会"惊吓"到某几位同学;想起学院运动会,不是体育健将的你们,却从不认输;想到某位同学过生日,大家围坐在一起,唱着生日歌,聊着近况,送出祝福;想到你们也曾遇到迷茫,找我倾诉的场景……

你们是我第一届从大一带到大五的学生。在你们的身上,我倾注了很多,你们同样也帮助了我很多。都说谁的学生像谁,希望你们学到更多我的优点,而不是不足,比如体型。我要感谢你们的包容与理解,以及对我一如既往的支持。是你们让我感受到做辅导员的快乐与收获,同样也是你们让我明白作为师者的责任与担当。

当下,医疗环境中有很多种声音,这其中既有师长,也有同行,更有患者。新生开学典礼上,你们每个人都念着《医学生誓言》立过誓;大学刚入学时,我也问过大家,有多少人是自己选择学习中医的,又有多少人是真正对中医感兴趣的,当时有很多人举起了手。掌握工作的方式与方法,学会与"患者"沟通。古人云:"不畏浮云遮望眼,只缘身在最高层。"越是这个时候,越要有清晰的头脑与思考。有人说,其他学科都是往"后"学,只有中医是往"前"学。我想说,自己选择的路,只要是对的,哪怕再难,都应该坚持下去。作为过来人,我越来越感受到专业的重要性。特别是作为学了8年医学的我,全盘放下,真的太可惜,也太可悲。

针对当下的研究生考试,再有3天你们就要上战场。不给自己的人生留下遗憾,我认为是对自己人生的最大肯定。究竟结果如何,其实已经不是很重要了,只要你完成你的"表演",你就是胜利者。考试结束后,要进行一点时间的调适,一定要让自己从空虚、突然没有目标的状态中走出来。

因为一些原因,我从上海交流回去后,不一定能继续以辅导员的身份再带你们,这一点事先我并没有考虑到,但希望你们能以支持我的方式、状态去支持董老师的工作,成熟一些,这对她很重要,对你们更重要。毕业时,我会与你们同在。

即将步入社会,要学会真正的独立、强大,并不是说社会有多险恶、黑暗、世俗,而是有些路,总要一个人去走、去经历。做事交流的时候,要多想想,你已经不是学校的学生,要尽快转变由"学生"到"社会人"的角色,即使读研,一些想法也要转变。尽量少用"学生的思维"考虑事情,这样很可能会耽误自己的发展。

毕业前,多享受在校园的生活,因为一旦离开这里,再不会有这么多人对你如此的好;不要偷懒躲避实习,因为你们就快没有机会可以去逃了;怀着对学校、学院敬爱的心,好好追忆下大学时光;所有浪费了的日子都是要还的。

当你们收到这封信的时候,应该已经考研结束。我想不论结果如何,你们都要为自己的努力鼓一次掌,然后好好实习,如果选择做一名医生,就多学理论、提高能力;如果有其他想法,就努力争取。

任继学班的小伙伴们,你们每一个人都很棒,也永远是我的学生,感恩我们相遇。

最后,祝愿大家金榜题名、前程似锦,祝愿并希冀在未来的某一天,我们还能促膝长谈,畅想青春的故事!

不用刻意提起,因为从未忘记你们的"勋哥"

作者简介

齐勋,男,长春中医药大学中医学院学生工作办公室副主任兼团委书记。教育部中国大学生在线专栏作者、第十一届全国高校辅导员年度入围者、全国高等中医药院校"优秀辅导员"、第三届全国高校网络教育优秀作品推选展示活动三等奖、第十六届辅导员国内高校交流项目成员,第四届吉林省高校网络教育作品推选展示活动一等奖,长春市青年讲师团成员,长春中医药大学"各美'齐'美、美人之美"辅导员工作室负责人。指导的学生曾获"全国高校活力团支部"、全国高等中医药院校"优秀青年学生"、全国大学生田径运动会阳光男子组及吉林省铅球冠军、吉林省及长春市"十佳大学生"等。

专家点评

通过"见字如面"的方式,回顾辅导员与学生之间发生的趣事。以文字表达情感,用故事体现育人,分享自身经历体会给学生群体,让我们感受到辅导员对于所带学生的热爱;换位思考,以"朋友"的身份,引导同学们正视自身职业,并解读"医生"职业困惑、可能面临的问题。"立德树人"的根本任务,要求育人者必须"先立己德、树己人",传道者自己首先要明道、信道,这样才能更好地成长为大学生成长成才的人生导师。内容饱含的情感真挚,文字深刻,是篇对学生有所启迪、容易引起情感共鸣的佳作。

(长春中医药大学马克思主义学院副院长、教授　徐永军)

⑩ 大学生选择职业的正确姿势

亲爱的同学们：

你们好！

英国哲学家罗素曾说："选择职业就是选择将来的你自己。"择业作为人生的关键问题之一，你们将如何选择呢？今天，就让我用三个人的故事告诉你们大学生选择职业的正确姿势。

一、"耶鲁哥"大学生"村官"秦玥飞

秦玥飞，1985 年出生，重庆人，2005 年参加美国入学标准化考试，并获得了绝对高分，被耶鲁大学录取，同时获得了该校一年 46892 美元的全额奖学金，享受学费、住宿费、书费、旅行费等多项免费服务。2011 年，他在耶鲁大学完成了经济学和政治学两个专业的学习，获得了双学士学位。许多人以为他会选择穿西装、拿高薪的富贵职业路，然而他却开启了穿胶鞋、持低薪的贫穷"村官"之路。

2011 年夏天，秦玥飞揣着一张《湖南省选聘大学生村官报名登记表》和录用通知书，来到了湖南衡山贺家山村，而他的身份是大学生村官、村主任助理。在贺家山村，秦玥飞踏踏实实地为村民做事。他深入村民生活之中，了解村民最急、最盼的事情，村民关心什么，他就去做什么。他积极上网查找政策，四处奔走寻求帮助，而所有的往返路费，都从自己每月 1450 元的工资中支出。三年的"村官"职业生涯中，他相继帮助村里解决了水渠修理、村级道路硬化、路灯安装、农田灌溉、信息化教育设备引进、敬老院扩建等问题。他与贺家山村的村民同吃、同住、同劳动，村民们都亲切地叫他"耶鲁哥"。

2014 年 8 月，秦玥飞在贺家山村三年的"村官"期满，他没有选择离开，而是主动放弃了组织提拔的机会，将贺家山村作为自己大学生村官职业生涯的新起点，转到了 30 公里外的湖南衡山福田铺乡白云村续任大学生村官。

经过前 3 年的工作实践，秦玥飞认为带领村民脱贫致富，必须主动作为。因此，在全面考察了解之后，他带领村民创办农民专业合作社，发展山茶油产业，通过创业创新，为当地创造可持续发展的动力。为吸引更多优秀人才服务乡村，2015 年，秦玥飞与耶鲁中国同学发起了"黑土麦田公益"行动，招募、支持优秀毕业生到国家级贫困县从事精准扶贫和创业创新。"如果最优秀的大学生去了基层，能够待住、干好，那就会有好的去向，就会吸引更多优秀人才到基层。反之，如果干不好，又何谈出路？"秦玥飞这样表示，他不会离开农村，更不会改变自己的职业选择。如今,他正在用自己的实际行动将大学生村官、大学生和社会资源之间进行有效的链接。

《感动中国 2016 年度人物》颁奖词这样形容秦钥飞:在殿堂和田垄之间,你选择后者。脚踏泥泞,在荆棘和贫穷中拓荒,洒下的汗水是青春,埋下的种子叫理想。守在悉心耕耘的大地,静待收获的时节。

二、在山旮旯里守望的女教师支月英

1980 年,江西省奉新县边远山村教师奇缺,当时只有 19 岁的南昌市进贤县姑娘支月英不顾家人反对,远离家乡,只身来到离家 200 多公里,离乡镇 45 公里,海拔近千米且道路不通的泥洋小学,成了一名深山女教师。初到泥洋山,支月英发现这里的条件比想象中还要艰苦,交通不便、食品稀缺,她就像当地人一样,自己动手种菜。当地的百姓十分疑虑,不知道支月英这样一个外乡教师,能在这里坚持多久,他们以为支月英也会像之前的其他老师一样,在泥洋小学过度两年就会离开。冬去春来,寒来暑往。然而就是这样一位外乡女教师,用自己 36 年的倾心守望,坚守了自己的选择,改变了孩子的世界。

刚参加工作时,支月英的工资只有几十块钱,有些孩子交不起学费,家长不让孩子上学,她就为学生垫付学费,垫着垫着,有时买米买菜的钱都不够,她只得去借。家人不理解,劝她赶紧离开,她总是笑着说:"日子会好起来的!"山村的家长重男轻女,不让女孩读书,支月英就走门串户,与家长促膝谈心,动员家长把孩子送到学校,三十几年来,她没让一个山村孩子辍学在家。

一人一校的工作特别辛苦,支月英经常累得头晕眼花。她血压偏高,导致视网膜出血,只有一只眼睛正常。后来,支月英被任命为校长,肩上的担子更重了,工作也更忙了。2012 年暑假,新建校舍,支月英起早摸黑,一边教学,一边照料施工,帮工人做饭,将丈夫也拉来帮忙。她既是校长、老师,又是保姆,上课教书,下课照应学生玩耍。

从 19 岁到 55 岁,支月英坚守在偏远的山村讲台,从"支姐姐"变成"支妈妈",再到现在的"支奶奶"。从少女到年过半百、两鬓斑白,她把爱意播撒在青山绿水间,她承载起贫瘠山村的绿色希望,她践行着中国山村的教育梦。

《感动中国 2016 年度人物》颁奖词这样形容支月英:你跋涉了许多路,总是围绕大山。吃了很多苦,但给孩子们的都是甜。坚守才有希望,这是你的信念。三十六年,绚烂了两代人的童年,花白了你的麻花辫。

三、伟大的无产阶级革命导师马克思

有这样一句话能高度概括马克思的择业观:"马克思一生没有光鲜的职业,但却成就了一番伟大的事业。"马克思 17 岁时的作文《青年在选择职业时的考

虑》这样写道:"如果我们生活的条件容许我们选择任何一种职业,那么我们就可以选择一种使我们获得最高尊严的职业……"马克思所说的"尊严",不是咱们普通人理解的"面子"。他强调职业本身应当有"尊严",应当包含某种神圣性,它不需要靠金钱来粉饰,也不需要用功名来包裹。那么,选择什么样的职业才是有"尊严"的?

第一,有尊严的职业是自己主动选择的结果,而非接受他人的安排。这在马克思看来是人比动物强的一点。动物只能接受大自然给自己规定好的生活方式,但人不一样,人可以自主地选择各种不同的生活方式。通俗地说,就是要找一个自己喜欢、感兴趣的工作,而不是找一个别人眼里的好工作。为自己活,为自己的兴趣工作。

第二,有尊严的职业必须包含创造性的劳动,而不能只是简单机械地重复性劳动。马克思告诫我们,如果我们的职业没有创造性,那我们和机器上的零件没有区别。当然,这里强调要选择有创造性的工作,绝不是要排斥重复性劳动。它的真实含义是强调从事任何工作都要充分发挥人的主观能动性,要有创新,而不墨守成规。古人讲做人有七种境界,奴、徒、工、匠、师、家、圣。所谓奴,就是被动工作。所谓徒,主动工作但处于起步阶段。所谓工,能干活但干得很粗糙。所谓匠,能干活,也能干好活,但缺乏创新,永远老一套。所谓师,超越匠,能总结规律,能创新,能让人眼前一亮。所谓家,自成一派,见物识人。所谓圣,融通天地,由此及彼,见微知著。要想工作有尊严,至少得成为"师",哪怕是重复性劳动,也能目无全牛,善于总结规律,创新方法,让工作更有效率。

第三,有尊严的职业必须要把个人的成长和社会进步联系在一起,为人类的幸福而工作就是最有尊严的职业。关于这一点,马克思曾这样写道:如果我们选择了最能为人类福利而劳动的职业,那么,重担就不能把我们压倒,因为这是为大家而献身;那时我们所感到的就不是可怜的、有限的、自私的乐趣,我们的幸福将属于千百万人,我们的事业将默默地、但是永恒发挥作用地存在下去,而对我们的骨灰,高尚的人们将洒下热泪。

在党的十九大开幕式上,习近平总书记对新时代中国青年寄予厚望:青年兴则国家兴,青年强则国家强。青年一代有理想、有本领、有担当,国家就有前途,民族就有希望。中国梦是历史的、现实的,也是未来的;是我们这一代的,更是青年一代的。中华民族伟大复兴的中国梦终将在一代代青年的接力奋斗中变为现实。

亲爱的同学们,读完这封信,老师真心地希望你们,从自己大学开学季的第一天起,就能为自己实现毕业季的华丽转身而积蓄力量,从德、从心、从需地选择自己的职业;同时也真心地祝愿你们,万事胜意,未来可期!

深爱你们的一名"老"辅导员

作者简介

张宇,女,硕士研究生,副研究员,黑河学院计算机与信息工程学院学工办主任、团总支书记、学生党支部书记。黑河学院"春风化雨辅导员工作室"主持人。2007 年 12 月起一直从事一线辅导员工作,主持省级课题 1 项,参与省级课题 2 项,主持校级课题 4 项,参与市级、校级课题多项,获得校级奖项 30 余项、市级奖项 1 项、省级奖项 3 项。

专家点评

张宇老师自 2007 年参加工作以来,一直在黑河学院计算机与信息工程学院从事一线辅导员工作。她工作有激情,能够体会到学生思政工作的价值;她工作有创新,能够保持不断进取的心态和工作姿态;她工作有实效,能够将思想政治教育做到学生心里。

这封《大学生选择职业的正确姿势》信件,行文流畅,结构合理。全篇通过选取三个鲜活的职业选择案例,向大学生阐述选择职业的正确姿势,即将自己的职业选择与社会需要、人类幸福紧密结合起来,引导大学生们要从德、从心、从需地进行职业选择,让青年大学生从故事中品读道理,值得一读。

（黑河学院计算机与信息工程学院党总支书记、教授　陆竞）

⑩ 有信、有心,就有未来

亲爱的同学们:

见字如晤。

2020 年 4 月 26 日是你们成为商贸学生的第 590 天,这些日子足可以让你们感受到百年商贸的深厚底蕴;领略到"春之声"校园文化节的精彩纷呈;体验到取得技能大赛优异成绩时的欣喜若狂。直到今天我依然记得,2018 年 9 月你们或单枪匹马,或三五成群前来报到时的场景;也记得你们向我诉衷肠时的感动;更记得你们旷课时把我"气疯"的狰狞。一幕幕平凡而又记忆深刻的片段此刻就像电影一样,在我的脑海中一帧帧闪过,此种回忆对于第一次带毕业班的我来说显得弥足珍贵。

受疫情影响,前几天通过网络了解你们的就业状况时,听到最多的话就是"到底就业还是升本""工作不好找""已遭到社会的'毒打'"。也有同学还没正式毕业就开始怀念大学生活了。那么即将毕业的你们,考虑到底从事什么职业或未来如何安排了么?根据近期与你们的交流思考,龙哥有些话想送给你们:

一、规划明确,披荆斩棘

"凡事预则立,不预则废。"人生规划对我们的人生有着指导性作用。大一刚刚踏入校门的你们就像一张白纸一样,等着你们用心、用情、用爱去书写、去描绘自己的大学生涯。我也通过你们的职业生涯规划书看出,有的想直接实习就业,有经商头脑的想自己创业当老板,还有的同学深知学无止境,努力通过专升本或者自考等途径继续深造。龙哥认为此刻的你们不管属于哪种,都应该要明确规划,树立短期目标,此类短目标更具体,对人的影响更直接,效果也更大。比如准备实习就业的同学,就要多关注大学生就业服务平台发布的网络招聘公告、职位信息以及多去参加学校组织的线下大型招聘会;想要专心研读升本,就要制定实现目标规划的行动方案,要有具体的行为措施来验证,没有行动只能算梦想。同时,在实施过程当中,也要评估各个环节所出现的问题,从而克服困难,保证规划的顺利实施。

二、实事求是,诚信求职

同学们,虽说一份好的简历能让你从众多求职者中突显出来,是证明你是最佳人选的求职敲门砖,但在自己的简历中夸大其词地介绍自己,靠着"骗"得到面试甚至是就业的机会,企业将一试便知。俗话说,是骡子是马,拉出来遛遛,最终难堪的会是自己。所以,作为一名求职者,简历必须做到真实客观、个性鲜明,而不是弄虚作假,心存侥幸地胡编乱造。同时,你们也要正视与其他求职者的竞争关系,做到相互激励,共同成长,切勿在面试过程中吹捧自己,迷惑面试官,更不能在面试过程中抬高自己,贬低竞争者,其实这些都是诚信缺失的表现。

三、用心做事,理性跳槽

当今大学生求职过程中出现了就业难、难就业的现象。好地方竞争大,偏远的地方少人去,甚至无人去,慢慢形成了一种高不成、低不就的工作恶性循环。这也直接说明了毕业大学生责任担当缺失的严重性。所以同学们,不管实习还是就业,要提升自己的职业精神。职业精神的核心是什么?是责任感。当一个人有了责任感,就会凭借着激情、忠诚、奉献、执行力脱颖而出。我们当然也知道,能找到一个薪水高、前景不错、又符合个人价值观的工作着实不简单,这就导致了在工作过程中会频繁跳槽,但频繁跳槽不但害人,更害己。为什么这么说呢?因为一份工作是通过自身的不断努力,日积月累致使量变达到质变从而成功的过程。频繁跳槽会带你们走很多弯路,导致你们一直在不停地"开始"。这不仅浪费了你们宝贵的时间,更会错过很多机会。

最后,龙哥想分享一段习近平总书记在北京大学师生座谈会上的讲话与你们共勉:心浮气躁,朝三暮四,学一门丢一门,干一行弃一行,无论为学还是创业,都是最忌讳的。"天下难事,必作于易;天下大事,必作于细。"成功的背后,永远是艰辛努力。青年要把艰苦环境作为磨炼自己的机遇,把小事当作大事干,一步一个脚印往前走。"滴水可以穿石。"只要坚韧不拔、百折不挠,成功就一定在前方等你。

祝你们在今后的学习、工作、生活中永远幸福快乐!

你们的龙哥

作者简介

路贺龙,男,安徽商贸职业技术学院专职辅导员,安徽省高校思想政治工作创新项目成员,安徽省高校思想政治工作领军人才和中青年骨干队伍建设项目成员,安徽省"丙辉网络思政中心"成员,安徽省水彩协会会员,芜湖市青年硬笔书法协会会员,安徽商贸职业技术学院徽商研究所成员。所获荣誉有:第六届安徽省高校教师就业指导课程教学大赛金奖;第六届安徽省高校教师就业指导课程教学大赛最佳表现奖;安徽省高校教师"我与祖国共奋进"主题演讲比赛优秀奖;安徽商贸职业技术学院第五届辅导员素质能力大赛二等奖;安徽商贸职业技术学院2018－2019年度"优秀辅导员";安徽商贸职业技术学院"春之声商之韵"荣获辅导员"优秀组织奖";安徽商贸职业技术学院"安全在我心中"大学生主题演讲比赛荣获"优秀指导教师";安徽商贸职业技术学院"师德师风"演讲比赛二等奖;安徽商贸职业技术学院第二届学生思想政治工作案例征集大赛二等奖等。

❤ **专家点评**

疫情期间,学生们在家学习有很多困难,加之毕业在即,以至于有一部分学生在思想上产生了"包袱"。而路老师此信行文流畅,感情真挚,深刻体现了安徽商贸职业技术学院老师"急学生之所急,感学生之所需"的拳拳之心。为做好商贸"最后一课"的教育起到了很好的表率作用,也为学生们以后继续深造或进入社会起到了很好的指导效果。这一封信,承载的不仅仅是老师殷切的叮咛,更多的是"笃学""砺能"的写照。我相信学生们一定可以从此信中深受启迪,在未来的日子里不断努力,继往开来!

（安徽商贸职业技术学院电子信息工程系党总支书记、副教授　胡传山）

⑩ 不忘恩泽·筑梦远航

全体毕业生：

再见了，相互嫌弃的老同学；

再见了，来不及说出的谢谢；

再见了，不会再有的留堂作业；

再见了……

当耳边响起这个旋律、这首歌的时候，又是一个毕业季，而这个毕业季，是最为特殊的毕业季，这是属于新疆大学科学技术学院（阿克苏校区）首届毕业生的毕业季，在这个毕业季里，也许少了浓情的氛围，少了感人的泪水，少了不舍的寄语……但不会少了学院对你们的期望，老师对你们的关心，更不会少了辅导员再一次对你们的"唠叨"……

回首过往，四年的时光犹如白驹过隙，四年前懵懂的你已在大学这座象牙塔中得以历练，成为如今秉心定志、行走自如的社会栋梁。四年的风雨历程、四年的不懈奋斗，你们的学识得以增长，视野得以开拓，情操得以陶冶，能力得以提升，最终换来了今天顺利的毕业，换来了新生活的开始，奔赴新的岗位，开启人生新的征程。

从此，你们再也不会感受到我对你们"恨铁不成钢"的"怨恨"。曾经无论是辅导员还是老师，在你们挂科时，将你们叫到办公室谈理想、话未来，铺天盖地的话语温柔而有刺；在你们违纪时，将你们叫到办公室谈规矩、论道理，滔滔不绝的话语愤恨而尖锐。不是老师们想这样，而是看到我们的学生还不能更好地去完善自己而产生的气愤，只是希望你们能够成长成材。

从此，你们再也不会感受到我对你们"朝督暮责"的"监督"。曾经无数个课堂、无数个夜晚，甚至是无数个假期，辅导员似乎像"警察抓小偷"那样紧盯着你们，面对旷课、晚归，甚至夜不归宿的你，劈头盖脸就是一顿批评；联系不到你便像热锅上的蚂蚁急得团团转，开始联系你的同学、朋友、家人、亲属……总之想尽一切办法来找你，找到后便是一顿"责备"，不是老师们闲而无事，而是看到我们的学生还不能够对自己负责而产生的气愤，只是希望你们能够安然无恙。

从此，你们再也不会感受到"令行禁止"的"禁令"。曾经有太多的"不能干"，抽烟、喝酒、插板上床……看似很普通、很平常的事情，很多学生不理解为什么不能干，甚至有太多的抱怨，但随着年龄的增长、认识的提升，我相信你们也已清楚,不是老师们管得太严,而是看到我们的学生整天处于一个"危险状态"却不自知而产生气愤,老师其实只是希望你们能够健康平安。

从此……

从此你们有太多的事情不可再现,有太多的情感不可再体味,有太多的"约束"已不再……

此时此刻的你,我想定是充满了兴奋、悲伤、不舍、别离……但,这种种的心绪过后,别忘记了感恩!面对待了四年的避风港,有太多的人值得你去感恩!感恩父母,因为父母的不辞辛劳,才会有你今天的生活;感恩学校,因为学校的悉心培养,才会有你今天的成就;感恩老师,因为老师的倾心育人,才会有你今天的成长;感恩同学,因为同学的相互支持,才会有你今天的成功;感恩自己,因为自己的不懈奋斗,才会有你今天的成绩。

四年光阴,即将成为过往,换来挥之不去的记忆。好想再把大家集中一次,再"唠叨、唠叨",然而这似乎已是不可能,你们已在新的起点上蓄势待发,唯有以此方式,做最后的叮嘱……

步入社会,你们将面临各种各样的事,面临各种各样的心情,但,希望你们永远记住"幸福是奋斗出来的""有梦才有远方"。

要牢记"书山有路勤为径,学海无涯苦作舟",活到老,学到老,学习是充实自我最有效的方法。当今社会是一个学习型社会,学习当是伴随我们一生的。四年的大学学习,在人生的长河中是短暂的。古人云:"学然后知不足,教然后知困。知不足,然后能自反也;知困,然后能自强也。"吾生有涯,而知识无涯,即使毕业,也请你们继续保持对学习的渴望,上学期间的学习只是基础知识的积累,而这却远远满足不了对生活的需求,我们每一个人所学习的、所掌握的只是冰山一角,面对大千世界,我们只有不断地去学习、去积累,才能顺应时代发展,才能彰显个人魅力。

要牢记"宝剑锋从磨砺出,梅花香自苦寒来",始终不畏艰难,勇往直前。每一个成功,都要经历无数的艰难困苦,只有坚持过了,熬过了,你才能体会到成功的喜悦,收获到成功的果实。"文王拘而演《周易》;仲尼厄而作《春秋》;屈原放逐,乃赋《离骚》;左丘失明,厥有《国语》;孙子膑脚,《兵法》修列;不韦迁蜀,世传《吕览》;韩非囚秦,《说难》、《孤愤》;《诗》三百篇,大抵贤圣发愤之所为作也。"每一项的成功都是经历了千百万次的磨炼,艰难困苦,玉汝于成。所以,别怕前路艰险,你只管撸起袖子,大步向前,幸福永远是奋斗出来的。

要牢记"纸上得来终觉浅,绝知此事要躬行"。知行合一,做实干家。空谈只会误国,实干才能兴邦,我们所学到的、看到的、了解到的知识,不能只停留于此,要将这些知识转化为实实在在的东西,这就要求你们要在今后的人生道路上做到知行合一。多学、多想、多做,切实做到理论与思想结合、思想与行动结合,不断在人生道路上提升自我、强化行动,不论是学习还是工作,不论是做人还是做事,以实际行动作答,好过千言万语的说辞。

同学们,四年光阴似箭、四年谈笑瞬间,新征程上的列车已经鸣笛,你们如今的离开是为了更好地远航,你们将离开这学习了四年、奋斗了四年、生活了四年、哭笑了四年、打闹了四年……的母校,愿你们能不忘母校之培养,不忘恩师之教育,秉承"崇能尚德·诚信笃行"的校训,从此披荆斩棘,扬帆远航,去实现人生的价值,去为祖国的发展建功立业,为实现中华民族伟大复兴的中国梦贡献力量。

贾昌路

> **作者简介**
>
> 贾昌路,男,汉族,硕士研究生,新疆理工学院(原新疆大学科学技术学院于 2019 年 6 月经教育部同意转设为新疆理工学院)人文系专职副书记,主要从事学生管理及学生党建工作。工作以来,一直致力于引导学生成长、成才,帮助学生树立正确的世界观、人生观、价值观。2018 年 7 月获得学院"优秀党务工作者";2019 年 7 月获得学院"优秀党务工作者";2019 年 7 月获得阿克苏地区"优秀党务工作者"。

专家点评

该篇文章,从整体立意上来看,贴近实际、贴近生活,具有一定的现实意义! 文章回顾了学生在校期间教师"恨铁不成钢"的"怨恨"、辅导员"朝督暮责"的"监督"、学校"令行禁止"的"禁令",同时又对每一方面进行了深层次地分析,得以让毕业生们更加清楚地认识到辅导员严厉背后的良苦用心,带着理解、感恩和新的认知步入社会! 另一方面,又对毕业生们进行了最后地教导,展现出了作者对毕业生们的不舍与期寄,虽然学生们即将离开校园,但老师们的心却永远牵挂着学生,正如习近平总书记说的那样:"师者,父母心!"

(新疆理工学院人文系主任、教师党支部书记、副教授　邱明)

⑩④　就业战"疫","疫"起"刑"动

亲爱的 16 级同学们:

大家好。好久不见,甚是想念! 虽说有点俗,但却是老师的真实想法。

受新冠肺炎疫情影响,2月19日我给大家写了封"家书"——《就业战"疫"——谈谈找工作那点事儿》。掐指一算,时至今日刚好一个月。在此期间,我们开展了一系列就业战"疫"工作。当前,全国疫情防控形势持续向好,但学校还未下发复学通知。作为刑司学子,如何继续打赢这场就业攻坚战?今天,老师再来跟大家"唠唠"。

一、坚定信心,一如既往

今年全国高校毕业生共有874万人,同比增加40万人。大学生就业面临经济下行和疫情双重影响,上半年就业形势将更加复杂严峻。写到这,大家恐怕有压力,但切莫恐慌。因为我国社会制度和治理体系优势是我们战胜一切困难的法宝。口说无凭,证据说话!

提到本次疫情,人们一定会想到17年前的"非典"。那时,你们还没上小学,印象不太深刻。那我们就先来聊聊"非典"。

2003年春节前后,"非典"在广东暴发,随后席卷全国,蔓延全世界。我国经济发展受到影响,大学生就业受阻碍。据资料显示,2003年全国高校应届毕业生为212.2万人,比2002年净增67万人。这年毕业生是我国高校扩招以来第一批毕业生,毕业人数绝对是历史之最。加上受突发"非典"影响,2003年堪称"史上最难就业年"。

"非典"发生后,国家高度重视就业工作。出台了《关于做好2003年普通高等学校毕业生就业工作的通知》等一系列文件,首次开通了"全国高校毕业生就业服务信息网"。广东、北京、上海等多地创新就业服务形式,采取网上职业介绍、电话求职、远程面试等新举措。各高校更是八仙过海——各显神通。到2003年9月,全国高校毕业生有七成找到了工作,其中本科生就业率为83%,高职高专为55%。湖北省七所教育部直属高校就业率均高于87%,我校当年就业率为88.6%。在毕业生总量大幅增长和"非典"疫情双重考验下,2003年我国实现了毕业生就业率不低于去年同期水平的预定目标。这是相当不易的!

写到这,大家有点信心了吧!诚然,党和国家的"掌舵"、制度的优越性在抗击"非典"和打赢就业攻坚战中起着至关重要的作用。

二、上下同心,战"疫"到底

有同学说,按照这种逻辑分析,今年的就业情况一定会好吗?不好说,但与2003年相比,我们应对就业挑战的经验会更丰富、措施会更有力。今天,互联网技术也更发达。我相信我们有信心有能力打赢这场就业攻坚战。事实说话,干货如下!

新冠肺炎疫情发生以来,为促进今年就业工作,人社部等5部门就做好疫情防控期间有关就业工作印发通知,明确 6 条具体措施。教育部印发了《关于应对新冠肺炎疫情做好 2020 届全国普通高等学校毕业生就业创业工作的通知》。各地党委和政府,根据疫情分区分级有序推进复工复产,做好就业工作。湖北省人社厅举行"网上春风行动"服务求职招聘,将现场招聘会全部转为线上。

各高校联合企业陆续开展"空中宣讲""线上双选会"及远程面试等无接触招聘。我校就业指导服务中心联合智联招聘开展 2020 届毕业生春季空中双选会。所有这一切,从中央到地方到高校,从顶层设计到政策优化到基层落实,每一处都体现出全国一盘棋。让我们再回到前面的问题,今年的就业情况一定会好吗? 我不敢笃定,但"目测"应该不差。

为推动我们年级就业工作,在学院领导统筹安排下,我们采取了一系列"硬核"措施,我也多次秒变"网红主播"。3 月初,我和年级就业指导小组的小伙伴们召开了一场"云会议"。大家围绕疫情之下就业、升学、学业、毕业方面的问题进行了深入探讨。接下来,年级党支部召开了"党员在行动,战'疫'勇担当"主题党日活动,提出了党员同志在疫情之下要勇做"三个排头兵"。数日之后,我们 6 个班级依次齐聚"云端"召开"战'疫'之下毕业生的责任与担当"主题班会。大家畅所欲言,共话使命担当。

不管是党和国家的优待政策,还是地方政府和高校的有力措施,抑或是我们年级、班级采用的"大水漫灌"和"精准滴灌"相结合的帮扶机制,我们的目标就是要实现同学们在就业升学路上"一个都不能少,一个都不能掉队"。

三、更加用心,一言为定

有同学说,既然形势一片大好,前途一片光明,各方都在为我而"战",那我可以继续宅家放松了。非也! 开头谈过,今年大学生就业形势非常严峻,竞争压力不小。所以,你不仅要精心准备而且还需主动出击。在此,给大家四条锦囊妙计:

超前谋划,尽锐出战。虽说今年就业形势不容乐观,但就业市场也不乏机遇。从 3 月起,线上"春招"全面启动,大小企业全面打响人才争夺战。大家在求职时,要提前准备好简历,主动寻找机会;要通过官方渠道全面搜罗、筛选就业信息,但不建议"海投""盲投";要明确方向、树立目标、精心准备、发挥优势。另外,从当前局势来看,用人单位将继续采取线上招聘方式,大家可以通过丰富的互联网资源学习视频面试技巧,提升自己的表达和应变能力。当然,有真才实学是前提条件。需要重点提醒的是,今年是我院实施"本科素质导师制"第二年,同学们在完成毕业论文时,也要多跟导师交流就业意向,他们会助你一臂之力。

摸排家底,共克时艰。我校教务部 2 月份已下发《关于做好 2016 级本科生毕业与学位工作的通知》,通知里按照主修毕业与学位工作、辅修学位工作两类,分开学在两个月内和超过两个月两种情况,详细介绍了毕业和学位工作安排。同学们需按照要求做好学分清查、毕业论文、课程补选及替换等重要工作。上学期,我们建立了毕业生"就业金字塔"工作模式,各班成立了"1 + N"帮扶工作小组,同学们要充分利用这些平台,互帮互助,共渡难关。

坚持阅读,勤学善思。培根在随笔《论求知》中谈到了阅读的重要意义。阅读不要局限于专业领域,涉猎要广泛,多读经典、名著。宅在家里,时间充裕,多读"闲书"。只读书没用,还要做笔记,多思考,勤书写。我们不仅要做有理想、有品德、有知识、有文化的人,也要做有独立人格、有博大胸怀、有敬畏之心、有思辨精神的人。面对此次疫情,网络上各种谣言满天飞,更需要我们拥有独立思考、善于明辨是非的能力,而阅读是一种便捷的途径。

强身健体,亲情陪伴。战"疫"期间,积极防护和强身健体同等重要。大家"宅"家太久,可选择适合自己的运动方式。疫情初期,北大、武体、我校等推出运动战"役"指南,有瑜伽、健身气功、八段锦等各类运动项目,搜一搜总有一款适合你。你也可以陪爷爷奶奶打打太极拳,陪爸爸妈妈跳跳广场舞,陪弟弟妹妹做做广播体操。这不仅锻炼身体,还能加深亲情,至少不被家人"嫌弃"。不过,前提条件——不能扰民。

今年注定是个不平凡的就业季,我们也注定要书写不平凡的历史。但我相信,只要充分发挥我国制度优势,坚定信心、同舟共济、一起行动,我们一定可以打赢这场疫情之下的就业攻坚战。

桃李不言随雨意,亦知终是有晴时。待到春花烂漫时,我们晓南湖畔见!

爱你们的辅导员:卓张鹏

> **作者简介**
>
> 卓张鹏,讲师,现任中南财经政法大学刑事司法学院分团委书记、2016 级辅导员。2019 年荣获第八届湖北省高校辅导员素质能力大赛二等奖,中南财经政法大学第六届辅导员素质能力大赛一等奖,中南财经政法大学 2018 – 2019 学年共青团工作"五四"综合表彰"模范团干";2018 年荣获中南财经政法大学"纪念改革开放 40 周年"辅导员理论宣讲一等奖,中南财经政法大学第五届辅导员职业能力大赛主题班会一等奖,荣获中南财经政法大学"优秀新媒体指导老师"称号。

❤ 专家点评

该信件与毕业生讨论了疫情下如何正确认识就业形势以及如何宅家为就业做准备的话题。首先,笔者采用"今昔对比"的方式探讨了大学生就业的"外部环境"。通过对比"非典"时期和当前疫情下,国家、地方和高校采取的一系列应对措施,引导大学生坚定制度自信和就业自信。其次,笔者针对毕业生如何宅家做好就业准备给出了四条实用、管用、好用的"锦囊妙计"。通篇来看,该信件采用夹叙夹议的方式,重点突出、详略得当、内容具体,既有政治高度和理论深度,又有丰富的指导意义和实践意义。信件语言通俗易懂、风趣幽默,不仅数据翔实、有理有据,而且接地气、有干货,符合大学生的认知特点,读来倍感亲切,同时又不失为一场生动的爱国主义教育课。

（中南财经政法大学学生工作部部长兼人武部部长、副研究员　余小朋）

⑩ 青春不息,奋斗不止,"疫"起加油
——给毕业班学生的一封信

亲爱的同学们:

　　见信安康!

　　2020 年初的这场始料未及的疫情,牵动着所有人的心,也暂时改变了我们的学习和生活。面对这场没有硝烟的战争,全国上下众志成城、万众一心,正在科学有序地与病毒做斗争。一级响应、城市管控、企业停工、推迟开学、解放军驰援、火神山医院……这些每天都见诸报端的词语让我们感受到的不仅仅是焦急不安,更让我们看到了党和政府与全国人民共同抗疫的决心和魄力。

　　"初一睡醒,寒假还剩 15 天;初四睡醒,寒假还剩 20 天;今天睡醒,寒假还剩 30 天。"这几天,我经常看到你们在朋友圈里发这个段子。

　　因为疫情的影响,今年的"寒假"变得尤其的长。为了防控疫情,全国高校都推迟了开学。当然,推迟开学也不是简单地给大家继续放寒假,在发布推迟通知的同时,各学校也在积极落实"停课不停学"的要求,迅速下发了网络教学计划。

　　推迟开学期间,低年级学生只需在家认真参加线上学习,其他的事情好像不必过于担心。但对大四学生来说,好像就没有这么简单了。

　　众所周知,大四下学期无疑是本科期间最忙碌的时间段,虽然课程学习在前面几年基本都结束了,但毕业论文、考研复试、求职面试这些重要的事情都等着大家去完成。

　　推迟开学,确确实实给我们毕业班学生带来了很多不利影响,但这就意味着我们就不能开始行动和做准备吗? 肯定不是的!

　　这两天,有一些同学已经向我询问了一些相关的问题,表达了自己的担忧。在这里,"好辣辅导员"就大家担心的几个问题跟大家谈一谈自己的想法和建

议,希望能帮助到你们:

一、按照学校要求,把握时间节点,认真推进毕业论文

疫情防控期间,学校已经针对毕业论文工作发布了专门通知,主要从四个方面来解决:一是明确网络平台管理,二是延后开题答辩时间,三是要求教师线上指导,四是开放学校电子资源。

按照往常经验,一般1名教师指导6到8名学生开展毕业设计,传统的"面对面"改为"键对键"应该不会影响师生之间的指导和交流,同学们只需认真查看学校通知,把握好时间节点,积极与指导老师沟通联系,有困难及时提出,相信在学校和老师的帮助下,一定都能顺利完成。

特别要说明的是,有部分同学的毕业论文是双导师指导(校内导师与保研学校导师或就业单位导师合作指导),这类同学一定要积极与校外导师沟通,及时告知对方学校的变化和安排,务必协调处理好毕业论文的各项任务。

二、放下焦虑心态,持续学习提升,全力备战考研复试

往年各学校研究生复试时间基本集中在3月到4月,那今年这个情况怎么办?大家不需要担心!前两天,教育部已经下发通知推迟了全国硕士研究生复试时间,所以考研同学一定要放平心态,积极地把这段"延迟期"利用好。

面对当下疫情,复试的形式会不会有变化?这也是很多同学关心的问题。参照2003年非典时的做法,不排除会采取"远程复试"的可能性。比如:电话会议方式、网络视频、电话复试等。当然,这也要根据届时的疫情防控情况而定。

对于将要参加考研复试的同学来说,"好辣辅导员"为你们提三个方面的建议:一是认真搜集考研学校的复试信息,在家认真复习备考;二是密切关注考研学校的官网官微,切勿遗漏重要通知;三是做好远程面试准备工作,以备不时之需。

三、提前规划准备,积极应对变化,稳步落实就业行动

"金三银四",每年三四月份都是高校应届毕业生就业的黄金时期,但今年因为疫情影响,各高校延期开学,原计划的春季校园招聘也不可避免地受到波及,那我们毕业班学生的就业将何去何从呢?

近日,人力资源社会保障部、教育部、财政部、交通运输部、国家卫健委印发通知,明确了6个方面就业工作举措:一是有力确保重点企业用工;二是做好返岗复工企业和劳动者的疫情防控;三是关心关爱重点地区劳动者;四是支持中小微企业稳定就业;五是完善高校毕业生就业举措;六是推广优化线上招聘服务。

各地区和各高校也在纷纷出台和发布举措,全力保障高校毕业生疫情期间就业工作。主要方面有:一是创新传统就业方式;二是简化办理就业手续;三是加强学生就业指导等。所以,在准备就业的同学一定要做好如下几点:

一是要避免恐慌，保持乐观心态。冷静梳理自己的求职方向、求职进展，每天给自己确定一个小计划小目标，认真推进完成。同时，对于可能拉长的求职过程要保持乐观情绪，早做心理建设。

二是要未雨绸缪，早做求职准备。对企业可能采取的远程招聘方式要有一定了解，熟悉线上笔试面试的环节和可能涉及的问题。关注心仪企业的招聘信息更新、学校就业网站、微信公众号的信息推送。同时，要多做备选方案，灵活调整招聘目标，利用互联网平台的便利，为自己创造更多可能。

三是要积极主动，关注就业动态。一方面要关注所在学校在毕业生求职方面的最新应对措施；另一方面在遇到问题时及时向辅导员或学校就业中心求助，以求及时获得专业化的帮扶和指导。

乌云遮不住升起的太阳，疫情挡不住春天的来临。疫情给我们的影响一定是存在的，但一定也是暂时的，希望大家保持良好心态，脚踏实地、积极应对，顺利度过这段特殊时期。

青春不息，奋斗不止，"疫"起加油！待到春暖花开时，我们校园再见！

杨良盼

作者简介

杨良盼，男，1992 年 10 月生，中共党员，安徽大学思想政治辅导员，2019 年 3 月至 2019 年 9 月借调至共青团中央宣传部新媒体运营中心工作。创建运营"好辣辅导员"网络思政平台，推送网络作品 500 余篇。作品曾获教育部第三届全国高校网络教育优秀作品推选展示活动一等奖、安徽省"新时代·新安徽"主题网络作品征集活动一等奖、安徽省"微团课"比赛三等奖等。获评 2018 年度安徽省"青年好网民"。主持完成学校共青团 2018 年度重点课题 1 项，获批安徽省弘扬社会主义核心价值观名师工作室子课题 1 项。

专家点评

新冠肺炎疫情防控期间，高校推迟开学，给在校大学生、特别是毕业班学生的学习和发展带来了较大的影响，一些学生也因此产生了或轻或重的焦虑情绪。"好辣辅导员"敏锐地捕捉到了这一情况，针对学生重点关心和担心的几类问题，及时、认真梳理出相关解决办法和指导建议，同时，在其运营的"好辣辅导员"微信公众号上及时给学生致信回应，快速有效地舒缓和解决了毕业班学生的困惑和困难，相关做法值得肯定和推广。

（安徽大学电子信息工程学院党委书记、副教授　黄永生）

⑩ 致"准大学毕业生"和"准大学生"的一封信

学弟学妹们：

你们好！

时间缓缓流淌着，往往在我们不经意的时候流走。希望通过写这封信，能对准大学毕业生和准大学生有所启发。

首先，作为一个已毕业的学长，我先和"准大学毕业生"分享几句话，希望能对你们有所帮助。

一、毕业不是失业

2020 届全国普通高校毕业生预计 874 万人，就业创业工作面临复杂严峻的形势。目前，由于新冠肺炎疫情影响，很多大学生暂时还没有找到工作，不容置疑，很多即将毕业的大学生认为"毕业等于失业"。准大学毕业生千万不能觉得自己比别人差，一定要自信，相信自己才是最棒的！找工作首先要给自己一个明确的定位。同时，找工作时可适当把要求降低，特别是薪资。一个大型企业的董事长曾说：二十几岁的时候先找个优秀的领导；三十几岁的时候找一个优秀的人合作；四十几岁的时候找比自己更优秀的人为自己工作。最重要的一点：找到的工作是不是自己喜欢的，通过自身努力，让自己变得值钱。对于准大学毕业生来说，可先就业，再择业。

二、碰壁不必惊慌

主要会出现以下几种情况：

工作不是自己想干的。如果是这样，自己赶紧看看能否换工作，或者先安心做一段时间，边找工作边把自己现在的工作做好，这样自己就可以先养活自己。通过观察身边的人，我想和准大学毕业生分享："不要因为自己不喜欢暂时的工作，就在那里虚度青春。时间是用金钱买不回来的，毕竟'一寸光阴一寸金'，自己务必要清楚自己到底喜欢做什么！然后在去找相关的工作，相信你们一定能找到。相信自己。俗话说：兴趣是最好的老师。"

工作可能自己得不到重用。如果自己碰到这种处境，可以向别的同事学习，或者找出为什么自己得不到重用的原因，或者自学。通过自身别的优势来得到上司的认可。虽然在第一份工作当中，工作能力上没有得到上司的认可，但要感到幸运，因为他是一个肯帮自己找到问题和原因的上司。

工作换了还不知到底想干什么。如果发生这种情况，不要气馁，要自信。相信自己是独一无二的。推荐几本现在比较畅销的书籍给大家，一本是刘同的《谁的青春不迷茫》，一本是杨石头的《摸着石头过河》。希望这几本书会对你们有所帮助。

三、顺利不要骄傲

"低调做人，高调做事！"是现在职场上比较流行的一句话。古人云："人失意，勿失志；人得意，勿张狂。"别人身价上千万、上亿的人都非常低调，比如多次获得"亚洲首富"名称的李嘉诚就是个非常低调的人，从来没有因为自己很有钱而沾沾自喜。他都能做到低调做人，高调做事，刚毕业的我们为什么不可以，即使自己取得一点小小成就，也不能因此而高调。俗话说：山外青山楼外楼，强中自有强中手。

四、考研不是终点

如果你们是应届考上研究生，那就最好。但是往往不是每个人都能一次性就考上理想院校。考上研究生不是学业的结束，而是另一阶段学业的开始，是起点，不是终点。第一次没有考上的同学，如果是希望自己以后可以生活得更好，建议还可以再考一年，目前全国报考研究生的比例相当一部分是二战的学生。考研过程中可适当听一下励志的歌曲。刘欢和汪峰的歌曲比较励志，希望对大家有所帮助，特别是刘欢的《从头再来》和汪峰的《飞得更高》。

其次，我想分享几句话给准大学生。

1. 如何准确定位大学生活和学习

不要想着大学有多好，以为考上大学就了不起，其实关键还是靠自己。俗话说："自助者天助。""靠天靠地不如靠自己。"如果自己考上一个本科，就沾沾自喜，而别人却还在默默地努力，哪怕你是考上了清华北大，别人都很有可能通过自己的努力赶上你。经过最新调查显示，很多考上"211"和"985"工程院校的学生，很大一部分学生在学校沾沾自喜，虚度光阴。在平时考试中，他们都非常认同"60分万岁，61分浪费"这种观点。这种想法是非常不对的。近年来，我国大学生退学人数呈上升趋势。

2. 如何正确看待社团和学生会

建议社团可适当参加 1－2 个，不宜过多，因为你们是来读大学的，不是来参加社团的。还有，社团的成员相对比较单纯，基本没有什么利益冲突，而且可以交到几个好朋友。至于学生会，如果你有这方面的能力，当然没有问题，毕竟里面相当于半个社会了。当然了，因人而异，每个人的想法不一样。建议可以在班上当个班干部，比如班长、团支书、学习委员、生活委员等。

3. 如何培养自学能力和思考能力

现在有相当一部分在校大学生为了拿奖学金而拼命读书,当然这是好事,但是我们还是要有意地去培养自己的自学能力。因为只有我们具备自学能力,以后走到哪里才都不怕。我身边不少朋友,自学能力强,工作不久就得到公司老板的提拔。

4. 如何正确认识6个"学会"

学会做人,做人是最基本也是最重要的。诚信是做人之本,立业之本。如果一个人经常说谎,那到头来没有人会相信他,这样很可能和每个同事都格格不入。所以不管是在校大学生也好,毕业生也好,一定要对人诚信。因为只有诚信,才能赢得别人真心诚意的对待。

学会做事。马云曾经说过:"做事和做人同等重要。"个人认为以后自己不知道该怎样处理事情时,可以先百度。如果这样还不能找到自己比较满意的答案,我们就可以请教下身边的高人,让他们帮忙指点指点。

学会学习,主要是指自学能力,即自主学习能力。因为身边很多东西,我们不太可能什么都懂,只有不断地学习,才能适应这个社会。我们先要适应社会,而不是社会适应我们。

学会思考。俗话说:"三思而后行。"孔子曾经说过"学而不思则罔,思而不学则殆"。从一个准大学生到准大学毕业生,务必要学会思考!既要有自己的想法,不见异思迁,人云亦云,更要有自己独到的见解,这样才能为进入社会奠定坚实的基础。

学会感恩,一个不会感恩的人是很难成大器的。因为如果自己的亲朋好友帮了自己很大的忙,自己却无动于衷,感觉别人帮自己是理所当然,这样,下次就会没有什么亲朋好友帮助自己。我们也会因此失去很多亲朋好友。他们帮助了自己,自己去感谢他们,这是天经地义的事情。当然,没有必要每个人都去送昂贵的东西,因为要根据自己的个人能力和家境来处理。俗话说:"人有多少钱,办多少事!"

学会独处,因为每个人都有从不成熟到成熟的时候,也就是从心智不成熟到心智成熟的时候。在读大学也好,刚毕业也好,都会出现寂寞的时候。这个时候最要耐得住寂寞。这正是考验我们的时候,我们这个时候一定要学会独处,学会去反省自己的所作所为,这样才能为自己后面走的路打好基础,为走向成功又迈进一大步。

最后,再送给准大学毕业生和准大学生几句话:

读万卷书不如行万里路;行万里路不如阅人无数;

阅人无数不如名人指路;名人指路不如自身醒悟。

没有不出息的学校,只有不出息的人;

没有不受欢迎的职业,只有不受欢迎的人。

江西理工大学曾良仔

作者简介

曾良仔,现担任江西理工大学电气学院学工办负责人、团委负责人,本科生第一党支部书记,2015 年 7 月入职以来,先后主持省、市课题 10 项,参与省部级课题 6 项,发表论文 6 篇,先后荣获 2016 年度全国高校辅导员工作优秀论文三等奖、2016 年度全国高校学生工作优秀学术成果二等奖、江西省 2016 年度高校学生公寓(宿舍)管理"先进个人"、全国高校网络宣传思想教育优秀作品推选展示活动网络文章二等奖、2018 年荣获"青春杯"创新创业大赛铜奖,江西省辅导员 2018 年第五期培训"优秀学员",2019 年江西省第十六批教学成果一等奖等 10 余项荣誉。

专家点评

就业是民生之本,关系毕业生个人、家庭和社会的发展。面对激烈的就业竞争,如何辩证看待就业形势,转变就业观念,积累实习经验,实现成功就业,是准大学毕业生需要认真考虑和实践的内容。

大学不是象牙塔而是竞技场。即将步入高校的准大学生,应时刻保持"初生牛犊不怕虎"的干劲,学会做人做事做学问,提前为将来的就业做好准备。习近平总书记指出,"幸福都是奋斗出来的""奋斗本身就是一种幸福"。希望大学生以时不我待、只争朝夕的精神,在奋斗中成长,实现个人价值与社会价值的统一,努力成为担当民族复兴大任的时代新人。

(福建医科大学讲师、博士 林明惠)

⑩ 且听风林雨打声,静待凤凰盼前程
——给毕业生解答求职疑问的信

毕业班的孩子们:

2020 年 3 月 19 日,我按期回校完成值岗工作,清晨进岛前沿路的车流已经多起来了,木棉紫荆也在争相闹春,下高速出口就是我们亲爱的校园,那本应有的大学城生机,却被一片寂静替代。

一、"100 天"毕业倒计时

来到了 B11 和 B12 之间的岗位值守,收到了一位毕业生的微信:"老师,我知道校历更新了,不过如果按照去年 6 月 27 日的毕业典礼时间,今天就是我的

毕业倒计时 100 天了……"

七年前的中考，我们老师会给我们百天倒计时；四年前的高考，我们有百日誓师。这些可能只是当时一个简单的仪式，但是现在都刻在我们心里了。

"陈老师，我真的快要大学毕业了，我想念学校的一切……"

这也让我想起曾有一位中文系教授把鲁迅先生四部文学作品名字比作"大学四年"，分别是大一的《彷徨》、大二的《呐喊》、大三的《伤逝》、大四的《朝花夕拾》。由于疫情防控的需要，我们全体毕业生都严格遵守学校的管理纪律要求，承诺绝不提前返校，大家都表现得很好，只是春天来临了，繁花怒放君不在，未知太多易念旧，夕生思念。

紧接着，一场骤雨突降，雨点拍打在宿舍区的枝叶上，滴滴答答，如时间旅行的声音，我回复她："学校也想你们，等着，我们相约凤凰花开时！"

想念学校的何止是一位毕业生呢，那是身处全国乃至全球各地为着本次疫情一直坚守的所有人！只是，这批被戏谑为"天选之子"的 2020 届应届生确实也有着成长的迷茫，一个多月以来，她们也向我发出了很多疑问。

二、老师，为什么我投的简历总是石沉大海？

"石沉大海"的小伙伴，是不是因为一直都在"海投"简历，以及"一张简历想走遍天下"呢？ 首先，我们必须明确在求职过程中是十分讲究"人职匹配"原则的，就是需要"知己知彼"，你的简历为什么要让对方"拣你"（选择你）？ 一般除了简历本身排版美观度的视觉因素和单位的硬性指标（如专业限制、政治面貌要求党员、绩点要求等）之外，就是你的简历内容和结构问题，譬如"求职意向"是否明确、基本信息是否准确、个人经验经历等描述的内容与岗位需求的匹配度是否足够高，等等。

还有一点很多同学常常会忽略的，就是我们通过电子邮件寄送个人报名资料的时候，是需要使用规范的书信件格式来进行投递的，而不是简单的一个附件打包、主题命名，正文空白或者草草几字就马上发送邮件了。

三、老师，这形势我还能找到工作吗？

苏联电影《列宁在 1918 年》中有一句经典台词"面包会有的，牛奶会有的，一切都会有的"，每位同学的就业率只有"0"与"100%"的两种情况，习近平总书记在党的十九大报告中也曾指出"就业是最大的民生"，为了促进本届毕业生顺利就业，除了我校就业指导中心提供的就业资讯外，国家教育部多措并举，如创新推进网上就业服务——开通"云就业"专栏、3 月将举办网上招聘 2 万余场；"学习强国"平台推出"强国云招聘"专栏；省内高校"组团式"开展春招网络招聘活动；广东大学生就业创业智慧服务平台通过毕业生完善简历实现智能匹配推送工作的服务及为大学生提供线上简历门诊与职业生涯个体咨询的免费就业服务等。

这些近月陆续出台的一系列重大举措，也是在当前疫情形势影响下应运而生的，老师建议每位仍在求职海洋里"浮游"的毕业生们：

一方面，我们要端正心态。穷则变，变才能通，要多思考好自己的职业定位（如就业城市地区、相近的职业岗位），有的放矢地搜集就业信息。以文史类师范生为例，除了苦等着中小学教育局的社会招聘信息之外，也可以多留意企业文秘、事业单位（图书馆、文化馆、宣传部等）、高校行政、高职中职、报社、出版社、党校团校等相近类岗位，以拓宽自己的求职方向。

另一方面，灵活就业，转变择业观念。我们要打破传统的"只考编制"观念，不要守株待兔，等待一些未知的机会，而是要主动出击，应势而动。受家庭因素和传统观念影响，较多毕业生仍然执着于"编内"工作，而因此可能错过了其他的职业选择，最终未能在毕业前走上就业之路。结合当前严峻的就业形势，我们更鼓励同学要看清现实，从实际情况出发，拓宽自己的择业范围。

第三，变通就业，了解更多的就业渠道。今年的"大学生村官""三支一扶""西部计划""参军入伍"等项目进一步扩大招聘人数，鼓励中小企业、自主创业的政策更是不断加码，我们鼓励有条件的毕业生可以把目光放得长远些，把青春之花绽放在祖国最需要的地方上，实现人生价值和梦想实现。

当前，有的同学苦于缺乏资源，其实资源就在我们身边，大家要善于寻求帮助。比如高校的就业指导中心、辅导员、师兄师姐等都是在我们就业上的重要资源，应要主动积极利用起来，不要孤军作战、害怕麻烦，多请教和获取更多相关经验，以少走弯路。疫情期间，线上直播平台也为我们提供了很多便利的交流平台，同学们可以多参与交流讨论，相信会有诸多受益。

四、老师，网络面试要怎么准备呢？

随着就业形式的转变，互联网通信技术支持，"云面试"也登上了招聘时代年度舞台中央，这让很多同学都有点措手不及，甚至手忙脚乱。其实，网络面试与线下面试在一定程度上本质和初衷都是一样的，就是通过面试考核以招募到岗位合适的人选。而我们在网络面试时，有哪些注意事项呢？老师为大家介绍几个细节："云面试"前，建议选择一面白色墙作为面试背景，环境要以安静为宜；选择职业型服装，可化淡妆以展示最佳精神面貌（部分平台自带美颜功能），并提前熟悉及调试好设备，特别是电源是否充足、网络是否顺畅、平台功能是否运用自如，确认摄像头与麦克风已顺利打开；准备好个人简历、重要证书证明等资料的电子版随时提供展示；准备好 60 秒、90 秒、180 秒等不同版本的自我介绍;相关职业必要时要准备一项特长展示,如背诵一首诗词、朗诵一篇课文、即兴主题演讲等。

"云面试"时,眼神要多看摄像头处,不要东张西望和过多小动作(如摸鼻子、坐姿不稳、偷看手机、玩弄头发等)。其次,语言表达的逻辑性尤为重要,在清晰听完对方提问后,不要急着立马回答,尽可能结合自己的经历和特长来表达,回答问题时多使用"第一、第二、第三"等逻辑关联词。最后要注意用语的规范性,网络面试和线下面试只是形式转换,本质是一样的,就是要选择最合适的人选,因此一定要尊重和珍惜面试机会,除岗位需要外,"云面试"不建议使用网络化语言。

"云面试"后,请注意礼仪,应待对方退出视频后,再关闭设备,同时要始终保持最佳状态,切勿松懈,最后应衷心地致谢对方给予面试机会。

无论难易,工作机会是不会从天而降的,我们不能打无准备的仗,同时也要注意在细节上取胜。

五、老师,我该交这笔钱吗?

疫情虽然使社会各行各业按下了"暂停键",却依旧无法阻挠骗子的行骗脚步。近期,众多毕业生由于在前途未卜和严峻社会形势之间无助徘徊,容易产生焦虑、着急、紧张、慌张等情绪,这些都是常见的应激反应。而往往骗子就是喜欢钻进毕业生这种情绪状态里行骗,一名毕业生看到网上的招聘信息,投递简历不久后便收到了"录用预通知",然而欣喜若狂之时,对方却要求必须要缴纳数百元作为"就业保证金"才给予录用,该学生立马联系了辅导员,确认了这是典型的"骗局"常见手法,最终并没有造成损失,但也确实"由喜转悲",自己的就业信心受到了一定的影响。

除此之外,近期也有谎称"XX金融客服注销账户""免费论文查重券""假冒教务处核对学籍"等骗局出现,这些都需要我们全体毕业生擦亮双眼,提醒大家一定要关注官方平台信息,不相信不明来历的电子邮件链接、陌生可疑电话、中介平台招聘信息或"假单位"要求交纳所谓"保证金""介绍金""承诺金"等信息,如无法判别时应及时与学校和老师联系确认。

问号连串串,就业路漫漫,时光不停间。

近期的广州依旧是阴雨天。此刻,毕业生们的静候与坚守,就如仍然埋在黑土里的种子,在春雨的滋润下扎根吐芽。我们无惧风吹雨打,把对学校的思念化成百日前进的动力,让四年的奋斗铺好前程之路,待凤凰花开伴君归来!

加油,同学们!

辅导员小姐姐陈老师

作者简介

　　陈楚敏,(1993—),女,硕士,讲师,广州大学辅导员(主管人文学院本科生 2016 级和学院学生党建工作),中国教育学会会员。曾获广东省演讲学会会员、广州大学辅导员素质能力大赛一等奖(第一名)、广东省高校辅导员优秀工作成果评选优秀案例三等奖(两次)、论文征集优秀奖、广东省"我是人才"职场演讲大赛三等奖、"回望初心、红棉璀璨"广州市党建诗词创作二等奖,指导学生参加广东省"追寻红色记忆"爱国主义类视频征集获二、三等奖等,获广东省"南粤铸魂杯"教师演说大赛"优秀指导教师奖"等。

专家点评

　　信件是在疫情防控工作期间写给毕业生关于求职疑问的一封信,辅导员陈老师先从自身回校值岗、广州大学城寂静的春天场景渲染入手,对学生的"毕业100 天倒计时"中在求职路上的种种迷茫疑问做出了一一回应,文笔优美,回应学生的问题也具体到位,能够对 2020 届"天选之子"毕业生们给予成长的帮助和鼓舞。

(广州大学人文学院党委副书记、德育讲师　刘军军)

⑩⑧　春风已至,毕业可期
——写给 2020 届毕业生的一封信

亲爱的同学们:

　　安好,见字如面。

　　庚子新春,一场突如其来的疫情,延长了你们大学生涯中的最后一个假期,也增加了你们与父母相聚的日子。这个寒假,没有同学好友的欢乐相聚,却充满着世间真情的温暖与爱;这个新年,没有走亲访友的热闹非凡,却遇见了感动人心的无私大爱。

　　如今已开学一周多了,与以往不同的是,新学期以"手机报平安、网络打卡、空中招聘、在线课堂"等方式拉开序幕。生于新世纪,长于信息化、网络化时代的你们,面对各种线上与"云"平台能应对自如,快速转变学习方式,抓住机遇与挑战,老师不由得为你们点赞。我很开心你们愿意与我分享宅在家的日常生活趣事,也很乐意聆听你们的烦恼与问题,也很有幸能陪伴你们一起坚守战"疫",一起见证疫情当下中华民族团结一致共同抗"疫"的中国心。随着毕业季的到来,不能返校的你们还有很多事情亟待处理。工作找了吗? 复试准备的咋样了? 毕业论文写到哪里了？这个特殊时期，老师想对几个月后就要离开校园的你们说：

一、生于华夏，倍感"自豪"

中华民族是伟大的民族，历史上经历过无数的磨难，但从来没有被压垮过，而是越挫越勇，不断在磨难中成长、壮大。疫情发生以来，党和国家高度重视，举全国之力，团结一致，采取了最全面、最严格、最彻底的防控措施，打响了一场人民防疫战争。从全国各地医务人员迅速集结驰援湖北，到"火神山""雷神山"、方舱医院建成投入使用；从人民军队高效运输防疫物资，到全国各地防疫物资调配湖北；从封武汉一座城，守一国人平安，到全国人民自觉响应号召，足不出户……中国精神、中国力量、中国速度再一次让世界瞩目！

无数位白衣天使夜以继日坚守防疫一线，上千名工人加班加点修建医院，各地志愿者不辞辛苦投身抗疫工作，社会各界人士踊跃捐款捐物资等，这些伟大的奉献时时刻刻感动着我们。生于华夏的我们，扎根于祖国肥沃的土壤，沐浴着和平之光茁壮成长，这一切都是因为有人在为我们负重前行。84岁的钟南山院士义无反顾奔赴前线；疫情"吹哨人"李文亮医生不幸被感染逝世；身患渐冻症的张定宇院长依旧奋战防疫一线……危难之中显大义，这群可爱的人用大爱诠释着中国精神，用行动和生命展现着爱国与担当。在困难时刻，祖国为我们保驾护航，十四亿人民万众一心，众志成城。这就是强大的中国，这就是伟大的民族。"此生无悔入华夏，来生愿在种花家。"

二、特殊时间，尽显"自律"

疫情期间，你们每位同学都能按时打卡报平安，如期学习网络视频课程，主动完成毕业论文各阶段任务，积极参与线上招聘，寻觅理想的就业岗位。你们没有一觉睡到日上三竿，没有"开黑"玩到半夜三更，更没有放松警惕，出门溜达。在这个假期中，你们用自律的精神展现着当代青年学子的风采。虽然你们足够优秀，做的已经很好了，但是老师还是想叮嘱几句。接下来的日子里，你们应当思考如何使这个假期发挥最大的价值。我想学习会是一种不错的方式。研究生初试成绩已经公布，在居家隔离的日子里，你们有大把的时间备考复习；线上春季招聘会已启动，你们应静下心来准备各类笔试与面试；还在修学分的部分同学，要抓住有限的时间为最后一次考试努力奋斗。

当我知晓，你们中有同学主动请缨，参加防疫志愿者，奋战在抗疫一线时，除了担忧之外，更多的是感动与骄傲。你们具有明辨是非的洞察能力，拥有正确的价值观；你们能学思践悟，知行合一，用行动展现青年担当；你们把"小我"融入"大我"，有海一样的胸怀、山一样的崇高。优秀的你们，在祖国遇到困难时，身体力行地贡献青年力量。老师由衷地为你们自豪！

三、未来可期,应当自强

一百多年前,梁启超先生曾感慨道"少年强则国强"。而如今,这句话对于青年学子依旧重要,因为你们代表着中国的未来。作为生于"九零末""零零初"的你们,生于世纪之交,长于和平年代,是时代的中流砥柱,是国家发展的栋梁之材,肩负着实现伟大中国梦的重任。清华大学校长邱勇说:"对大学生来讲,现在可能也是一个机遇。我也期盼到若干年之后回过头看,这次特殊的延长的假期,可能会对我们整个人生产生重要的、积极的影响。疫情防控方法千万条,自强第一条!"

即将毕业的你们,将面临人生的又一个挑战,如何获取人生的自立? 你们担心疫情会影响找工作,会耽误研究生复试,又或是宅在家的你们开始对未知的未来感到迷茫。孩子们,不怕! 这些都是你们为即将到来的人生转折点思考如何获取自立人生的过程。疫情只是延缓了毕业的脚步,并未按下"暂停键"。在这个超长的假期里,你们要静下心来,认真思考,合理规划,学习本领,提升自我。"天行健,君子以自强不息",青年学子应刚毅坚卓,发愤图强。"路漫漫其修远兮,吾将上下而求索",前途漫漫,奋勇直前,定能抵达成功的彼岸。

亲爱的同学们,当毕业遇到疫情,不慌! 春风已至,毕业可期! 让我们一起静待花开,待到山花烂漫时,我们一起相约毕业季!

辅导员胡泽芹

> **作者简介**
>
> 胡泽芹,女,东华理工大学地球物理与测控技术学院辅导员。

专家点评

毕业季遭遇疫情,打破了所有人的计划和安排,2020 届毕业生面对毕业和就业的双重压力,难免产生心理上的恐慌、精神上的焦躁和前途未卜的迷茫。作为毕业班的辅导员,胡老师正视困难,理性面对,运用战"疫"鲜活教材引领学生,以乐观的心态感染学生。致毕业生的一封信,以中华民族团结一心抗"疫"壮举宣传"正能量",提振信心,鼓舞人心;以青年学子疫情期间勇于担当的点滴感人故事,引领毕业生转变观念,适应新环境,明确努力方向,为青春导航;以抗"疫"真情实景感召毕业生自立自强,温暖人心,凝聚力量。充分诠释了辅导员"以学生为中心,把学生放心中"的初心和使命担当。

(东华理工大学地球物理与测控技术学院党委副书记 崔燕娟)

⑩ 栀子花开,愿你们尽情绽放

敬爱的同学们:

你们好!

时间总是匆匆,转眼间又到了栀子花开的季节。四年的大学生活马上就要结束了,"勤奋求真,博采创新"的校训早已镌刻在你们心里。四年前,你们作为懵懂的新生前来报道,在你们青涩的年华中与龙中医结缘,相伴走过四年时光。四年后,你们作为新一届的毕业生穿着学士服,努力在校园的每个角落留下你们的青春剪影,想抓住青春最后的尾巴,相信此时此刻你们一定也会感慨万分。回首四年的大学求学路,漫长而短暂。说它漫长,因为在这几年你们从懵懂走向了成熟,从依赖走向了独立;说它短暂,因为在这几年大家一起朝夕相处,留下来了太多美好的回忆,留下了太多难以割舍的情谊。

如今,你们即将离开这个菁菁校园,踏上新的人生旅途,老师真的想跟你们好好说上几句话:

一、对前路充满希望

著名戏剧作家莎士比亚先生曾经说过:"黑夜无论怎样悠长,白昼总会到来。"青年一代,前路或有坎坷,但沿途的锦绣河山,却一定美不胜收,无论何时,我们都要满怀希望。未来值得憧憬,你们不仅可以体验到"大鹏一日同风起,扶摇直上九万里"的不羁,也可以体验到"会当凌绝顶,一览众山小"的豪情。而且在这和平幸福的年代,你们的加入将会为祖国增添更加绚丽的色彩,祖国期待着你们大展宏图的挺拔身姿,也会为在风雨征程路上拼搏奋斗的你们加油助威!在你们的前路上,身后有母校期待和关怀的身影,前面是伙伴的帮助,你们大可充分运用你们的学识和经验,为自己的人生画上浓墨重彩的一笔。数风流人物,还看今朝!

二、珍惜点滴光阴

"读书不觉已春深,一寸光阴一寸金。"古人对于惜时特别看重,而青年学子在这来之不易的时代,更应该珍惜宝贵的岁月。时间不知不觉,从人们的身边溜走,连一个脚印也舍不得留下,只给人无尽的空虚。有人说:"冷暖自知,只有当两鬓斑白,垂垂老矣,方知岁月如梭。"我觉得这句话欠妥,同学们正值宝贵的青春年华,感受世间冷暖,尝试人间真情,每一天都有意义,每一天都很充实,怎么会不懂岁月如梭的道理呢? 有一句网络流行语:"世界那么大,我想去看看。"这句话很对,行走于世间,认识不同的人、经历不同的事,人生会变得更加美好与精彩。但青年人在世界上留下足迹的同时,也不要忘了珍惜一点一滴的时间。"合抱之木,生于毫末;九层之台,起于累土;千里之行,始于足下。"珍惜片刻光阴,用来做每一件有意义的事,人生就会更加有价值、有意义。

三、不忘初心,方得始终

习近平总书记告诫全体共产党员"不忘初心,方得始终",作为一名新时代的大学毕业生,一样也不要忘记那一颗赤子之心,不要忘记那一颗满怀希望之心,不要忘记那一颗拼搏与奋斗之心。当初,你们满腔热血、朝气蓬勃,怀着对中医药学科的向往和憧憬踏入校门,与黑龙江中医药大学结下不解之缘。当初,激励我们的就是那一颗初心,而今天,走出校园大门的这一刻,我们也应该不忘初心,怀着初心,看窗外云卷云舒;怀着初心,赏庭前花开花落;怀着初心,一路峥嵘,走向辉煌。不忘初心,方得始终!

四、建立终身学习的好习惯

在大学中,我们不仅仅是要学到专业知识和各项技能,更是要养成许多好习惯,而其中最重要的就是终身学习。在大学中,你们从图书馆阅览书籍,从学生会的工作学习处理事务的能力,从当班级干部中学会协调组织能力。这些都是学习,我们在这些学习中不断成长,也渐渐感受到学习的重要性。在今后的日子里,你们会接触到更为广阔的天空,也许旧时的飞行技巧已经不足以支撑你们展翅翱翔了,这就需要依靠学习来掌握新的技能以适应新的生活。活到老,学到老。

五、一定要开心快乐

在这个世界上,不同的人有不同的生活。有的人的生活富足奢侈,有的人的生活光鲜亮丽,而有的人的生活平淡无奇。在这巨大的差异之下,难免让人产生不公平的感觉而心存悲哀,泯灭了本来美好的满怀希望与快乐之心。范仲淹于《岳阳楼记》中写道:"不以物喜,不以己悲。"范文正公的观念在当今世界未免有些理想化,却有其可取之处,我们在生活中,不要去羡慕别人的生活而影响到自己的心情。那些富足光鲜的生活背后,都有不为人知的辛酸。而平平淡淡,也许才能给你尝遍酸甜苦辣的机会,所以何不乐于其中,感谢生活给了我们百味?无论在何时、位于何处,都不要忘记开心快乐,以笑容迎接人生,人生就会为你绽放花蕾!

六、勿忘同学情

在四年的大学生活中,陪伴你时间最长的并非老师,也非父母,而是同学。在四年时光中,你们分担风雨,共同欣赏彩虹的幻美。也许他们并没有父母为你付出的那么多。但身在异乡,感冒时的一杯姜汤,难过时的一句安慰,生日时的一次祝福,都像冬日暖阳,莫名让人感动。在四年中,你们互帮互助,结下了深厚的友谊。这份友谊不应该随着时间长河的延伸慢慢淡化,而应该像陈年老酒,经久弥香。也许在未来某个困难的低谷时期,回想起这一段不那么轰轰烈烈却美好无比的同学友谊,心中和眼底也是满满的温柔吧。街头偶遇老同学,必是让人感慨的画面。这一段同学情会在你们的人生中烙下深深的印记,提醒你们,无论走到多远,都不要忘了这段友谊,都不要忘记那些陪伴多年的人。

六月的朝阳很美,因为它铭记了你们毕业时的不舍的泪水和灿烂的笑容;六月的山河很美,因为她容纳了冰城的银装素裹时的肃穆与春暖花开时的生机;六月的心灵很美,因为它是中医药学子对母校以及这片土地深深的爱恋。祝福你们,从此前程锦绣,绽放世间最美的花!

永远爱你们的孟老师

作者简介

孟健男,男,硕士,讲师,2011 年参加工作,黑龙江中医药大学辅导员,国家二级心理咨询师,曾受聘中国大学生在线就业创业导师,2016 年黑龙江省心理工作"先进个人",2019 年全国中医药院校"优秀辅导员";曾获得 2014 年度全国高校辅导员"优秀博客奖"(全国 10 名),黑龙江省首届高校网络文化优秀成果二等奖,黑龙江省高等教育学会第二十二次优秀高等教育研究成果三等奖,2017 年黑龙江省辅导员优秀论文三等奖 1 项。发表论文 10 余篇,主持课题多项。

✂ 专家点评

这是一封信,朴实无华而又真情动人,洋洋洒洒 2000 余字寄予了对黑龙江中医药大学毕业生的无限期待。就情感来谈,本文虽是离别之慨,但却哀而不伤,对学生满怀期待。就文采来看,众多排比句,长短不一,错落有致。师生情、同学情溢于纸面,充满气势,使人如临其境。名言名句的使用更是锦上添花,老子、习近平总书记、莎士比亚,名人兼具古今中外,足见作者见闻涉猎的广泛与思想的深刻。对于学生的建议,由细处着手,由小及大,由表及里,由浅入深,层层深入,在字里行间中体现了"围绕学生、关照学生、服务学生"的教学理念。六条诚恳真挚的建议,足见情至深,意至切。是一封镌满师生情谊的"情书"。

(黑龙江中医药大学学生工作处处长、副教授 王贺)

⑩　终有一天，你会成为更好的自己
——致本科毕业生的一封信

各位毕业生们：

无论熟悉或陌生，老师先向你们问个好。

开始正文之前，我要恭喜你们，即将迎来了要属于你们的夏天，这都是各位通过自己的努力付出和遵纪守法得到的礼物。大学四年于你们而言，可能是藏在各种证书奖学金之下的充实骄傲，也可能是写在各门补考成绩单背面的惊险幸运；可能是躺在每段聊天对话框里的美好甜蜜，也可能是孤军奋战一个人的研途无畏……但不管是哪一种，将在这个夏天总结为同样的两个字——"再见"。

今天这封信，没有高瞻大论，没有师生之分，但是我至少也算一个"过来人"，所以还是有些话想要嘱咐你们。

一、毕业不是结束，而是开始

（一）从现在开始，要做大人了

大学四年让你们逐渐褪去了初来乍到的青涩，慢慢地成长为段位最高的学长学姐，你们总是给自己贴上成熟独立的标签，其实"大人"的角色才刚刚开始上演。"大人"这个角色不只是年龄的增长，更多的是一种责任和能力。拿我自己来说，在我入职的第一天，听到你们一声声的"老师好"时，我突然觉得自己的肩膀上多了许多分量，因为有你们在，我要变得更加负责、更加细心、更加稳重，这样才能做好你们眼中的"大人"。别担心，随着时间和环境的改变，你总会因为某件事迅速成长，所以你只需做好准备迎接这个新的角色。用古人的话来讲，你会变得"不以物喜，不以己悲"；用现代的话来说，"从现在开始，你要做一个不动声色的大人了，喜怒不露于形，取舍自明于心"。

（二）没有天才，只有懒人

时间的魔法在于它让每个人在相同的 24 小时活成不同的样子。我的朋友圈曾被何炅的一句话刷屏——"人生就是这样，要得到你就必须要付出，要付出你还要学会坚持，而且你要懂得，一定来得及。"同学们，当你真正踏入社会的赛道时，你的人生长跑才刚刚开始。工作上，没有平均学分绩，也没有三好学生，只有勤奋踏实的人才会脱颖而出。坚持不住的时候，你可以停下来看一看，你会发现周围比你优秀的人都在努力着。如果你决定放弃，就不要抱怨，不要躲在别人的光环后做柠檬精，不如趁年轻拼一拼，做一块发光的 24K 纯金。

（三）如果你想，每一天都可以重启

你们都经历了 2020 年,这个对我们每个人来说都极为特殊的一年,澳洲大火、新冠肺炎、篮球巨星科比逝世……"重启 2020"成了微博热搜话题。从这个话题,我看到的不是异想天开,更多是大家面对世事无常的无奈。学生时代,我们可能都曾有过失望,因为考试失利、因为父母争吵、因为感情受挫、因为简历被拒,但是千万不要因此而一蹶不振自甘堕落,如果你愿意,就和它们好好告个别,把所有失望和悲伤都留给昨天;如果你愿意,就再次整理好微笑,去开启余生中最年轻的每一天。

二、先树人,再行事

(一)抱怨之前,先看清自己

之前看到一句话:"刻薄是因为底子薄,尖酸是因为心里酸。"其实每个人对待事情的态度往往能反映出一个人的性格。大部分人在遇到问题时,往往会抱怨问题本身,而很少从自身去剖析原因。当你工作失误,要做的不是找借口为自己辩解,而是应该寻找补救措施将损失最小化;当你求职碰壁,要做的不是惋惜懊悔,而是考虑自己是否适合这份工作;当你屡战屡败,要做的不是原地崩溃,而是要检验自己的方法是否得当。要知道,世界是先有了我们每一个个体,才产生了我们各自不同的人生际遇,也就是说,我们遇到的顺境或逆境其实都是我们一步步选择的结果。所以,抱怨之前,先学会接受,学会正视自己。

面对每一个毕业生,虽然我都会祝福你们前途顺利,但我仍期待你们能长成风雨洗礼后无所畏惧的参天大树。

(二)切勿失信

"人无信不立,业无信不兴,国无信则衰。"诚信是每一个人的必备素质,也是做人的原则。教育的根本任务是立德树人,简单的四个字,却是所有教师的终身课题。从小学到大学,老师们的教学方法在变,教学内容在变,但是诚实守信的道理总会贯穿于教育的各个阶段。诚信的品质在工作中体现得更为明显,一个人若能做到言出必行,那么他将会是一个值得信任和合作的人;一个人若只是注重嘴上功夫,那么久而久之,他在别人眼中的形象将会大打折扣。

偷税漏税、学术造假,当今社会已有许多现实的例子在为我们敲响警钟,所以,请务必守住诚信的底线,做一个言必行,行必端的正能量青年。

三、走得再远,也要回头看看

(一)感恩

也许 2003 年"非典"你们少不更事,但 2020 年我们再次经历了一场众志成城的全民战"疫",我们看到了白衣战士奔赴荆州,看到了全国上下同舟共济。作为学生的你们,也经历了来自班长、老师的信息摸排和问候。老师当然首先是希望你们一直能保护好自己,健康平安,但是我更希望你们能在这次疫情之后学会感恩。不只是这次疫情,我想你们之前或多或少都收到过别人的帮助,也许来自朋友同学,也许来自陌生的路人。你是否还能记得他们的样子,又是否来得及说一句"谢谢"。

学会感恩,因为正是别人的善举才铺就了你通往成功的路;学会感恩,一个懂得感恩的人必定也是一个善良的人;学会感恩,感恩是传播温暖,帮助别人,哪怕是举手之劳,哪怕是句简单的安慰。

(二)勿忘初心

作为老师,我希望你们快点长大,成为各个领域的人才,但是我又怕你们走得太快,离自己的"出发点"越来越远。现在的你们可能还是一个个怀揣梦想的热血青年,渴望着大有作为,但是现实总是和梦想相差甚远,它总是在不经意间让你面对两难的抉择。习近平总书记说过:"一个不记得来路的民族,是没有出路的民族。"这句话送给即将开启新征程的你们,我相信你们是有所准备、敢闯敢做的优秀大学毕业生,所以,走得再累,也不要丢掉梦想;走得再远,也不要淡忘初心。

(三)再忙,也要回家

毕业后你会发现,没有了寒暑假,没有了父母的唠叨管教,熟悉的饭香慢慢散去,连轴转的工作充满了你的生活。日本畅销书——《父母离去前你要做的55 件事》的封面上有这样一个公式:"假使你的父母现在 60 岁,父母余下的寿命是 20 年,并且你没有跟父母同住,那么,你每年见到父母的天数,大概是 6 天,每天相处的时间大概是 11 小时。所以 20 年 × 6 天 × 11 小时 = 1320 小时,也就是说,你和父母相处的日子只剩下 55 天了……"当我看到这段话的时候,我震惊了。因为我总是觉得时间还很长,回家的机会也还很多。那么现在请仔细想想,我们还能陪父母多久?

别让最爱你的人失望,也别让工作成为你缺席团圆的理由,当你看遍了外面的风景,他们还在家里等着你回来。再忙,也要回家!

四、写在最后

我从事辅导员工作接触的第一届学生就是大四毕业生,从他们的身上,我看到了当年的自己,所以我写下了这封信,也希望他们能从这封信里,哪怕是一段话中,看到未来更好的自己。

当然,也送给所有即将毕业的你们,愿你们:脚踏实地,向阳而生;只争朝夕,不负韶华!

一直爱你们的王老师

作者简介

　　王若男（1996—），女（汉族），天津工业大学辅导员，南开大学硕士。化学与化工学院 2016 级学生专职辅导员兼任研究生党支部书记，并负责学院学生奖助、心理等专项工作；发表网络文章 2 篇，总阅读量达 3000 人次；带领学生获第十一届校园心理剧大赛优秀组织奖。工作至今，经历不够，荣誉尚少，但和学生感情深厚，对学生工作充满热情，希望以文传情，让更多的读者感受学工队伍的温暖。

专家点评

　　本文写给毕业生，将成熟、勤奋、乐观、理性、诚信、感恩等人生道理用另一种风格娓娓道来。通读下来，我读到了作者对学生的不舍和期待。

　　整篇文章文字细腻，情感饱满，虽然是一封信，但读起来更像是一封来自长辈的家书，字里行间都能感受到作者对学生的感情之深。文章风格偏文艺，内容虽不宏大，但正是淡化了师生之分，才更能引发读者的共鸣与深思。高校辅导员队伍是离学生最近也是最能影响学生成长成才的一群人，辅导员的用情用心、一言一行能在很大程度上激发学生内心的善良和真诚，让他们真正思考和成长。希望我们的学工队伍里有更多像作者这样的辅导员，带领和影响一批又一批的大学生成长为合格的社会主义事业建设者和可靠接班人。

（天津工业大学化学与化工学院学办主任、副教授　陈虹）

⑪　即将毕业的你，准备好了吗？

各位同学：

　　多日不见，甚是想念！

　　2020 年的第一场雪，来得猝不及防。"宅"了半个月时间，大家都早已经习惯目前的居家生活。一大早推开窗户，白茫茫的雪无疑也让内心纯净了许多。孩子们，你们是不是在憧憬到雪地里嬉戏？憧憬着和自己喜欢的人雪地漫步？因新型冠状病毒的到来，大家或为疫情焦虑忧心，或为奋战一线的勇士加油打气。虽然是寒假，但老师始终牵挂着你们。每一次异常情况上报都会让老师们立马紧张起来，唯恐你们出现任何问题。每天的排查上报看似麻烦，实则是学校老师对你们的关心。从起初的每天被催着填报系统到如今自觉主动配合，你们确实长大了！假期期间，每天都有人在关心你的身体健康，何尝不是幸福呢？毕业后,除了家人外关心你的人可能会越来越少。职场上,每个年轻人都是在努力拼搏,再也不会有人这么发自内心地关心你的日常琐事。别人只会关心你飞得高不高,却极少有人会关心你飞得累不累。所以,珍惜现在吧!趁着仅剩几个月的象牙塔生活,好好享受最美好的大学生活,再多听几句老师的啰唆……

一、报名专升本学生,开始复习了吗

你们是我第一届即将送走的毕业生,陪伴着 408 名学生顺利地度过了大学时光。在我们即将分别之际,我们中间有 365 名有志青年报名参加专升本考试。看到这样的报名比例,老师为你们的不服输点赞,为你们的选择点赞。你们都是好样的!大家放纵了这么多天,一定感到无聊了吧。孩子们,该拿出你们带回家的复习参考书了,别让备考书籍再积灰了。现在离专升本考试只有几个月时间,虽然考试时间延迟了,但是摆在你们面前的依旧是"千军万马过独木桥"的现状。放假前你们都信誓旦旦告诉我,开学后认真备考,绝不浪费一点时间。孩子们,你们想过没?开学后时间所剩无几,毕业压力和烦琐的毕业手续会接踵而来。那时候你还会这么信誓旦旦吗?随着考试的临近,你们内心一定会越来越慌张。"宅"的这段日子正是你们学习的最佳时间,再也不用在实习岗位上忙到半夜,再也不用为了通勤奔波于住所和实习单位。休息差不多了,就拿出你的备考书,静下心、沉下去,把基础知识打牢。作为有志青年,不要过度地放纵自己,否则将虚度我们最美好的青春。在此,老师送你们一句话:"有志者,事竟成,破釜沉舟,百二秦关终属楚;苦心人,天不负,卧薪尝胆,三千越甲可吞吴。"我真心期待今年 7 月份,365 名报考升本的学生都能够满怀欣喜地从学校取走你们本科录取通知书,期待你们能在人生道路上越走越远。

二、即将就业的学生,准备好了吗

春季招聘会马上开始,你们因实习错过了秋季大型招聘会,是不是有些许遗憾?别担心,学校就业处也正在筹办春季大型招聘会,不管以什么样的方式,我相信你们一定能找到一个满意的工作。目前网络招聘已经全面展开,各项工作有序进行。学校为大家推荐的各种合适岗位,希望大家能够认真查阅并积极参加。你们不要因自己学历层次不高而自卑。但在疫情来临之际,我们看到了四线城市里胖东来超市的总经理为武汉捐款 5000 万;看到了只靠方便面和凉水撑过了三天三夜,只为给武汉送去急需的粮食蔬菜的大车司机;看到了衣着褴褛的拾荒老人捐出了自己仅有的几千块钱。他们都没有高学历,但他们是这样说的——"国家有难,匹夫有责""我没有钱,但我可以出力""我的辛苦不算什么,医护人员最辛苦"。这种家国情怀值得我们赞扬!我希望你们步入社会,不论什么岗位,都要记得我们的民族是打不垮拖不烂的,因为每一个中国人都有共克时艰、不畏艰难的情怀和担当。在这里需要提醒你们,一份好的简历是你们的"敲门砖",一定要花时间把自己的简历完善好。在制作简历的过程中,就不要再过度地谦虚。大学期间参加重要比赛的经历和获得的荣誉证书,是你们人生积累的财富,要毫不吝啬地在简历中体现出来。另外大家记得在简历中体现出实习经历,这也将成为你们的亮点。在制作简历过程中,要明白用人单位所需,将自己的优点凸显出来,这是求职成功的第一步。我希望你们求职过程中,摆正心态,扎根基层,扎根一线,你们一定能够成功。

三、毕业入伍的学生,生活适应吗

毕业季你们当中三名学生积极报名参加各种集训,但因为种种原因最后只有一名学生顺利入伍。入伍欢送会你告诉我,你选择了最艰苦的地区服役,我为你的选择感到骄傲。你说"边疆作为国家的大门,必须誓死保卫",你曾多次邀请我去部队看望你,但转眼间几个月过去,因为工作原因,没能赴约实在遗憾。但你总会第一时间跟我打电话,聊一聊自己的部队生活。疫情期间,我看到中国人民解放军连夜乘专机奔赴武汉支援,也给日夜惶恐的我们打了一剂强心剂。每每看到这样的新闻画面,总会自豪地对身边的家人说道:"我的学生也是一名人民解放军。"新春佳节之际,没能回家过年,一定很想念吧。希望你在那里一切安好,践行自己的诺言——保家卫国! 有你们的负重前行,我们才得以岁月静好!

孩子们,你们每个人都有自己的人生规划。作为年轻人,就要勇敢拼搏。不到半年的时间,你们就要离开这里。在社会上,再也不会有人因为你是学生的身份去迁就你的错误,再也不会有机会与老师畅谈自己的理想,再也不会被查寝、被点名、被批评。大学最后几个月希望你们用心度过,去操场上和朋友一起聊人生,和室友再畅聊一次,向服务你们三年的班委说句谢谢,向辛勤工作的老师说句辛苦了……

多年之后,大学校园依旧是最美的记忆。你们也一定会成为老师的骄傲。最后,祝你们永远是人生道路上最靓的仔!

牵挂你们的辅导员

> **作者简介** 杨盼,男,助教,洛阳理工学院辅导员,曾荣获河南省高校廉政文化建设征文活动和廉洁教育优秀案例征集活动一等奖。河南省"学习时代楷模,成就出彩人生"师德教育主题征文二等奖。

专家点评

本信件的内容是作者发自肺腑之言,对毕业季不同类别学生进行针对性的关心和指引,目前很多大学生在毕业季比较迷茫,作者用平易近人的口吻教导学生要学会感恩,学会回报社会,在一定程度帮助学生在人生道路上少走弯路、不走弯路,引导学生树立正确的世界观、人生观和价值观。信件的特色在于结合学生实际情况,将辅导员工作落到实处,这样的教导学生更易于接受,为辅导员与学生交流提供借鉴参考。

(洛阳理工学院经济与管理学院党委副书记、副教授　韩嫣)

⑪ 不忘初心,不负此生

亲爱的同学们:

　　四年前,我在墨湖边迎来一个个稚嫩的你们。记得你问我怎样度过大学四年才算不虚此行,于是我们在紫藤花架下就大学四年规划聊了一个下午;记得你说你难以融入大学的寝室生活,于是我们去撸了个串顺便把集体生活的关键点捋了捋;记得你曾因为感情的事情准备冲动行事,于是我们一起熟读苏轼的《留候论》。这一幕又一幕的场景,仿佛就在昨天,记忆犹新。

　　美好的时光总是过得那么快,转眼就迎来了毕业时刻,你们将开启新的人生旅程。19 岁的马克思在《给父亲的信》的开头写道:"生活中往往会有这样的时机,它好像是表示过去一段时期结束的界标,但同时又明确地指出生活的新方向。在这样的转变时机,我们感到必须用思想的锐利目光去观察今昔,以便认清自己的实际状况。"

　　现在的你们,正处于这样重要的转变时刻——从象牙塔迈入社会。我担心江湖风大浪急,你们的小船能否 hold 住;我担心人生如逆旅,生活的残酷你们是否有准备;我也担心进入社会的熔炉后,你们能否守护住曾经的激情和理想。

　　有人说,这是一个最好的时代,技术革命飞速发展,为我们施展才华、实现抱负提供了更为广阔的平台和更多可能的选择。有人说,这是一个最坏的时代,经济危机、生存压力、道德沦丧不断加剧,让我们焦虑不已。不管这是一个怎样的时代,她都需要我们这一批年轻人去建设,去创造。我们生在今天这个时代,我们就应该在今天的时代中来做人、做学问、做事业,社会才能进步,民族才有未来。在过去的四年里,你们经过了大学教育的洗礼和自我蜕变,是时候在这个充满挑战和机遇的时代,利用自己的力量去谋划美好的人生,创造一个更好的时代了。在你们启航之际,作为辅导员,我想再和你们多唠叨几句。

一、不忘初心

初心是什么? 我认为,初心是我们内心最深处的冲动。准确地说,是我们对人生的美好愿望:我们这辈子想成为什么样的人? 怎么度过我们的一生? 每个人都拥有自己的初心。

年轻人刚出校门进入社会时,总是满怀激情,充满希望。但是入世一久,经过挫折坎坷,面对柴米油盐,尝尽世态炎凉,便慢慢将初心遗忘。因为忘记了初心,我们走得十分茫然;因为忘记了初心,我们走得十分艰难;因为忘记了初心,我们走得十分焦虑。但是,请记住,人生只有一次,生命无法重来,一定要记得自己的初心,无论时间和境遇如何变化,都要坚守自己的本心和最初的信念,守护我们与生俱来的善良、真诚、进取、宽容、博爱之心。

生活总是在前行,有些东西总会改变。但,只要不忘初心,我们总是能够发现生活中那些美好的东西,心怀柔软去品人间清欢。"见贤思齐焉,见不贤而内自省也。"只要不忘初心,我们在纷繁社会迷失时,便能静下心来,与自己对话,扶正我们的三观、振奋我们的精神、纯净我们的心灵。"慎终如始,则无败事。"只要不忘初心,不管问题多么困难,前方的路多么曲折,我们都有前进的动力,都能坚定我们的追求,实现自己的梦想。

二、锤炼匠心

《庄子·达生》中,有个人叫作工倕,是尧舜时代的能工巧匠,他不用借助工具就能准确画出方和圆,干活的时候随心所欲,每次都会达到忘我的境界。庄子感慨:"故其灵台一而不桎。"专注于一点,内心没有任何桎梏,因此灵感无穷。这种专注忘我的境界,其实就是匠心的具体体现:以一辈子做好一件事的专一和专注去成就我们的事业。

在我看来,锤炼一颗匠心需要做到专注、踏实、坚韧、自律和博学。从职场的角度来看,专注能够将弱小的优势一点点地积累起来,最终产生强大的力量,带来巨大的回报。除了专注,我们还要踏踏实实做好身边的每一件小事。"天下难事,必作于易;天下大事,必作于细。"成功的背后,永远是艰辛努力。我们要做一个踏实、坚韧的人,把艰苦环境作为磨炼自己的机遇,把小事当作大事干,一步一个脚印往前走。

锤炼一颗匠心需要自律。康德说,所谓自由,不是随心所欲,而是自我主宰。年轻时如果随心所欲,不去努力,看似自由舒服,但是有一天,你会发现,身边的伙伴已经迅速成长,而你的路却越走越窄,最终失去选择的资本。所以,我们要把青春宝贵的时间用在有意义的,能够提升个人能力,增加自身价值的事情上。越自律,越优秀;越努力,越自由。

锤炼一颗匠心需要博学。我们要养成终生学习的习惯。胡适先生在1932年告诫当时的毕业生时,就提醒他们"毕业之后,堕落的方式很多,第一条便是容易抛弃学生时代求知识的欲望"。这个提醒对现在的毕业生尤其有用。因为我们所处的时代,信息、科技、知识更新发展太迅速了,仅仅用大学所学的知识去适应这个社会是远远不够的。我们不得不为自身有限的技能和认知而焦虑。就像马云说的那句话,很多人在面对机会时都经历过四个阶段:看不见,看不起,看不懂,来不及。面对这样的时代,最好的应对方法就是要博学、终生学习,不断提升我们的内在、格局、眼光、视野和人格魅力,这才是不被时代淘汰的竞争力。

三、守护爱心

人生最宝贵的是什么? 我想,应该是"爱"。我一直都认为,人生因为有爱才有温暖,因为有爱才有意义。守护好我们的爱心意味着自爱与爱人,向善及行善。

自爱沉稳,然后爱人。首先,我们要爱自己。爱自己包括爱护自己的身体以及安放好自己的心灵。身体是革命的本钱。很多同学在实习期间就开始熬夜,回来和我聊天时脸色蜡黄,我心里很是难受。我希望你们在努力奋斗的同时,要注意自己的身体,一定要避免过度劳累,透支健康。要养成好的生活习惯,尽量做到饮食有度,坚持运动锻炼,生活有张有弛。身体好才是最牛的资本,细水长流,更美的风景总是在远方。相比于爱护身体,安放心灵是一件更难的事情。我大致提三个方面:

一是学会和孤独相处。在生命的进程中,我们的路其实是越走越孤独。有些事情只能自己去面对,有些关口只能自己一个人闯。二是学会和苦难相处。世界很美妙,但生活是残酷的。人这一生,多多少少会碰到坎坷、难关。我们要学东坡先生的淡然和潇洒从容。"回首向来萧瑟处,归去,也无风雨也无晴。"三是学会从生活中寻找"小确幸"。"小确幸"指的是生活微小而确实的幸福。生命中有悲欢离合、生老病死,生活有柴米油盐琐碎之事,我们经常会因为身边的事情或痛苦,或烦躁,或郁闷,或受伤,但是我们需要有自我治愈的能力。找到"小确幸"能帮助我们找到幸福,从而治愈自己。我们可以从自然寻找,可以从艺术寻找,也可以从生活的每一个美好瞬间寻找。多去发现那些美好的小事情,以柔软之心去感受世间的美好。

心存至善,力行小善。《礼记·大学》开篇说道:"大学之道,在明明德,在亲民,在止于至善。"止于至善,是一种以卓越为核心的至高境界,上升到人性的层面来说,就是大真、大爱、大诚、大智的体现。我们在人生价值的追求上要心存至善,在关注"小我"的同时更关注"大我",保持高度的社会责任感与历史使命感,关切民生,心怀天下。"君子莫大乎与人为善。"为人处世,我们要始终心怀善意,用同理心视角看问题、想事情,从身边的每一件善事做起,能够"君子成人之美"，能够"己所不欲，勿施于人"，能够"穷则独善其身，达则兼济天下"。我相信，心存善意，必能路遇天使。

有缘成为你们导员，相伴四年，便是一生同行。希望你们在今后的生活中能做到不忘初心，锤炼匠心，守护爱心，在新的人生征程上且行且修炼，不断地去遇见更加强大、更加美好的自己，成就属于自己的精彩人生！

你们的彬彬姐

作者简介

邵彬彬，女，研究生，讲师，2008 年参加工作，现任浙江工商大学公管学院党委委员、学工办主任、院心理辅导站站长。曾获浙江工商大学"优秀辅导员"、职业生涯规划大赛"优秀指导老师"、"优秀党务工作者"等荣誉称号。

专家点评

毕业生教育是高校思想政治工作的重要内容。作者从不忘初心、锤炼匠心、奉献爱心三方面对班级毕业生进行细细叮嘱，引导学生用才能、理想和智慧来开启人生新的航程，用心用情，感人至深，引起学生强烈共鸣。

（浙江工商大学宣传部部长、副研究员　方向明）

⑬　在战"疫"中"变形"
——写给 2018 级毕业班学生的一封信

亲爱的同学们：

你们好！2020 年庚子之春，一场突如其来的新冠肺炎疫情隔离了我们之间开学的距离，虽然隔开距离，但是不隔离老师对你们毕业班学生的牵挂和爱。

我一直挂念你们居家和家人相处如何，网课学习如何，就业想去哪儿。这一系列问题，时常让我寝食难安。大家知道现在离我们网上开学已经过去一个多月了，大家每天都是坚持网上健康打卡、相互提醒、收发通知等常规班级活动，至今还没开过一次正式的班会。我想如果不发生这次疫情，相信你们这会儿除了正常的学习生活，就是要着手开始找就业实习单位了。

鉴于此，我们的班会就只能以这种特殊的方式——"一封信"写给你们，作为 2018 级毕业班的辅导员，一路走来，有你们的陪伴我是幸福的，但同时也为你们的将来担忧。对于即将离开校园，走上社会的你们，在此，我想送你们四个字，这四个字虽然发音相同，但字形不同，其意义也就更不同了。

一、保持"昇"

昇同"忻",意为喜乐、光明。当疫情来临,不少人处于恐慌、害怕、担心、无奈、侥幸等一系列不好的心理状态,我觉得作为新时代青年大学生,你们时刻都要保持乐观积极的心态,心理素质不高是造成恐慌与焦虑的一大因素,凡事你们都不要存在侥幸心理,有的人因害怕或者侥幸而错过了最佳的治疗时机;而对于你们毕业生更应该重视,心理素质已经成为当今企业争夺人才的考察因素之一,甚至起到决定性因素。我在想,作为毕业生即将走入企业的你们,能以什么样的心态步入社会呢?毋庸置疑,你们要以高昂的姿态、精气神的样子、阳光的心态走好人生的第一步。这是今后你们在任何灾难面前都压不垮的最重要的素质,只要心中亮堂,疫情一定会过去的,光明的未来必然出现。只要山河无恙,人间皆安,未来一定可期。

二、学会"变"

在疫情中,本来2月17日是你们正常开学的日子,也是我和大家见面的时间,可是这场疫情使我们不得不学会改变。改变我们的见面方式成网络电话与短信、学习方式转为网络学习,各种通知上传下达都要通过QQ、微信等方式进行,也改变了我们的生活与思维方式等,还让我们招聘的方式由现场面试改为电视网络视频等;这些无疑说明我们毕业生时刻要学会应变,传统的、一成不变的方式在未来社会是行不通的,大胆改革和创新成为我们这个时代的主流。我们要充分利用好仅有的三个多月的时间好好改造自己,学会适应网络学习,学会正确的网络交往方式等。如今面对疫情,虽然我国经济发展长期向好发展,但面对未来数字经济持续发展、工业4.0、共享经济、大数据等新技术和新业态的出现,我们国家和社会需要的人才要求越来越高。伟大的管理学大师德鲁克先生指出:21世纪的组织,最有价值的是组织内的知识工作者和他们的生产力。可见,未来社会给知识分子带来诸多挑战的同时也带来很多机遇,要想抓住这个机遇,我们大学生就要顺势而为,提前统筹和布局自己将来的发展,就要在变化的社会中学会适应和不断地改变自己。

三、敢于"辩"

在疫情中,我相信大家和我一样备受各种谣言满天飞的煎熬,真真假假,难以辨别,让人眼花缭乱。可是作为新时代大学生,我们时刻都要保持理智的头脑,提高是非辨别能力。譬如对于当前流行的抖音、主播、微信朋友圈、腾讯空间、直播、博客网文等传播媒体,他们里面的内容包罗万象,在享受各种文化与娱乐大餐的时候,切忌随便转发与传播,我们要看到事情的原委,辨别评论是否恰当、信息来源是否可靠、是否危及社会和人民等。另外,我们要学会主动占领和适应网络阵地交流,牢牢地抓住网络话语权,在努力培养网络用语的同时要学会正确辨别,对于真理与科学敢于发声,不要听信谣言、不传播有害信息、不随便发表言论、不发消极负能量的图片等,我们要摒弃社会上一切垃圾信息,就像净化我们生活的环境和空气一样。我坚信,不久以后,我们不断丰富网络生活的同时,享受和传播社会正气也将是未来的一种生活常态。

四、坚持"遍"

遍,多为全面、到处的意思。不管是疫情中还是疫情后,对于毕业生来说,坚持全面系统学习是一种态度。学习容不得半点马虎,学习要循序渐进,要全方位全过程全身心地投入学习,虽然现在开设的大多是专业网课,但是对于学习远不止这些,大家要大胆涉猎其他方面的知识。譬如生命安全课、爱国主义课、心理课、就业指导与创业课、企业管理课、理财课等,我觉得你喜欢的、你选择的、你将来有可能用到的,或者对于你有帮助的哲学课,都是人生大课。另外除了网课学习外,生活当中学会和父母、同学、自己以及环境相处也很重要,树立发展意识,生活中处处皆可学,你们即将走出校园,开始人生的另一段旅途,自律、自理与担当是必不可少的。亲爱的同学们,事事都可学,处处皆学问,我曾在抖音里看到很多年轻人宅在家里学会了居家健身、厨艺、跳舞、绘画等,我真为你们年轻人而感到自豪。

同学们,作为你们的辅导员,我真心期望你们每一个人都能在这次疫情考验中学会真正长大,强化个人发展意识,能化压力为动力,化危机为机遇,紧紧抓住这次机会,紧扣社会大变革,能乐观面对疫情,学会改变自己,提高辨别能力,坚持全面学习,终身学习,积极适应这次疫情大考带来的新要求和新变化,多维度全方位地衡量自己,主动付诸行动,成为新时代不辱使命、知行合一的复合型人才。

"新时代青年是了不起的一代人,你们是可爱的、可亲的,更是可为的。"我一直相信你们可以做得到,也是最努力的一代青年。当我看到疫情中那么多"90后""95后"能挺身站在一线为人民服务,还有我们石化抗击疫情前线的母子、许多石化青年志愿者们,我为你们竖起大拇指,心疼你们的同时,更为你们的青春担当而感到震撼。

最后我还想对你们毕业生道一句:强国时代,有你有我还有他,奋斗的青春永远是最美的,最美的样子就是你们。让我们人人拿出干劲,好好珍惜这个时代,在新时代战"疫"中学会"变形",学会适应,变得成熟,实现人生价值。

孔令艳

作者简介

　　孔令艳,讲师,中共党员,教育硕士,校内创业导师,国家高级职业指导师,国家二级心理咨询师,现为湖南石油化工职业技术学院石化工程学院学工办主任兼团总支书记。曾获得湖南省"高校大学生思想政治教育研究与实践先进个人"、湖南省"高校大学生心理健康教育研究与实践优秀个人"、湖南省"学校心理健康教育先进工作者",湖南省高校辅导员职业素质能力大赛初赛冠军一等奖。也获得校级"优秀共产党员""优秀创新创业指导教师""优秀辅导员与班主任"等多项荣誉称号,主持省级课题两项、校级课题一项,发表教育类学术论文6篇以上,参加校内"精彩一课"主题班会获得三等奖,学生工作案例获评一等奖等。

专家点评

　　孔令艳同志政治素质较高,思想理论过硬,工作作风正派,在工作期间爱岗敬业,关爱学生。此文她能抓住疫情期间毕业班学生的思想问题特点,有针对性地抒发,用朴实无华的辞藻写出对毕业班学生的殷切期望,足见其用情至深,用爱至真。鉴于此,特此推荐。

（湖南石油化工职业技术学院石化工程学院党总支书记　陈卓）

⑭　致即将成为应届毕业生的你们

亲爱的准毕业生们:

　　你们好!

　　一定是特别的缘分,让我中途接管了金融154,成为你们的班导师;一定是特别的缘分,让我们拥有了一年半的师生情谊,让我们能够面对面近距离地交流;一定是特别的缘分,在这成为应届毕业生最后一年的大学时光里,我能陪你们一起度过,目送你们离开。

　　和你们相处的时光以天计算貌似很长,但以青春的记忆来算,只是时间长河上的一瞬间,青春乐章上的一段插曲,庆幸的是,这段插曲经过我们共同的演奏,是一首妙音。

　　其实,在成为你们班导师之前,曾做过你们的辅导员和党支部书记,虽然时间不长,才为期半年,但你们的表现却让我印象深刻。班内入党申请书递交率100%,积极参与党支部活动,热心志愿服务工作。更让我惊讶的是,在入党前谈话时,当被问及"你为什么想要加入中国共产党"时,答案并非"我爸爸想让我入党""入党有利于我考公务员"之类,而是"我志愿加入中国共产党,入党让我更加明白人生的意义"等,由此可见,这是一个爱思考、有想法的班集体。

很多班委一上任就是三年,服务满四年是他们共同的目标,用自己的实际行动默默坚守开学竞选时的承诺。记得那年冬季开学,男生也向往常开学一样把一学期的书搬至女生寝室楼下,可没想到的是天空突然下起了雨。女生们不约而同地下楼帮男生撑起了伞,从图书馆到寝室,一人撑伞、一人搬书的画面羡煞了别班的同学们。虽然伞下的外套还是会沾上冰凉的雨水,但是一股股暖流足以抵挡寒意,这是一个有温度、有爱心的班级。

班长常说:只要你真诚、善良、富有同情心,不论你得意还是失意,坚持抑或放弃,你永远都是金融154最大的骄傲和最深的牵挂。

话虽如此,可是社会的竞争一直存在,毕业的压力也是现实问题,你们真的准备好了吗?

基本的EXCEL,WORD,POWER POINT你会操作吗? 公开发言紧张吗? 活动策划写过吗? 诸如此类的大学生基本素养,你经得起社会的检验吗? 我们常说不打无准备的仗,大学三年你所经历的时光,会让你在大四求职时一鸣惊人吗?

著名古典音乐家莫扎特,每晚睡觉总要戴上眼镜。有人问他:"你为什么临睡还要戴上眼镜?"莫扎特回答:"我常在梦中想起一些乐曲的旋律,如不戴眼镜,就什么音符都看不清,醒来自然忘得一干二净。"我们每个人都知道机会是留给有准备的人的,但你为了这个机会真的准备了吗?"带上眼镜"固然有所约束,但付出的同时也让你在不知不觉中戴上了隐形的翅膀。比你优秀的人居然比你还努力,想想这样的现状,是不是让你觉得有点忐忑不安?

儿时,父母经常教诲我们,好好学习,将来考上好大学,找份好工作,这样的生活才踏实。虽然随着年龄的增长和求学的深入,我们明白好好学习不只是为了工作。我从来不信知识改变命运,但我却深信知识能够改变我们的认知和看待这个世界的方式。可找份好工作、毕业有个好归宿是对自己近16年求学生涯最直接、最显性的体现,所以为了回报父母,对自己有所交代,即将成为应届毕业生的你们,我希望你们明白三个简单的道理。

控制自己的欲望。一代大家梅兰芳有个饮食习惯,那就是"三不三怕"。一是坚决不喝酒,怕呛坏嗓子;二是尽量少吃动物内脏和红烧肉之类太油腻的食物,怕生痰;三是演出前后不吃冷饮,特别是刚唱完戏不吃冷饮,声带经过激烈震荡的"热嗓子"就不会变成"哑嗓子"。学会自制,超难;抵住诱惑,非常难,但学会做非常之事才能成为非常之人。在大学生的朋友圈中我们常常看到同学们的"减肥"动态,"不吃饱,哪有力气减肥""吃完这顿,明天一定开始减肥"……想想梅先生的自制力,是不是让你自惭形秽呢? 经过两个星期的逐一谈话,我发现金融154班的你们很多人致力于考研,考研这条路注定是孤独的。考研大军三分之一的人倒在了复习的路上,三分之一的人倒在了考场,剩下的抑制玩心,控制欲望,合理安排,等待你们的必定是"会当凌绝顶,一览众山小"的幸福感。

勇敢迈出第一步。杨澜曾说:"宁可在尝试中失败,也不在保守中成功。"所谓懦夫,就是在每次出发之前,先在内心里经历十八层地狱,然后选择放弃的那种人。既然是必须面对的,何惧坦然承认;既然是必须争取的,又何必迟疑退缩。大学三年的青春有没有人因为迟疑、害怕失败而永远停留在"想"的这一步呢? 如果是你,请你抓住大学的尾巴,勇敢地迈出这一步,很多时候没有所谓的十全十美,都是在摸爬滚打中渐趋完美! 马云在辞职那一刻也不敢保证自己的选择一定就是最准确的,美团在推出外卖的那一刻也没法明确将来的市场欢迎度,苹果手机在发布那一刻也没法精确触屏手机的市场接受度……所以,不管你是考公还是考银行,抑或去公司,没有人敢百分百肯定地告诉你哪个选择一个是最好的,只能是现存条件下的相对最佳,但有一点可以肯定的是,勇于尝试,不惧失败,不畏将来,才能拥有未来,纸上谈兵终将止步不前!

明白"独行快,众行远"的真谛。以前看到个故事,关于天堂和地狱。一群人围着一大锅肉汤,但每个人看上去一脸饿相,瘦骨伶仃。他们每个人都有一只可以够到锅里的汤勺,但汤勺的柄比他们的手臂还长,自己没法把汤送进嘴里。只能望"汤"兴叹,无可奈何。而在另一个房间,一锅汤、一群人、一样的长柄汤勺,但大家都身宽体胖,正快乐地歌唱着幸福。"为什么地狱的人喝不到肉汤,而天堂的人却能喝到?"

上帝微笑着说:"很简单,在这儿,他们都会喂别人。"愿有前程可奔赴,亦有岁月可回首。十年后,二十年后的你们必定会成家立业,有所建树。不管你们将来富甲一方,还是安稳居家,我希望你们记得团队的力量和助人的快乐。学优生帮助学困生,让我们班获评优良学风班;组建班级英语角,班内同学踊跃报名英语类竞赛;开展学习沙龙,通过优秀学长学姐的现身说法汲取动力;参与公益项目,明白只要有心,帮助他人就不是一句口号……这些助人的点滴回忆,必将在你们步入社会后成为你们立足岗位,奉献社会的家国情愫。

我们的故事未完待续,你们的青葱岁月未完待续,既然我们有缘相聚于金融154,就让你们重新带我领略一番青春应有的模样!

青春,一个充满着个性与张扬的时代;青春,一个充满着友谊与关爱的时代;青春,一个充满着智慧与力量的时代。青春,爱幻想,爱自由,爱探索,爱快乐。我很开心,你们的青春记忆里有我的名字,我来过,也便不再遗憾。

爱你们的慧燕姐

作者简介

　　金慧燕，女，助教，浙大宁波理工学院，学工部业务副主管（曾为商学院辅导员），荣获浙江省辅导员案例大赛三等奖，宁波市"优秀共青团员"，宁波市"暑期社会实践优秀组织者"，浙江省网文大赛二等奖，宁波市微党课比赛三等奖，宁波市第二届案例分析大赛一等奖，宁波市辅导员技能大赛二等奖，校辅导员大赛一等奖、"最佳谈心谈话奖""最佳案例分析奖""暑期社会实践优秀个人"等，运营个人公众号"慧心燕语"，主持两项宁波市教育规划课题。

✂ 专家点评

　　学生的认同程度是影响学生教育管理效果最直接最重要的因素。要做到这一点很难，对中途接手班级的教师而言就更加不容易了。作者能用写信的方式与学生进行交流，以潜移默化的方式明确了与学生之间的定位——"我是你们的朋友"，并从叙述班级的一件件小事入手，表达了自己对他们的良好印象，以及自己能够成为班级班导师（班主任）的美丽心情，结尾一句"爱你们的慧燕姐"一下子拉近了与学生的距离。这是非常有效的获得学生认同的方式。而且，作者没有心灵鸡汤式的无病呻吟，也没有豪言壮语式的高谈阔论，更没有居高临下式的严肃说教，而是用分享人生感悟的方式表达了自己对学生的期待，提到的"控制欲望、勇于尝试、学会合作"三点期望也非常符合她对学生"准毕业生"的定位，很容易引起学生的好感和共鸣，显示了作者作为一名专职学生工作者的智慧与素养。

（浙大宁波理工学院商学院党委书记、副研究员　李萍萍）

⑪⑤　回首来时路，整装再出发

亲爱的同学们：

　　寒假快乐！这是你们大学生涯的最后一个寒假了，借着这段相对清闲安静的时光，我还是想和你们说说心里话，聊聊关于成长以及毕业之后的那些事儿。

　　一、关于成长与担当

　　四年前，你们带着对大学生活的美好憧憬和对未来的理想追求踏入蔚园，教学楼的琅琅书声，图书馆的披星戴月，校园活动的绚丽多彩仿佛都还在眼前。从年少轻狂到成熟稳重，从单纯懵懂到圆润老练，从青涩十八岁到奔"三"道路上，四年的时间足以改变人太多东西了。举手投足间的从容和淡定，言语交谈中的拿捏和分寸,还有处理人际关系时的细心和周到,这些都是时间和经历磨炼出来的。真的很开心看到你们的成长和进步,无论这些改变是外在的还是内在的,都证明你们没有安于现状,而是选择一条适合自己的道路,不断地战胜超越自我,并义无反顾坚定地继续走下去。

每个阶段的人生都有应该完成的任务,我们需要做的就是一步步踏实向前,既不急功近利,自命不凡,妄想不劳而获,也不妄自菲薄,活在自己内心狭隘的世界里不愿意走出来。正处于象牙塔里最美好的年纪,有些事情自有它的意义,我们不能像社会人那样总那么功利地患得患失,最重要的是学习积累的过程,综合素质的提高,还有心智的成熟。不要在该拼搏的时候选择安逸,不要在该努力的时候选择退缩,更不要在遭遇挫折时止步不前,这是生活赋予每个人的担当和责任,也是我一直坚信并灌输给你们的,希望你们可以懂得。那些曾经努力过收获过并坚持如一的同学,自然能够体会它的意义。无论时代再怎么变迁,读书学习仍然是改变命运最踏实最公平的那条路,也正是基于此,我们才会心思笃定地积极向前,不轻言放弃。

二、关于毕业和未来

你们迫不及待地想离开,耐着性子站在各自位置上,挨过离校前的最后一段时光,急切地奔赴你们的大好前程。师者仁心,我也期待大家都获取灿烂的前程和美好的归属。只是,看到那么一张张急不可耐的面孔,还是会不自觉地感慨,大学生活结束了就再也回不去了,不可能重新再来一遍,所以还是希望你们都能珍惜最后半年的校园生活,珍惜彼此之间的同学情谊,哪怕你已经在外实习工作,当你回到这里,这儿还是属于你的青春校园,等毕业后再回来,这里就只能是你们的母校了。

未来的人生你们都在计划着实践着,每个人都在尽最大努力寻找自己的出路。有些同学尝试考研考公考编,经历一段深刻难忘的学习之旅,无怨无悔地付出博弈更高的起点;有的已经寻找心仪的公司进行实习,学会把专业知识运用到具体实践中,还要和不同的背景层次的同事客户接触沟通,认真把每一个项目做圆满;还有的正式开始创业实践,忍受着外界的质疑和不解,独自一人在社会上打拼……所有的努力都是为了更美好的未来。那些曾经逃过的课程,睡过的懒觉,荒废掉的日子似乎都不那么重要了,现在的你们再一次抖擞起精神,蓄势待发,认真为生活寻找下一个出口,就像四年前入学时那样。

三、关于父母及陪伴

四年的时间,你们完成了从在校大学生到社会人的转变,接触到社会上越来越多的人和事,也越来越深刻地体会到父母的辛酸与无奈。在我不算丰富的人生阅历里面,也曾经接触了形形色色各个阶层的人,大部分的他们为人父母,无一不在为儿女奔波劳累,辛勤付出,就算彼此之间暂时有矛盾和冲突,也都能以不同方式握手言和。在我怀孕生子之后更能体会,每个人都是在父母长辈温暖的陪伴和引导下成长的。陪伴是最长情的告白,他们曾经陪伴我们慢慢长大,那我们就陪伴他们慢慢变老吧。

等到你们结婚生子之后就能明白,心里再多的惦念与工作后物质上的回报,也不及守在父母身边的陪伴来得实在。其实,父母家人是最容易得到满足的。假期里离开电脑,放下手机,帮着他们做做家务,一起唠唠家常,再共同做顿饭,这些看似琐碎的生活小事就足以让父母宽慰良多。空闲之余再听听长辈的过往与忧伤,聊聊自己的欢喜与惆怅,愁肠百结、矛盾隔阂也许就能化开消除。家,才能真正成为每个人出发与归宿的支点。还是那句老话,子欲养而亲不待,最好的孝顺就是现在的陪伴,承欢膝下,尽享天伦,这也是为人父母最终的期盼。

四、关于你们,还有我

你们大学的青葱四年,也是我初来滁州的四年。工作之初的不适和忙乱,遇上你们第一届大学生,把你们作为我的工作试验田,开启了第一次思想政治教育和管理实验。最初的我总想试图跟你们保持一定的距离,以长者的身份来开展教育管理,似乎只有这样才能维护所谓的师者威严,可这对于"95 后"学艺术的你们是行不通的。我在工作受挫之后也在慢慢摸索,到底如何做才能恰如其分地处理和你们之间的关系,做到彼此成就,共同成长。如今看来我是颇有心得的,至少我能够和你们中的一部分同学保持着朋友般的沟通交流,认真经营着彼此珍惜的师生关系。

当有同学在"悦己兮"后台留言给我,"张老师,你真的很用心,让我们感到很温暖",还有同学留言"谢谢老师,我的大学没有遗憾了",这些细节和感动让我明白我的坚持和努力没有白费,我终于在毕业之前走进了你们的心里,得到你们的认可。"教育意味着,一棵树撼动另一棵树,一朵云推动另一朵云,一颗心灵唤醒另一颗心灵。"希望我们之间的师生感情,或浓或淡,都不止于最后的告别,我可以骄傲地对别人说,这是我的学生,你也可以开心地和别人讲起,你的大学辅导员。

还记得 2014 年 9 月份接到你们名单时,我的一位师兄对我说,你的第一届学生,会让你难忘的。事实证明,师兄说的没有错。我最亲爱的你们即将带着用四年青春和热血练就的本领,迈向新起点,踏上新征程,开启新篇章。愿你们都拥有灿烂的前程,愿你们都寻找到各自的归宿,愿你们在尘世中获得幸福。

你们的悦老师

作者简介

　　张悦(1989—),女,河南商丘人,讲师,硕士研究生,2013 年 6 月毕业于南开大学,2014 年 7 月起担任滁州学院美术与设计学院专职辅导员,研究方向为思想政治教育、创新创业教育。滁州学院辅导员工作室"悦己兮"网络思政育人工作室主持人,滁州学院第七届辅导员职业能力大赛一等奖获得者。近五年来省级获奖 1 项,校级 10 项,主持校级教科研项 4 项,参与省级 2 项,发表三类论文共 5 篇,指导创新创业项目省级立项 4 项,入驻校级孵化基地 2 项,指导学科竞赛省级和国家级获奖 20 余项。

专家点评

　　张悦老师从成长担当、毕业规划、家庭关系和师生情谊等四个层面指引着毕业生踏实笃定勇敢向前,怀揣梦想蓄势启航。字里行间言辞恳切,情感真挚,透过文字可以感受到她对学生深沉的关爱和期望。对即将毕业的大四学生来说,他们最需要的不仅是毕业答辩的安排,离校手续的注意事项,还有对母校承载的美好记忆,离别时最后的告别,以及漫漫人生路的指引导航。这些都需要一个被称作"知心朋友"和"人生导师"的辅导员才能做好,无疑张悦老师已经开始着手了,并努力着把这个角色认真地扮演好。我们期待着张悦老师不忘初心,继续前行,真正把思想政治教育工作做好、做细、做实。

(滁州学院党委学工部部长、学生处处长　郝德新)

后　记

　　2020 年,是不寻常的一年,新型冠状病毒疫情影响着正常的教学与管理,为了能够完成正常的教学任务,学校"停课不停教",学生"停课不停学"。在疫情期间,学生们面临着来自各方面的压力。作为辅导员,有太多话想和学生说,为此,本书编委经过讨论,面向全国高校辅导员广泛征集《写给学生的一封信》,经过一年多时间收集、整理、修改、审核、校对等,这本《高校辅导员学生工作实践手册》终于和大家见面了。这本书里既饱含着辅导员对广大青年学子的关心关切,也饱含着浓浓的师生情谊,更饱含着辅导员对学子们的殷切期望。

　　本书主编江西理工大学资源与环境工程学院党委副书记饶先发获批教育部高校思想政治工作中青年骨干队伍建设项目,主编安徽商贸职业技术学院叶苗苗老师获批安徽省高校思想政治工作中青年骨干队伍建设项目,在两位同志的组织带领下,来自安徽商贸职业技术学院、华北理工大学轻工学院、西南石油大学、宁夏理工学院等多所高校的百名辅导员结合自己的工作实际,用真心真情倾力书写每一封信。编委会成员本着认真负责的态度,常态化召开"线上沟通交流会",逐篇对稿件进行审核归类。每一次的协调沟通,彼此之间思想火花碰撞,提升了参编者作为一名高校辅导员的赤诚之心和不断提升自身综合素养的决心。

　　本书由来自多所高校的一线学生工作者合作编著,由来自全国百名高校优秀辅导员共同编写。来自五湖四海的高校辅导员,虽然未曾谋面,但都有一个共同的名字"高校辅导员",都承担着高校思想政治工作的育人使命,都有一颗甘为人梯,为教育事业燃烧一生的初心。可以说这一本书凝聚着每一个参与者的心血,在此要向每一位参与者致谢!因为编者们学识水平有限,人生经历有限,育人能力尚且需要继续提升,本书难免有不足,甚至是错讹之处,还望全国高校辅导员同仁慷慨赐评、予以指正。

本书编写组

2021 年 3 月